全国中等卫生职业教育"十二五"规划教材

实 用 语 文

于翠玲 刘 勇 主编

中国科学技术出版社

·北 京·

图书在版编目(CIP)数据

实用语文/于翠玲,刘勇主编.—北京:中国科学技术出版社,2013 (2016.9重印)
全国中等卫生职业教育"十二五"规划教材
ISBN 978-7-5046-6351-1

Ⅰ.①实…　Ⅱ.①于…②刘…　Ⅲ.语文课—中等专业学校—教材　Ⅳ.①G634.301

中国版本图书馆CIP数据核字(2013)第113290号

本书作为教学用书,参考了众多文学作品,特表示感谢! 未能联系到的作者,请联系我社。

内容提要

本教材的编写结构是以"双文"(文章阅读、文学欣赏)为主线贯穿始终的。在体现"双核"(核心知识、核心技能)的同时,突出语文学科的"双实"(即:实用知识、实践能力)特点,二者既为并进,各有侧重和凸显;又紧密结合不为分割。全书章节适度,内容实用且编写层次错落有致。本教材按照护理专业语文学科(108学时)一学年的教学内容编写(共分为四章)。上学期:阅读文章、作品欣赏、写练蓄积、戏剧赏析等(72学时),侧重实用知识的学习与迁移。下学期:应用迁移、吟诗会意、适用练笔、诵词识记等(36学时),凸显实践能力的培养。在注重以学生为本,改变其原有学习方式的基础上,易原教材内容的高深为浅显,适用于中等职业卫生专业。

出 版 人　苏　青
策划编辑　孙卫华
责任编辑　孙卫华
封面设计　孙雪骊
责任校对　韩　玲
责任印制　张建农　徐　飞

出　　版　中国科学技术出版社
发　　行　科学普及出版社发行部
地　　址　北京市海淀区中关村南大街16号
邮　　编　100081
发行电话　010-62173865
网　　址　http://www.cspbooks.com.cn

开　　本　787mm×1092mm　1/16
字　　数　405千字
印　　张　19.75
版　　次　2013年8月第1版
印　　次　2016年9月第4次印刷
印　　刷　北京玥实印刷有限公司印刷

书　　号　ISBN　978-7-5046-6351-1/G·615
定　　价　41.00元

出 版 说 明

　　本套教材在体现科学性、思想性、启发性的基础上更突出体现教材的实用性、适用性，使其更加贴近当前社会需要、贴近职业岗位需求、贴近当前职业院校学生现状，贴近执业资格考试要求。这套教材另一特点就是：适应当前学生素质水平，通俗知识难度，构建一个更加简明的知识结构。不苛求知识体系的完整，但求知识够用。创建一种利于学生学习的新模式——"七个模块"：

　　【突出"双核"】即：核心知识和核心技能。核心知识是在重视学科知识点（基础知识）的同时，注重学科科学发展的线索、学科科学的基本概念、学科实验的研究方法以及学科之间的联系等；核心技能则是在重视实践（实验）技能和计算技能（基本技能）的基础上，注重实践（实验）设计、完成实践（实验）、综合运用知识分析问题和解决问题。

　　【实现"贴近"】即：贴近当前社会需要、贴近职业岗位需求、贴近当前职业院校学生现状，贴近执业资格考试要求。课程模块符合学生数字能力、文字理解能力、形象思维能力和知觉速率的基本水平，体现职业教育的学科特点，实现学科对专业、职业、生活、社会发展和科技进步的贡献。

　　【策划"链接"】即：教材中增加"科学前沿"、"走进科学"、"学科交叉"、"七彩天空"、"异度空间"、"思维对抗"、"另一扇窗"、"隐形翅膀"、"想象空间"等知识链接栏目，激发学生的学习兴趣、改变学生的学习方式，培养学生的创新思维、科学思想，以适应学生了解科学发展的需要，培养学生的就业能力和创业能力。

　　【添加"小结"】即：教材中依据各学科的特点，将小结用最精练的语言、图示勾勒出知识框架，与引言中的"双核"形成呼应。学生可以边阅读、边思考。长期坚持，一定能够培养学生善于归纳总结的习惯和能力。

　　【精选"训练"】即：教材在基础模块中，突出以问题驱动学习的特点。案例分析特别注重富有思考价值的问题，使其具有承上启下、知识迁移的作用；有些问题则具有或概括、或演绎、或拓展思维的作用。如运用得法定会有助于学生学习能力的培养。

　　【提示"指引"】即：包括阅读提示、书目介绍、电子阅览。这种设计会使教学内容丰满，使学生的学习空间拓展开来，也为教师的教学作出相应提示。

　　【注明"文献"】即：教材在编写过程中，把相应的参考文献罗列在后，以便大家学习和使用。

　　希望这套教材的出版能够强化学生学习的效果、开阔学生的视野、提高学生的素质和能力。

全国中等卫生职业教育"十二五"规划教材
编写委员会

主要参加学校（按笔画排序）

呼伦贝尔市卫生学校　　哈尔滨市卫生学校　　首都铁路卫生学校

洛阳市交通医院　　黄冈职业技术学院医药卫生学院

新疆昌吉市人民医院　　新疆昌吉卫生学校　　漳州卫生职业学院

主　编 陈桂芝

编　委（按姓氏笔画排序）

于翠玲　王志瑶　王新兰　卢桂霞　巩桂检　毕重国

华　涛　杨小青　李　伟　何咏祥　闵晓松　宋保兰

张　旭　张　展　陈乃和　陈玉喜　林　敏　林敏捷

周剑涛　周意丹　宫晓波　徐久元　徐　兢　高贤波

康立志　曾乐强　曾冰冰　赫光中　潘登善

总策划 高贤波　林　培

《实用语文》编写委员会

主　编 于翠玲　刘　勇

副主编 李　丹　王　颖

编　委（以姓氏笔画为序）

于翠玲　王海钢　王　婷　王　颖　帅　杨　刘金玉

刘　勇　刘勤英　孙敬华　李　丹　余秋芳　陈　鹏

修　巍　侯育谦　高霁芳　郭宏宇　楼　咏

前　言

　　未来的白衣天使，现在的莘莘学子：当大家展卷《实用语文》之际，只要读而不弃，就会大有收益。

　　作为始终在教育沃土上耕耘的教师，我们要一改学生曾经的能说话，难达意；会写文，欠入理的常态。以学生为本，将其已有的知识向能力方面转化，注重语文素养的整体提高。尽管语文学科有其独到特点，万变难离其中，但本教材的编写，还是在博采众长，突出精、活、新的特点上，仍以教育部、卫生部规定的教学大纲为依据，以基本理论，基本技能为宗旨，体现了核心知识、核心技能的编写原则。同时，又突出了语文学科的"双实"特点。（实用知识，实践能力）变难为易，变教为导，深入浅出，易学简俗。

　　在当前"三性"（科学性、先进性、启发性）三用（适用、实用、够用）三贴（贴近学生、贴近社会、贴近岗位）的时代精神指引下，我们将护理专业语文学科（108 学时）一学年的教学内容编写成书。内容：4 章 15 节，各种文体 56 篇。其中设有研读课文与自读内容，便于广大师生选用。

　　为了提高中职生的文学修养水平，我们在附录部分，引入了相关优秀名篇赏读内容，让学生在阅读佳作美文的同时，既要考虑高尚情操、崇高思想，能如何通过语言文字流入其心田，提高文化品位、又要照顾到学生审美情趣及其了解社会、认识人生，领悟做人道理的内涵把握。更好地将语文学科的工具作用和丰富的文化内涵、人文精神水乳交融起来，不能人为地去割裂它。我们要有目的、有意识、有感情地用民族的优秀文化和民族精神启发、引导、点拨学生，借以为其自由阅读，得体表达，多读、多写服务。以期教育学生，达到春风化雨、润物无声的目的。

于翠玲

2013 年 4 月

目　录

第一章　开掘思路

　　面对未来职场的竞争，当今的中职生，必须具有完善而敏锐的思维能力。无论处世、做人，还是写文，都需要拥有全新的思路。汉代扬雄曾经说过："言为心声也。"这说明了语言与思维的关系密切，一个人的思维如果不敏捷、不清晰、不严密，其表达也就不可能清楚流畅。试想，一个思维迟钝而又混乱的人，怎能口若悬河、滔滔不绝、条理清晰地表达自己的思想？所以，只有不断地努力，有意识地开掘，强化语文基础知识、名句名篇、阅读鉴赏、表达交流等能力的训练，才能让其思想认识、道德修养、文化品位和审美情趣等，达到相应的标准；进而提高人文素质，发展健康个性，形成健全人格。本章围绕如何开掘学生思路的总体设想，从阅读文章，背诵文质兼美的古文，拓展其思维能力，到作品感悟，使学生在阅读视野的不断拓宽中，学会观察生活、捕捉素材、积累经验、主动学习、拥有能力。

第一节　阅读文章　记叙文

　　在本节的阅读文章中，只要你能细心地品读一下，就会从所选的记叙文的篇章里，自然享受：如临其境、如睹其物、如闻其香、如聆其声的真切、深刻的艺术美感。若有体验，请向你最喜欢的朋友说一说，与朋友共同分享。

　　记叙文是以叙述和描写为主要表达方式，用来写人、记事、写景、状物的文章体裁。"时间、地点、人物、事件、起因、结果"是记叙文必备的六要素。

　　记叙文的主要特点：①表达的情意性。②内容的真实性。

　　本节核心知识：阅读写人记事为主的文章，表达、理解，概括其深刻的思想内涵。

一、忆儿时[1]

丰子恺

核心知识

研读导学

　　本文是一篇回忆性的记事散文。作者童年时期最难忘却的三件事是：养蚕、吃蟹、钓鱼。研读文章时，不但要把握作者追忆了哪些内容，还要注意文章记叙的层次顺序、详略安排以及对往事的感慨、议论等，进而探索文章所具有的思想内涵。

一

我回忆儿时，有三件不能忘却的事。

第一件是养蚕。那是我五六岁时，我祖母在日的事。我祖母是一个豪爽而善于享乐的人。不但良辰佳节不肯轻轻放过，就是养蚕，也每年大规模地举行。其实，我长大后才晓得，祖母的养蚕并非专为图利，叶贵的年头常要蚀本[2]，然而她喜欢这暮春的点缀，故每年大规模地举行。我所欢喜的，最初是蚕落地铺。那时我们的三开间的厅上、地上统是蚕，架着经纬的跳板，以便通行及饲叶。蒋五伯挑了担到地里去采叶，我与诸姊跟了去，去吃桑葚。蚕落地铺的时候，桑葚已很紫而甜了，比杨梅好吃得多。我们吃饱之后，又用一张大叶做一只碗，采了一碗桑葚，跟了蒋五伯回来。蒋五伯饲蚕，我就以走跳板为戏乐，常常失足翻落地铺里，压死许多蚕宝宝。祖母忙喊蒋五伯抱我起来，不许我再走。然而这满屋的跳板，像棋盘街一样，又很低，走起来一点不怕，真是有趣。这真是一年一度的难得的乐事！所以虽然祖母禁止，我总是每天要去走。

蚕上山[3]之后，全家静默守护，那时不许小孩子们噪了，我暂时感到沉闷。然而过了几天要采茧，做丝，热闹的空气又浓起来了。我们每年照例请牛桥头七娘娘来做丝。蒋五伯每天买枇杷和软糕来给采茧、做丝、烧火的人吃。大家似乎认为现在是辛苦而有希望的时候，应该享受这点心，都不客气地取食。我也无功受禄地天天吃多量的枇杷与软糕，这又是乐事。

七娘娘做丝休息的时候，捧了水烟筒，伸出她左手上的短少半段的小指给我看，对我说：做丝的时候，丝车后面是万万不可走近去的。她的小指，便是小时候不留心被丝车轴棒轧脱的。她又说："小团团[4]不可走近丝车后面去，只管坐在我身旁，吃枇杷，吃软糕。还有做丝做出来的蚕蛹，叫妈妈油炒一炒，真好吃哩！"然而我始终不要吃蚕蛹，大概是我爸爸和诸姊不要吃的原故[5]。我所乐的，只是那时候家里的非常的空气。日常固定不动的堂窗、长台、八仙椅子，都并叠起，而变成不常见的丝车、匾、缸；又不断地公然地可以吃小食。

丝做好后，蒋五伯口中唱着"要吃枇杷，来年蚕罢"，收拾丝车，恢复一切陈设。我感到一种兴尽的寂寥。然而对于这种变换，倒也觉得新奇而有趣。

现在我回忆这儿时的事，真是常常使我神往！祖母、蒋五伯、七娘娘和诸姊，都像童话里的人物了。且在我看来，他们当时的剧的主人公便是我。何等甜美的回忆！只是这剧的题材，现在我仔细想想觉得不好：养蚕做丝，在生计上原是幸福的，然其本身是数万的生灵的杀虐！所谓饲蚕，是养犯人；所谓缲丝[6]，是施炮烙[7]！原来当时这种欢乐与幸福的背景，是生灵的虐杀！早知如此，我决计不要吃他们的桑葚、枇杷和软糕了。近来读《西青散记》，看到里面有两句仙人的诗句："自织藕丝衫子嫩，可怜辛苦赦春蚕。"安得人间也发明织藕丝的丝车，而尽赦天下的春蚕的性命！

我七岁上祖母死了，我家不复养蚕。不久父亲与诸姊弟相继死亡，家道衰落了，我的幸福的儿时也过去了。因此这件回忆，一面使我永远神往，一面又使我永远忏悔。

二

第二件不能忘却的事，是父亲的中秋赏月，而赏月之乐的中心，在于吃蟹。

我的父亲中了举人之后，科举就废，他无事在家，每天吃酒，看书。他不要吃羊牛猪肉，而欢喜用鱼虾之类。而对于蟹，尤其欢喜。自七八月起直到冬天，父亲平日的晚酌规定吃一只蟹，一碗隔壁豆腐店里买来的开锅热豆腐干。他的晚酌，时间总在黄昏。八仙桌上一盏洋油灯，一把紫砂酒壶，一只盛热豆腐干的碎器盖碗，一把水烟筒，一本书，桌子角上一只端坐的老猫，这印象在我脑中非常深，到现在还可以清楚地浮现出来。我在旁边看，有时他给我一只蟹脚或半块豆腐干。然我欢喜蟹脚。蟹的味道真好，我们五六个姊妹兄弟，都欢喜吃，也是为了父亲欢喜吃的原故。只有母亲与我们相反，欢喜吃肉，而不欢喜又不会吃蟹，吃的时候常常被蟹螯上的刺刺开手指，出血，而且抉剔得很不干净，父亲常常说她是外行。父亲说：吃蟹是风雅的事，吃法也要内行才懂得。先折蟹脚，后开蟹斗……脚上的拳头（即关节）里的肉怎样可以吃干净，脐里的肉怎样可以剔出……脚爪可以当作剔肉的针……蟹上的骨可以拼成一只很好的蝴蝶……父亲吃蟹真是内行，吃得非常干净。所以陈妈妈说："老爷吃下来的蟹壳，真是蟹壳。"

蟹的储藏所，就在天井[8]角里的缸里。经常总养着五六只。到了七夕、七月半、中秋、重阳等节候上，缸里的蟹就满了，那时我们都有得吃，而且每人得吃一大只，或一只半。尤其是中秋一天，兴致更浓。在深黄昏，移桌子到隔壁的白场上的月光下面去吃。更深人静，明月底下只有我们一家的人，恰好围成一桌，此外只有一个供差使的红英坐在旁边。谈笑，看月，他们——父亲和诸姊一直到月落时光，我则半途睡去，与父亲和诸姊不分而散。

这原是为了父亲嗜蟹，以吃蟹为中心而举行的。故这种夜宴，不仅限于中秋，有蟹的节季里的月夜，无端也要举行数次。不过不是良辰佳节，我们少吃一点，有时两人分吃一只。我们都学父亲，剥得很精细，剥出来的肉不是立刻吃的，都积受在蟹斗里，剥完之后，放一点姜醋，拌一拌，就作为下饭的菜，此外没有别的菜了。因为父亲吃菜是很省的，且他说蟹是至味。吃蟹时混吃别的菜肴，是乏味的。我们也学他，半蟹斗的蟹肉，过两碗饭还有余，就可得父亲的称赞，又可以白口吃下余多的蟹肉，所以大家都勉励节省。现在回想那时候，半条蟹腿肉要过两大口饭，这滋味真是好！自父亲死了以后，我不曾再尝这种好滋味。现在，我已经自己做父亲，况且已茹[9]素，当然永远不会再尝这滋味了。唉！儿时欢乐，何等使我神往！

然而这一剧的题材，仍是生灵的杀虐！当时我们一家团圞[10]之乐的背景，是杀生。我曾经做了杀生者的一分子，以承父亲的欢娱。血食，原是数千年来一般人的习惯，然而残杀生灵，尤其是残杀生灵来养自己的生命，快自己的口腹，反求诸人类的初心，总是不自然的，不应该的。文人有赞咏吃蟹的，例如什么"右手持螯，左手持杯"，什么"秋深蟹正肥"，作者读者，均因于习惯，赞叹其风雅。倘质诸初心，杀蟹而持其螯，见蟹肥而起杀心，有什么美，而值得在诗文中赞咏呢？

因此这件回忆，一面使我永远神往，一面又使我永远忏悔。

三

第三件不能忘却的事，是与隔壁豆腐店里的王囝囝的交游，而这交游的中心，在于钓鱼。

那是我十二三岁时的事。隔壁豆腐店里的王囝囝是当时我的小伴侣中的大阿哥。他是独子，他的母亲、祖母和大伯，都很疼爱他，给他很多的钱和玩具，而且每天放任他在外游玩。他家与我家贴邻而居。我家的人们每天赴市，必须经过他家的豆腐店的门口，两家的人们朝夕相见，互相来往。小孩子们也朝夕相见，互相来往。此外他家对于我家似乎还有一种邻人以上的深切的交谊，故他家的人对于我家特别要好，他的祖母常常拿自产的豆腐干、豆腐衣等来送给我父亲下酒。同时在小伴侣中，王囝囝也特别对我要好，他的年纪比我大，气力比我好，生活比我丰富，我们一道游玩的时候，他时时引导我，照顾我，犹似长兄对于幼弟。我们有时就在我家的染坊店里的榻上玩笑，有时相偕出游。他的祖母每次看见我俩一同玩耍，必叮嘱囝囝好好看侍我，勿要相骂。我听人说，他家似乎曾经患难，而我父亲曾经帮他们忙，所以他家大人们吩咐王囝囝照应我。

我起初不会钓鱼，是王囝囝教我的。他叫他大伯买两副钓竿，一副送我，一副他自己用。他到米桶里去捉许多米虫，浸在盛水的罐头里，领了我到木场桥头去钓鱼。他教给我看，先捉起一个米虫来，把钓钩由虫尾穿进，直穿到头部。然后放下水去。他又说："浮珠一动，你要立刻拉，那么钩子拉住鱼的颚，鱼就逃不脱。"我照他所教的试验，果然第一天钓了十几头白条，然而都是他帮我拉钓竿的。

第二天，他手里拿了半罐头扑杀的苍蝇。又来约我去钓鱼。途中他对我说："不一定是米虫，用苍蝇钓鱼更好。鱼欢喜吃苍蝇！"这一天我们钓了一小桶各种的鱼。回家的时候他把鱼桶送到我家里，说他不要。我母亲就叫红英去煎一煎，给我下晚饭。

自此以后，我只管欢喜钓鱼。不一定要王囝囝陪去，自己一人也去钓，又学得了掘蚯蚓来钓鱼的方法。而且钓来的鱼，不仅够自己下晚饭，还可送给店里的人吃，或给猫吃。我记得这时候我的热心钓鱼，不仅出于游戏欲，又有几分功利的兴味在内。有三四个夏季，我热心于钓鱼，给母亲省了不少的菜蔬钱。

后来我长大了，赴他乡入学，不复有钓鱼的工夫。但在书中常常读到赞咏钓鱼的文句，例如什么"独钓寒江雪"[11]，什么"羊裘钓叟"[12]，什么"渔樵度此身"[13]，才知道钓鱼原来是很高雅的事。后来又晓得有所谓"游钓之地"的美名称，是形容人的故乡的。我大受其煽惑，为之大发牢骚。我想："钓确是雅的，我的故乡，确是我的游钓之地，确是可怀的故乡。"

但是现在想想，不幸而这题材也是生灵的杀虐！王囝囝所照应我的，是教我杀米虫，杀苍蝇，以诱杀许多的鱼。所谓"羊裘钓叟"，其实是一个穿羊裘的鱼的诱杀者；所谓"游钓之地"，其实就是小时候谋杀鱼的地方，想起了应使人寒栗，还有什么高雅，什么可恋呢？

"杀"，不拘杀什么，总是不祥的。我相信，人的吃荤腥，都是掩耳盗铃。如果眼看见猪的受屠，一定咽不下一筷肉丝。杀人的五卅事件[14]足以动人的公愤，而杀蚕、杀蟹、杀鱼反可有助人的欢娱，同为生灵的人与蚕、蟹、鱼的生命的价值相去何远呢？

我的黄金时代很短，可怀念的又只有这三件事。不幸而都是杀生取乐，都使我永远忏悔。

---

[1] 选自《缘缘堂随笔》（人民文学出版社 2000 年版）。文字有删改。丰子恺（1898—1975），浙江桐乡人，现代画家、文学家、美术和音乐教育家。[2]［蚀本］赔本儿。[3]［上山］指蚕上蔟（cù）。蚕发育到一定时期，停止吃东西，爬到蔟上吐丝做茧，叫"上蔟"。[4]［囝（nān）囝］对小孩儿的亲热称呼。[5]［原故］同"缘故"。[6]［缫（sāo）丝］把蚕茧浸在热水里，抽出蚕丝。[7]［炮烙（páo luò）］商代的一种酷刑。[8]［天井］宅院中房子和房子或房子和院墙所围成的露天空地。[9]［茹（rú）］吃。[10]［团圞（luán）］团圆，团聚。[11]［独钓寒江雪］柳宗元《江雪》诗中的句子。[12]［羊裘钓叟］东汉严光曾与刘秀同学。刘秀即帝位，他不肯应召为官，改名隐居，披羊裘钓泽中。[13]［渔樵度此身］意思是过一辈子隐居生活。渔樵，捕鱼和打柴，指代隐居。[14]［五卅（sà）事件］1925 年 5 月 15 日，上海日本纱厂资本家枪杀工人顾正红，打伤工人十余人，激起全市工人、学生和市民的愤怒。30 日，上海学生 2000 余人，在租界内宣传声援工人，号召收回租界，被英国帝国主义逮捕 100 多人，随后群众万余人集会抗议，又遭到英国巡捕开枪屠杀，死十余人，伤无数，又称"五卅惨案"。

七彩天空

【荷钱碧波】

岁月流失，童年已逝。长大后的你，或许早已将儿时的瞬间记忆悄悄封起。可是，谁又会忘记童年的回忆！吟唱着童谣，仿佛又踏上了梦幻般外婆的故事桥。

"池塘边的榕树上，知了在声声叫着夏天；操场边的秋千上，只有蝴蝶停在上面"。

"黑板上老师的粉笔，还在拼命唧唧喳喳写个不停，等待着下课，等待着放学，等待游戏的童年"。

"总是要等到睡觉前才知道功课只做了一点点，总是要等到考试后才知道，该念的书都没有念"。

"一寸光阴一寸金，老师说过寸金难买寸光阴，一天又一天，一年又一年，迷迷糊糊的童年。"

"当可爱的童年变成一张张相片，我不知不觉学会了怀念。哪个孩子会珍惜自己的童年，懂得珍惜已过了多年。"

正如荷花美好，历来被诗人墨客称道，而小荷钱的碧波点点，虽也油嫩新绿，充满生机，却常遭世人冷眼的境遇一般，许多孩子童年的美好时光，在大人们的忙碌和忽略中转瞬即逝了！

如果我们都能去留意、观赏碧波中的小小荷钱，即便花开花落，亦是无悔的童年！

亲爱的同学们：请打开你尘封的记忆，在罗大佑的一首《童年》的相伴中，去重温你童年的美好时光吧！

小 结

《忆儿时》是一篇回忆性的记事散文，作者主要回忆了"养蚕、吃蟹、钓鱼"三件事，留下了"永远神往，永远忏悔"的深刻记忆。

双核训练

一、填空题

1. 本文选自《_____》作者 _____ 现代 _____ 家、_____ 家。

2. 这是一篇 _____ 散文，写了童年不能忘却的 _____、_____、_____、三件事。

3. 请给"炮烙"注音_____。

4. "独钓寒江雪"的诗句作者是_____，出自《_____》。

二、思考题

想一想：作者为什么选择了儿时这样的三件事来写？

 **学习指引**

有兴趣可以选读教材"附录"散文内容。

二、《腊八粥》

冰 心

核心知识

自学提示

本文仅有千字，但清新隽秀，你是否有读而不厌之感。阅读课文，理解内涵。

"泣然地低下头"和"一同剥花生"两个动作，表现了作者怎样的心情？这样结尾，含蓄隽永，回味无穷。

从我能记事的日子起，我就记得每年十二月初八，母亲给我们煮腊八粥。

这腊八粥是用糯米、红糖和 18 种干果掺在一起煮成的。干果里大的有红枣、桂圆、核桃、白果、杏仁、栗子、花生、葡萄干等等，小的有各种豆子和芝麻之类，吃起来十分香甜可口。母亲每年都是煮一大锅，不但合家大小都吃到了，有多的还分送给邻居和亲友。

母亲说：这腊八粥本来是佛教寺煮来供佛的—18 种干果象征着十八罗汉，后来这风俗便在民间通行，因为借此机会，清理橱柜，把这些剩余杂果，煮给孩子吃，也是节约的好办法。最后，她叹一口气说："我的母亲是腊八这一天逝世的，那时我只有 14 岁。我伏在她身上痛哭之后，赶忙到厨房去给父亲和哥哥做早饭，还看见灶上摆着一小锅她昨天煮好的腊八粥，现在我每年还煮这腊八粥，不是为了供佛，而是为了纪念我的母亲。"

我的母亲是 1930 年 1 月 7 日逝世的，正巧那天也是农历腊八！那时我已有了自己的家，为了纪念我的母亲，我也每年在这一天煮腊八粥。虽然我凑不上 18 种干果，但是孩子们也还是爱吃的。抗战后南北迁徙，有时还在国外，尤其是最近的 10 年，我们几乎连个"家"都没有，也就把"腊八"这个日子淡忘了。

今年"腊八"这一天早晨，我偶然看见我的第三代几个孩子，围在桌旁边，在洗红枣，剥花生，看见我来了，都抬起头来说："姥姥，以后我们每年还煮腊八粥吃吧！妈妈说这腊八粥可好吃啦。您从前是每年都煮的。"我笑了，心想这些孩子们真馋。我说："那是你们妈妈小时候的事情了。在抗战的时候，难得吃到一点甜食，吃腊八粥就成了大典。现在为什么还找这个麻烦？"

他们彼此对看了一下，低下头去，一个孩子轻轻地说："妈妈和姨妈说，您母亲为了纪念她的母亲，就每年煮腊八粥，您为了纪念您的母亲，也每年煮腊八粥。现在我们为了纪念我们敬爱的周总理，周爷爷，我们也要每年煮腊八粥！这些红枣、花生、栗子和我们能凑来的各种豆子，不是代表十八罗汉，而是象征着我们这一代准备走上各条战线的中国少年，大家紧紧地、融洽地、甜甜蜜蜜地团结在一起……"他一面从口袋里掏出一小张叠得很平整的小日历纸，在 1976 年 1 月 8 日的下面，印着"农历乙卯年十二月八日"字样。他把这张小纸送到我眼前说："您看，这是妈妈保留下来的。周爷爷的忌辰，就是腊八！"

我没有说什么，只泫然地低下头去，和他们一同剥起花生来。

隐形翅膀

【民俗腊八】

腊八节，在农历十二月初八日。腊八也是佛祖成道节，据传释迦牟尼便在十二月八日得道成佛。

腊八这一天有吃腊八粥的习俗，腊八粥也叫七宝五味粥。我国喝腊八粥的历史，已有 1000 多年。最早开始于宋代。每逢腊八这一天，不论是朝廷、官府、寺院，还是黎民百姓家，都要做腊八粥。到了清朝，喝腊八粥的风俗更是盛行。

人们在腊月初七的晚上，就开始忙碌起来，洗米、泡果、剥皮、去核、精拣；然后，在半夜时分开始煮，用微火炖，一直炖到第二天的清晨，腊八粥才算熬好了。更为讲究的人家，还要先将果子雕刻成人形、动物、花样，再放到锅中煮。比较有特色的，就是在腊八粥中放上果狮。果狮是用几种果子做成的狮形物，用剔去枣核，烤干的脆枣作狮身，半个核桃仁作狮头，桃仁作狮脚，甜杏仁用来作狮子尾巴。然后用糖黏在一起，放在粥碗里，活像头小狮子。如果碗较大，可以摆上双狮或是四头小狮子。再讲究的，就是用枣泥、豆沙、山药、山楂糕等，具有各种颜色的食物，捏成八仙人、老寿星、罗汉像。这种装饰的腊八粥，只有在以前大寺庙的供桌上，才可以见到。

腊八粥熬好之后，先要敬神祭祖；再赠送亲友，而且，一定要在中午之前送出去，最后才是全家人食用。如果把粥送给穷苦的人吃，那更是为自己积德。腊八这一天，除了祭祖敬神外，还有悼念亡国、寄托哀思的含义。

双核训练

一、填空题

1.《腊八粥》的作者_____，原名叫_____。

2. 作者煮"腊八粥"是为纪念_____，孩子们也煮是为了_____。

3. 周总理的忌辰是（_____年_____月_____日）。

二、小思考

1."红枣、花生、栗子……"等，在孩子的眼里，象征着什么？

2. 概述本文的思想内涵。

三、妈 妈[1]

乔典运

核心知识

研读导学

本文是一篇以写人为主的记叙文。写人离不开记事。通过食堂掌勺、躺椅风波、儿子当选县长几件事的记叙，一位淳朴、善良、厚道、公平、实在的母亲形象跃然纸上。研读时注意作者在塑造母亲形象时，哪些事件是详写的，哪些事件是略写的。

她是一位极普通的农村大娘，没有过轰轰烈烈的业绩，连救助别人的好事也很少做过。她太穷了，实在无力去接济别人，只有陪着流眼泪的人流眼泪。每逢有人讲自己如何英雄如何舍己为人时，她就会想起某年某月某日，一个要饭的来到自己门口，锅里没有一口饭，屋里没有一把米，没有东西打发人家。想起这些她就脸红，叹气，觉着自己活得不像个人。村里人可不这样看她，都说只有她才是个真善人。吃食堂时，大家选她打饭，掌握勺叉。一天三两二两粮食，有时一两半两，分成三顿，又分到每勺里能有几粒糁子？掌勺的要想对你好，从锅里猛地捞一勺，便稠的多稀的少，不管别人死不死保你活着。要想坑你，从上面给你撇一勺，便全是清水没有稠的，别人活不活保你得死。她不，不论给谁打饭，打之前都要先把锅咕咚咕咚搅搅，搅匀了再打，人们喝到碗底比比，沉在下边的糁[2]子都差不多。社员们都说她好，承她的情，她不领情，她问："我给你多打了吗？"有的干部们去打饭，叫她别搅从锅底盛，她装做没听见，她照样搅，便说她是瞎子，她不认账，她又问："给你少打了？"后来批她斗她，说她不分好人坏人，不分敌人自己人，没有立场，没有觉悟，叫她检查，她怯怯地说："我想想……"逼问她想什么？她喃喃地说："我想都是人！"

她有几个孩子，是用奶水汗水泪水养育大的。别的人家给儿女们痛说家史，说老的吃了多少多少苦，受了多大多大罪，他们才得活命才有今天，叫儿女们铭记在心，别忘了报答父母的大恩大德。她不，虽然吃的苦受的罪比别人大一百倍，但她从来不给孩子们讲这些，她心里没想过叫孩子们报恩。孩子们叫她也讲讲。她指指院里树上的鸟窝说："鸟还喂子哩，当妈的不该养活孩子？"

她不讲，孩子们格外孝顺她。孩子们长大了，工作了，当官了，她还是照老样子生活，吃平常吃的饭，穿平常穿的衣，做平常做的活儿，说平常说的话，只是对乡亲们格外亲近几分。乡亲们说她好，不像有的人孩子在外边干个芝麻子大的事就烧不及了。她说："有啥烧，怕还怕不及哩。"她这是心里话，她怕孩子们当了官就变了，不像个人了。

一次，儿子捎回来一张竹子做的躺椅，她看了很不高兴，说："买个这干啥？"

儿子表白道："你上岁数了，有时候累了坐坐躺躺方便些。"

她说："我不要，想坐了有小椅，想躺了有床，你拿走！"

儿子很为难，解释说这是最低档次的东西，不算个什么。她说："别看左邻右舍只隔个山墙，我只要躺下去大腿往二腿上一跷，马上就变成十里八里远了，谁还和咱来往？"

在她的坚持下，儿子只好把躺椅又拿走了。

过了几年，一天人们来给她报喜，说县里开人代会，她的儿子选上县长了。她没喜，心里倒像突然塞了块石头，他怎么能当县长？他会当吗？一天里捎了三趟信叫儿子回来。儿子以为出了什么事，散会后半夜赶回家里，见妈好好的，就急切地问："妈，有啥事？"

她叫他坐下，怀疑地问："听说你当县长了，真的？"

儿子说："真的。"

"你能干得了吗？"

"这——"儿子笑笑不知怎样回答。

"这可不是玩的，你要觉着自己没这个能耐，赶紧回去给上级说说辞了，别误了公家的大事！"她说得十分恳切，看着他。

"我学着当，尽量当好。"他看看她眼睛里的焦急不安，便低下头不敢再看了。

这天夜里，娘俩睡在一起。他睡着了，她可没睡着，她一直想到天明，想些什么她也说不清了。

儿子要走了，问："妈，还有啥事没有？"

"妈没能耐，你们从小跟着妈没享过妈的一天福。"她突然双手拉住了儿子，眼泪扑扑嗒嗒流下来，呜咽着说："你当县长了，妈也不求享你的福，妈只求你一件事，别叫人们提着你的名字骂你妈，行吗？"

"妈!"他不由也流下了眼泪,心里好酸,说:"妈,我报答不了你的恩情,要再叫人家骂你,我还算你的儿子吗!"

他走了,去当县长了。妈的话片刻不停地伴着他,一年一年地过去了,人们都说他是个好县长。每当他听到颂扬之词时,他就想,我真是这么好吗?小心,别叫人背地里骂我妈妈。于是,他就更加严格地要求自己,时时检点自己的一举一动,工作做得更好了,对群众更亲近了。

人们只知道他好,不知道他有个好妈妈,没有人颂扬过她。

---

[1] 本文选自 1993 年 3 期《散文选刊》(河南)。乔典运(1929—1997),河南西峡人。专业作家,代表作有《村魂》、《美人泪》、《满票》等。[2]〔糁(sǎn)〕〈方〉米饭粒儿。

【再叫一声妈妈】

如果前世没有约定,今生你怎么会给我一个家。如果今生真有缘分,你的心怎么会留下我的伤疤。当所有的日子在温暖中融化,为什么爱偏偏要在风雨中长大?如果来生还有可能,我还要你牵着我的手走进这个家!如果来生还有可能,我还要一万次地喊出同样一句话:妈妈,让我再叫你一声妈妈……

让我们展开岁月的长卷,拂去历史的烟尘,去感触这人间的真情,去解读母爱的缠绵。让我们给予母亲更多的关怀,让我们对天下母亲深情地道出"祝您一生平安"的真言!

另一扇窗

小　结

文中的妈妈是位极普通的不凡之人。尽管平时她从没说过豪言壮语,也没有过突出的表现,但却在生活中自然地流露出宽以待人,严于律己极朴素的思想品格。

双核训练

一、填空题

1. 文中描写的妈妈的品质是＿＿＿＿＿＿＿＿＿＿＿＿。

2. 指出课文中的细节描写,体会其作用＿＿＿＿＿＿＿＿＿＿＿＿。

3. 请给"糁"字注音＿＿＿＿＿＿＿。

二、思考题

学习本文后,你感受最深的是什么?

学习指引

如果同学们余兴未尽，就请阅读高尔基的《母亲》吧。

四、记念刘和珍君[1]

鲁 迅

核心知识

研读导学

本文是一篇纪念性文章。这类文章通常从介绍人物生平事迹写起，而本文却独辟蹊径，从追悼会落笔。作者怀着对被害学生的沉痛悼念和对反动派的强烈愤慨，融叙述、描写、议论、抒情于一炉。研读文章时，注意分析哪些章节偏重叙事、议论，哪些叙事、议论、抒情穿插使用。另外还要注意体会文章凝练、含蓄、深邃、犀利的语言风格所透露的阳刚之美。

一

中华民国十五年[2]三月二十五日，就是国立北京女子师范大学为十八日在段祺瑞执政府[3]前遇害的刘和珍杨德群[4]两君开追悼会的那一天，我独在礼堂外徘徊，遇见程君[5]，前来问我道，"先生可曾为刘和珍写了一点什么没有？"我说"没有"。她就正告我，"先生还是写一点罢；刘和珍生前就很爱看先生的文章。"

这是我知道的，凡我所编辑的期刊，大概是因为往往有始无终之故罢，销行一向就甚为寥落[6]，然而在这样的生活艰难中，毅然预定了《莽原》[7]全年的就有她。我也早觉得有写一点东西的必要了，这虽然于死者毫不相干，但在生者，却大抵只能如此而已。倘使我能够相信真有所谓"在天之灵"，那自然可以得到更大安慰，——但是，现在，却只能如此而已。

可是我实在无话可说。我只觉得所住的并非人间。四十多个青年的血，洋溢在我的周围，使我艰于呼吸视听，那[8]里还能有什么言语？长歌当哭[9]，是必须在痛定之后的。而此后几个所谓学者文人的阴险的论调[10]，尤使我觉得悲哀。我已经出离[11]愤怒了。我将深味[12]这非人间的浓黑的悲凉；以我的最大哀痛显示于非人间，使它们快意于我的苦痛，就将这作为后死者的菲薄[13]的祭品，奉献于逝者的灵前。

二

真的猛士，敢于直面惨淡的人生[14]，敢于正视淋漓的鲜血。这是怎样的哀痛者和幸福者？然而造化[15]又常常为庸人设计，以时间的流驶，来洗涤旧迹，仅使留下淡红的血色和微漠的悲哀。在这淡红的血色和微漠[16]的悲哀中，又给人暂得偷生，维持着这似人非人的世界。我不知道这样的世界何时是一个尽头！

我们还在这样的世上活着；我也早觉得有写一点东西的必要了。离三月十八日也已有两星期，忘却的救主快要降临了罢[17]，我正有写一点东西的必要了。

三

在四十余被害的青年之中，刘和珍君是我的学生。学生云者[18]，我向来这样想，这样说，现在却觉得有些踌躇了，我应该对她奉献我的悲哀与尊敬。她不是"苟活到现在的我"的学生，是为了中国而死的中国的青年。

她的姓名第一次为我所见，是在去年夏初杨荫榆[19]女士做女子师范大学校长，开除校中六个学生自治会职员的时候。其中的一个就是她；但是我不认识。直到后来，也许已经是刘百昭率领男女武将，强拖出校[20]之后了，才有人指着一个学生告诉我，说：这就是刘和珍。其时我才能将姓名和实体联合起来，心中却暗自诧异。我平素想，能够不为势利所屈，反抗一广有羽翼[21]的校长的学生，无论如何，总该是有些桀骜[22]锋利的，但她却常常微笑着，态度很温和。待到偏安于宗帽胡同，赁屋授课[23]之后，她才始来听我的讲义，于是见面的回数就较多了，也还是始终微笑着，态度很温和。待到学校恢复旧观[24]，往日的教职员以为责任已尽，准备陆续引退[25]的时候，我才见她虑及母校前途，黯然[26]至于泣下。此后似乎就不相见。总之，在我的记忆上，那一次就是永别了。

四

我在十八日早晨，才知道上午有群众向执政府请愿的事；下午便得到噩耗，说卫队居然开枪，死伤至数百人，而刘和珍君即在遇害者之列。但我对于这些传说，竟至于颇为怀疑。我向来是不惮以最坏的恶意，来推测中国人的，然而我还不料，也不信竟会下劣凶残到这地步。况且始终微笑着的和蔼的刘和珍君，更何至于无端在府门前喋血[27]呢？

然而即日证明是事实了，作证的便是她自己的尸骸。还有一具，是杨德群君的。而且又证明着这不但是杀害，简直是虐杀，因为身体上还有棍棒的伤痕。

但段政府就有令，说她们是"暴徒"！

但接着就有流言，说她们是受人利用的。

惨象，已使我目不忍视了；流言，尤使我耳不忍闻。我还有什么话可说呢？我懂得衰亡民族之所以默无声息的缘由了。沉默啊，沉默啊！不在沉默中爆发，就在沉默中灭亡。

五

但是，我还有要说的话。

我没有亲见；听说，她，刘和珍君，那时是欣然前往的。自然，请愿而已，稍有人心者，谁也不会料到有这样的罗网[28]。但竟在执政府前中弹了，从背部入，斜穿心肺，已是致命的创伤，只是没有便死。同去的张静淑[29]君想扶起她，中了四弹，其一是手枪，立仆[30]；同去的杨德群君又想去扶起她，也被击，弹从左肩入，穿胸偏右出，也立仆。但她还能坐起来，一个兵在她头部及胸部猛击两棍，于是死掉了。

始终微笑的和蔼的刘和珍君确是死掉了，这是真的，有她自己的尸骸为证；沉勇而友爱的杨德群君也死掉了，有她自己的尸骸为证；只有一样沉勇[31]而友爱的张静淑君还在医院里呻吟。当三个女子从容地转辗于文明人所发明的枪弹的攒射中的时候，这是怎样的一个惊心动魄的伟大呵！中国军人的屠戮妇婴的伟绩，八国联军的惩创[32]学生的武功，不幸全被这几缕血痕抹杀了。

但是中外的杀人者却居然昂起头来，不知道个个脸上有着血污……

六

时间永是流驶，街市依旧太平，有限的几个生命，在中国是不算什么的，至多，不过供无恶意的闲人[33]以饭后的谈资，或者给有恶意的闲人[34]作"流言"的种子。至于此外的深的意义，我总觉得很寥寥，因为这实在不过是徒手的请愿。人类的血战前行的历史[35]，正如煤的形成，当时用大量的木材，结果却只是一小块，但请愿是不在其中的[36]，更何况是徒手。

然而既然有了血痕了，当然不觉要扩大。至少，也当浸渍[37]了亲族，师友，爱人的心，纵使时光流驶，洗成绯红，也会在微漠的悲哀中永存微笑的和蔼的旧影。陶潜说过，"亲戚或余悲，他人亦已歌，死去何所道，托体同山阿[38]。"倘能如此，这也就够了。

七

我已经说过：我向来是不惮以最坏的恶意来推测中国人的。但这回却很有几点出于我的意外。一是当局者竟会这样地凶残，一是流言家竟至如此之下劣，一是中国的女性临难竟能如是之从容。

我目睹中国女子的办事，是始于去年的，虽然是少数，但看那干练坚决，百折不回的气概，曾经屡次为之感叹。至于这一回在弹雨中互相救助，虽殒身不恤[39]的事实，则更足为中国女子的勇毅，虽遭阴谋秘计，压抑至数千年，而终于没有消亡的明证了。倘要寻求这一次死伤者对于将来的意义，意义就在此罢。

　　苟活者在淡红的血色中，会依稀看见微茫的希望；真的猛士，将更奋然而前行。

　　呜呼，我说不出话，但以此记念刘和珍君！

四月一日

---

[1] 选自《华盖集续编》（《鲁迅全集》第三卷，人民文学出版社 1981 年版）。1926 年 3 月，奉系军阀在日本帝国主义支持下进兵关内，冯玉祥率领的国民军同奉军作战。日本帝国主义公开援助奉军，派军舰驶入大沽口，炮击国民军。国民军开炮还击。日本帝国主义纠集英、美、法、意、荷、比、西等国驻北京公使，借口维护八国联军入侵时与清廷签订的《辛丑条约》，提出种种无理条件，并且在天津附近集中各国军队，准备武力进攻。3 月 18 日，北京人民为了反对帝国主义侵犯我国主权，在天安门前集会抗议，会后到执政府前请愿。段祺瑞竟命令卫兵向请愿群众开枪，并用大刀铁棍追打砍杀，打死打伤 200 余人，制造了屠杀爱国人民的"三一八"惨案。刘和珍等都是在当时遇害的。记念，现在写作"纪念"。刘和珍，江西南昌人，北京女子师范大学英文系学生，学生自治会主席，遇害时年仅 22 岁。[2] [中华民国十五年] 1926 年。[3] [段祺瑞执政府] 1924 年第二次"直奉战争"，直系军阀失败，奉系军阀推段祺瑞为北洋政府"临时执政"。段祺瑞（1865—1936），北洋军阀皖系首领，曾经几度把持北洋军阀的中央政权，1926 年 4 月被冯玉祥驱逐下台。[4] [杨德群] 湖南湘阴人，北京女子师范大学国文系预科学生，遇害时年仅 24 岁。[5] [程君] 指程毅志，湖北孝感人，北京女子师范大学教育系学生。[6] [寥落] 稀少。[7]《莽原》鲁迅编辑的一种文艺刊物。[8] [那] 这里表示反问，现在写作"哪"。[9] [长歌当（dàng）哭] 意思是用写文章来代替哭泣。长歌，引吭高歌，这里指写文章。当，当做。[10] [几个所谓学者文人的阴险的论调] 几个所谓学者文人指陈西滢等。陈西滢在 3 月 27 日出版的《现代评论》上发表一篇评论"三一八"惨案的《闲话》，污蔑遇害的爱国学生"莫名其妙"，"没有身判力"，因而盲目的被人引入"死地"，并且把杀人责任推到他所说的"民众领袖"身上，说他们"犯了故意引人去死的嫌疑"。鲁迅在《死地》一文中说："但各种评论中，我觉得有一些比刀枪更可以惊心动魄者在。这就是几个论客，以为学生们本不应当自蹈死地，前去送死的。"[11] [出离] 超出。[12] [深味] 深深地体会。[13] [菲薄] 这里是微薄的意思。[14] [直面惨淡的人生] 面对着反动派统治下悲惨凄凉的黑暗现实。"直面"，和下句的"正视"，都表示正面注视、决不回避的意思。[15] [造化] 指自然界。[16] [微漠] 依稀，淡薄。[17] [忘却的救主快要降临了罢] 这是讽刺的说法。意思是有些人快要忘记这件事了吧。忘却的救主，使人忘却的神。[18] [云者] 助词，表示提顿，以引起下文。[19] [杨荫榆] 江苏无锡人。1924 年开始任国立北京女子师范大学校长，依附北洋军阀势力，迫害进步学生，镇压学生运动。后因参加抗日活动，被日军杀害。[20] [刘百昭率领男女武将，强拖出校] 刘百昭，当时任教育部专门教育司司长兼北京艺术专门学校校长。北京女子师范大学学生反对校长杨荫榆，教育总长章士钊派亲信刘百昭雇用男女流氓打学生，并把学生强行拖出学校。[21] [广有羽翼] 到处都有帮凶。羽翼，鸟的翅膀，这里指帮凶。[22] [桀骜（ào）] 形容性情倔强。骜，不顺从。[23] [偏安于宗帽胡同，赁屋授课] 反对杨荫榆的北京女子师范大学学生被赶出学校后，在西城宗帽胡同租赁房屋作为临时校舍，于 1925 年 9 月 21 日开学。当时鲁迅和一些进步教师曾去义务教课，表示支持。偏安，这里的意思是被迫离开原来的地方，暂居宗帽胡同。赁，租借。[24] [学校恢复旧观] 指北京女子师范大学复校。[25] [引退] 辞去官职。这里是告退的意思。[26] [黯然] 忧伤的样子。[27] [喋（dié）血] 流血满地。喋，血流出来的样子。[28] [这样的罗网] 鲁迅在《可惨与可笑》一文中指出："三月十八日的惨杀事件，在事后看来，分明是政府布成的罗网。"在《空谈》一文中指出："四十七个男女青年的生命，完全是被骗取的，简直是诱杀。"[29] [张静淑] 湖南长沙人，北京女子师范大学教育系学生。受伤后经医治，幸得未死。

[30]〔立仆（pū）〕立刻倒下。[31]〔沉勇〕沉着而勇敢。[32]〔惩创（chuāng）〕惩罚，惩治。[33]〔无恶意的闲人〕指一般庸俗的市民。[34]〔有恶意的闲人〕指陈西滢之流。[35]〔人类的血战前行的历史〕人类社会在流血斗争中发展的历史。[36]〔但请愿是不在其中的〕为了积聚革命的力量，以有限的代价去换取更大的胜利，鲁迅是不主张采用向反动派请愿这种方式的。参看他在作《记念刘和珍君》后第二天写的《空谈》一文。[37]〔浸渍（zì）〕浸润，渗透。[38]〔亲戚或余悲……托体同山阿（ē）〕这是陶潜所作的《挽歌》中的四句。鲁迅在这里引用这首诗，有青山埋忠骨之意，寄托了愿死者与青山同在的深挚感情，山阿，山陵。[39]〔殒（yǔn）身不恤〕牺牲生命也不顾惜。殒，死亡。恤，顾虑。

相关信息

【刘和珍其人】

刘和珍（1904—1926）女，江西南昌人。出生于贫民，从小养成吃苦耐劳、好学上进的品德。1918年秋以优异成绩考入南昌女子师范学校。时值"五四"运动前夕，她受到革命思潮影响，经常阅读《新青年》等进步书刊，认识到新的女性，肩负着改造旧中国、旧制度的责任，积极投身于反帝、反封建的实践之中。"五四"运动爆发以后，她不顾学校当局的阻挠，奔走呼号，组织同学走上街头讲演，抵制日货，开始了她的革命生涯。

1923年秋，刘和珍考入国立北京女子高等师范预科，后升入该校英语系。学习期间，她经常到北京大学旁听李大钊讲授的"社会学"、"女权运动史"等课程，回校后广为传播。她也是鲁迅先生作品的忠实读者。由于她思想进步，成绩优异，善于团结同学，深受同学们的尊敬和信赖，被大家推选为学生自治会主席。刘和珍烈士牺牲时年仅22岁。

小 结

1. 本文综合运用了几种表达方式。请体会作者激越的情感与犀利的文笔。

2. 加深理解"真的猛士……幸福者"和"惨象已使……灭亡"语句的含义。

双核训练

一、填空题

《记念刘和珍君》选自《＿＿＿＿》。作者是＿＿＿＿，原名＿＿＿＿。

二、阅读下列语句，思考分析问题

1. 凡我所编辑的期刊，大概是因为往往有始无终之故罢，销行一向就甚为寥落，然而在这样的生活艰难中，毅然预定了《莽原》全年的就有她。

2. 待到学校恢复旧观，往日的教职员工以为责任已尽，准备陆续引退的时候，我才见她虑及母校前途，黯然至于泣下。

3. 我没有亲见；听说，她，刘和珍君，那时是欣然前往的。

（1）解释词语：毅然　黯然　欣然

（2）根据以上提供的材料，分析刘和珍的思想及性格特点。

五、我很重要[1]

毕淑敏

核心知识

自读提示

对于一株新生的树苗，每一片叶子都很重要。对于一个孕育中的胚胎，每一段染色体碎片都很重要。甚至驰骋寰宇的航天飞机，也可以因为一个橡皮密封圈的疏漏而凌空爆炸——你能说它不重要吗？人们常常从成就事业的角度，断定我们是否重要。但我要说，只要我们时刻努力着，为光明在奋斗着。我们就是在无比重要的生活着。让我们昂起头，对着我们这颗美丽的星球上无数的生灵，响亮地宣布——我很重要。毕淑敏有一种把对于人的关怀和热情悲悯化为冷静处方的集道德、文学、科学于一体的思维方式、写作方式与行为方式。善良与冷静，像孪生姐妹一样地时刻跟着她的笔端……

我说出"我很重要"这句话的时候，颈项后面掠过一阵战栗。我知道这是把自己的额头裸露在弓箭之下了，心灵极容易被别人的批判洞伤。许多年来，没有人敢在光天化日之下表示自己"很重要"。我们从小受到的教育都是——"我不重要"。

作为一名普通士兵，与辉煌的胜利相比，我不重要。

作为一个单薄的个体，与浑厚的集体相比，我不重要。

作为一位奉献型的女性，与整个家庭相比，我不重要。

作为随处可见的人的一分子，与宝贵的物质相比，我们不重要。

我们——简明扼要地说，就是每一个单独的"我"——到底重要还是不重要？

我是由无数星辰日月草木山川的精华汇聚而成的。只要计算一下我们一生吃进去多少谷物，饮下了多少清水，才凝聚成一具美轮美奂的躯体，我们一定会为那数字的庞大而惊讶。平日里，我们尚要珍惜一粒米、一叶菜，难道可以对亿万粒菽粟亿万滴甘露濡养出的万物之灵，掉以丝毫的轻心吗？

当我在博物馆里看到北京猿人窄小的额和前凸的嘴时，我为人类原始时期的粗糙而黯然。他们精心打制出的石器，用今天的目光看来不过是极简单的玩具。如今很幼小的孩童，就能熟练地操纵语言，我们才意识到已经在进化之路上前进了多远。我们的头颅就是一部历史，无数祖先进步的痕迹储存于脑海深处。我们是一株亿万年苍老树干上最新萌发的绿叶，不单属于自身，更属于土地。人类的精神之火，是连绵不断的链条，作为精致的一环，我们否认了自身的重要，就是推卸了一种神圣的承诺。

回溯我们诞生的过程，两组生命基因的嵌合，更是充满了人所不能把握的偶然性。我们每一个个体，都是机遇的产物。

常常遥想，如果是另一个男人和另一个女人，就绝不会有今天的我……

即使是这一个男人和这一个女人，如果换了一个时辰相爱，也不会有此刻的我……

即使是这一个男人和这一个女人在这一个时辰，由于一片小小落叶或是清脆鸟啼的打搅，依然可能不会有如此的我……

一种令人怅然以至走入恐惧的想象，像雾霭一般不可避免地缓缓升起，模糊了我们的来路和去处，令人不得不断然打住思绪。

我们的生命，端坐于概率垒就的金字塔的顶端。面对大自然的鬼斧神工[2]，我们还有权利和资格说我不重要吗？

对于我们的父母，我们永远是不可重复的孤本。无论他们有多少儿女，我们都是独特的一个。

假如我不存在了，他们就空留一份慈爱，在风中蛛丝般飘荡。

假如我生了病，他们的心就会皱缩成石块，无数次向上苍祈祷我的康复，甚至愿灾痛以十倍的烈度降临于他们自身，以换取我的平安。

我的每一滴成功，都如同经过放大镜，进入他们的瞳孔，摄入他们心底。

假如我们先他们而去，他们的白发会从日出垂到日暮，他们的泪水会使太平洋为之涨潮。面对这无法承载的亲情，我们还敢说我不重要吗？

我们的记忆，同自己的伴侣紧密地缠绕在一处，像两种混淆于一碟的颜色，已无法分开。你原先是黄，我原先是蓝，我们共同的颜色是绿，绿得生机勃勃，绿得苍翠欲滴。失去了妻子的男人，胸口就缺少了生死攸关的肋骨，心房裸露着，随着每一阵轻风滴血。失去了丈夫的女人，就是齐斩斩折断的琴弦，每一根都在雨夜长久地自鸣……面对相濡以沫的同道，我们忍心说我不重要吗？

俯对我们的孩童，我们是至高至尊的唯一。我们是他们最初的宇宙，我们是深不可测的海洋。假如我们隐去，孩子就永失淳厚无双的血缘之爱，天倾东南，地陷西北，万劫不复。盘子破裂可以粘起，童年碎

了，永不复原。伤口流血了，没有母亲的手为他包扎。面临抉择，没有
父亲的智慧为他谋略……面对后代，我们有胆量说我不重要吗？

与朋友相处，多年的相知，使我们仅凭一个微蹙的[3]眉尖、一次睫
毛的抖动，就可以明了对方的心情。假如我不在了，就像计算机丢失了
一份不曾复制的文件，他的记忆库里留下不可填补的黑洞。夜深人静
时，手指在揿了几个电话键码后，骤然停住，那一串数字再也用不着默
诵了。逢年过节时，她写下一沓沓[4]的贺卡。轮到我的地址时，她闭上
眼睛……许久之后，她将一张没有地址只有姓名的贺卡填好，在无人的
风口将它焚化。

相交多年的密友，就如同沙漠中的古陶，摔碎一件就少一件，再也
找不到一模一样的成品。面对这般友情，我们还好意思说我不重要吗？

我很重要。

我对于我的工作我的事业，是不可或缺的主宰。我的独出心裁的创
意，像鸽群一般在天空翱翔，只有我才捉得住它们的羽毛。我的设想像
珍珠一般散落在海滩上，等待着我把它用金线串起。我的意志向前延
伸，直到地平线消失的远方……没有人能替代我，就像我不能替代
别人。

我很重要。

我对自己小声说。我还不习惯嘹亮地宣布这一主张，我们在不重要
中生活得太久了。

我很重要。

我重复了一遍。声音放大了一点。我听到自己的心脏在这种呼唤中
猛烈地跳动。

我很重要。

我终于大声地对世界这样宣布。片刻之后，我听到山岳和江海传来
回声。

是的，我很重要。我们每一个人都应该有勇气这样说。我们的地
位可能很卑微，我们的身份可能很渺小，但这丝毫不意味着我们不
重要。

重要并不是伟大的同义词，它是心灵对生命的允诺。

人们常常从成就事业的角度，断定我们是否重要。但我要说，只要
我们在时刻努力着，为光明在奋斗着，我们就是无比重要地生活着。

让我们昂起头，对着我们这颗美丽的星球上无数的生灵，响亮地宣
布——我很重要。

---

[1] 选自《毕淑敏自选精品集》[2]［鬼斧神工］形容建筑、雕塑等技能的精巧，非人工所能
为。[3]［蹙（cù）］皱，收缩。[4]［沓（dá）］量词，用于成套的器物。

相关信息

【毕淑敏其人】

毕淑敏，女，1952年10月10日出生于新疆伊宁，祖籍山东。中共党员。

1969年（17岁）入伍，便来到海拔5000米的青藏高原阿里当兵。11年间，历任卫生员、助理军医、军医等职。

曾获当代文学奖、解放军文艺奖等各种文学奖30余次，被中国海洋大学聘为驻校作家。1991年毕业于北京师范大学研究生院中文系，硕士。从事医学工作20年后，开始专业写作。她的短篇小说《预约死亡》，被誉为是"新体验小说"的代表作。

毕淑敏是国家一级作家。著有《毕淑敏文集》十二卷，处女作《昆仑殇》、《阿里》以及长篇小说《红处方》、《血玲珑》，中短篇小说集《女人之约》，散文集《婚姻鞋》等。多篇文章被选入现行新课标中、小学课本。

双核训练

思考题

1. 文章中运用了比喻、排比等修辞手法，请找出最喜欢的一处，说说在本文语言环境中的作用。

2. 你对"我很重要"有何看法。

六、芭蕉花[1]

郭沫若

核心知识

自读提示

郭沫若小时候虽淘气，但是很孝顺。他听说芭蕉花可以治妈妈的"晕病"，而且这种花卖得既贵，又难得一开。于是就和哥哥一起偷摘了花园里的一大朵芭蕉花，送给了妈妈。你认为儿子的做法母亲会高兴吗？

这是我五六时的事情了。我现在想起了我的母亲，突然记起了这段故事。

我的母亲六十六年前是生在贵州省黄平州的。我的外祖父杜琢章公是当时黄平州的州官。到任不久，便遇到苗民起事，致使城池失守，外祖父手刃了四岁的四姨，在公堂上自尽了。外祖母和七岁的三姨跳进州署的池子里殉了节，所用的男工女婢也大都殉难了。我们的母亲那时才满一岁，刘奶妈把我们的母亲背着已经跳进了池子，但又逃了出来。在途中遇着过两次匪难，第一次被劫去了金银首饰，第二次被劫去了身上的衣服。忠义的刘奶妈在农人家里讨了些稻草来遮身，仍然背着母亲逃难。逃到后来遇着赴援的官军才得了解救。最初流到贵州省城，其次又流到云南省城，倚人庐下，受了种种的虐待，但是忠义的刘奶妈始终是保护着我们的母亲。直到母亲满了四岁，大舅赴黄平收尸，便道往云南，才把母亲和刘奶妈带回了四川。

母亲在幼年时分是遭受过这样不幸的人。

母亲在十五岁的时候到了我们家里来，我们现存的兄弟姊妹共有八人，听说还死了一兄三姐。那时候我们的家道寒微，一切炊洗洒扫要和妯娌分担，母亲又多子息，更受了不少的累赘。

白日里家务奔忙，到晚来背着弟弟在菜油灯下洗尿布的光景，我在小时还亲眼见过，我至今也还记得。

母亲因为这样过于劳苦的原故，身子是异常衰弱的，每年交秋的时候总要晕倒一回，在旧时称为"晕病"，但在现在想来，这怕是在产褥中，因为摄养不良的关系所生出的子宫病吧。

晕病发了的时候，母亲倒睡在床上，终日只是呻吟呕吐，饭不消说是不能吃的，有时候连茶也几乎不能进口。像这样要经过两个礼拜的光景，又才渐渐回复起来，完全是害了一场大病一样。

芭蕉花[2]的故事是和这晕病关连着的。

在我们四川的乡下，相传这芭蕉花是治晕病的良药。母亲发了病时，我们便要四处托人去购买芭蕉花。但这芭蕉花是不容易购买的。因为芭蕉在我们四川很不容易开花，开了花时乡里人都视为祥瑞，不肯轻易摘卖。好容易买得了一朵芭蕉花了，在我们小的时候，要管两只肥鸡的价钱呢。

芭蕉花买来了，但是花瓣是没有用的，可用的只是瓣里的蕉子。蕉子在已经形成了果实的时候也是没有用的，中用的只是蕉子几乎还是雌蕊的阶段。一朵花上实在是采不出许多的这样的蕉子来。

这样的蕉子是一点也不好吃的，我们吃过香蕉的人，如以为吃那蕉子怕会和吃香蕉一样，那是大错而特错了。有一回母亲吃蕉子的时候，在床边上挟过一箸给我，简直是涩得不能入口。

芭蕉花的故事便是和我母亲的晕病关连着的。

我们四川人大约是外省人居多，在张献忠剿了四川以后——四川人有句话说："张献忠剿四川，杀得鸡犬不留"——在清初时期好像有过一个很大的移民运动。外省籍的四川人各有各的会馆，便是极小的乡镇也都是有的。

我们的祖宗原是福建的人，在汀州府的宁化县，听说还有我们的同

— 21 —

族住在那里。我们的祖宗正是在清初时分入了四川的，卜居在峨眉山下一个小小的村里。我们福建人的会馆是天后宫，供的是一位女神叫作"天后圣母"。这天后宫在我们村里也有一座。

那是我五六岁时候的事了。我们的母亲又发了晕病。我同我的二哥，他比我要大四岁，同到天后宫去。那天后宫离我们家里不过半里路光景，里面有一座散馆，是福建人子弟读书的地方。我们去的时候散馆已经放了假，大概是中秋前后了。我们隔着窗看见散馆园内的一簇芭蕉，其中有一株刚好开着一朵大黄花，就像尖瓣的莲花一样。我们是欢喜极了。那时候我们家里正在找芭蕉花，但在四处都找不出。我们商量着便翻过窗去摘取那朵芭蕉花。窗子也不过三四尺高的光景，但我那时还不能翻过，是我二哥擎[3]我过去的。我们两人好容易把花苞摘了下来，二哥怕人看见，把来藏在衣袂[4]下同路回去。回到家里了，二哥叫我把花苞拿去献给母亲。我捧着跑到母亲的床前，母亲问我是从什么地方拿来的，我便直说是在天后宫掏来的。我母亲听了便大大地生气，她立即叫我们跪在床前，只是连连叹气地说："啊，娘生下了你们这样不争气的孩子，为娘的倒不如病死的好了！"我们都哭了，但我也不知为什么事情要哭。不一会父亲晓得了，他又把我们拉去跪在大堂上的祖宗面前打了我们一阵。我挨掌心是这一回才开始的，我至今也还记得。

我们一面挨打，一面伤心。但我不知道为什么该讨我父亲、母亲的气。母亲病了要吃芭蕉花。在别处园子里掏了一朵回来，为什么就犯了这样大的过错呢？

芭蕉花没有用，抱去奉还了天后圣母，大约是在圣母的神座前干掉了吧？

这样的一段故事，我现在一想到母亲，无端地便涌上了心来。我现在离家已十二三年，值此新秋，又是风雨飘摇的深夜，天涯羁[5]客不胜落寞的情怀，思念着母亲，我一阵阵鼻酸眼胀。

啊，母亲，我慈爱的母亲哟！你儿子已经到了中年，在海外已自娶妻生子了。幼年时摘取芭蕉花的故事，为什么使我父亲、母亲那样的伤心，我现在是早已知道了。但是，我正因为知道了，竟失掉了我摘取芭蕉花的自信和勇气。这难道是进步吗？

---

[1] 本文选自《郭沫若文集》第七卷《山中杂记》。郭沫若（1892—1978）四川乐山人，原名郭开贞，号尚武，沫若为其笔名。我国现代杰出的诗人、剧作家、历史学家、考古学家、古文字学家和社会活动家。[2]〔芭蕉花〕芭蕉又称大蕉，属芭蕉科，原产热带亚洲，在我国的广东、广西、福建、海南、云南、台湾等省区有栽种。芭蕉花的颜色是黄色的，形状像尖瓣的莲花。它不但很美，而且还有药用和食用的价值。人们常用芭蕉花与其他食物一起烧煮用以治病，如治头晕、心脏病等。人们还喜欢用芭蕉花做成美味的菜。[3]〔擎（qíng）〕往上托；举。[4]〔衣袂（mèi）〕衣袖。[5]〔羁（jī）客〕寄居他乡的人。

隐形翅膀

【亲情如灯】

亲情是世界上最真诚、最温暖、最珍贵的情感，它伴随着我们的生命历程，渗透在我们的生活之中，像阳光一样照耀在我们心灵的深处。生命，如果没有亲人的关爱和温暖，是不敢想象的。亲情，无论是父子、母女，还是兄弟、姐妹，无论手足之情，还是骨肉之情，都是天然的，是与生俱来的，是无须寻找的，只须好好珍惜和保护，好好守望和回味。让我们尽情地回忆，那曾在父母膝下承欢的美好时光，如花一般绽放的难忘岁月吧！

双核训练

一、填空题

1. 我们隔着窗看见散馆园内的一_____芭蕉，其中有一_____刚好开着一_____大黄花，就像尖瓣的莲花一样。

2. 本文选自《_____》，作者_____，我国现代杰出的_____、_____、_____、_____、_____和_____。

3. 请给"衣袂"注音_____。

4. 这是一篇_____散文。课文中哪些动词表现出我和哥哥一心想治好母亲的头晕病的那种迫切愿望_____，爸爸妈妈看见芭蕉花时的态度（找出词语）_____。

二、思考题

你能理解父母对孩子的严格要求吗？说说自己阅读课文后的感受。

核心技能

实训活动

通过学习以上六篇课文，我们对记叙文的掌握、理解会更进一步了。为了巩固知识，进行相关的训练。请将下面文章分析整理，概括含义；讲出自己的学习体会。先独立阅读，而后小组讨论，再大会发言，师生讲评，形成书面作业。

父子情

舒 乙

"慈母"这个词讲得通，对"慈父"这个词我老觉着别扭。依我看，上一代中国男人不大能和这个词挂上钩，他们大都严厉有余而慈爱不足。我的父亲老舍，既不是典型的慈父，也不是那种严厉得令孩子见而生畏的人，所以是个复杂的父亲。

我不知道，一个人的记忆力最早是几岁产生的。就我自己而言，我的第一个记忆是一岁多有的。那是在青岛，门外来了个老道，什么也不要，只问有小孩没有。于是，父亲把我抱出去。看见了我，老道说到十四号那天往小胖子左手腕上系一圈红线，就可以消灾避难。我被老道的样子吓得哇哇大哭，由此便产生了我的第一个不可磨灭的记忆。使我遗憾终身的是，在我的第一个记忆里，竟没有父亲的形象，我记住的只是可怕的老道和那扇大铁门。

我童年时代的记忆中第一次真正出现父亲，是在我两岁的时候，在济南齐鲁大学常柏路的房子里。不过，说起来有点地气，这次记忆中的父亲正在撒尿。母亲带我到便所去撒尿，尿不出，父亲走了进来，做示范，母亲说："小乙，尿泡泡，爸也尿泡泡，你看，你们俩一样！"于是，我第一次看见了父亲，而且明白了，我和他一样。

在我两岁零三个月的时候，父亲离开济南南下武汉，加入到抗战洪流中。再见到父亲时，我已经八岁。一见面，我觉得父亲很苍老。他刚割完盲肠，腰直不起来，站在那里两只手一齐压在手杖上。我怯生生地喊他一声"爸"，他抬起一只手臂，摸摸我的头，叫我"小乙"。对他，对我，爷儿俩彼此都是陌生的。他当时严重贫血，整天抱怨头昏，但还是天天不离书桌，写《四世同堂》。他很少到重庆去，最高兴的时候是朋友们来北京看望他。

只有这个时候他的话才多，变得非常健谈，而且往往是一张嘴就是一串笑话，逗得大家前仰后合。渐渐地，我把听他说话当成了一种最有吸引力的事，总是静静地在一边旁听，还免不了跟着傻笑。父亲从不赶我走，还常常指着我不无亲切地叫我"傻小子"。他对孩子们的功课和成绩是无兴趣，一次也没问过，也没辅导过，采取了一种绝对超然的放任自流态度。他表示赞同的，在我当时看来，几乎都是和玩有关的事情，比如他十分欣赏我对书画有兴趣，对唱歌有兴趣，对参加学生会的社会活动有兴趣。他很爱带我去访朋友，坐茶馆，上澡堂子。走在路上，总是他拄着手杖在前面，我紧紧地跟在后面，他从不拉我的手，也不和我说话。我个子矮，跟在他后面，看见的总是他的腿和脚，还有那双磨歪了后跟的旧皮鞋。就这样，跟着他的脚印，我走了两年多，直到他去了美国。现在，一闭眼，我还能看见那双歪歪的鞋跟。我愿跟着它走到天涯海角，不必担心，不必说话，不必思索，却能知道整个世界。

再见到父亲时，我已经是十五岁的少年了，是个初三学生。他给我从美国带回来的礼物是一盒矿石标本，里面有二十多块可爱的小石头，闪着各种异样的光彩，每一块都有学名，还有简单的说明。

我奇怪地发现，此时此刻的父亲已经把我当成了一个独立的大人，采取了一种异乎寻常的大人对大人的平等态度。他见到我，不再叫"小乙"，而是称呼"舒乙"，而且伸出手来和我握手，好像彼此是朋友一样。他的手很软，很秀气，手掌很红，握着他伸过来的手，我的心充满了惊奇，顿时感到自己长大了，不再是他的小小的"傻小子"了。高中毕业后，我通过了留学苏联的考试，父亲很高兴。五年里，他三次到苏联去开会，都专程到列宁格勒去看我。他没有给我写过信，但是常常得意地对朋友们说：儿子是学理工的，学的是由木头里炼酒精！

虽然父亲诚心诚意地把我当成大人和朋友对待，还常常和我讨论一些严肃的问题，我反而常常强烈地感觉到，在他的内心里我还是他的小孩子。有一次，我要去东北出差，临行前向他告别，他很关切地问车票带了吗，我说带好了，他说："拿给我瞧瞧！"直到我由口袋中掏出车票，知道准有车票，放得也是地方，他才放心了。接着又问："你带了几根皮带？"我说："一根。"他说："不成，要两根！"干嘛要两根？他说："万一那根断了呢，非抓瞎不可！来，把我这根也拿上。"父亲问的这两个问题，让我笑了一路。

对我的恋爱婚事，父亲同样采取了超然的态度，表示完全尊重孩子的选择。他送给我们一幅亲笔写的大条幅，红纸上八个大字"勤俭持家，健康是福"，下署"老舍"。

这是继矿石标本之后他送给我的第二份礼物，以后，一直挂在我的床前。可惜，后来红卫兵把它撕成两半，扔在地下乱踩，等他们走后，我从地上将它们拣起藏好，保存至今，虽然残破不堪，却是我的最珍贵的宝贝。

直到前几年，我才从他的文章中发现，父亲对孩子教育竟有许多独特的见解，生前他并没有对我们直接说过，可是他做了，全做了，做得很漂亮。我终于懂得了他的爱的价值。

父亲死后，我一个人曾在太平湖畔陪伴他度过了一个漆黑的夜晚。我摸了他的脸，拉了他的手，把泪洒在他满是伤痕的身上，我把人间的一点热气当作爱回报给他。

我很悲伤，我也很幸运。

第二节　阅读文章　文言文

古代文学作品，都是千古传诵的名家名篇，无论是思想内容，还是艺术技巧、语言形式，都具有典范性和代表性，文质兼美。只要学生熟读成诵，就可以受到潜移默化的教育。

核心知识

研读导学

了解《战国策》的基本情况及其在中国文学和史学上的地位。你知道"除弊纳谏"在当时的积极作用和今天的现实意义吗？通过学习，理解和掌握本文的思想内涵。

诵读课文，理解词句的含义和课文的思想内容，熟读并背诵课文。

一、邹忌讽齐王纳谏[1]

邹忌修[2]八尺[3]有余，而形貌昳丽[4]。朝服衣冠[5]。窥镜[6]，谓其妻曰："我孰与城北徐公美？"[7]其妻曰："君美甚，徐公何能及[8]君也！"城北徐公，齐国之美丽者也。忌不自信[9]，而复问其妾曰："吾孰与徐公美？"妾曰："徐公何能及君也！"旦日[10]，客从外来，与坐谈，问之客曰："吾与徐公孰美？"客曰："徐公不若[11]君之美也！"明日，徐公来。孰视[12]之，自以为不如；窥镜而自视，又弗如远甚[13]。暮寝而思之[14]，曰："吾妻之美我[15]者，私[16]我也；妾之美我者，畏我也；客之美我者，欲有求于我也。"

于是入朝[17]见威王[18]曰："臣诚[19]知不如徐公美。臣之妻私臣，臣之妾畏臣，臣之客欲有求于臣，皆以[20]美于徐公。今齐地方千里[21]，百二十城，宫妇左右[22]莫[23]不私王；朝廷之臣莫不畏王；四境之内[24]莫不有求于王。由此观之，王之蔽[25]甚矣[26]！"

王曰："善。"乃下令："群臣吏民，能面刺寡人之过者[27]，受上赏；上书谏寡人者，受中赏；能谤讥于市朝[28]，闻[29]寡人之耳者，受下赏。"令初下，群臣进谏，门庭若市[30]。数月之后，时时而间进[31]。期年[32]之后，虽欲言，无可进者。

燕、赵、韩、魏闻之，皆朝于齐[33]。此所谓战胜于朝廷[24]。

---

[1] 选自《战国策·齐策》。《战国策》又称《国策》，是记西周、东周及秦、齐、楚、赵、魏、韩、燕、宋、卫、中山诸国历史的著作，主要记载战国时期谋臣策士纵横捭阖的斗争及有关的谋议或辞说，也记叙了一些义士豪侠不畏强暴、勇于斗争的行为。是战国末年和秦汉间的人编集而成的，后经西汉刘向整理编辑，定名为《战国策》。邹忌，齐国人，善鼓琴，后封成侯。讽，用含蓄的话暗示或劝告。齐王，指齐威王，姓田，名婴齐，又作因齐，春秋五霸之一齐桓公之子。是战国时代齐国第二位国君。在位37年，知人善任，改革政治，使齐国国力逐渐增强，是个较有作为的国君。纳谏，指采纳臣民的意见。 [2] 修：长，这里指身高。[3] 八尺：战国时一尺约合现在的23.1厘米。 [4] 昳（yì）丽：光艳美丽，风采照人。[5] 朝（zhāo）服衣冠：早晨穿戴衣帽。朝，早晨。服，名词用作动词，穿戴。[6] 窥镜：照镜子。[7] 我孰与城北徐公美：我与城北徐公相比谁美？孰，疑问代词，谁，哪一个。古汉语中"孰与"连用，表示比较选择。徐公，人名。[8] 及：比得上。[9] 不自信：不相信自己（美）。 [10] 旦日：第二天。[11] 若：如。[12] 孰视：仔细端详。孰，通"熟"，仔细。

[13] 弗如远甚：不如（徐公），（差得）很远。[14] 暮寝而思之：夜晚睡在床上思考它。暮，夜晚。寝，睡下。之，代词，指妻、妾、客"美我"一事。[15] 美我：认为我美。美，形容词作动词，意动用法。[16] 私：动词，偏爱。[17] 朝（cháo）：朝廷。[18] 威王：即齐威王婴齐。[19] 诚：确实，的确。[20] 以：以为。[21] 齐地方千里：齐国的土地纵横各千里。方千里，方圆千里，周围千里。[22] 宫妇左右：指宫内的妇人、姬妾以及左右侍从等人。[23] 莫：没有谁。[24] 四境之内：指整个齐国的范围之内。四境，四方疆界。[25] 蔽：受蒙蔽。[26] 甚：厉害，严重。[27] 能面刺寡人之过者：能当面批评我的过错的人。面刺，当面指责。过，过错。者，代词，相当于"……的人"。[28] 谤讥于市朝：在公共场所批评议论（君王的过失）。市朝，本指市场和朝廷，这里指公共场所。[29] 闻：本为"听"，这里是使动用法，使……听到。[30] 门庭若市：门前和院子里像集市一样。形容进谏的人多。[31] 时时而间（jiàn）进：隔一段时间偶有进谏。间，间或，断断续续。进，进谏。[32] 期（jī）年：满一年。[33] 朝（cháo）于齐：到齐国朝见（齐王）。表示尊重齐国。朝，朝见。[34] 战胜于朝廷：在朝廷上战胜别国。意思是内政修明，不必用兵就能使别的国家畏服。

小　结

　　文中写邹忌用自己切身之事设喻，讽劝齐威王，终使齐王纳谏的故事，说明人如果有所"蔽"，偏听偏信，就会美丑不分，是非颠倒；只有除"蔽""纳谏"，才能广开言路，集思广益，明辨是非，有利于国家的发展和人民的幸福。在今天，广纳善言，兼听明辨的做法，对于我们的工作仍具有积极的借鉴意义。

　　文章分为三段。

　　第一段：主要写邹忌的妻、妾、客人赞美邹忌及其原因。"朝、旦、明、暮"时序井然有序，为下一段用暗示、比喻的方法讽谏齐王作了铺垫。开头一句写出邹忌的身材、面貌，从客观上先肯定邹忌的美，为下面写与"齐国之美丽者"徐公比美打下基础。然后写邹忌与妻、妾、客的三问三答。这三个人都说邹忌比徐公美，邹忌认真思考后恍然醒悟。正因为妻、妾、客"私我"、"畏我"、"有求于我"，才有比徐公美之说，而自己也因此受到蒙蔽，混淆了是非，颠倒了美丑。

　　第二段：写邹忌用自身的事情作比喻讽谏齐王的情况。邹忌现身说法，以己推人，指出"王之蔽"的危害更加严重，如果不广开言路，修明政治，国家的安全和齐王的地位都将是危险的。邹忌先向齐王表述了他的妻、妾、客都说他比徐公美的原因，然后由己及人，由小及大，进一步推论到齐王身上。因为齐王位尊势大，"私王"、"畏王"、"有求于王"者当然更多，因此"王之蔽甚矣"是不言而喻的。

　　第三段：写齐王虚心纳谏及其结果。齐王纳谏的态度、决心、行动和结果都证明了除弊纳谏能修明政治，对国家人民有好处。一个"善"字写出了齐王虚心纳谏的态度，同时衬托出邹忌讽谏的说服力。写齐王下令悬赏纳谏，表现了齐王广开言路的决心和行动。写齐王纳谏后在国内外所引起的反应，充分说明了修明政治的巨大成效。当然，这里有作者的夸大，对齐国的统治者作了不切实际的美化，读时应予注意。

全篇在写作上运用了由己及人，由小到大的推理方法，既合情合理又层层深入，极有说服力。作者善于运用生活中的小事来说明治理国家的深刻道理，生动形象，深入浅出，使人容易接受。在语言上简练生动，措辞委婉，比喻巧妙，显示出劝谏文章独有的风格特征。邹忌讽齐王纳谏这种修明政治、倾听各方意见的做法，在战国时代，在君对臣独断专横，臣对君阿谀逢迎的时政面前，不能不说是进步的、难得的。尽管他们的目的是为了巩固齐国的封建政权，扩张齐国的封建势力，但在客观上对国家和人民是有些益处的。

值得注意的是，邹忌进谏和齐王纳谏，决不能和我们今天所提倡的广泛听取群众意见、发扬民主、开展批评与自我批评等同看待。这无论从目的、意义、方式、方法看都有根本的区别，若把两者等同起来那就大错特错了。

双核训练

1. 《战国策》又称＿＿＿＿＿＿＿，主要记载＿＿＿＿＿＿＿时期谋臣策士纵横捭阖的斗争及有关的谋议或辞说，经西汉＿＿＿＿＿＿整理编辑，定名为《战国策》。

2. 对"邹忌讽齐王纳谏"中的"讽"理解正确的一项是：（　　　）

A. 用比喻批评　　　　　B. 含蓄地讽刺

C. 大胆地嘲讽　　　　　D. 委婉地规劝

3. 下列各句中加点词的读音与其他各项不同的一句是：（　　　）

A. 朝服衣冠　　　　　　B. 于是入朝见威王

C. 能谤讥于市朝　　　　D. 燕、赵、韩、魏闻之，皆朝于齐

4. 邹忌是怎样分析"王之蔽"的？听了邹忌的分析后，齐王采取了什么措施？收到了怎样的效果？试联系实际，谈谈本文对我们今天的借鉴意义。

学习指引

[1] 王力主编. 古代汉语. 北京：中华书局.

[2] 朱东润主编. 中国历代文学作品选. 上海：上海古籍出版社.

[3] 全日制普通高级中学教科书（必修）语文（第一册）. 北京：人民教育出版社.

二、师 说[1]

韩 愈

核心知识

研读导学

　　理解课文的中心思想，养成尊师重教、谦虚好学的行为习惯。体会本文结构严谨的特点，学习正反对比论证的方法，掌握新的师道观点。

　　古之学者[2]必有师。师者，所以传道授业解惑也[3]。人非生而知之[4]者，孰能无惑？惑而不从师，其为惑也[5]，终不解矣。生乎吾前[6]，其闻[7]道也固先乎吾，吾从而师之[8]；生乎吾后，其闻道也亦先乎吾，吾从而师之。吾师道[9]也，夫庸知其年之先后生于吾乎[10]！是故[11]无贵无贱，无长无少，道之所存，师之所存也[12]。

　　嗟乎！师道[13]之不传也久矣，欲人之无惑也难矣。古之圣人，其出人[14]也远矣，犹且从师而问焉[15]；今之众人[16]，其下[17]圣人也亦远矣，而耻学于师[18]。是故圣益圣，愚益愚[19]。圣人之所以为圣，愚人之所以为愚，其皆出于此乎？爱其子，择师而教之，于其身[20]也，则耻师[21]焉，惑矣[22]。彼童子之师，授之书而习其句读[23]者，非吾所谓传其道解其惑者也。句读之不知[24]，惑之不解，或师焉，或不焉[25]，小学而大遗[26]，吾未见其明也。巫医乐师百工之人，不耻相师[27]，士大夫之族，曰师曰弟子云者[28]，则群聚而笑之。问之，则曰："彼与彼年相若[29]也，道相似也，位卑则足羞，官盛则近谀[30]。"呜呼！师道之不复，可知矣。巫医乐师百工之人，君子不齿[31]，今其智乃[32]反不能及，其可怪也欤[33]！

　　圣人无常师[34]。孔子师郯子[35]、苌弘[36]、师襄[37]、老聃[38]。郯子之徒[39]，其贤不及孔子。孔子曰：三人行，则必有我师。是故弟子不必不如师，师不必贤于弟子。闻道有先后，术业有专攻[40]，如是而已。

　　李氏子蟠[41]，年十七，好古文，六艺经传[42]皆通[43]习之，不拘于时[44]，学于余。余嘉[45]其能行古道，作《师说》以贻[46]之。

---

[1] 选自《昌黎先生集》。韩愈（768－824），字退之，河南河阳（今河南省孟州市）人。自称郡望昌黎，所以后人也称他韩昌黎。唐代著名的文学家、思想家，古文运动的倡导者。其散文列唐宋八大家之首，对唐以后历代散文的发展有深远的影响。说，是古代散文的一种文体，可陈述己见，发表议论，也可记叙议论相结合，说明自己对某件事物的见解，属议论文范畴。师说，即说一说从师求学的道理。[2] 学者：求学的人。[3] 师者，所以传道授业解惑也：老师，（是）靠（他）来传授道理，讲授学业，解答疑难问题的。所以，用来……的、……的凭借，与现代汉语中的意思和用法不同。受，同"授"，传授，讲授。[4] 生而知之：生下来就懂得道理。之，指知识和道理，代词。[5] 其为惑也：那些成为疑难问题的。[6] 生乎吾

前：生在我前面（的人）。乎，相当于"于"，在。[7] 闻：这里是理解、懂得的意思。[8] 从而师之：跟从（他），把他当作老师。师之，就是"以之为师"。师，把……当作老师，名词作动词，意动用法。[9] 师道：（向他们）学习道理。师，名词用作动词。[10] 庸知其年之先后生于吾乎：哪管他们的生年比我早还是比我晚呢？庸，岂、哪、难道。年，这里指生年。之，结构助词，无实义。[11] 是故：因此。[12] 道之所存，师之所存也：道理存在（的地方），就是老师存在（的地方）。意思是谁懂得道理，谁就是老师。之，取消句子独立性，无实义。[13] 师道：从师求学的风尚。道，这里有风尚的意思。[14] 出人：超出（一般）人。[15] 犹且从师而问焉：尚且跟从老师，向他请教（问题）。焉，相当于"于之"。[16] 众人：一般人。[17] 下：低于。[18] 耻学于师：把向老师学习当作羞耻的事。耻，以……为耻，形容词的意动用法。于，向。[19] 圣益圣，愚益愚：圣人更加圣明，愚人更加愚昧。益，更加，越发。[20] 身：自身。[21] 耻师：以从师为耻。[22] 惑矣：糊涂啊。[23] 授之书而习其句读（dòu）：教给他书（中的知识），（帮助他）学习其中的文句。之，代童子。其，指书。句读，一句话叫"句"，句中间需要停顿的地方叫"读"。句读，即断句，古文没有标点，读时需点断。这里泛指文章的字句。[24] 句读之不知："不知句读"的倒装。之，表示宾语前置的助词。[25] 或师焉，或不（fǒu）焉：有的从师，有的不（从师）。连同上句意思是不知句读的从师，不能解惑的却不从师。不，同"否"。[26] 小学而大遗：小的方面（还）从师学习，大的方面（却）放弃（不学）了。遗，丢弃。[27] 巫医乐师百工之人，不耻相师：巫医、乐师和各种工匠这些人，不把互相学习当作羞耻的事。巫医，古代巫、医不分，故合称。巫，从事降神弄鬼的迷信职业者，也用药物等为人治病。乐师，以演奏乐器为职业的人。百工，各种手工业者。[28] 士大夫之族，曰师曰弟子云者：士大夫这一类人，（有）称"老师"、称"学生"等的。族，类。云者，有"如此如此"的意味。[29] 年相若：年龄差不多。若，似。[30] 位卑则足羞，官盛则近谀（yú）：（以）地位低（的人为师），就（觉得）羞耻；（以）官职高（的人为师），就近乎谄媚。谀，阿谀、奉承。[31] 不齿：不屑和他们同列，表示看不起。齿，并列，排列。[32] 乃：竟然。[33] 欤（yú）：语气助词，这里与"也"一同表示感叹语气，相当于"啊"。[34] 常师：固定的老师。[35] 郯（tán）子：春秋时郯国（今山东省郯城县一带）的国君，孔子曾向他请教过官职的名称。[36] 苌（cháng）弘：周敬王时的大夫，孔子向他请教过音乐的事。[37] 师襄：春秋时鲁国的乐官，孔子曾向他学弹琴。[38] 老聃（dān）：就是老子，孔子曾向他问礼。[39] 之徒：这些人。[40] 术业有专攻：学问和技艺上（各自）有专门的研究。攻，学习、研究。[41] 李氏子蟠：李家的孩子（名）叫蟠的。[42] 六艺经传（zhuàn）：六艺的经文和传文。六艺，指《诗》、《书》、《礼》、《乐》、《易》、《春秋》六种经书。传，解释经书的著作。[43] 通：普遍。[44] 不拘于时：不受时俗的限制。时，时俗，指当时士大夫中耻于从师的不良风气。[45] 嘉：赞许。[46] 贻（yí）：赠送。

小 结

本文是韩愈的名篇之一。当时社会上存在着一种轻视学习、耻于从师的社会风气。韩愈针对这种恶劣的风气，不顾士大夫们的嘲笑，打破封建门第观念，广泛结交青少年，具体指导和帮助他们学习"古道"，希望通过自身的实例来改变这种不良的现象。《师说》既是韩愈给他的学生李蟠的赠言，也是对当时反对者的公开答复。

文章着重阐明了教师的作用、择师的标准、从师学习的重要性及从师应持的态度，提倡能者为师、不耻下问、教学相长，尖锐地批判了当时社会上"耻学于师"的不良风气，指出尊师重教才是正确的从师之道。文中精辟的见解，不论在当时还是在今天，都有积极的意义。

全文分四部分。

第一段，提出全篇的中心论点——"古之学者必有师"。概述了老师的职能，强调了从师的必要性，指出了从师的态度、择师的标准。

第二段，通过三组对比，针砭时弊，从反面论证了文章的中心论点。作者联系社会实际，运用正反对比的方法，反复论证从师的必要性和重要性，尖锐地批判了"士大夫之族"、"耻学于师"的坏习气，揭示了当时师道失传所造成的严重危害。首先进行古今纵向对比，以"古之圣人"比照"今之众人"，得出"圣益圣，愚益愚"的结论；然后，以对其子"择师而教之"与于其身"耻师焉"作横向比较，得出"小学而大遗"的结论；最后，将当时不同社会阶层的人——"巫医乐师百工之人"和"士大夫之族"对待学习的态度进行对比，揭示出尊卑贵贱与智力高下成反比的奇怪现象，发人深省。

第三段，援引圣人从师的态度，进一步阐述师道，提出建立一种新型的进步的师生关系。针砭了当时上层社会只看门第高低，不重真才实学的陋习。从正面论证了文章的中心论点。

第四段，用李蟠的事迹点明了本篇的写作目的，就是恢复从师之道。勉励后进末学者要向李蟠学习，继承发扬这种从师的正道，从而使"学必有师"的观点具有更加积极的现实意义。

综观全篇，立论精辟鲜明，中心突出，论据具体有力，论证层次清楚，结构严谨，说理透辟；议论中运用对比的方法，反复论证，层层深入，有极强的逻辑力量。全篇语言简洁，句式灵活多变，形成了文章夺人的声势。

这篇作品的意义远远超出了一对师生之间的往来赠答，其产生的社会影响是积极而深远的。

双核训练

1.《师说》选自《_____》，作者_____，_____朝代的著名文学家、思想家，_____运动的倡导者。"师说"的意思是_____。全篇的中心论点是_____。

2. 下列对"生乎吾前，其闻道也固先乎吾，吾从而师之"的翻译，正确的一项是：（   ）

A. 出生在我前面的人，他听说道理一定比我早，我跟从他，向他学习。

B. 比我生得早的人，他懂得道理一定比我早，我跟从他，向他学习。

C. 出生在我前面的人，他懂得道理本来比我早，我跟从他，把他当作老师。

D. 比我生得早的人，他听说道理本来比我早，我跟从他，把他当作老师。

3. 下列各句中，不是判断句的一项是：（   ）

A. 人非生而知之者　　　　B. 师者，所以传道授业解惑也

C. 道之所存，师之所存也　　D. 生乎吾前，其闻道也固先乎吾

4. 本文的中心论点是什么？分论点是什么？说说你学了这篇文章后对作者的观点有什么认识？

学习指引

［1］王力主编．古代汉语．北京：中华书局．

［2］朱东润主编．中国历代文学作品选．上海：上海古籍出版社．

［3］北京市教育委员会编．北京市各类中等职业学校试用教材《语文（修订版）》第一册．北京：开明出版社．

三、《华佗传》（节选）[1]

范　晔

核心知识

自读提示

了解华佗在古代医学上的成就及其良好的医德医风。正确理解文中的"为人性恶，难得意，且耻以医见业"一句对华佗的评价。学会对照注释阅读文言文。领会文章写作中立意与选材的关系，学会围绕中心选取恰当的材料。

华佗[2]，字元化，沛国[3]谯[4]人也。一名旉[5]。游学徐土[6]，兼通数经[7]。晓养性之术[8]，年且百岁[9]而犹有壮容，时人以为仙。沛相陈珪举孝廉[10]，太尉黄琬辟[11]，皆不就[12]。精于方药，处[13]剂不过数种。心识分铢[14]，不假称量[15]。针灸不过数处。若疾发结于内，针药所不能及者，乃令先以酒服麻沸散[16]，既醉无所觉，因刳破腹背[17]，抽割积聚[18]。若在肠胃，则断截湔[19]洗，除去疾秽，既而缝合，傅以神膏[20]，四五日创愈，一月之间皆平复[21]。

佗尝行道，见有病咽塞者[22]，因语之曰[23]："向来道隅[24]，有卖饼人，萍薤甚酸[25]，可取三升饮之，病自当去。"即如佗言，立吐一蛇[26]。乃悬于车而候佗[27]。时佗小儿戏于门中，逆见[28]，自相谓曰："客车边有物，必是逢我翁也。"及客进，顾视壁北，悬蛇以十数[29]，乃知其奇。

又有一郡守笃病久[30]，佗以为盛怒则差[31]，乃多受其货，而不加功[32]。无何[33]弃去[34]，又留书[35]骂之。太守果大怒，命人追杀佗，不及，因瞋恚[36]，吐黑血数升而愈。

又有疾者，诣[37]佗求疗。佗曰："君病根深，应当剖破腹，然君寿亦不过十年，病不能相杀[38]也。"病者不堪其苦，必欲除之。佗遂下

疗[39]，应时[40]愈。十年竟[41]死。

广陵[42]太守陈登，忽患胸中烦懑[43]，面赤不食。佗脉之[44]曰："府君[45]胃中有虫，欲成内疽[46]，腥物[47]所为也。"即作汤二升，再服[48]，须臾吐出三升许[49]虫，头赤而动。所苦便愈。佗曰："此病后三期[50]当发，遇良医可救也。"登至期疾动[51]，时佗不在，遂死。

曹操闻而召佗，常在左右。操积苦头风眩[52]。佗针，随手而差。

有李将军者，妻病，呼佗视脉。佗曰："伤身[53]而胎不去。"将军言："间实[54]伤身，胎已去矣。"佗曰："案[55]脉，胎未去也。"将军以为不然。妻稍差。百余日复动，更呼佗。佗曰："脉理如前，是两胎，先生者去血多[56]，故后儿不得出也。胎既已死，血脉不复归[57]，必燥著母脊[58]。"乃为下针，并令进汤。妇因欲产而不通。佗曰："死胎枯燥，势不自生[59]。"使人探之，果得死胎，人形可识，但其色已黑。

佗之绝技，皆此类也。

为人性恶[60]，难得意，且耻以医见业[61]。又去家思归，乃就操求还取方[62]。因托妻疾，数期不反[63]。操累书呼之，又敕[64]郡县发遣[65]。佗恃能厌事[66]，犹不肯至。操大怒，使人廉[67]之，知妻诈疾[68]，乃收付狱讯[69]，考验[70]，首服[71]。荀彧[72]请曰："佗方术实工[73]，人命所悬，宜加全宥[74]。"操不从，竟杀之。佗临死出一卷书与狱吏曰："此可以活人。"吏畏法不敢受，佗不强与，索火烧之。

初，军吏李成苦咳，昼夜不寐。佗以为肠痈[75]，与散[76]两钱，服之即吐二升浓[77]血，于此渐愈。乃戒之曰："后十八岁，疾当发动，若不得此药，不可差也。"复分散与之。后五六岁，有里人如成先病[78]，请药甚急。成愍[79]而与之，乃故[80]往谯，更从佗求，适值见收[81]，意不忍言。后十八岁，成病发，无药而死。

广陵吴普、彭城[82]樊阿皆从佗学。普依准佗疗，多所全济[83]。佗语普曰："人体欲得劳动，但不当使极耳。动摇[84]则谷气[85]得销，[86]血脉流通，病不得生。譬如户枢，终不朽也，是以古之仙者[87]，为导引之事[88]，熊经鸱顾[89]，引挽腰体[90]，动诸关节，以求难老。吾有一术，名五禽之戏[91]：一曰虎[92]，二曰鹿，三曰熊，四曰猿，五曰鸟，亦以除疾，并利蹄足[93]，以当导引。体有不快，起作一禽之戏，怡而汗出，因以着粉[94]，身体轻便而欲食。"普施行之，年九十余，耳目聪明，齿牙完坚。

阿善针术。凡医咸言[95]背及胸脏之间，不可妄针，针之不可过四分。而阿针背入一二寸，巨阙[96]胸脏乃[97]五六寸，而病皆瘳[98]。阿从佗求方，可服食益于人者。佗授以漆叶青黏散[99]。漆叶屑一斗，青黏十四两，以是为率[100]。言："久服去三虫[101]，利五脏，轻体，使人头不白。"阿从其言，寿百余岁。漆叶处所而有[102]，青黏生于丰、沛[103]、彭城及朝歌[104]间。

[1] 本文节选自《后汉书·方术列传》。作者范晔（398—445），字蔚宗，顺阳（今河南省浙

川东）人，南朝宋代史学家，曾官至吏部尚书郎。后被贬作宣城太守。《后汉书》即是他任宣城太守时编纂的。范晔的《后汉书》，与司马迁的《史记》、班固的《汉书》、陈寿的《三国志》，合称"四史"。陈寿所著的《三国志·方技传》中所记载的华佗事迹，可作参考。[2] 华佗：生年不详，死于公元208年，是我国东汉末期的医学家，精通内、外、妇、儿和针灸等科，尤其擅长外科，有"外科鼻祖"之称。他发明了用酒冲服麻沸散的全身麻醉法，是世界上最早使用麻醉法施行手术的医生。他创造的医疗体操"五禽戏"，对防治疾病、增强体质起到了良好的作用。[3] 沛国：东汉时分封的一个王国，在今安徽省宿县西北一带。[4] 谯：沛国属县。今安徽亳（bó）州市。[5] 尃（fū）："敷"的古字。[6] 游学徐土：到徐州一带找老师学习。游学，古代一种求学形式，即周游各地，寻找名师求教。徐土，今江苏徐州一带。[7] 兼通数经：同时通晓几种经书。兼，同时进行几件事或几方面。经，指《诗》、《书》、《礼》、《易》、《春秋》等儒家经典著作。[8] 养性之术：锻炼身体、保护健康的方法。养性，养生。术，方法。[9] 且：将近。[10] 沛相陈珪举孝廉：沛国的相陈珪推荐他为孝廉。沛相，沛国的行政长官。汉朝由中央直辖的行政区称"郡"，郡的长官叫太守。封为王国的行政区称"国"。封王的国，除国王外，相是最高的行政官，由中央政府委派。举，推举，推荐。孝廉，汉代选拔人才的科目。由地方官吏举荐出来，准备为皇家录用做官的人。"孝"谓孝子，"廉"谓廉洁之人。与后世称举人为"孝廉"有别。[11] 太尉黄琬辟（bì）：太尉黄琬征召（华佗去做官）。太尉，汉代掌握全国军权的最高官职。辟，征召，任用。[12] 就：从，引申为"就任"、"就职"，动词。[13] 处（chǔ）：配制。[14] 心识分铢：能辨别判定药物极细小的分量。汉制六铢为一分，四分为一两，十六两为一斤。分铢，此处指非常细小的重量差别。[15] 不假称量：不需借助于称具和量具。假，借助。[16] 麻沸散：华佗发明的一种麻醉剂。[17] 因刳（kū）破腹背：于是剖开腹背。因，于是。刳，剖开。[18] 抽割积聚：将结块抽出割除。积聚，指腹内结块。[19] 湔（jiān）：洗涤。[20] 傅以神膏：涂上灵验的药膏。傅，通"敷"，涂上。神膏，灵验的药膏。[21] 平复：指（创伤）愈合复原。[22] 病咽塞者：患咽喉阻塞病的人。病，患病，动词。[23] 语（yù）：告诉。[24] 向来道隅（yú）：刚才经过的路旁。向来，刚才。[25] 萍齑（jī）甚酸：《三国志》作"蒜齑大酢（醋）"。"萍"是误字。蒜齑，蒜泥。齑，切碎的菜。陶弘景《药总诀》："饼店蒜齑，乃下蛇（寄生虫）之药。"[26] 蛇：指形状如蛇的寄生虫。[27] 候：拜候。[28] 逆见：迎面看见。逆，迎。[29] 悬蛇以十数（shǔ）：挂着的寄生虫要用十位数来计算。数，计算，动词。[30] 笃（dǔ）病：患重病。[31] 差：通"瘥（chài）"，病愈。[32] 不加功：不给（他）超乎一般的治疗。加，超越。功，功夫，此指治疗。[33] 无何：不多时。[34] 去：离开。[35] 书：信。[36] 瞋（chēn）恚（huì）：张目发怒。瞋，张目。恚，发怒，怨恨。[37] 诣（yì）：往，到。[38] 相杀：伤害你，指疾病不会影响其寿命。相，这里有代称"你"的作用，称代性副词。[39] 下疗：着手治疗。[40] 应时：即时，即刻。[41] 竟：终于，竟然。[42] 广陵：汉代的郡名，今江苏省扬州市。[43] 烦懑（mèn）：烦闷。[44] 脉之：为之诊脉。脉，作动词。[45] 府君：汉代称太守为府君，这里指陈登。[46] 内疽（jū）：病名，指肠胃溃疡肿烂。[47] 腥物：指生鱼、生肉等食物。[48] 再服：分两次服。再，古代只表示动量，相当于"两次"、"第二次"。[49] 许：表约数，相当于"左右"。[50] 三期（jī）：三周年。期，一周年。[51] 疾动：疾病发作。[52] 操积苦头风眩：曹操长期苦于头风眩病。积，久。苦，形容词用作动词。[53] 伤身：伤胎。身，指身孕。"身"与"胎"等，"身"早于"孕"。[54] 间实：近来确实。间，近日。[55] 案：通"按"。[56] 先生者去血多：生第一个胎儿时，（产妇）流血太多。[57] 血脉不复归：血不再回到胎儿处。[58] 必燥著母脊：必定干瘪僵硬地贴连着母体的内脊骨（后腹部）。燥，干枯，此处指死胎僵硬干瘪。著，贴连，附着。[59] 势不自生：势必不会自然地生下来。[60] 性恶：性情孤傲。[61] 耻以医见业：认为被人看作以医为职业是可耻的。耻，意动用法，认为……可耻。陈寿《三国志》此句为"然本作士人，以医见业，意常自悔"。[62] 求还取方：要求回家拿药方。[63] 数（shuò）期不反：屡次到了期限不返回。数，屡次。期，期限。反，同"返"。[64] 敕（chì）：命令。[65] 发遣：催发遣送。[66] 恃能厌事：倚仗自己有本领，厌倦于为食禄而侍奉他人。陈寿《三国志》作"厌食事"。恃，倚仗。[67] 廉：察看，调查。[68] 诈疾：装病。[69] 收付狱讯：(把华佗) 逮捕起来，交付监狱审讯。收，逮捕。[70] 考验：考问查核。[71] 首服：首肯服罪。[72] 荀彧 (yù)：三国时曹操的谋士。[73] 方术实工：医疗本领确实高明。工，精良，高明。[74] 全宥 (yòu)：保全而宽恕。宥，宽恕。[75] 肠痈 (yōng)：肠内溃疡肿烂。[76] 散：药粉。[77] 浓：借为"脓"。[78] 里人如成先病：同村人像李成先前那样发病，里人，同村人，同乡。[79] 愍 (mǐn)：可怜，怜悯。[80] 故：特地。[81] 适值见收：恰巧碰上 (华佗) 被拘捕。适，恰好。值，遭到，碰上。见，被。[82] 彭城：汉代郡名，在今江苏省铜山一带。[83] 多所全济：即"所全济多"，救活的人很多，主谓倒装。济，成功。[84] 动摇：指活动身体。[85] 谷气：又称水谷之气，泛指饮食营养。[86] 销：通"消"。[87] 古之仙者：古代长寿的人。[88] 导引之事：锻炼身体的事。导引，古代一种锻炼身体的方法。[89] 熊经鸱 (chī) 顾：像熊那样攀挂 (树枝)，像鸱鹰那样左右顾盼。熊、鸱，都是名词作状语。鸱，鹞鹰。[90] 引挽腰体：伸屈腰肢。引，伸长。挽，拉。[91] 五禽之戏：是一套模仿动物动作使全身肌肉和关节等能得到舒展的医疗体操。禽，鸟兽的通称。[92] 一曰虎：第一是虎戏。曰，用于列举事物，可译为"是"。[93] 利蹄足：使双脚灵活自如。利，灵活，使动用法。[94] 因以着粉：趁此扑上粉。[95] 咸言：都说。咸，都，副词。[96] 巨阙：穴位名，在脐上六寸。[97] 乃：竟，副词。[98] 瘳 (chōu)：病愈。[99] 漆叶青黏 (nián) 散：药方名。漆叶，即漆树叶，能杀虫，治虚劳。青黏，黄精的别名，又称黄芝，有益精气、补脾滋肾润肺之功效。[100] 率 (lǜ)：比率。[101] 三虫：泛指人体内多种寄生虫。三，虚数，表示多。[102] 处所而有：到处都有。[103] 丰、沛：今江苏省徐州市一带。[104] 朝歌：古邑名，今河南省淇县。

小　结

本文是一篇人物传记。通过对中国古代名医华佗主要生平事迹 (主要是医疗实践活动) 的记述，介绍了华佗杰出的医学成就，表现了他高超的医疗技术。在生动的故事中刻画出华佗同情疾苦、认真从医、不计报酬等高尚医德及不愿为统治者个人充当侍医，不畏权势、淡于名利的思想性格。

全篇共 12 个自然段，可分为四个部分。

第一部分 (1) 总括介绍了华佗的生平及其精湛的医术。突出表现了华佗不慕富贵、淡于功名的思想性格，为后文写华佗被害埋下了伏笔。

第二部分 (2—8) 具体叙写了华佗的一些医疗活动，反映了他在医学上的巨大成就。这里作者有选择地截取了华佗行医生涯中的六个医案，较全面地反映了华佗高超的医术。每个医案各有侧重，内容详略，安排得当。

第三部分 (9—10) 写华佗被杀及产生的影响。反映了华佗不愿为统治阶级个人充当侍医、淡于富贵名利的高尚情操，同时也反映出当时刑法的严酷及封建统治者凶狠残暴的本性。

第四部分 (11—12) 用华佗两位徒弟的事迹，衬托华佗医术和针术的高明。从侧面介绍了华佗独特的养生方式，补充说明华佗精于养生之道。这部分内容对于表现全篇主题起到了烘托补充的作用。

双核训练

1. 《后汉书》的作者是＿＿＿＿＿＿，他是＿＿＿＿＿＿朝代的史学家。他的《后汉书》与司马迁的《史记》、班固的《汉书》、陈寿的《三国志》合称＿＿＿＿＿＿。

2. 《华佗传》具体记述了华佗的＿＿＿＿＿活动，反映了他在＿＿＿＿＿方面的巨大成就，表现出华佗＿＿＿＿＿＿＿＿＿＿＿＿＿＿的思想情操。

3. 华佗被害之后，作者又选了李成之死和吴普、樊阿的事迹材料，对于表现全篇主题起到了＿＿＿＿＿作用。

4. 根据课文所选材料，有条理地概述华佗在医学上的主要成就。联系全篇，说说应当怎样理解文中所说的华佗"为人性恶，难得意，且耻以医见业"这句话的含义？

学习指引

[1] 晋·陈寿撰．三国志·魏志卷二十九（华佗）．

[2] 南北朝·范晔撰，唐·李贤注．后汉书集解·方术列传第七十二下．

[3] 《医部全录》卷五百五《医术名流列传·华佗》载引《襄阳府志》．

[4] 北京中医学院编．中国医学史讲义．

[5] 段逸山．医古文．上海：上海古籍出版社．

[6] 王力．古代汉语．北京：中华书局．

[7] 郭常安主编．全国卫生学校教材（供西医西药类所有专业用）《语文》第三版．杭州：浙江科学技术出版社．

四、劝　学[1]

荀　况

核心知识

研读提示

了解荀况对学习意义、作用和态度的论述，认识学习的重要性，端正学习态度，掌握本文以喻代议的比喻论证法。

君子[2]曰：学不可以已[3]。

青[4]，取之于蓝[5]，而青于蓝[6]；冰，水为之，而寒于水。木直中绳[7]，𫐓以为轮[8]，其曲中规[9]。虽有槁暴，不复挺者，𫐓使之然也[10]。故木受绳[11]则直，金[12]就砺[13]则利。君子博学[14]而日[15]参省乎己[16]，则知明[17]而行无过矣。

吾尝终日[18]而思矣，不如须臾[19]之所学也。吾尝跂[20]而望矣，不如登高之博见[21]也。登高而招，臂非加长也，而见者远[22]。顺风而呼，声非加疾[23]也，而闻者彰[24]。假[25]舆马[26]者，非利足[27]也，而致[28]千里。假舟楫[29]者，非能水[30]也，而绝[31]江河。君子生非异[32]也，善假于物[33]也。

积土成山，风雨兴焉[34]；积水成渊[35]，蛟[36]龙生焉；积善成德，而神明自得，圣心备焉[37]。故不积跬步[38]，无以[39]至千里；不积小流，无以成江海。骐骥一跃，不能十步；驽马十驾[40]，功在不舍[41]。锲[42]而舍之，朽木不折；锲而不舍，金石可镂[43]。蚓无爪牙之利，筋骨之强，上食埃土[44]，下饮黄泉[45]，用心一也[46]。蟹六跪[47]而二螯[48]，非蛇鳝之穴无可寄托者，用心躁[49]也。

---

[1] 节选自《荀子·劝学》。《荀子》今存 32 篇，《劝学》是其中的第一篇，共 15 个自然节，课文节选了其中的一、三两节和第六节的前半部分。荀况（约公元前 313 – 公元前 238 年），战国末期赵国人，时人尊称为荀卿。是先秦儒家学派的最后一位大师，我国古代著名的思想家、文学家和教育家。他的著作收在《荀子》一书中。劝，劝勉，鼓励。[2] 君子：指有学问、有道德的人。[3] 已：停止。[4] 青：靛青，一种染料。[5] 蓝：蓝草，也叫蓼蓝，叶子可制染料。[6] 青于蓝：比蓝草的颜色更蓝。[7] 中（zhòng）绳：合乎（拉直的）墨线。绳，木工用于取直的墨线。[8] 輮（róu）以为轮：使（木材弯曲）成为车轮。輮，同"煣"，使弯曲。[9] 其曲中规：它的弯曲度合乎圆规。规，圆规。[10] 虽有（yòu）槁（gǎo）暴（pù），不复挺者，輮使之然也：即使又晒干了，也不会再挺直，这是因为（用人力）弯曲使它这样的。有，同"又"。槁，枯。暴，同"曝"，晒。然，这样，指代木轮的形状。[11] 受绳：打上墨线（进行加工）。[12] 金：指金属制的刀剑等。[13] 就砺（lì）：拿到磨刀石上去磨。就，动词，接近，靠近。砺，磨刀石。[14] 博学：广泛地学习。[15] 日：每日，每天。[16] 参（cān）省（xǐng）乎己：对自己检查、省察。参，检验，检查。省，省察，反省。乎，相当于"于"。[17] 知（zhì）明：智慧明达。知，同"智"。明，明达，通达。[18] 终日：整日。[19] 须臾：片刻。[20] 跂（qì）：提起脚后跟。[21] 博见：见得广。[22] 见者远：意思是人在远处也能看见。[23] 疾：强，这里指声音宏大。[24] 彰：清楚。[25] 假：借助，利用。[26] 舆马：车马。[27] 利足：脚走得快。[28] 致：到达。[29] 楫（jí）：桨。[30] 能水：善于游泳。水，名词用作动词，游水。[31] 绝：横渡。[32] 生（xìng）非异：本性（同一般人）没有什么不一样。生，同"性"，本性，资质，禀赋。[33] 物：外物，这里指各种客观条件。[34] 兴焉：从这里兴起。焉，兼词，相当于"于此"。[35] 渊：深潭。[36] 蛟：古代传说中能发洪水的一种龙。[37] 积善成德，而神明自得，圣心备焉：积累好的行为，养成（崇高的）品德，精神境界自然得到提高，智慧就得到发展，圣人的思想就具备了。神明，精神和智慧。得，获得。备，具备。[38] 跬（kuǐ）步：半步。古人以跨出一脚为"跬"，左右各跨出一脚为"步"。[39] 无以：没有用来……的（办法）。[40] 驽（nú）马十驾：劣马拉十天走的路程（也很远）。驽马，劣马。驾，马拉车一天走过的路程叫"一驾"。[41] 功在不舍：（它的）成功在于走个不停。[42] 锲（qiè）：刻。[43] 镂（lòu）：雕刻。[44] 埃土：泥土，或尘土。[45] 黄泉：地下的泉水。[46] 用心一也：（这是）用心专一（的缘故）。[47] 六跪：六条腿。蟹有八条腿，"六跪"有误。[48] 螯（áo）：蟹钳。[49] 躁：浮躁。

小 结

课文运用大量的比喻，论述了学习的意义、作用和应持的正确态度，劝勉人们要善于利用客观条件，积少成多，循序渐进，持之以恒，用心专一地进行学习，借以培养品德，增长才干。文章阐明的这些道理，在今天仍然有借鉴意义，值得我们认真领会。

全篇共三段。

第一段，从学习可以提高学问和修养，可以改造人的才智，可以修身远祸三个方面论述了学习的重要意义，初步论证了文章的中心论点。文章开头就借"君子"之口提出全文的中心论点："学不可以已"，然后借用比喻，从不同角度加以论证。首先，用"青，取之于蓝，而青于蓝；冰，水为之，而寒于水"作喻来说明客观事物经过一定的变化过程，可以有所发展。人的学问和修养经过学习，一定能够得到提高。其次，用"木直中绳，輮以为轮"作喻来说明事物是变化的，客观事物在一定的条件下是可以改变原来状态的。荀子认为，人的知识、道德、才干都不是天生的，是经过后天的学习才得到的。所以人们只有经过广泛的学习和不断的改造，才能成为有用的人才。接着，作者又用"木受绳则直，金就砺则利"作喻，推论出人们只有经过后天广泛的学习才能知识通达，使自己的行为没有过错，最终成为一个品德高尚、学识渊博的人，达到修身远祸的终极目标。

第二段，论述了学习的重要作用，说明在实践中学习的重要意义。作者首先用自己的切身体验来说明空想不如实学；接着借助生活中的常识作比喻，说明借助学习可以克服自身条件的不足，获得常人难以获得的显著效果。由此得出结论："君子生非异也，善假于物也"。说明有道德有学问的人本性并没有什么特别之处，只是善于学习前人的知识和经验罢了。

第三段，论述了学习的方法和态度。首先，用"积土成山""积水成渊"的比喻来正面说明学习是一个循序渐进、积少成多的过程。然后，用"不积跬步，无以至千里；不积小流，无以成江海"的比喻从反面说明没有积累就不能达到远大的目标；接着，作者又用"骐骥"和"驽马"作比较，说明主观条件的好坏不是学习成败的关键。拿"朽木"与"金石"作对比，说明持之以恒地学习才是成功的关键。最后，用蚯蚓和螃蟹设喻，说明专心致志的学习态度也是成功的要素。

本文善用比喻，以喻代议、寓理于喻，通过大量形式多样、生动恰当的比喻，把抽象的道理说得通俗易懂，具有很强的说服力和感染力。

双核训练

1. 《劝学》节选自《＿＿＿＿＿＿》，作者＿＿＿＿，是＿＿＿＿时期＿＿＿＿学派的代表人物。"劝学"的意思是：＿＿＿＿＿＿＿＿。

2. 根据课文内容填空，并回答问题：

（1）"青，取之于蓝，而＿＿＿＿＿；冰，水为之，而＿＿＿＿＿

____。"这句比喻说明_____。

（2）"_____，朽木不折；_____，金石可镂。"这句比喻说明_____。

3. 下列各句中没有通假字的一句是：（   ）

A. 虽有槁暴，不复挺者　　　B. 则知明而行无过矣

C. 假舟楫者，非能水也　　　D. 君子生非异也，善假于物也

4. 背诵全篇。并联系自身实际，谈谈学习本文后的收获，写作读后感。

学习指引

［1］王力主编．古代汉语（校订重排本）．北京：中华书局．

［2］朱东润主编．中国历代文学作品选．上海：上海古籍出版社．

［3］北京市教育委员会编．北京市各类中等职业学校试用教材《语文（修订版）》第一册．北京：开明出版社．

［4］北京市教育委员会编．北京市各类中等职业学校试用教材《语文教学参考书（修订版)》第一册．北京：开明出版社．

［5］高中课程标准试用教材《语文》必修3（电子书）．北京：人民教育出版社．

［6］张福洪主编．超级高中文言文全解．北京：世界图书出版公司．

五、《廉颇蔺相如列传》（节选）[1]

司马迁

核心知识

研读导学

战国末期，秦、楚、齐、赵、韩、魏、燕等国中，秦的势力最强。秦要统一中国，采取了远交近攻、各个击破的策略，积极对外扩张。它南边的楚国和西北的赵国，实力比较强。在蔺相如完璧归赵和渑池之会的时候，秦国的主要力量正对付楚国，所以它对赵国虽然虎视眈眈，却又抽不出主要力量大举进攻。课文所讲的秦赵矛盾，就是在这种历史条件下发生的。学习时，体会本文在选材和剪裁方面的特点，认识蔺相如、廉颇的优秀品质。掌握文中的三个故事，并能联系实际理解课文内容。

廉颇者，赵之良将也[2]。赵惠文王十六年[3]，廉颇为赵将，伐齐，大破之，取阳晋[4]，拜[5]为上卿[6]，以勇气闻于诸侯[7]。

蔺相如者，赵人也。为赵宦者令缪贤[8]舍人[9]。

赵惠文王时，得楚和氏璧[10]。秦昭王[11]闻之，使人遗[12]赵王书，愿以十五城请易[13]璧。赵王与大将军廉颇诸大臣谋，欲予秦，秦城恐不可得，徒见欺[14]；欲勿予，即[15]患[16]秦兵之来。计未定，求人可使报秦者[17]，未得。

宦者令缪贤曰："臣舍人蔺相如可使。"王问："何以[18]知之？"对曰："臣尝有罪，窃计[19]欲亡走燕[20]。臣舍人相如止[21]臣，曰：'君何以知燕王？'臣语[22]曰：'臣尝从大王与燕王会境上[23]，燕王私握臣手，曰：'愿结友。以此知之，故欲往。'相如谓臣曰：'夫赵强而燕弱，而君幸于赵王[24]，故燕王欲结于君[25]。今君乃[26]亡赵走燕[27]，燕畏赵，其势必不敢留君，而束[28]君归赵矣。君不如肉袒伏斧质[29]请罪，则幸得脱[30]矣。'臣从其计，大王亦幸赦臣。臣窃以为其人勇士，有智谋，宜[31]可使。"

于是王召见，问蔺相如曰："秦王以十五城请易寡人[32]之璧，可予不[33]？"相如曰："秦强而赵弱，不可不许。"王曰："取吾璧，不予我城，奈何？"相如曰："秦以城求璧而赵不许，曲[34]在赵；赵予璧而秦不予赵城，曲在秦。均之二策[35]，宁许以负秦曲[36]。"王曰："谁可使者？"相如曰："王必[37]无人，臣愿奉[38]璧往使。城入赵而璧留秦；城不入，臣请完璧归赵[39]。"赵王于是遂遣相如奉璧西入秦。

秦王坐章台见相如[40]，相如奉璧奏[41]秦王。秦王大喜，传以示美人及左右[42]，左右皆呼万岁。相如视秦王无意偿赵城，乃前[43]曰："璧有瑕[44]，请指示[45]王。"王授[46]璧，相如因持璧却[47]立，倚柱，怒发上冲冠[48]，谓秦王曰："大王欲得璧，使人发书[49]至赵王，赵王悉[50]召群臣议，皆曰：'秦贪，负[51]其强，以空言求璧，偿城恐不可得。'议不欲予秦璧。臣以为布衣之交[52]尚不相欺，况大国乎？且以一璧之故逆[53]强秦之欢，不可。于是赵王乃斋戒五日[54]，使臣奉璧，拜送书于庭[55]。何者？严[56]大国之威以修敬[57]也。今臣至，大王见臣列观[58]，礼节甚倨[59]；得璧，传之美人，以戏弄臣。臣观大王无意偿赵王城邑，故臣复取璧。大王必欲急[60]臣，臣头今与璧俱碎于柱矣！"

相如持其璧睨[61]柱，欲以击柱。秦王恐其破璧，乃辞谢[62]，固请[63]，召有司[64]案图[65]，指从此以往十五都[66]予赵。

相如度[67]秦王特[68]以诈[69]佯为[70]予赵城，实不可得，乃谓秦王曰："和氏璧，天下所共传[71]宝也。赵王恐，不敢不献。赵王送璧时斋戒五日。今大王亦宜斋戒五日，设九宾[72]于廷，臣乃敢上璧。"秦王度之，终不可强夺，遂许斋五日，舍[73]相如广成传舍[74]。

相如度秦王虽斋，决负约[75]不偿城，乃使其从者衣褐[76]，怀其璧，从径道[77]亡，归璧于赵。

秦王斋五日后，乃设九宾礼于廷，引[78]赵使者蔺相如。相如至，谓秦王曰："秦自缪公[79]以来二十余君，未尝有坚明约束[80]者也。臣诚恐见欺于王而负赵[81]，故令人持璧归，间[82]至赵矣。且秦强而赵弱，大王遣一介之使[83]至赵，赵立奉璧来。今以秦之强而先割十五都予赵，赵岂敢留璧而得罪于大王乎！臣知欺大王之罪当诛，臣请就汤镬[84]。唯[85]大王与群臣孰[86]计议之！"

秦王与群臣相视而嘻[87]。左右或欲引相如去[88]。秦王因曰："今杀相如，终不能得璧也，而绝秦赵之欢。不如因[89]而厚遇之[90]，使归赵。赵王岂以一璧之故欺秦邪？"卒[91]廷见[92]相如，毕礼而归之[93]。

相如既归，赵王以为贤大夫[94]，使不辱于诸侯[95]，拜相如为上大夫[96]。

秦亦不以城予赵，赵亦终不予秦璧。

其后[97]，秦伐赵，拔[98]石城[99]。明年复攻赵，杀二万人。

秦王使使者[100]告赵王，欲与王为好[101]，会于西河[102]外渑池[103]。赵王畏秦，欲毋行[104]。廉颇蔺相如计[105]曰："王不行，示赵弱且怯也。"赵王遂行。相如从。廉颇送至境，与王诀[106]曰："王行，度道里[107]会遇之礼毕[108]，还，不过三十日。三十日不还，则请立太子为王，以绝秦望[109]。"王许之。遂与秦王会渑池。

秦王饮酒酣[110]，曰："寡人窃闻赵王好音[111]，请奏瑟[112]。"赵王鼓瑟[113]。秦御史[114]前书曰："某年月日，秦王与赵王会饮，令赵王鼓瑟。"蔺相如前曰："赵王窃闻秦王善为秦声[115]，请奉盆缶秦王[116]，以相娱乐。"秦王怒，不许。于是相如前进[117]缶，因跪请秦王。秦王不肯击缶。相如曰："五步之内[118]，相如请得[119]以颈血溅大王[120]矣！"左右欲刃[121]相如，相如张目[122]叱之，左右皆靡[123]。于是秦王不怿[124]，为一击缶。相如顾[125]召赵御史，书曰："某年月日，秦王为赵王击缶。"秦之群臣曰："请以赵十五城为秦王寿[126]。"蔺相如亦曰："请以秦之咸阳[127]为赵王寿。"

秦王竟酒[128]，终不能加胜于赵[129]。赵亦盛设兵[130]以待秦，秦不敢动。

既罢[131]，归国。以相如功大，拜为上卿，位在廉颇之右[132]。

廉颇曰："我为赵将，有攻城野战之大功，而蔺相如徒以口舌为劳[133]，而位居我上。且相如素贱人[134]，吾羞，不忍为之下[135]。"宣言[136]曰："我见相如，必辱之。"相如闻，不肯与会。相如每朝时，常称病，不欲与廉颇争列[137]。已而[138]相如出，望见廉颇，相如引车避匿[139]。

于是舍人相与[140]谏[141]曰："臣[142]所以去[143]亲戚而事[144]君者，徒慕君之高义[145]也。今君与廉颇同列[146]，廉君宣恶言，而君畏匿之，恐惧殊甚[147]。且庸人尚羞之[148]，况于将相乎！臣等不肖[149]，请辞去。"蔺相如固止之[150]，曰："公[151]之视廉将军孰与秦王[152]？"曰："不若[153]也。"相如曰："夫以秦王之威，而相如廷叱之，辱其群臣。相如虽驽[154]，独畏廉将军哉？顾[155]吾念之，强秦之所以不敢加兵于赵者，徒以吾两人在也。今两虎共斗，其势不俱生[156]。吾所以为此者，以先国家之急而后私仇也[157]。"

　　廉颇闻之，肉袒负荆[158]，因宾客[159]至蔺相如门谢罪，曰："鄙贱之人[160]，不知将军[161]宽之[162]至此也！"

　　卒相与欢，为刎颈之交[163]。

---

[1] 节选自《史记·廉颇蔺（lìn）相如列传》。《史记》是我国第一部纪传体通史。记述了上自黄帝，下至汉武帝太初年间约3000年的历史，全书共130篇，其中"本记"12篇，"世家"30篇，"列传"10篇，"表"10篇，"书"8篇。全面地叙述了我国古代政治、经济、文化各方面的历史发展，是一部伟大的历史著作。同时它又是一部伟大的文学名著，它的许多传记，善于将主要时间的叙述与细节描写有机地结合起来，并通过人物语言行动的描写，刻画人物的鲜明性格，对后世文学产生了深远的影响。鲁迅曾誉之为"史家之绝唱，无韵之《离骚》"。列传，用以记述天子、王侯以外人物的事迹。司马迁，（约公元前145—公元前?），字子长，夏阳（今陕西韩城）人，西汉史学家、文学家和思想家。[2] 廉颇者，赵之良将也：廉颇是赵国的良将。"……者，……也"是判断句的形式，"者"用在主语后，表停顿；"也"用在句末，表判断。[3] 赵惠文王：赵武灵王的儿子，赵国第七个君主，在位33年（公元前298—公元前266）。惠王十六年，即公元前283年。[4] 阳晋：齐邑，在今山东省菏泽县西北四十七里。别本多作晋阳，误。晋阳在今山西省，原属赵国，非从齐国攻取得来。[5] 拜：授官。[6] 上卿：相当于后来的宰相。卿，周天子及诸侯所属高级官职的通称，分上、中、下三级。[7] 以勇气：《后汉书》李贤注引《战国策》："廉颇为人，勇鸷而爱士。"[8] 宦者令缪（miào）贤：宦官的首领缪贤。[9] 舍人：门客。战国时贵族或官僚家里常养着一些替他们办事的门客。[10] 和氏璧：楚人卞和在山中得到一块玉璞（含有玉的石块），献给楚厉王。厉王派玉工鉴别，说是石。厉王以为他诈骗，截去他左足。武王立，他又去献玉璞，玉工仍说是石，再截去他的右足。文王立，卞和抱着玉璞在山中号哭。文王知道后，派玉工剖璞，果得宝玉，因称曰"和氏璧"。事载《韩非子·和氏篇》。和氏璧具有侧而视之色碧，正而视之色白的变彩特征，据今地质专家考实，其产地在神农架海拔3000米高处的板仓坪、阴峪海地带。今月光石与其相吻合。[11] 秦昭王：即昭襄王，在位五十六年（公元前306—公元前251）。[12] 遗（wèi）：送。[13] 易：交换。[14] 徒见欺：白白地受骗。见，被，受，表示被动。[15] 即：则，就。[16] 患：忧虑，担心。[17] 求人可使报秦者：即"求可使报秦之人"，寻找可以出使答复秦国的人。报，答复，回复。[18] 何以：即"以何"，凭什么。[19] 窃计：私下打算。[20] 亡走燕：逃到燕国去。亡，逃，走，跑。[21] 止：劝阻，阻止。[22] 语（yù）：告诉。[23] 会境上：在赵燕两国的边境上相会。境，指赵国边境。[24] 幸于赵王：被赵王宠爱。幸，得宠。于，表被动。[25] 结于君：同您结交。[26] 乃：竟然。[27] 亡赵走燕："亡于赵走于燕"的省略，意为逃离赵国，投奔燕国。[28] 束君归赵：捆绑您送回赵国。束，捆缚。[29] 肉袒（tǎn）伏斧质：赤身伏在斧质上，表示请罪。肉袒，脱去上衣，露出肩膊。斧质：腰斩犯人的刑具。质，同"锧"，承斧的砧板。《汉书·项籍传》颜师古注："质，谓砧也。古者斩人，加于砧上而斫之也。"[30] 幸得脱：侥幸得到赦免。幸，幸而，侥幸。脱，免。[31] 宜：应该。[32] 寡人：寡德的人，旧时君主自称的谦词。[33] 不（fǒu）：通"否"。[34] 曲：理亏。[35] 均之二策：衡量这两个计策。均，比较，权衡。之，这。[36] 负秦曲：使秦担负理亏的责任。负，担负，使动用法。[37] 必：确实。[38] 奉：同"捧"。[39] 臣请完璧归赵：我一定使璧完好无缺地归还赵国。请，动词，表示谦逊的语气。完，使……完好无缺，使动用法。[40] 章台：秦离宫中的台观之一，故址在今陕西省长安县故城西南角的渭水边。秦王不在朝堂而在章台宫接见相如，不合礼仪。[41] 奏：进献。[42] 传以示美人及左右：传给嫔妃及侍从看。示，给……看。[43] 前：上前，动词。[44] 瑕：小斑点。[45] 指示：指给……看。[46] 授：交，给。[47] 却：退，这里指后退几步。[48] 怒发上冲冠：头发因愤怒而竖起，顶起帽子。形容极其愤怒。这是夸张的说法。[49] 发书：发信。[50] 悉：全，都。[51] 负：凭借，依仗。[52] 布衣之交：百姓之间的交往。古代平民以麻布、葛布为衣，故称布衣。[53] 逆：拂逆，触犯。[54] 斋戒：一种礼节，古

人在举行典礼或祭祀之前，须先沐浴更衣，不茹荤酒，静居戒欲，以示虔诚庄敬，称斋戒。〔55〕拜送书于庭：杂朝堂上行过叩拜礼，送出国书。书，国书。庭，通"廷"，朝廷，国君听政的朝堂。〔56〕严：尊重。 〔57〕修敬：整饰礼仪表示敬意。修，整饰。 〔58〕列观（guàn）：一般的宫殿，此指章台。观，建筑物的一种。秦对赵使不尊重，故不在朝廷接见。〔59〕倨（jù）：傲慢。〔60〕急：这里有逼迫的意思。〔61〕睨（nì）：斜视。〔62〕辞谢：婉言道歉。〔63〕固请：坚决请求。〔64〕有司：官吏的通称。古时设官分职，各有专司，所以称官吏为"有司"。这里指专管国家疆域图的官吏。〔65〕案图：查明地图。案，通"按"，审察，察看。〔66〕都：城。〔67〕度（duó）：忖度，推测。〔68〕特：只，只是。〔69〕诈：诡计。〔70〕佯（yáng）为：假装作。〔71〕共传：共同传颂，即公认的意思。〔72〕设九宾：古时外交上最隆重的礼仪。《史记集解》引韦昭曰："九宾则《周礼》九仪。"索隐："《周礼》大行人别九宾，谓九服之宾客也。"朝会大典由傧相九人依次传呼接迎宾客上殿。宾，同"傧"。傧相即赞礼官。九宾，指九种地位不同的礼宾人员。〔73〕舍：安置，留宿。〔74〕广成传舍：宾馆名。传（zhuàn）舍：招待宾客的馆舍。〔75〕决负约：必然违背信约。决，必定。〔76〕衣（yì）褐（hè）：穿上粗麻布短衣。意思是化装成百姓。衣，穿，动词。〔77〕径道：便道，小路。〔78〕引：延请。〔79〕缪公：缪，通"穆"，即秦穆公，秦秋五霸之一。秦从穆公起开始强大，到昭王共二十二君。〔80〕坚明约束：坚守信约。坚明，固定，明白。约束，约定，契约。〔81〕臣诚恐见欺于王而负赵：我实在担心被大王欺骗而辜负了赵王（的托付）。见，表示被动。负，辜负，对不起。〔82〕间（jiàn）：间道，小路。这里用作"至"的状语，"从小路"的意思。〔83〕一介之使：一个小小的使臣。介，个。使，使臣，名词。〔84〕就汤镬（huò）：受汤镬之刑，意谓愿受烹刑。就，本义是接近，靠近，这里是承受的意思。汤镬，煮汤的大锅。〔85〕唯：通常用在句首，表希望的语气。〔86〕孰：通"熟"，仔细。〔87〕相视而嘻：面面相觑，发出"嘻嘻"的惊怪之声，形容秦王与群臣懊丧而又无可奈何的样子？〔88〕引相如去：拉相如离开朝堂加以处置。引，拉。〔89〕因：就此，顺势，趁此。〔90〕厚遇：好好招待。厚，优厚。遇，招待，款待。〔91〕卒：终于。〔92〕廷见：在朝廷上正式接见。〔93〕归之：即"使之归"，送相如回去。〔94〕大夫：官名，分上、中、下三等。相如奉命使秦，按照当时外交上的通例，当已取得大夫之衔。〔95〕使不辱于诸侯：出使能不受诸侯侮辱。〔96〕上大夫：大夫中最高的官阶，比卿低一级。〔97〕其后：指公元前281年，就是赵惠文王十八年。〔98〕拔：攻下。〔99〕石城：赵国地名，在今河南省林县西南85里。〔100〕使使者：派遣使者。〔101〕为好：和好，修复友好关系。〔102〕西河：秦晋之间的一段黄河，古称"西河"，在今陕西省渭南地区黄河以西之地。〔103〕渑（miǎn）池：战国时韩邑，后属秦，即今河南渑池县。故治与渑池水发源处南北相对，渑池在西河以东，就赵国的方位而称"外"，所以称为"西河外"。渑池之会，时在赵惠王二十年（前279年）。〔104〕欲毋（wú）行：想不去。毋，不要。〔105〕计：商议。〔106〕诀（jué）：辞别，告别，有准备不再相见的意味。〔107〕道里：行程。〔108〕会遇之礼毕：相见会谈的仪式结束。毕，结束，完毕。〔109〕绝秦望：断绝秦国的奢望。〔110〕酒酣（hān）：酒喝得高兴，酒兴正浓。〔111〕好（hào）音：爱好音乐。 〔112〕瑟：同琴相似的一种乐器，通常有二十五弦。〔113〕鼓：弹奏。〔114〕御史：战国时史官之称，专管图籍、记载国家大事。〔115〕善为秦声：擅长演奏秦地的乐声。秦声，秦国乡土乐曲。〔116〕请奉盆缶（fǒu）秦王：请允许我献盆缶给秦王，意思是请秦王击缶为乐。奉，献。缶：盛酒浆的瓦器。"盆缶"后省略"于"。秦人唱歌，常击缶为节拍。《史记集解》引《风俗通义》："缶者，瓦器，所以盛酒浆，秦人鼓之以节歌也。"李斯《谏逐客书》："夫击瓮叩缶，弹筝搏髀而歌呼呜呜快耳目者，真秦之声也。"〔117〕前进：走上前进献。〔118〕五步之内：言距离近。〔119〕请得：请求许可。本是委婉之辞，此处表示态度强硬。〔120〕以颈血溅大王：拿头颈的血溅在大王身上。意思是跟秦王拼命。〔121〕刃：原意是刀锋，这里是杀的意思，名词作动词。〔122〕张目：即"使目张"，瞪大眼睛。〔123〕靡：退却。〔124〕怿（yì）：高兴，喜悦。〔125〕顾：回头。〔126〕为秦王寿：给秦王献礼。寿，向人进酒或献礼，动词。〔127〕咸阳：秦国的都城，在今陕西省咸阳市东北。〔128〕竟酒：酒宴完毕。〔129〕加胜于赵：胜过赵国，意思是占赵国的上风。

加，超过。[130] 盛设兵：多多部署军队。盛，多。[131] 既罢：会晤已经结束。[132] 右：上，古代席位以左为尊，职位以右为尊。[133] 徒以口舌为劳：只不过凭能说会道立下功劳。口舌，言语。[134] 素贱人：本来是卑贱的人，指相如出身微贱，为宦者令舍人。素，向来，本来。[135] 不忍为之下：不能容忍自己的职位在他下面。[136] 宣言：对外扬言。[137] 争列：争位次的上下。[138] 已而：不久，过了些时候。[139] 匿（nì）：躲藏。[140] 相与：共同，一起。[141] 谏：下对上的劝告。[142] 臣：秦汉以前表示卑谦的通称，对方不一定是君主。[143] 去：离开。[144] 事：侍奉。[145] 高义：高尚的品德。[146] 殊甚：太过分。殊，很，极。甚，过分。[147] 且庸人尚羞之：就是平庸的人尚且对这种情况感到羞耻。羞之，以之为羞。之，指蔺相如躲避廉颇的做法。[148] 同列：指二人同为上卿。[149] 不肖：不贤，不才。[150] 固止之：一再劝阻他们。[151] 公：敬称对方之词。[152] 孰与秦王：比秦王哪个厉害。孰，谁，哪一个。孰与，意为"何如"，"比……怎么样"。[153] 不若：不如（秦王）。[154] 驽（nú）：劣马，比喻庸碌无能。[155] 顾：但是。[156] 不俱生：不共存，意思是必有一死。[157] 先国家之急而后私仇也：就是"以国家之急为先，而以私仇为后"。[158] 负荆：背着荆条，表示愿受责罚。荆，灌木，古代常用它的枝条做刑杖。[159] 因宾客：通过宾客的引导。因，通过，经由。宾客，指门客。[160] 鄙贱之人：鄙陋卑贱的人。自责之词。[161] 将军：当时上卿职兼将相，故蔺相如也可称将军。[162] 之：我，代廉颇自己。[163] 刎（wěn）颈之交：誓同生死的朋友，即生死之交。刎颈，割头。

小 结

这是一篇人物传记，节选自《史记·廉颇蔺相如列传》。原文为战国后期赵国的重要人物廉颇、蔺相如、赵奢、李牧等人的合传。课文节选了廉颇、蔺相如的部分，集中记叙了"完璧归赵"、"渑池之会"、"将相交欢"三个著名的故事。刻画了蔺相如机智勇敢、顾全大局、不计私怨、一心为国的高尚品质。文中也赞扬了廉颇勇于改过的豪迈气概和磊落胸怀。

课文分四个部分。

第一部分（1—2）概括介绍了廉、蔺二人的身份和地位，为后文廉、蔺失和埋下伏笔。

第二部分（3—13）记述了蔺相如不辱使命，完璧归赵的故事，表现了他面对强敌，沉着应对，临危不惧的大智大勇，为维护国家利益，不畏强暴，勇于斗争的精神。

第三部分（14—16）记述了蔺相如在渑池会上与秦王针锋相对，终至力挫强秦，捍卫了赵国的尊严。再次表现出他的机智勇敢，颂扬了他在对外斗争中，不畏强暴的斗争精神。

第四部分（17—21）记述了廉颇和蔺相如由失和到交欢，表现出蔺相如在处理内部关系上，顾大局，识大体，"先国家之急"，甘愿忍辱含垢，不计私仇，一心为国的高尚品德。同时，也赞扬了廉颇知错就改的可贵品质。

从艺术手法上说，全篇写的虽是二人的合传，取材仍十分注重选择人物之间的密切联系，注重选取能反映人物性格特征的典型事件。剪裁得当，详略适宜。三个故事既有独立性，又有连贯性；既反映了秦赵两国的矛盾，又反映了赵国内部的矛盾。而前一个矛盾发展的结果，又构成了后一个矛盾爆发的原因。故事情节完整，人物形象刻画得栩栩如生。其次，注重表现人物的个性，通过人物的行为、独特的语言描摹人物的形象特征，使人物个性鲜明。

双核训练

1. 本文节选自《＿＿＿＿＿＿》，作者＿＿＿＿，字＿＿＿＿，是＿＿＿＿时期伟大的史学家、文学家和思想家。《史记》，是我国第一部＿＿＿＿体史书，全书共＿＿＿＿篇，包括＿＿＿＿、＿＿＿＿、＿＿＿＿、＿＿＿＿、＿＿＿＿，记载了从上自黄帝，下至汉武帝太初年间约 3000 年的历史。鲁迅先生曾赞誉《史记》为"＿＿＿＿＿＿"。

2. 请在本文中找出两个至今仍常用的成语：＿＿＿＿、＿＿＿＿。

3. 课文选取了三个小故事，是怎样从不同角度来具体表现蔺相如的思想性格的？"将相和"的故事，给我们怎样的启示？

学习指引

[1] 王力主编．古代汉语．北京：中华书局．
[2] 朱东润主编．中国历代文学作品选．上海：上海古籍出版社．
[3] 北京市教育委员会编．北京市各类中等职业学校试用教材《语文（修订版）》第一册．北京：开明出版社．
[4] 程翔，郑晓龙，翟小宁编著．特级教师高中古诗文译解．北京：北京大学出版社．
[5] 张福洪主编．超级高中文言文全解．北京：世界图书出版公司．

六、游褒禅山记[1]

王安石

核心知识

自读提示

全文以记游为线索，阐述了不论治学或处世都应有志和深思慎取的道理。自读时，理解作者要"有志"、"尽吾志"、"深思而慎取"的观点。

褒禅山亦谓之华山。唐浮图[2]慧褒[3]始舍[4]于其址，而卒葬之[5]；以故其后名之曰"褒禅"。今所谓慧空禅院[6]者，褒之庐冢[7]也。距其院东五里，所谓华山洞[8]者，以其乃[9]华山之阳名之也。距洞百余步，有碑仆道[10]，其文漫灭[11]，独其为文犹可识，曰"花山"[12]。今言[13]"华"如"华实"之"华"者，盖音谬也[14]。

其下平旷，有泉侧出[15]，而记游[16]者甚众，一所谓前洞也。由山以上五六里，有穴窈然[17]，入之甚寒，问其深，则其好游者不能穷也，一谓之后洞。余与四人拥火[18]以入，入之愈深，其进愈难，而其见愈奇。有怠[19]而欲出者，曰："不出，火且尽。"遂与之俱出。盖[20]余所至，比好游者尚不能十一[21]，然视其左右，来而记之者已少。盖其又深，则其至又加少[22]矣。方是时[23]，余之力尚足以入，火尚足以明[24]也。既其出[25]，则或咎[26]其欲出者，而余亦悔其[27]随之而不得极[28]夫游之乐也。

于是余有叹[29]焉。古人之观于天地、山川、草木、虫鱼、鸟兽，往往有得[30]，以其求思之深而无不在也[31]。夫夷以近[32]，则游者众；险以远，则至者少。而世之奇伟、瑰怪[33]、非常之观[34]，常在于险远，而人之所罕至焉，故非有志者不能至也。有志矣，不随以止[35]也，然力不足者，亦不能至也。有志与力，而又不随以怠，至于幽暗昏惑[36]而无物以相[37]之，亦不能至也。然力足以至焉[38]，于人为可讥[39]，而在己为有悔[40]；尽吾志也而不能至者，可以无悔矣，其[41]孰能讥之乎？此余之所得也。

余于仆碑[42]，又以[43]悲[44]夫古书之不存，后世之谬其传而莫能名者[45]，何可胜道[46]也哉！此所以[47]学者不可以不深思而慎取之也。

四人者[48]：庐陵[49]萧君圭君玉[50]，长乐[51]王回深父[52]，余弟安国平父[53]、安上纯父[54]。至和元年[55]七月某日，临川王某[56]记。

---

[1] 选自《临川先生文集》。王安石（1021—1086），字介石，晚年自号半山老人，世称荆公。抚州临川（今属江西省）人，北宋政治家、文学家、思想家。在政治上主张建立宋王朝"法度"，推行新法。无产阶级革命导师列宁曾称其为"中国十一世纪的改革家"。在文学上积极参与欧阳修倡导的北宋诗文革新运动。其散文以雄健刚劲著称，为唐宋八大家之一。有《王临川集》、《临川集拾遗》等作品。褒禅山，旧名华山，在今安徽省含山县北，山峦起伏，有泉有洞，风景秀美。宋仁宗至和元年（1054）四月，王安石从舒州（今安徽省潜山县）通判任上辞职，在回家探亲途中游览了此山，同年七月以追记形式写下此文。[2] 浮图：梵（fàn）语（古代印度语）音译词，也写作"浮屠"或"佛图"，本意是佛或佛教徒，这里指和尚。[3] 慧褒：唐代高僧。[4] 舍：建房舍定居。[5] 卒葬之：死后埋葬在那里。[6] 慧空禅院：寺院名。[7] 庐冢（zhǒng）：也叫"庐墓"。古时为了表示孝顺父母或尊敬师长，在他们死后的服丧期间，为守护坟墓而盖的屋舍。这里指慧褒的弟子在慧褒墓旁盖的屋舍。庐，屋舍。冢，坟墓。[8] 华山洞：南宋王象先《舆地纪胜》第四十八写作"华阳洞"。看正文下句，也应做"华阳洞"。[9] 乃：表示判断，有"为""是"的意思。[10] 仆（pū）道："仆于道"的省略，倒在路旁。仆，跌倒。[11] 其文漫灭：碑文模糊、磨灭。文，指碑文。下文"独其为文"的"文"指碑上残存的文字。[12] 独其为文犹可识，曰"花山"：只有其中残存的字还可以辨认，是"花山"二字。[13] 言：说 [14] 盖音谬也：大概是由于读音错了。盖，承接上文，解释原因，有"大概"的意思。谬，错误。[15] 侧出：从旁边涌出。[16] 记游：指在洞壁上题诗文留念。[17] 窈（yǎo）然：深远幽暗的样子。[18] 拥火：拿着火把。拥，持、拿。[19] 怠：懈怠。[20] 盖：发语词，也有"大概"的意思。[21] 不能十一：不到十分之一。能，动词，有"到、达到"的意思。[22] 其至又加少：那些到的人更加少。加，更。[23] 方是时：正当这个时候。方，当、正在。是时，指决定从洞中退出的时候。[24] 明：照明，这里用做动词。[25] 既其出：已经出洞。既，已经。其，助词，无实义。[26] 咎：责怪，责备。[27] 其：这里指自己。[28] 极：尽，这里有尽兴的意思。[29] 叹：感慨。[30] 得：收获，所得，心得。[31] 以其求思之深而无不在：因为他们探求思索得深

人而且非常广泛。无不在，没有不（探究思索）到的。[32] 夷以近：平而近。夷，平坦。[33] 瑰怪：珍贵奇特。[34] 非常之观：异乎寻常的景象。[35] 不随以止：不跟随（别人）而停止（不前）。以，连词，相当于"而"。[36] 幽暗昏惑：幽深昏暗，令人迷乱（的地方）。昏惑，迷乱。[37] 相（xiàng）：辅助，帮助。[38] 力足以至焉：下面省去了"而不至"一类的话。意思是力量足以到达那里（却没有到达）。[39] 于人为可讥：在别人（看来）是可以讥笑的。[40] 有悔：有所悔恨。[41] 其：副词，岂，难道。[42] 仆碑：倒下的石碑。[43] 以："以之"的省略，因此，由此。[44] 悲：痛心而慨叹。[45] 后世之谬其传而莫能名者：后世人弄错了那些流传（的内容），而没有人能够说明白的（情况）。谬，使动用法，使……错，弄错。谬其传，意思是以讹传讹。名，动词，说清楚。[46] 胜道：说得完。胜，尽。[47] 此所以：这（就是）……的原因。[48] 四人者：（同游的）四个人。[49] 庐陵：今江西吉安县。[50] 萧君圭君玉：姓萧，名君圭，字君玉。[51] 长乐：今福建省长乐市。[52] 王回深父（fǔ）：姓王，名回，字深父，北宋理学家。父，同"甫"，下文"平父"、"纯父"的"父"同。[53] 安国平父：王安国，字平父。王安石的弟弟。[54] 安上纯父：王安上，字纯父。王安石的弟弟。[55] 至和元年：即 1054 年。至和，宋仁宗赵祯的年号之一。[56] 临川王某：临川人王安石。古人作文起稿，写到自己的名字，往往只作"某"，或在"某"上冠姓，以后誊写时才把姓名写出。按书稿编的文集，有时也保留"某"的字样。

小 结

本文是一篇记游的散文，作者游褒禅山，虽未能穷山洞奇险之景，"不得极夫游之乐"，却从游览山洞中体会到"世之奇伟、瑰怪、非常之观，常在于险远"，只有不畏艰险、坚持不懈才能探幽访胜；浅尝辄止、半途而废是体验不到"游之乐"的。从而感悟到有志向，有实力，有物相辅是成就事业不可缺少的必要条件。其中作者特别强调"志"的重要，体现了他积极向上、锐意进取的奋争精神。"尽吾志也而不能至者，可以无悔矣"的游之"所得"，正是这位"中国十一世纪的改革家"向世人表露的心曲。另外，作者从仆碑"漫灭"的碑文中又感悟到治学应持"深思而慎取"的态度，这也是值得我们学习和记取的。

全文共五个自然段，可分为三大部分。

第一部分（1—2）记游山的经过及所见的景物。以记叙为主。其中，第一自然段紧扣文章题目，概括介绍了褒禅山得名的缘由。第二自然段叙述了游览华山洞的经过。比较了前洞和后洞的环境特点及游人情况，为下文借事喻理提供了依据。

第二部分（3—4）写游览褒禅山后的感想。以议论为主。其中，第三自然段是全文的重点，抒发了作者的游山感慨，阐述了作者在游山过程中所悟出的道理，揭示了全篇的主题。第四自然段"余于仆碑"照应了第一自然段的"有碑仆道"，并由此联想到谬传现象，提出了"深思而慎取"的重要观点。

第三部分（5）游记的结尾。补记了游山同伴的籍贯、姓名及本文的写作时间。这是当时游记的一般格式。

本文不同于一般的游记。作者虽叙述了其与几个同伴游褒禅山的经过及所见的景物，但并未把记游作为文章的重点，对所见的山川景物也未做过多的描绘，而是把写作的重点放到因事说理，抒写感想上。把记叙和议论紧密地结合在一起，因事说理，以小见大，准确而充分地阐述出一种人生哲理。前面的"记"是为了后文的"议"做准备，以记游为先导，由叙事引出议论，继而生发哲理。所以，记游是说理的依据，说理才是记游的目的。全篇观点鲜明，重点突出，详略得当，文笔简练，很多言简意赅的醒悟警句，值得我们细细品味。

双核训练

1. 《游褒禅山记》选自《＿＿＿＿＿＿＿＿》，作者＿＿＿＿＿＿，字＿＿＿＿＿＿，号＿＿＿＿＿，＿＿＿＿＿＿朝代的政治家、文学家、思想家。无产阶级革命导师列宁曾称其为"＿＿＿＿＿＿＿"。

2. 作者游褒禅山得到了什么启示？联系自身的实际情况，谈谈你是怎样理解作者提出的"尽吾志也而不能至者，可以无悔矣"及"学者不可以不深思而慎取之"的观点的？

学习指引

[1] 王力主编. 古代汉语. 北京：中华书局.

[2] 朱东润主编. 中国历代文学作品选. 上海：上海古籍出版社.

[3] 普通高中课程标准实验教科书《语文》必修（一）. 北京：人民教育出版社.

[4] 北京市教育委员会编. 北京市各类中等职业学校试用教材《语文（修订版）》第二册. 北京：开明出版社.

[5] 高永平，张文生主编. 新教案在线课堂《高二·语文》（上）. 北京：龙门书局.

核心技能

实训活动

学过上述六篇古文，你能否将自己记忆中最深刻的文言文内容，用现代汉语的语法规范，编成小故事，在小组里讲给同学们听，然后，再选派代表，大会发言。

课后将同学们讲的故事，写在笔记本上，以备教师检查。

以下推荐一篇古文供同学们活动选用（要求：自读理解，分析体会内涵，编成故事讲给大家）。

鸿门宴（节选）

司马迁

沛公军霸上，未得与项羽相见。沛公左司马曹无伤使人言于项羽曰："沛公欲王关中，使子婴为相，珍宝尽有之。"项羽大怒曰："旦日飨（xiǎng）士卒，为击破沛公军！"当是时，项羽兵四十万，在新丰鸿门；沛公兵十万，在霸上。范增说项羽曰："沛公居山东时，贪于财货，好美姬。今入关，财物无所取，妇女无所幸，此其志不在小。吾令人望其气，皆为龙虎，成五采，此天子气也。急击勿失！"

沛公旦日从百余骑来见项王，至鸿门，谢曰："臣与将军戮力而攻秦，将军战河北，臣战河南，然不自意能先入关破秦，得复见将军于此。今者有小人之言，令将军与臣有郤。"项王曰："此沛公左司马曹无伤言之；不然，籍何以至此？"项王即日因留沛公与饮。项王、项伯东向坐，亚父南向坐——亚父者，范增也。沛公北向坐，张良西向侍。范增数（shuò）目项王，举所佩玉玦以示之者三，项王默然不应。范增起，出，召项庄，谓曰："君王为人不忍。若入前为寿，寿毕，请以剑舞，因击沛公于坐，杀之。不者，若属皆且为所虏。"庄则入为寿。寿毕，曰："君王与沛公饮，军中无以为乐，请以剑舞。"项王曰："诺。"项庄拔剑起舞，项伯亦拔剑起舞，常以身翼蔽沛公，庄不得击。

沛公已去，间至军中。张良入谢，曰："沛公不胜杯（bēi）杓（sháo），不能辞。谨使臣良奉白璧一双，再拜献大王足下，玉斗一双，再拜奉大将军足下。"项王曰："沛公安在？"良曰："闻大王有意督过之，脱身独去，已至军矣。"项王则受璧，置之坐上。亚父受玉斗，置之地，拔剑撞而破之，曰："唉！竖子不足与谋。夺项王天下者必沛公也。吾属今为之虏矣！"

沛公至军，立诛杀曹无伤。

小　结

课文选自《史记·项羽本纪》。鸿门宴，在公元前 206 年于秦朝都城咸阳郊外的鸿门，举行的一次宴会，参与者包括当时两位抗秦的领袖项羽及刘邦。这次宴会对秦末农民战争及楚汉战争皆发生重要影响。后人也常用"鸿门宴"一词比喻不怀好意的宴会。

学习要求：

1. 阅读下列文字，对照原文理解内容

沛公（刘邦）的军队驻扎在霸上，没能跟项羽相见。刘邦的左司马曹无伤派人告诉项羽说："刘邦想在关中称王，让子婴做（他的）国相，（将所有的）珍珠宝器都归为自己所有。"项羽（听了）非常生气地说："明天用酒肉犒劳士兵，要（让他们）打败刘邦的军队。"在这时，项羽的军队有四十万人，驻扎在新丰县鸿门；刘邦的军队有十万人，驻扎在霸上。范增劝告项羽说："刘邦在山东时，贪图财物，喜爱美女。现在进入关中，财物一点都不要，妇女一个也不亲近，这（表明）他的志向不小。我叫人去看过他那里的云气，都是龙虎形状，成为五彩的颜色，这是天子的云气啊。（你）赶快攻打（他），不要失掉时机！"

刘邦已经走了，（估计）抄小道（已经）回到军中，张良进去辞谢，说："沛公喝多，已经醉了，不能（前来）告辞。让我奉上白玉璧一对，敬献给大王；玉杯一对，敬献给大将军。"项羽说："沛公在哪里?"张良说："听说大王有意责备他，他脱身独自离开，已经回到了军中。"项羽就接受了白玉璧，放到座位上。范增接受玉杯，丢在地上，拔出剑砍碎了它，说："唉！这小子不值得和他共谋大业！夺走项王天下的一定是沛公。我们这些人就要被他俘虏了！"

刘邦回到军营，立即杀掉曹无伤。

2. 自行翻译第二自然段内容

3. 欣赏电影《鸿门宴》

第三节　作品欣赏　散文

在本节文学作品欣赏中，注意掌握散文的特点和小说的要素及作品中的主要人物形象。学会审美，具有欣赏能力。

散文是文学中的一大体裁。抒写灵便、形式自由。可以分为写人、叙事、绘景状物、抒情议论几大类。

学习散文，首先，要理清作者的行文线索。其次，要识得文眼。文眼是散文思想内容的泉眼，是作者着重表达的中心点。它或标于文题，或缀于篇首，或嵌于篇中，或列于篇末，或文题及前后照应。再次要领悟意境。散文中的意境，是作者感情的寄托物、思想的负载体。最后要品尝语言。散文的语言是作者文采的表露。凝练生动、自然深刻、音调和谐，是散文语言美的体现。形散而神聚是散文的特点，更是散文的核心知识。

一、中国园林的风格

陈从周[1]

核心知识

本文是一篇概括介绍中国园林风格的散文。中国园林的风格多样，异彩纷呈。作者驭繁就简，分别从动静结合、诗情画意、含蓄之美、仰观俯察、直曲有度、以少胜多、讲究意境几个方面，对于中国园林的风格作了简略介绍。使读者在较短的篇幅中，对中国园林的风格有了一个比较全面的整体了解。作者行文中使用骈散相间的语言，简练中蕴含深意，典雅里透露才情。这种语言风格，与文章内容相得益彰，十分切合。研读时要注意细心地加以体会。

我国造园有悠久的历史，在世界园林中展现着独特的风格。

中国园林在建造之先，首先考虑的是静观与动观的问题。所谓静观，就是园中给游者留有驻足的观赏点；动观，就是要有较长的游览线。二者来说，庭院专主静观；小园应以静观为主，动观为辅；大园则以动观为主，静观为辅。前者如苏州的网师园[2]，妙在静中生趣；后者如苏州的拙政园[3]，奇在移步换景。立意在先，文循意出，动静之分，要看园林面积的大小。

中国园林是由建筑、山水、花木等组合而成的一个综合艺术品，富有诗情画意，要造成"虽由人作，宛自天开"的境界。山贵有脉，水贵有源，脉源贯通，全园生动。我曾用"水随山转，山因水活"与"溪水因山成曲折，山蹊随地作低平"来说明山水之间的关系。中国园林的树木栽植，不仅为了绿化，而且要有画意。窗外一角，即折枝尺幅；山间古树三五、幽篁一丛，是模拟枯木竹石图。重姿态，不讲品种，和盆栽一样，能"入画"。

中国园林妙在含蓄，一山一石，耐人寻味。立峰是一种抽象雕塑品；美人峰细看才像；鸳鸯厅的前后梁架形式不同，不说不明白，一说才恍然大悟，竟寓鸳鸯之意。过去有些园名如寒碧山庄[4]、梅园、网师园都可以顾名思义，园内的特色分别是白皮松、梅、水。尽人皆知的西湖十景，更是佳例。

园林景物有仰观、俯观之别；在处理上也要区别对待。楼阁掩映、山石森严、曲水弯环等都体现着这个道理。"小红桥外小红亭，小红亭畔，高柳万蝉声"，"绿杨影里，海棠亭畔，红杏梢头"，这些诗句不但写出园林层次，有空间感和声感，同时"高柳""杏梢"又把人的视线引向仰视。至于"一丘藏曲折，缓步百跻攀"，又都是留心俯视所致。因此园林建筑的顶，假山的脚，水口、树梢，都着意安排。山际安亭，水边留矶，是能引人仰视、俯视的方法。

园林中曲与直是相对的，要曲中寓直，曲直自如，灵活应用。园林两侧都是风景，随直曲折一下，使经过的人左右顾盼皆有景，信步其间便路程延长、趣味加深。由此可见，由本直生，重在曲折有度。

园之佳者就像诗之绝句，词之小令，都是以少胜多。寥寥几句，有不尽之意，弦外之音犹绕梁间。我说园外有园，景外有景，也包含着这层意思。园外有景妙在"借"，景外有景在于"时"。花影、树影、云影、水影、风声、水声、鸟语、花香，无形之景，有形之景，交响成曲。所谓诗情画意盎然而生，与此有密切关系。园林中的大小是相对的，不是绝对的。园林空间，越分隔，感到越大，越有变化。以有限面积，造无限空间。

华丽之园难简，雅淡之园难深。简以救俗，深以补淡，笔简意浓，画少气壮，艳而不俗，淡而有味，是为上品。无过无不及，得乎其中；须割爱者能忍痛，须补添者无吝色；下笔千钧，反复推敲；刚以柔出，柔以刚现——造园之理，与一切艺术无不息息相通。所以我曾经说，明代的园林与当时的文学、艺术、戏曲有着相同的思想感情而以不同的形式出现。文学艺术讲究意境，造园也有意境。"景露则境界小，景隐则境界大"，"引水须随势，栽松不趋行"，"几个楼台游不尽，一条流水乱相缠"，这虽然是古人咏景说画之辞，造园之理也与此相同。

造园是综合性的科学艺术，并且含哲理观万变于其中。浅言之，要以无形的诗情画意，构有形的水石亭台，借晦明风雨，使景物变化无穷。再加上南北地理之殊，风土人情之异，因素便更增多。所以，探究古园却不了解当时的社会生活，不把握中国园林的风格特点，妄加分析，就会像汉代的读书人解释儒家经典一样穿凿附会。如此说来，欣赏园林还需要丰富的生活，渊博的知识。

---

[1] 陈从周：(1918—2000 年) 别名梓室，著名古建筑、园林艺术家、专家。同济大学教授，博士生导师。浙江杭州人。[2]［网师园］苏州四大名园之一，位于苏州市城区东南部带城桥路阔家头巷 11 号，距离上海虹桥机场约 120 公里。为苏州典型的府宅园林，是我国江南中小型古典园林的代表作品。为南宋侍郎史正志万卷堂故址，堂侧建有花园，名"渔隐"。清乾隆年间，宋宗元购得重建，借渔隐原意改名网师。后归瞿远村，再加修葺（qì），始成今状。1982 年列为全国重点文物保护单位，1997 年列入《世界遗产名录》，2003 年 8 月评为国家 AAAA 级旅游景点。[3]［拙政园］拙政园是苏州最大的古典园林，位于市区娄门内，始建于明正德 (1506—1521)。面积约 4 万平方米，以水景著称（水面占全园的 3/5），主要建筑均濒水而立，朴素明朗，自然雅致，风格独具，誉为"园中精华"。它与北京颐和园、承德的避暑山庄、苏州的留园齐名，被誉为中国四大名园。[4]［寒碧山庄］（现名留园）为苏州四大名园之一，位在阊（chāng）门外，占地约 50 亩。原为明嘉靖时太仆寺少卿徐泰时的东园，清嘉庆时刘恕改建，称寒碧山庄，俗称刘园，当时以造型优美的湖石峰十二座而著称。经清太平天国之役，苏州诸园多毁于兵燹，而此园独存。光绪初年易主，改名留园。俞樾在《留园记》中誉之为"吴中名园之冠"。

七彩天空

【名园漫话】

我国四大名园：

北京的颐和园，河北承德的避暑山庄，苏州的拙政园，苏州的留园；另外还有江南四大名园和苏州四大名园的提法。

江南四大名园：南京的瞻园，苏州的留园、拙政园，无锡的寄畅园等；

苏州四大名园为：建于宋代的沧浪亭，建于元代的狮子林，建于明代的拙政园，建于清代的留园。

小 结

我国园林的风格特点：动静结合—诗情画意—耐人寻味—仰观、俯观—曲直自如—以少胜多—讲究意境

双核训练

1. 给下列加点的字注音。

幽篁（　　　）　　　山蹊（　　　）　　　跻攀（　　　）

2. 填空题。

中国园林建造之先，首先应考虑的是＿＿＿＿＿＿＿＿＿＿的问题。

苏州网师园妙在＿＿＿＿＿＿，拙政园奇在＿＿＿＿＿，中国园林妙在＿＿＿＿＿。

3. 说说我国园林风格的特点。

二、故都的秋[1]

郁达夫

核心知识

自读提示

本文是一篇寓情于景的散文。作者笔端饱蘸深情，把北国之秋的特点概括为"清"、"静"、"悲凉"。接着又用江南之秋的"慢"、"润"、"淡"的特点与北国之秋相映衬。在作者笔下，北国之秋能看到，能听到，能感觉到。从北方秋天的槐树、蝉鸣、秋雨、果树中，作者都能品出浓浓的秋意。"有感觉的动物，有情趣的人类，对于秋，总是一样的能特别引起深沉，幽远，严厉，萧索的感触来的。"作者笔下的北国之秋，是一壶待启的陈年佳酿，一旦开启瓶口，那浓烈而温醇的酒香即刻扑鼻蔓延，你有兴趣品尝吗？

秋天，无论在什么地方的秋天，总是好的；可是啊，北国的秋，却特别地来得清，来得静，来得悲凉。我的不远千里，要从杭州赶上青岛，更要从青岛赶上北平来的理由，也不过想饱尝一尝这"秋"，这故都的秋味。

江南，秋当然也是有的；但草木凋得慢，空气来得润，天的颜色显得淡，并且又时常多雨而少风；一个人夹在苏州上海杭州，或厦门香港广州的市民中间，浑浑沌沌[2]地过去，只能感到一点点清凉，秋的味，秋的色，秋的意境与姿态，总看不饱，尝不透，赏玩不到十足。秋并不是名花，也并不是美酒，那一种半开半醉的状态，在领略秋的过程上，是不合适的。

不逢北国之秋，已将近十余年了。在南方每年到了秋天，总要想起陶然亭[3]的芦花，钓鱼台[4]的柳影，西山的虫唱，玉泉的夜月，潭柘寺[5]的钟声。在北平即使不出门去吧，就是在皇城[6]人海之中，租人家一椽[7]破屋来住着，早晨起来，泡一碗浓茶，向院子一坐，你也能看得到很高很高的碧绿的天色，听得到青天下驯鸽的飞声。从槐树叶底，朝东细数着一丝一丝漏下来的日光，或在破壁腰中，静对着像喇叭似的牵牛花（朝荣）的蓝朵，自然而然地也能感觉到十分的秋意。说到了牵牛花，我以为以蓝色或白色者为佳，紫黑色次之，淡红者最下。最好，还要在牵牛花底，叫长着几根疏疏落落的尖细且长的秋草，使作陪衬。

北国的槐树，也是一种能使人联想起秋来的点缀。像花而又不是花的那一种落蕊，早晨起来，全铺得满地。脚踏上去，声音也没有，气味也没有，只能感出一点点极微细极柔软的触觉。扫街的在树影下一阵扫后，灰土上留下来的一条条扫帚的丝纹，看起来既觉得细腻，又觉得清闲，潜意识[8]下并且还觉得有点儿落寞，古人所说的梧桐一叶而天下知秋[9]的遥想，大约也就在这些深沉的地方。

秋蝉的衰弱的残声，更是北国的特产；因为北平处处全长着树，屋子又低，所以无论在什么地方，都听得见它们的啼唱。在南方是非要上郊外或山上去才听得到的。这秋蝉的嘶叫，在北平可和蟋蟀耗子一样，简直像是家家户户都养在家里的家虫。

还有秋雨哩，北方的秋雨，也似乎比南方的下得奇，下得有味，下得更像样。

在灰沉沉的天底下，忽而来一阵凉风，便息列索落地下起雨来了。一层雨过，云渐渐地卷向了西去，天又青了，太阳又露出脸来了；著[10]着很厚的青布单衣或夹袄的都市闲人，咬着烟管，在雨后的斜桥影里，上桥头树底下去一立，遇见熟人，便会用了缓慢悠闲的声调，微叹着互答着地说：

"唉，天可真凉了——"（这个字念得很高，拖得很长。）

"可不是么？一层秋雨一层凉啦！"

北方人念阵字，总老像是层字，平平仄仄起来[11]，这念错的歧韵，倒来得正好。

北方的果树，到秋来，也是一种奇景。第一是枣子树；屋角，墙头，茅房边上，灶房门口，它都会一株株的长大起来。像橄榄又像鸽蛋似的这枣子颗儿，在小椭圆形的细叶中间，显出淡绿微黄的颜色的时候，正是秋的全盛时期，等枣树叶落，枣子红完，西北风就要起来了。北方便是尘沙灰土的世界，只有这枣子、柿子、葡萄，成熟到八九分的七八月之交，是北国的清秋的佳日，是一年之中最好也没有的 Golden Days[12]。

有些批评家说，中国的文人学士，尤其是诗人，都带着很浓厚的颓废[13]色彩，所以中国的诗文里，颂赞秋的文字特别地多。但外国的诗人，又何尝不然？我虽则外国诗文念得不多，也不想开出账来，做一篇秋的诗歌散文钞，但你若去一翻英德法意等诗人的集子，或各国的诗文的 Anthology[14] 来，总能够看到许多关于秋的歌颂与悲啼。各著名的大诗人的长篇田园诗或四季诗里，也总以关于秋的部分，写得最出色而最有味。足见有感觉的动物，有情趣的人类，对于秋，总是一样的能特别引起深沉，幽远，严厉，萧索的感触来的。不单是诗人，就是被关闭在牢狱里的囚犯，到了秋天，我想也一定会感到一种不能自己的深情；秋之于人，何尝有国别，更何尝有人种阶级的区别呢？不过在中国，文字里有一个"秋士[15]"的成语，读本里又有着很普遍的欧阳子的《秋声》[16]与苏东坡的《赤壁赋》等，就觉得中国的文人，与秋的关系特别深了。可是这秋的深味，尤其是中国的秋的深味，非要在北方，才感受得到底。

南国之秋，当然是也有它的特异的地方的，譬如廿四桥的明月[17]，钱塘江的秋潮[18]，普陀山[19]的凉雾，荔枝湾[20]的残荷等等，可是色彩不浓，回味不永。比起北国的秋来，正像是黄酒之与白干，稀饭之与馍馍，鲈鱼之与大蟹，黄犬之与骆驼。

秋天，这北国的秋天，若留得住的话，我愿意把寿命的三分之二折去，换得一个三分之一的零头。

一九三四年八月在北平

---

[1] 选自《郁达夫文集》第三卷，花城出版社、生活·读书·新知三联书店 1991 年版。郁达夫（1896—1945），原名郁文，浙江富阳人，现代著名小说家、散文家。因在南洋从事抗日工作，1945 年 9 月 17 日被日本宪兵秘密杀害于苏门答腊。1952 年，中央人民政府追认他为革命烈士。故都，指北京，当时叫北平。因曾经是清王朝的都城，所以称故都。[2]［浑浑沌沌］糊涂不清醒的样子。[3]［陶然亭］在北京先农坛西，现在陶然亭公园内。陶然亭的名字取自白居易"更待菊黄家酿熟，共君一醉一陶然"诗句。那里原有江南水乡风味，新中国成立前成了芦草丛生的水塘。[4]［钓鱼台］在北京阜成门外三里河，玉渊潭公园东面，环境清幽，"台下有泉涌出，汇成池，其水至冬不竭"（《明一统志》）。[5]［潭柘（zhè）寺］在西山的潭柘山腰，距城 40 公里，相传"寺址本在青龙潭上，有古柘千章，寺以此得名"。[6]［皇城］明、清两代在北京城内以故宫为中心的内城。[7]［椽（chuán）］椽子，安在梁上支架屋面和瓦条的木条。这里指代普通平房。[8]［潜意识］人们没有经过细想的感觉与反应，也叫下意识。[9]［梧桐一叶而天下知秋］《淮南子·说山》："以小明大，见叶落而知岁之将暮。"《太平御览》卷二十四引作"一叶落而知天下秋"。民间认为立秋时梧桐开始落叶。[10]［著］通"着（zhuó）"，穿（衣）。[11]［平平仄仄起来］意为推敲起字的韵律来。[12]［Golden Days］英语"黄金般的日子"。[13]［颓废］情绪消沉，不振作。[14]［Anthology］英语"（诗、文、曲、画等的）选集"。[15]［秋士］古时指到了暮年仍不得志的知识分子。《淮南子·缪称》"春女思，秋士悲"注："春女感阳则思，秋士见阴而悲"。[16]［欧阳子的《秋声》］指宋代文学家欧阳修的《秋声赋》。[17]［廿四桥的明月］杜牧《寄扬州韩绰判官》诗："青山隐隐水迢迢，秋尽江南草未凋。二十四桥明月夜，玉人何处教吹箫？""廿四桥"借指扬州。传说扬州城里原有二十四座桥。一说"廿四桥"即扬州吴家砖桥，因古时有二十四位

美人吹箫于桥上而得名。[18] [钱塘江的秋潮] 杭州湾钱塘江口海潮倒灌时潮头壁立，气象壮观，形成著名的"钱塘潮"。因以每年农历八月十八日在海宁所见者为最著，又称"海宁潮"。[19] [普陀山] 在浙江普陀县，佛教四大名山之一，游览胜地。[20] [荔枝湾] 又名荔枝州，在广州市西郊，岸多红荔，风景幽胜。

七彩天空

【秋天之悟】

秋天是个既孕育成熟，又掺杂着渐渐衰败的季节。正如人们常有所感一般，它丰实与苍凉，形成了秋之思绪万千的概念。人们喜欢秋，喜欢秋的成熟气息，更喜欢秋天带给尘世的荒凉。特别是荒凉、凄苦的背后那份不卑不亢、又欲重生的力量；一个由繁盛走向衰老的不可抗争的过程，令人回味畅想。

曾经看到瞬间掉在地上的秋叶，它已经枯黄了，却有几根清晰的叶脉还在泛着绿，那应该是对生的渴求，对死的无畏吧。拾起叶子，感到叶子由葱绿走向枯黄的历程，沉甸甸。毕竟在葱绿时为人们带去荫凉和不可或缺的绿的轻盈，让人们在酷夏的燥热时，不至于颓废；毕竟在枯黄时还在留恋人们，让绿色在一点点消逝中不断地超越。

在人生的道路上，你是否每年的秋初，都要数数行囊里成熟的果子，珍藏起来。随着秋的丰实，越发地感到果子的甜。内心充斥着喜悦和再成熟的期盼。不是说，有希望就有动力吗？回答是肯定的，只要坚信希望能给予人们不可抗拒的力量，这将无疑是秋的功劳。

走在秋天的脚印里，犹如走在人生的旅途中。它是一个由稚嫩走向成熟，又由成熟趋于衰老的过程。人便在这人生的季节里颠簸着，感受着，作为主角的自己在其间生活着，经营着，收获着。在季节交替的过程中，了解自己，警醒自己，历练自己。待到黄昏时，越发珍惜生命的可贵，越发活得稚嫩。那是生命最原始的倔强，对生命的渴求与不舍。

秋天，应该是人生的黄金时代。带着不忍退去的稚嫩，迎接着成熟，又观望渐近的衰老。其实，人生的每一个阶段都具有独特的味道，正如四季的斑斓。秋天，拥有成熟的味道，拥有历尽沧桑又欲拼搏的沉稳，拥有历经成熟的酸甜苦辣，拥有收获成熟的幸福，拥有跌倒又爬起的力量，拥有对生命的倍加珍爱。

(网络选文，内容有删改)

双核训练

一、填空题

1. 郁达夫是我国_____代著名作家，是_____的主要发起者之一。代表作有小说《_____》《_____》等。本文中的"故都"当时叫做_____。

2. 文中说"读本里又有着很普遍的欧阳子的《秋声》与苏东坡的《赤壁赋》等"，欧阳子是指_____（朝代）的文学家_____，"秋声"指他的作品《_____》。

3. 故都秋的特点是_____、_____、_____。

二、思考题

1. 对故都的秋，作者为什么有"悲凉"的感觉？

2. 文章是赞美故都秋天的浓色、深味，为什么却两次写到南国之秋？

学习指引

请参看搜集古典诗歌中写"秋"的篇章。

三、荷塘月色[1]

朱自清

核心知识

研读导学

北京清华园一个普通的荷塘，经过作者精心描绘，便成了一个充满诗情画意的处所。这是由于作者把自己主观的情感融注在笔端描绘的客观景色之中，从而产生了情景交融的"意境"所致。作者淡淡的哀愁情绪与荷塘上淡淡的月色是如此合拍，情与景是如此水乳交融。研读文章时，注意思考在中国传统文化中，"荷"与"月"有哪些寓意。在当时的时代背景下，作者用"荷塘月色"四字做题目，寄予了怎样的情怀。

这几天心里颇不宁静。今晚在院子里坐着乘凉，忽然想起日日走过的荷塘，在这满月的光里，总该另有一番样子吧。月亮渐渐地升高了，墙外马路上孩子们的欢笑，已经听不见了；妻在屋里拍着闰儿[2]，迷迷糊糊地哼着眠歌。我悄悄地披了大衫，带上门出去。

沿着荷塘，是一条曲折的小煤屑路。这是一条幽僻的路；白天也少人走，夜晚更加寂寞。荷塘四面，长着许多树，蓊蓊郁郁[3]的。路的一旁，是些杨柳，和一些不知道名字的树。没有月光的晚上，这路上阴森森的，有些怕人。今晚却很好，虽然月光也还是淡淡的。

路上只我一个人，背着手踱着。这一片天地好像是我的；我也像超出了平常的自己，到了另一世界里。我爱热闹，也爱冷静；爱群居，也爱独处。像今晚上，一个人在这苍茫的月下，什么都可以想，什么都可以不想，便觉是个自由的人。白天里一定要做的事，一定要说的话，现在都可不理。这是独处的妙处，我且受用这无边的荷香月色好了。

曲曲折折的荷塘上面，弥望的是田田[4]的叶子。叶子出水很高，像亭亭的舞女的裙。层层的叶子中间，零星地点缀着些白花，有袅娜[5]地开着的，有羞涩地打着朵儿的；正如一粒粒的明珠，又如碧天里的星星，又如刚出浴的美人。微风过处，送来缕缕清香，仿佛远处高楼上渺茫的歌声似的。这时候叶子与花也有一丝的颤动，像闪电般，霎时传过荷塘的那边去了。叶子本是肩并肩密密地挨着，这便宛然有了一道凝碧的波痕。叶子底下是脉脉[6]的流水，遮住了，不能见一些颜色；而叶子却更见风致[7]了。

月光如流水一般，静静地泻在这一片叶子和花上。薄薄的青雾浮起在荷塘里。叶子和花仿佛在牛乳中洗过一样；又像笼着轻纱的梦。虽然是满月，天上却有一层淡淡的云，所以不能朗照；但我以为这恰是到了好处——酣眠固不可少，小睡也别有风味的。月光是隔了树照过来的，高处丛生的灌木，落下参差的斑驳[8]的黑影，峭楞楞如鬼一般；弯弯的杨柳的稀疏的倩影[9]，却又像是画在荷叶上。塘中的月色并不均匀；但光与影有着和谐的旋律，如梵婀玲[10]上奏着的名曲。

荷塘的四面，远远近近，高高低低都是树，而杨柳最多。这些树将一片荷塘重重围住；只在小路一旁，漏着几段空隙，像是特为月光留下的。树色一例[11]是阴阴的，乍看像一团烟雾；但杨柳的丰姿[12]，便在烟雾里也辨得出。树梢上隐隐约约的是一带远山，只有些大意罢了。树缝里也漏着一两点路灯光，没精打采的，是渴睡人的眼。这时候最热闹的，要数树上的蝉声与水里的蛙声；但热闹是它们的，我什么也没有。

忽然想起采莲的事情来了。采莲是江南的旧俗，似乎很早就有，而六朝时为盛；从诗歌里可以约略知道。

于是又记起《西洲曲》[13]里的句子：

采莲南塘秋，莲花过人头；低头弄莲子，莲子清如水。

今晚若有采莲人，这儿的莲花也算得"过人头"了；只不见一些流水的影子，是不行的。这令我到底惦着江南了。——这样想着，猛一抬头，不觉已是自己的门前；轻轻地推门进去，什么声息也没有，妻已睡熟好久了。

1927 年 7 月，北京清华园

---

[1] 选自《朱自清散文全集》上集（江苏教育出版社1996年版）。[2] [闰儿] 作者的次子朱闰生。[3] [蓊蓊（wěngwěng）郁郁] 树木茂盛的样子。[4] [田田] 形容荷叶相连的样子。古乐府《江南曲》中有"莲叶何田田"的句子。[5] [袅娜] 轻盈柔美的样子。[6] [脉脉（mòmò）] 这里形容水没有声音，好像深含感情的样子。[7] [风致] 美的姿态。[8] [斑驳] 原指一种颜色中杂有别的颜色，这里有深浅不一的意思。[9] [倩（qiàn）影] 美丽的影子。倩，美丽。[10] [梵婀玲] 英语"violin"的译音，即小提琴。[11] [一例] 一概，一

律。[12]［丰姿］风度仪态，一般指美好的姿态，也写作"风姿"。[13]［《西洲曲》］南北朝时流行于长江流域的民歌，收在《乐府诗集》的杂曲中。描写一个青年女子思念情人的痛苦。

相关信息

匆 匆

朱自清

燕子去了，有再来的时候；杨柳枯了，有再青的时候；桃花谢了，有再开的时候。但是，聪明的，你告诉我，我们的日子为什么一去不复返呢？——是有人偷了他们罢：那是谁？又藏在何处呢？是他们自己逃走了罢：现在又到了哪里呢？

我不知道他们给了我多少日子；但我的手确乎是渐渐空虚了。在默默里算着，八千多日子已经从我手中溜去；像针尖上一滴水滴在大海里，我的日子滴在时间的流里，没有声音，也没有影子。我不禁头涔涔而泪潸潸了。

去的尽管去了，来的尽管来着；去来的中间，又怎样地匆匆呢？早上我起来的时候，小屋里射进两三方斜斜的太阳。太阳他有脚啊，轻轻悄悄地挪移了；我也茫茫然跟着旋转。于是——洗手的时候，日子从水盆里过去；吃饭的时候；日子从饭碗里过去；默默时，便从凝然的双眼前过去。我觉察他去的匆匆了，伸出手遮挽时，他又从遮挽着的手边过去，天黑时，我躺在床上，他便伶伶俐俐地从我身上跨过，从我脚边飞去了。等我睁开眼和太阳再见，这算又溜走了一日。我掩着面叹息。但是新来的日子的影儿又开始在叹息里闪过了。

在逃去如飞的日子里，在千门万户的世界里的我能做些什么呢？只有徘徊罢了，只有匆匆罢了；在八千多日的匆匆里，除徘徊外，又剩些什么呢？过去的日子如轻烟，被微风吹散了，如薄雾，被初阳蒸融了；我留着些什么痕迹呢？我何曾留着像游丝样的痕迹呢？我赤裸裸来到这世界，转眼间也将赤裸裸的回去罢？但不能平的，为什么偏要白白走这一遭啊？

你聪明的，告诉我，我们的日子为什么一去不复返呢？

小 结

作者描写月下荷塘的顺序：

荷叶—荷花—花香—流水

塘上月色：

月光—月影—光影

通感手法：1. 仿佛远处高楼上渺茫的歌声；

2. 如梵婀玲上奏着的名曲。

双核训练

一、填空题

1. 本文的作者是_____，现代的_____、_____、_____。著有诗文集《_____》、散文集《_____》等。

2. 这是一篇_____的散文，体现文章主题文眼的一句是_____。

3. 文章第四自然段主要写了月下荷塘中的_____、_____、_____和_____。

二、思考题

作者笔下的荷塘月色有哪些特色？蕴涵着作者怎样的思想感情？

三、反复朗诵课文，背诵第四、五自然段

四、野　草

夏　衍

核心知识

自读提示

本文成功地运用了象征、拟人等手法，以平实的笔调触及了野草内在的品格，歌颂了它为常人所看不到的生命力，展示了小草昂扬的斗志和坚忍的意志。

阅读时，注意体会野草这一颇具性格的特殊形象，想想自己应该如何去做？

有这样一个故事。

有人问：世界上什么东西的气力最大？回答纷纭得很，有的说象，有的说狮，有人开玩笑似的说：是金刚。金刚有多少气力，当然大家全不知晓。

结果，这一切答案完全不对，世界上气力最大的是植物的种子。一粒种子可以显现出来的力，简直是超越一切。

这儿又是一个故事。

人的头盖骨结合得非常致密、坚固，生理学家和解剖学家用尽了一切的方法，要把它完整地分开来，都没有成功。后来忽然有人发明了一个方法，就是把一些植物的种子放在要剖析的头盖骨里，给予温度和湿度，使种子发芽。一发芽，这些种子便以可怕的力量，将一切机械力所不能分开的骨骼，完整地分开了。植物种子力量之大如此。

这也许特殊了一点，常人不容易理解。那么，你见过被压在瓦砾和石块下面的一棵小草的成长吗？它为着向往阳光，为着达成它的生之意志，不管上面的石块如何重，石块与石块之间如何狭，它总要曲曲折折地，但是顽强不屈地透到地面上来。它的根往土里钻，它的芽往地面挺，这是一种不可抗的力，阻止它的石块结果也被它掀翻。一粒种子力量之大如此。

没有一个人将小草叫做大力士，但是它的力量之大，的确世界无比。这种力是一般人看不见的生命力。只要生命存在，这种力就要显现，上面的石块丝毫不足以阻挡它，因为这是一种"长期抗战"的力，有弹性，能屈能伸的力；有韧性，不达目的不止的力。

如果不落在肥土而落在瓦砾中，有生命力的种子绝不会悲观、叹气，它相信有了阻力才有磨炼。生命开始的一瞬间就带着斗志而来的草才是坚韧的草，也只有这种草，才可为傲然对那些玻璃棚中养育着的盆花嗤笑。

隐形翅膀

【同工异曲】
高尚的白杨树（节选）
吴祖光

乘坐火车往东北方向旅行时，俯在窗口观望沿途景色，总会看见铁路两旁栽种的一排排笔直高耸的白杨树。这些树每株挨得很近，密植成行，有的行短些，有的长些。一行行的杨树从窗口迅速地移向后方，看多了我发现一个难以理解的现象：每一行排头和排尾的树大都比其他的树矮一些，最高的几棵树几乎都在每一排树的当中。

有一次，同行者恰巧是一位有植物栽植知识的旅客，他告诉我：杨树具有一种独特的向上性，它最喜爱的是阳光。由于株距很近，为了争得阳光，它就只有向上伸长；而相反排在两头最靠外的树由于没有遮拦、阳光充足，不需要自己去进行争取，它就不像其他的树那样争高争长；个子矮一些就是这个原因。

专家的话言之成理，并且意味深长。我觉得杨树虽是树，但它有点像人。

杨树的性格说明了一个道理：处在同样环境和同样条件里，必须竞争才能取得超越同辈的成就。相反，没有竞争便会失去动力，不思进取，也便无所成就。这一点，树和人没什么两样。

然而树和人也有不同的地方。树很单纯、安静、善良，处在狭窄地带，同类之间只知向上拔高，因为只有上边是没有阻拦的；长得越高，阳光越充足，因之得到的营养也就越充足，长得就会更高。但处在狭窄拥挤地区的人却不是这样子，而是往往使出种种方法，或明争，或暗斗；打击别人，抬高自己；牺牲别人，保全自己；妒贤嫉能，损人利己，这是人的本领。

树在和同类共处的地方，不管多么拥挤，只知天天向上；而人们却常常打横拳，伤害别人。

白杨树的高尚风格，也许能给我们一些有益的借鉴。

双核训练

1. 你读过两篇文章有什么想法？
2. 比较一下，野草和杨树有何不同？
3. 请你细读《野草》最后两段，写一篇读后感。

五、胡同文化[1]

汪曾祺

核心知识

自读提示

本文是一篇介绍北京的胡同及其所延伸出的胡同文化特点的散文。作者从胡同对北京人生活和思想的影响起笔，对胡同及其名称来源娓娓道来。然后又从建筑谈到文化，从胡同文化的封闭特点，概括出北京人安土重迁、善处街坊、易于满足、爱瞧热闹、"忍"的精义等特点。结尾落在胡同今日的衰败、没落上。阅读时注意品味文章质朴、雅致、富有表现力的语言韵味。

北京城像一块大豆腐，四方四正。城里有大街，有胡同。大街、胡同都是正南正北，正东正西。北京人的方位意识极强。过去拉洋车的，逢转弯处都高叫一声"东去！""西去！"以防碰着行人。老两口睡觉，老太太嫌老头子挤着她了，说"你往南边去一点"。这是外地少有的。街道如是斜的，就特别标明是斜街，如烟袋斜街、杨梅竹斜街。大街、胡同，把北京切成一个又一个方块。这种方正不但影响了北京人的生活，也影响了北京人的思想。

胡同原是蒙古语，据说原意是水井，未知确否。胡同的取名，有各种来源。有的是计数的，如东单三条、东四十条。有的原是皇家储存物件的地方，如皮库胡同、惜薪胡同（存放柴炭的地方）。有的是这条胡同里曾住过一个有名的人物，如无量大人胡同、石老娘（老娘是接生婆）胡同。大雅宝胡同原名大哑巴胡同，大概胡同里曾住过一个哑巴。

王皮胡同是因为有一个姓王的皮匠。王广福胡同原名王寡妇胡同。有的是某种行业集中的地方。手帕胡同大概是卖手帕的。羊肉胡同当初想必是卖羊肉的。有的胡同是像其形状的。高义伯胡同原名狗尾巴胡同。小羊宜宾胡同原名羊尾巴胡同。大概是因为这两条胡同的样子有点像羊尾巴、狗尾巴。有些胡同则不知道何所取义,如大绿纱帽胡同。

胡同有的很宽阔,如东总布胡同、铁狮子胡同。这些胡同两边大都是"宅门",到现在房屋都还挺整齐。有些胡同很小,如耳朵眼胡同。北京到底有多少胡同?北京人说:有名的胡同三千六,没名的胡同数不清,通常提起"胡同",多指的是小胡同。

胡同是贯通大街的网络。它距离闹市很近,打个酱油,约[2]二斤鸡蛋什么的,很方便,但又似很远。这里没有车水马龙,总是安安静静的。偶尔有剃头挑子的"唤头"(像一个大镊子,用铁棒从当中擦过,便发出"嗡"的一声)、磨剪子磨刀的"惊闺"(十几个铁片穿成一串,摇动作声)、算命的盲人(现在早没有了)吹的短笛的声音。这些声音不但不显得喧闹,倒显得胡同里更加安静了。

胡同和四合院是一体。胡同两边是若干四合院连接起来的。胡同、四合院,是北京市民的居住方式,也是北京市民的文化形态。我们通常说北京的市民文化,就是指的胡同文化。胡同文化是北京文化的重要组成部分,即使不是最主要的部分。

胡同文化是一种封闭的文化。住在胡同里的居民大都安土重迁,不大愿意搬家。有在一个胡同里一住住几十年的,甚至有住了几辈子的。胡同里的房屋大都很旧了,"地根儿"房子就不太好,旧房檩,断砖墙。下雨天常是外面大下,屋里小下。一到下大雨,总可以听到房塌的声音,那是胡同里的房子。但是他们舍不得"挪窝儿",——"破家值万贯"。

四合院是一个盒子。北京人理想的住家是"独门独院"。北京人也很讲究"处街坊"。"远亲不如近邻"。"街坊里道"的,谁家有点事,婚丧嫁娶,都得"随"一点"份子",道个喜或道个恼,不这样就不合"礼数"。但是平常日子,过往不多,除了有的街坊是棋友,"杀"一盘;有的是酒友,到"大酒缸"(过去山西人开的酒铺,都没有桌子,在酒缸上放一块规成圆形的厚板以代酒桌)喝两"个"(大酒缸二两一杯,叫做"一个");或是鸟友,不约而同,各晃着鸟笼,到天坛城根、玉渊潭去"会鸟"(会鸟是把鸟笼挂在一处,既可让鸟互相学叫,也互相比赛),此外,"各人自扫门前雪,休管他人瓦上霜"。

北京人易于满足,他们对生活的物质要求不高。有窝头,就知足了。大腌萝卜,就不错。小酱萝卜,那还有什么说的。臭豆腐滴几滴香油,可以待姑奶奶。虾米皮熬白菜,嘿!我认识一个在国子监[3]当过差,伺候过陆润庠[4]、王垿[5]寺祭酒的老人,他说:"哪儿也比不了北京。北京的熬白菜也比别处好吃,——五味神在北京。"五味[6]神是什么神?我至今考查不出来。但是北京人的大白菜文化却是可以理解的。北京人每个人一辈子吃的大白菜摞起来大概有北海白塔那么高。

北京人爱瞧热闹,但是不爱管闲事。他们总是置身事外,冷眼旁观。

北京是民主运动的策源地，"民国"以来，常有学生运动。北京人管学生运动叫做"闹学生"。学生示威游行，叫做"过学生"。与他们无关。

北京胡同文化的精义是"忍"。安分守己、逆来顺受。老舍《茶馆》里的王利发说，"我当了一辈子的顺民"，是大部分北京市民的心态。

我的小说《八月骄阳》里写到"文化大革命"，有这样一段对话：

"还有个章法没有？我可是当了一辈子安善良民，从来奉公守法。这会儿，全乱了。我这眼面前就跟'下黄土'似的，简直的。分不清东西南北了。"

"您多余操这份儿心。粮店还卖不卖棒子面？"

"卖！"

"还是的。有棒子面就行。……"

我们楼里有个小伙子，为一点事，打了开电梯的小姑娘一个嘴巴。我们都很生气，怎么可以打一个女孩子呢！我跟两个上了岁数的老北京（他们是"搬迁户"，原来是住在胡同里的）说，大家应该主持正义，让小伙子当众向小姑娘认错，这二位同志说："叫他认错？门儿也没有！忍着吧！——'穷忍着，富耐着，睡不着眯着'！""睡不着眯着"这话实在太精彩了！睡不着，别烦躁，别起急，眯着北京人，真有你的！

北京的胡同在衰败，没落。除了少数"宅门"还在那里挺着，大部分民居的房屋都已经很残破，有的地基柱甚至已经下沉，只有多半截还露在地面上。有些四合院门外还保存已失原形的拴马桩、上马石，记录着失去的荣华。有打不上水来的井眼、磨圆了棱角的石头棋盘，供人凭吊。西风残照，衰草离披，满目荒凉，毫无生气。

看看这些胡同的照片，不禁使人产生怀旧情绪，甚至有些伤感。但是这是无可奈何的事。在商品经济大潮的席卷之下，胡同和胡同文化总有一天会消失的。也许像西安的虾蟆陵，南京的乌衣巷，还会保留一两个名目，使人怅望低徊。

再见吧，胡同。

一九九三年三月十五日

---

[1] 选自《汪曾祺散文选集》（百花文艺出版社1996年版）。本文是作者为摄影艺术集《胡同之没》写的序。汪曾祺（1920—1998），江苏高邮人，作家。代表作有小说《受戒》《大淖记事》等。[2]［约（yāo）］称重量。[3]［国子监（jiàn）］我国封建时代的教育管理机关和最高学府。晋建立国子学，北齐称为国子寺，隋、唐、宋、元、明、清，称国子监。清末改革学制，自光绪三十一年起设学部，国子监才废除。[4]［陆润庠］清朝同治年间状元，曾任吏部尚书、太子少保，做过宣统皇帝的老师。[5]［王垿（xù）］清末状元。[6]［五味］指酸、甜、苦、辣、咸五种味道。

【弄堂与胡同】

　　上海的弄堂是由上百个单元组成的石库门一排排紧密地联体而立，组成一个庞大的房屋群体。石库门建筑的间隙，形成了一条条狭窄阴暗的通道，这种通道便是上海人所谓的"弄堂"。北京胡同都是正南正北，正东正西，正得像北方人的性格。胡同宽少窄多，短少长多，在城市裁剪得那么随意自然，散落得格外方便利索。北京人常爱说：有名的胡同三千六，没名的胡同数不清。北京的胡同，实质上是许许多多、大大小小、一个紧挨一个地排列起来的四合院之间的通道。为便于采光，讲究的四合院都坐北朝南，其排列结果，胡同多数成为东西走向。为了便于沟通，在较大胡同之间又有许多南北走向的小胡同。整座北京城，如同放大的四合院，东西南北基本对称，布局严谨，气势壮观，周围加高墙以矩形圈围，整齐划一。

双核训练

一、填空题

1. 本文的作者是_____，他的代表作有小说《_____》、《_____》等。

2. 北京胡同的特点是_____。

二、思考题

说说作者赋予北京胡同文化哪些内涵，作者对此怀有怎样的感情。

六、藏羚羊跪拜

王宗仁

核心知识

自读提示

　　在这个世界上有一种感情叫亲情。这是最普通，却是最珍贵的。透过那眼里哀求的泪水，我们除了为藏羚羊感到难过，就没有一点自惭之感吗？还有什么能够比得上慈母的爱更为珍贵呢？藏羚羊是有感情的，虽然它无法用语言描述，但是它却用了下跪的方式向人祈求能放它一条生路。然而，母藏羚羊终究没有逃过一死。是的，"天下所有慈母的跪拜，包括动物在内，都是神圣的。"动物尚且如此，更何况是人呢？请记住藏羚羊的跪拜及两行无助的泪水。珍惜那份世间最普通、最珍贵的感情。

这是听来的一个西藏故事。故事发生的年代距今有好些年了，可是，我每次乘车穿过藏北无人区时总会不由自主地要想起这个故事的主人公——那只将母爱浓缩于深深一跪的藏羚羊。

那时候，枪杀、乱逮野生动物是不受法律惩罚的，就是在今天，可可西里的枪声仍然带来罪恶的余音低回在自然保护区巡视卫士们的脚步难以达到的角落，当年举目可见的藏羚羊、野马、野驴、雪鸡、黄羊等，眼下已经凤毛麟角了。

当时，经常跑藏北的人总能看见一个肩披长发，留着浓密大胡子，脚蹬长统藏靴的老猎人在青藏公路附近活动。那支磨蹭得油光闪亮的权子枪斜挂在他身上，身后的两头藏牦牛驮着沉甸甸的各种猎物。他无名无姓，云游四方，朝别藏北雪，夜宿江河源，饿时大火煮黄羊肉，渴时一碗冰雪水。猎获的那些皮张自然会卖来一笔钱。他除了自己消费一部分外，更多地用来救济路遇的朝圣者。那些磕长头去拉萨朝觐的藏家人心甘情愿地走一条布满艰难和险情的漫漫长路。每次老猎人在救济他们时总是含泪祝愿：上苍保佑，平安无事。

杀生和慈善在老猎人身上共存，促使他放下手中的权子枪是在发生了这样一件事以后——应该说那天是他很有福气的日子。大清早，他从帐篷里出来，伸伸懒腰，正准备要喝一铜碗酥油茶时，突然瞅见两步之遥对面的草坡上站立着一只肥肥壮壮的藏羚羊，他眼睛一亮，送上门来的美事！沉睡了一夜的他浑身立即涌上来一股清爽的劲头，丝毫没有犹豫，就转身回到帐篷拿来了权子枪，他举枪瞄了起来，奇怪的是，那只肥壮的羚羊并没有逃走，只是用乞求的眼神望着他，然后冲着他前行两步，用两条前腿扑通一声跪了下来，与此同时只见两行长泪从它眼里流了出来。老猎人的心头一软，扣扳机的手不由得松了一下，藏区流行着一句老幼皆知的俗语："天上飞的鸟，地上跑的鼠，都是通人性的。"此时藏羚羊给他下跪自然是求他饶命了，他是个猎手，不被藏羚羊的悲悯打动是情理之中的事，他双眼一闭，扳机在手指下一动，枪声响起，那只藏羚羊便栽倒在地，它倒地后仍是跪卧的姿势，眼里的两行泪迹也清晰地留着。

那天，老猎人没有像往日那样当即将猎获的藏羚羊开膛、扒皮。他的眼前老是浮现着给他跪拜的那只藏羚羊。他感到有些蹊跷，藏羚羊为什么要下跪？这是他几十年狩猎生涯中唯一见到的一次，夜里躺在地铺上他也久久难以入眠，双手一直颤抖着……

次日，老猎人怀着忐忑不安的心情对那只藏羚羊开膛扒皮，他的手仍在颤抖，腹腔在刀刃上打开了，他吃惊得出了声，手中的屠刀咣当一声掉在地上……原来在藏羚羊的子宫里，静静卧着一只小藏羚羊，它已经成形，自然是死了。这时候，老猎人才明白为什么那只藏羚羊的身体肥肥壮壮，也才明白它为什么要弯下笨重的身子向自己下跪，它是在求猎人留下自己的孩子的一条命呀！

天下所有慈母的跪拜，包括动物在内，都是神圣的。

老猎人的开膛破腹半途而止。

当天，他没有出猎，在山坡上挖了个坑，将那只藏羚羊连同它那没有出世的孩子掩埋了。同时埋掉的还有他的杈子枪……

从此，这个老猎人在藏北草原上消失了，没人知道他的下落。

思维对抗

藏羚羊

藏羚羊是中国重要珍稀物种之一，国家一级保护动物。它善于奔跑，最高时速可达 80 千米，寿命最长 8 年左右。雌藏羚羊生育后代时，都要千里迢迢地到可可西里生育。主要分布在新疆、青海、西藏的高原上，另有零星个体分布在印度地区。

双核训练

思考题

1. 文章讲述了一个感人的故事，请找出最让你感动的地方，说说自己的理由。

2. 老猎人为什么消失了？

3. 续写文章

核心技能

实训活动

散文的特点是"形散而神不散"。你通过重温后，是否可以留下深刻的印象？请多观察生活，将你的感受和反思讲述出来，再创作一篇自己喜闻乐见的小散文。题目自拟，内容自定。

第四节　作品欣赏　小说

小说是以人物刻画为中心，以记叙和描写为主要表达方式，以人物、情节和环境为三大要素的一种文学体裁。它可以分为长篇小说、中篇小说、短篇小说和微型小说（小小说）四大类。

阅读和欣赏小说，首先要了解小说反映的社会背景，作者的写作意图，从而领会小说所揭示的主题思想。其次要分析人物形象，通过作者在小说中对人物的直接描写和间接描写来理解典型环境中的典型性格，从而深入领会小说的思想和艺术性。直接描写又叫正面描写，包括语言描写、行动描写、外貌描写、心理描写。间接描写又叫侧面描写，包括以宾衬主、背景映衬、作者述评。从表现手法的角度来说，描写人物还分为工笔、写意、白描、漫画、细节等。最后要研究小说的故事情节和线索结构，领会情节结构怎样为塑造形象、表达主题服务。

一、药[1]

鲁 迅

核心知识

研读导学

辛亥革命失败后的中国社会现实究竟是一种怎样的状况？辛亥革命失败的原因究竟是什么？历史教科书往往给我们提供现成的枯燥的答案。而鲁迅先生的小说《药》，通过几个典型场景和典型人物，为我们展示出当时现实生活的鲜活画面。透过这些画面，以上的问题也不言自明了。作者安排了事件相关的"华"、"夏"两家，寓意深刻。研读课文时，请注意分析：推动小说情节发展的一明一暗两条线索。在以"药"为中心构思故事时，考虑分析景物描写对渲染气氛、烘托人物心理起了怎样的作用。

一

秋天的后半夜，月亮下去了，太阳还没有出，只剩下一片乌蓝的天；除了夜游的东西，什么都睡着。华老栓忽然坐起身，擦着火柴，点上遍身油腻的灯盏，茶馆的两间屋子里，便弥满了青白的光。

"小栓的爹，你就去么？"是一个老女人的声音。里边的小屋子里，也发出一阵咳嗽。

"唔。"老栓一面听，一面应；一面扣上衣服；伸手过去说，"你给我罢。"

华大妈在枕头底下掏了半天，掏出一包洋钱，交给老栓，老栓接了，抖抖的装入衣袋，又在外面按了两下；便点上灯笼，吹熄灯盏，走向里屋子去了。那屋子里面，正在窸窸窣窣[2]的响，接着便是一通咳嗽。老栓候他平静下去，才低低的叫道，"小栓……你不要起来。……店么？你娘会安排的。"

老栓听得儿子不再说话，料他安心睡了；便出了门，走到街上。街上黑沉沉的一无所有，只有一条灰白的路，看得分明。灯光照着他的两脚，一前一后的走。有时也遇到几只狗，可是一只也没有叫。天气比屋子里冷多了；老栓倒觉爽快，仿佛一旦变了少年，得了神通，有给人生命的本领似的，跨步格外高远。而且路也愈走愈分明，天也愈走愈亮了。

老栓正在专心走路，忽然吃了一惊，远远里看见一条丁字街，明明白白横着。他便退了几步，寻到一家关着门的铺子，蹩进[3]檐下，靠门立住了。好一会，身上觉得有些发冷。

"哼，老头子。"

"倒高兴……。"

老栓又吃一惊，睁眼看时，几个人从他面前过去了。一个还回头看他，样子不甚分明，但很像久饿的人见了食物一般，眼里闪出一种攫取的光。老栓看看灯笼，已经熄了。按一按衣袋，硬硬的还在。仰起头两面一望，只见许多古怪的人，三三两两，鬼似的在那里徘徊；定睛再看，却也看不出什么别的奇怪。

没有多久，又见几个兵，在那边走动；衣服前后的一个大白圆圈[4]，远地里也看得清楚，走过面前的，并且看出号衣上暗红色的镶边。——一阵脚步声响，一眨眼，已经拥过了一大簇人。那三三两两的人，也忽然合作一堆，潮一般向前进；将到丁字街口，便突然立住，簇成一个半圆。

老栓也向那边看，却只见一堆人的后背；颈项都伸得很长，仿佛许多鸭，被无形的手捏住了的，向上提着。静了一会，似乎有点声音，便又动摇起来，轰的一声，都向后退；一直散到老栓立着的地方，几乎将他挤倒了。

"喂！一手交钱，一手交货！"一个浑身黑色的人，站在老栓面前，眼光正像两把刀，刺得老栓缩小了一半。那人一只大手，向他摊着；一只手却撮着一个鲜红的馒头[5]，那红的还是一点一点的往下滴。

老栓慌忙摸出洋钱，抖抖的想交给他，却又不敢去接他的东西。那人便焦急起来，嚷道，"怕什么？怎的不拿！"老栓还踌躇着；黑的人便抢过灯笼，一把扯下纸罩，裹了馒头，塞与老栓；一手抓过洋钱，捏一捏，转身去了。嘴里哼着说，"这老东西……。"

"这给谁治病的呀？"老栓也似乎听得有人问他，但他并不答应；他的精神，现在只在一个包上，仿佛抱着一个十世单传的婴儿，别的事情，都已置之度外了。他现在要将这包里的新的生命，移植到他家里，收获许多幸福。太阳也出来了；在他面前，显出一条大道，直到他家中，后面也照见丁字街头破匾上"古口亭口[6]"这四个黯淡的金字。

二

老栓走到家，店面早经收拾干净，一排一排的茶桌，滑溜溜的发光。但是没有客人；只有小栓坐在里排的桌前吃饭，大粒的汗，从额上滚下，夹袄也贴住了脊心，两块肩胛骨高高凸出，印成一个阳文[7]的"八"字。老栓见这样子，不免皱一皱展开的眉心。他的女人，从灶下急急走出，睁着眼睛，嘴唇有些发抖。

"得了么？"

"得了。"

两个人一齐走进灶下，商量了一会；华大妈便出去了，不多时，拿着一片老荷叶回来，摊在桌上。老栓也打开灯笼罩，用荷叶重新包了那红的馒头。小栓也吃完饭，他的母亲慌忙说：

"小栓——你坐着，不要到这里来。"

一面整顿了灶火，老栓便把一个碧绿的包，一个红红白白的破灯笼，一同塞在灶里；一阵红黑的火焰过去时，店屋里散满了一种奇怪的香味。

"好香！你们吃什么点心呀？"这是驼背五少爷到了。这人每天总在茶馆里过日，来得最早，去得最迟，此时恰恰蹩到临街的壁角的桌边，便坐下问话，然而没有人答应他。"炒米粥[8]么？"仍然没有人应。老栓匆匆走出，给他泡上茶。

"小栓进来罢！"华大妈叫小栓进了里面的屋子，中间放好一条凳，小栓坐了。他的母亲端过一碟乌黑的圆东西，轻轻说：

"吃下去罢，——病便好了。"

小栓撮起这黑东西，看了一会儿，似乎拿着自己的性命一般，心里说不出的奇怪。十分小心的拗开[9]了，焦皮里面窜出一道白气，白气散了，是两半个白面的馒头。——不多工夫，已经全在肚里了，却全忘了什么味；面前只剩下一张空盘。他的旁边，一面立着他的父亲，一面立着他的母亲，两人的眼光，都仿佛要在他身里注进什么又要取出什么似的；便禁不住心跳起来，按着胸膛，又是一阵咳嗽。

"睡一会罢，——便好了。"

小栓依他母亲的话，咳着睡了。华大妈候他喘气平静，才轻轻的给他盖上了满幅补丁的夹被。

三

店里坐着许多人，老栓也忙了，提着大铜壶，一趟一趟的给客人冲茶；两个眼眶，都围着一圈黑线。

"老栓，你有些不舒服么？——你生病么？"一个花白胡子的人说。

"没有。"

"没有？——我想笑嘻嘻的，原也不像……"花白胡子便取消了自己的话。

"老栓只是忙。要是他的儿子……"驼背五少爷话还未完，突然闯进了一个满脸横肉的人，披一件玄色[10]布衫，散着纽扣，用很宽的玄色腰带，胡乱捆在腰间。刚进门，便对老栓嚷道：

"吃了么？好了么？老栓，就是运气了你！你运气，要不是我信息灵……"

老栓一手提了茶壶，一手恭恭敬敬的垂着；笑嘻嘻的听。满座的人，也都恭恭敬敬的听。华大妈也黑着眼眶，笑嘻嘻的送出茶碗茶叶来，加上一个橄榄，老栓便去冲了水。

"这是包好！这是与众不同的。你想，趁热的拿来，趁热吃下。"横肉的人只是嚷。

　　"真的呢，要没有康大叔照顾，怎么会这样……"华大妈也很感激的谢他。

　　"包好，包好！这样的趁热吃下。这样的人血馒头，什么痨病都包好！"

　　华大妈听到"痨病"这两个字，变了一点脸色，似乎有些不高兴；但又立刻堆上笑，搭赸[11]着走开了。这康大叔却没有觉察，仍然提高了喉咙只是嚷，嚷得里面睡着的小栓也合伙咳嗽起来。

　　"原来你家小栓碰到了这样的好运气了。这病自然一定全好；怪不得老栓整天的笑着呢。"花白胡子一面说，一面走到康大叔面前，低声下气的问道，"康大叔——听说今天结果的一个犯人，便是夏家的孩子，那是谁的孩子？究竟是什么事？"

　　"谁的？不就是夏四奶奶的儿子么？那个小家伙！"康大叔见众人都耸起耳朵听他，便格外高兴，横肉块块饱绽，越发大声说，"这小东西不要命，不要就是了。我可是这一回一点没有得到好处；连剥下来的衣服，都给管牢的红眼睛阿义拿去了。——第一要算我们栓叔运气；第二是夏三爷赏了二十五两雪白的银子，独自落腰包，一文不花。"

　　小栓慢慢的从小屋子里走出，两手按了胸口，不住的咳嗽；走到灶下，盛出一碗冷饭，泡上热水，坐下便吃。华大妈跟着他走，轻轻的问道，"小栓，你好些么？——你仍旧只是肚饿？……"

　　"包好，包好！"康大叔瞥了小栓一眼，仍然回过脸，对众人说，"夏三爷真是乖角儿[12]，要是他不先告官，连他满门抄斩[13]。现在怎样？银子！——这小东西也真不成东西！关在牢里，还要劝牢头造反。"

　　"阿呀，那还了得。"坐在后排的一个二十多岁的人，很现出气愤模样。

　　"你要晓得红眼睛阿义是去盘盘底细的，他却和他攀谈了。他说，这大清的天下是我们大家的。你想：这是人话么？红眼睛原知道他家里只有一个老娘，可是没有料到他竟会那么穷，榨不出一点油水，已经气破肚皮了。他还要老虎头上搔痒，便给他两个嘴巴！"

　　"义哥是一手好拳棒，这两下，一定够他受用了。"壁角的驼背忽然高兴起来。

　　"他这贱骨头打不怕，还要说可怜可怜哩。"

　　花白胡子的人说，"打了这种东西，有什么可怜呢？"

　　康大叔显出看他不上的样子，冷笑着说，"你没有听清我的话；看他神气，是说阿义可怜哩！"

　　听着的人的眼光，忽然有些板滞[14]；话也停顿了。小栓已经吃完饭，吃得满头流汗，头上都冒出蒸气来。

　　"阿义可怜——疯话，简直是发了疯了。"花白胡子恍然大悟似的说。

"发了疯了。"二十多岁的人也恍然大悟的说。

店里的坐客，便又现出活气，谈笑起来。小栓也趁着热闹，拼命咳嗽；康大叔走上前，拍他肩膀说：

"包好！小栓——你不要这么咳。包好！"

"疯了。"驼背五少爷点着头说。

四

西关外靠着城根的地面，本是一块官地；中间歪歪斜斜一条细路，是贪走便道的人，用鞋底造成的，但却成了自然的界限。路的左边，都埋着死刑和瘐毙[15]的人，右边是穷人的丛冢[16]。两面都已埋到层层叠叠，宛然阔人家里祝寿时候的馒头。

这一年的清明，分外寒冷；杨柳才吐出半粒米大的新芽。天明未久，华大妈已在右边的一座新坟前面，排出四碟菜，一碗饭，哭了一场。化过纸[17]，呆呆的坐在地上；仿佛等候什么似的，但自己也说不出等候什么。微风起来，吹动他[18]短发，确乎比去年白得多了。

小路上又来了一个女人，也是半白头发，褴褛[19]的衣裙；提一个破旧的朱漆圆篮，外挂一串纸锭[20]，三步一歇的走。忽然见华大妈坐在地上看他，便有些踌躇，惨白的脸上，现出些羞愧的颜色；但终于硬着头皮，走到左边的一座坟前，放下了篮子。

那坟与小栓的坟，一字儿排着，中间只隔一条小路。华大妈看他排好四碟菜，一碗饭，立着哭了一通，化过纸锭；心里暗暗地想，"这坟里的也是儿子了。"那老女人徘徊观望了一回，忽然手脚有些发抖，跄跄踉踉退下几步，瞪着眼只是发怔。

华大妈见这样子，生怕他伤心到快要发狂了；便忍不住立起身，跨过小路，低声对他说，"你这位老奶奶不要伤心了，——我们还是回去罢。"

那人点一点头，眼睛仍然向上瞪着；也低声吃吃的说道，"你看，——看这是什么呢？"

华大妈跟了他指头看去，眼光便到了前面的坟，这坟上草根还没有全合，露出一块一块的黄土，煞是难看。再往上仔细看时，却不觉也吃一惊；——分明有一圈红白的花，围着那尖圆的坟顶。

他们的眼睛都已老花多年了，但望这红白的花，却还能明白看见。花也不很多，圆圆的排成一个圈，不很精神，倒也整齐。华大妈忙看他儿子和别人的坟，却只有不怕冷的几点青白小花，零星开着；便觉得心里忽然感到一种不足和空虚，不愿意根究。那老女人又走近几步，细看了一遍，自言自语的说，"这没有根，不像自己开的。——这地方有谁来呢？孩子不会来玩；——亲戚本家早不来了。——这是怎么一回事呢？"他想了又想，忽又流下泪来，大声说道：

"瑜儿，他们都冤枉了你，你还是忘不了，伤心不过，今天特意显点灵，要我知道么？"他四面一看，只见一只乌鸦，站在一株没有叶的树上，便接着说，"我知道了。——瑜儿，可怜他们坑了你，他们将来总有报应，天都知道；你闭了眼睛就是了。——你如果真在这里，听到我的话，——便教这乌鸦飞上你的坟顶，给我看罢。"

微风早已经停息了；枯草支支直立，有如铜丝。一丝发抖的声音，在空气中愈颤愈细，细到没有，周围便都是死一般静。两人站在枯草丛里，仰面看那乌鸦；那乌鸦也在笔直的树枝间，缩着头，铁铸一般站着。

许多的工夫过去了；上坟的人渐渐增多，几个老的小的，在土坟间出没。

华大妈不知怎的，似乎卸下了一挑重担，便想到要走；一面劝着说，"我们还是回去罢。"那老女人叹一口气，无精打采的收起饭菜；又迟疑了一刻，终于慢慢地走了。嘴里自言自语的说，"这是怎么一回事呢？……"

他们走不上二三十步远，忽听得背后"哑——"的一声大叫；两个人都竦然[21]地回过头，只见那乌鸦张开两翅，一挫身[22]，直向着远处的天空，箭也似的飞去了。

一九一九年四月

---

[1] 选自《呐喊》（《鲁迅全集》第一卷，人民文学出版社 1981 年版）。[2]［窸窸窣窣 (xīxīsūsū)］象声词，形容轻微的摩擦声。这里形容穿衣服的声音。[3]［蹩（bié）进］躲躲闪闪地走进。[4]［衣服前后的一个大白圆圈］清代士兵穿的号衣（制服），前后都缀着一块圆形的白布，上面有个"兵"字或"勇"字。[5]［鲜红的馒头］指蘸有人血的馒头。旧时民间迷信，认为人血可以医治肺结核病，处决犯人时，有人向刽子手买蘸过人血的馒头治病。[6]［"古口亭口"］可念作"古某亭口"。口，是文章里表示缺文的记号，作者是有意这样写的。浙江省绍兴县城内的轩亭口有一牌楼，匾上题有"古轩亭口"四个字。清末资产阶级民主主义革命家秋瑾于 1907 年在这里就义。本篇里夏瑜这个人物，一般认为是作者以秋瑾和其他一些资产阶级民主主义革命家的若干经历为素材而创造出来的。[7]［阳文］刻在器物上的文字，笔画凸起的叫阳文，笔画凹下的叫阴文。[8]［炒米粥］用炒过的大米煮成的粥。[9]［拗（ǎo）开］用手掰开。拗，用手折断。[10]［玄色］黑色。[11]［搭赸（shàn）］一般写作"搭讪"。为了跟人接近或把尴尬的局面敷衍过去而找话说。这里是后一种意思。[12]［乖角儿］机灵人。这里指善于看风使舵的人。[13]［满门抄斩］抄没财产，杀戮全家。[14]［板滞］呆板，停止不动。[15]［瘐（yǔ）毙］旧时关在牢狱里的人因受刑或饥寒、疾病而死亡。[16]［丛冢（zhǒng）］乱坟堆。冢，坟墓。[17]［化过纸］烧过纸钱。旧时有迷信观念的人认为烧过的纸钱，死者可以在阴间使用。[18]［他］指华大妈。鲁迅这篇小说里，第三人称代词，不分男女，一律写作"他"。[19]［褴褛（lánlǚ）］指衣服破烂。[20]［纸锭］用纸或锡箔折成的"元宝"，纸钱的一种。[21]［竦（sǒng）然］惊惧的样子。竦，通"悚"。[22]［一挫身］身子一收缩。

相关信息

《呐喊》自序（节选）
鲁　迅

　　因为这些幼稚的知识，后来便使我的学籍列在日本一个乡间的医学专门学校里了。我的梦很美满，预备卒业回来，救治像我父亲似的被误的病人的疾苦，战争时候便去当军医，一面又促进了国人对于维新的信仰……有一回，我竟在画片上忽然会见我久违的许多中国人了，一个绑在中间，许多站在左右，一样是强壮的体格，而显出麻木的神情。据解说，这绑着的是替俄国做了军事上的侦探，正要被日军砍下头颅来示众，而围着的便是来赏鉴这示众的盛举的人们。

　　这一学年没有完毕，我已经到了东京了，因为从那一回以后，我便觉得医学并非一件紧要事，凡是愚弱的国民，即使体格如何健全，如何茁壮，也只能做毫无意义的示众的材料和看客，病死多少是不必以为不幸的。所以我们的第一要著，是在改变他们的精神……

【历史小资料】

　　辛亥革命是 1911 年中国爆发的资产阶级民主革命，因该年以干支计为辛亥年，故名。它是在清王朝日益腐朽、帝国主义侵略进一步加深、中国民族资本主义初步成长的基础上发生的。其目的是推翻清朝的专制统治，挽救民族危亡，争取国家的独立、民主和富强。领导这次革命的是中国资产阶级的政党同盟会及其领袖孙中山。这次革命结束了中国长达 2000 年之久的封建君主专制制度，是一次伟大的革命运动。

　　辛亥革命是近代中国比较完全意义上的资产阶级民主革命。它在政治上、思想上给中国人民带来了不可低估的解放作用。革命使民主共和的观点深入人心。中国人民长期进行的反帝反封建斗争，以辛亥革命为新的起点，更加深入、更加大规模地开展起来。

小　结

本文线索："药"—买药—吃药—谈药—药效
双线结构：明线，华家的故事。
　　　　　暗线，夏家的故事。
人物形象：华老栓，夏瑜，康大叔。

双核训练

一、填空题

1. 小说的情节一般分为_____、_____、_____、_____

四个部分。小说的三要素是_____、_____、_____。

2. 小说《药》选自《_____》，作者是_____。他的小说集有《_____》、《_____》和《_____》。

3. 本文有明暗两条线索：明线写的是_____，暗线写的是_____。连接两条线索的人和物分别是_____和_____。

4. 这篇小说的情节都围绕着"药"展示，这些是_____、_____、_____、_____。

二、思考题
简述小说以"药"为题的深刻含义。

学习指引

请利用课余时间阅读一些鲁迅先生的其他作品，如《阿Q正传》、《孔乙己》等等，体会鲁迅作品深刻的社会意义。

二、林黛玉进贾府[1]

曹雪芹

核心知识

研读导学

"开谈不说红楼梦，读尽诗书也枉然"。《红楼梦》是中国古典小说创作的高峰。小说以贾、史、王、薛四大家族的兴衰为背景，以贾宝玉、林黛玉的爱情悲剧为主线，真实而艺术地揭示了封建社会必然崩溃的历史命运。本文通过记叙林黛玉初进贾府的见闻感受，从林黛玉的眼里心中展现了封建大家族贾府生活的富贵豪华，生动形象地刻画了林黛玉、贾宝玉、王熙凤、贾母等主要人物的思想性格。研读时注意作者塑造人物形象时所使用的多种手法；体会人物语言对表现人物关系和其性格的作用。

且说黛玉自那日弃舟登岸时，便有荣国府打发了轿子并拉行李的车辆久候了。这林黛玉常听得母亲说过，他外祖母家与别家不同。他近日所见的这几个三等仆妇，吃穿用度，已是不凡了，何况今至其家。因此步步留心，时时在意，不肯轻易多说一句话，多行一步路，惟恐被人耻笑了他去。自上了轿，进入城中，从纱窗向外瞧了一瞧，其街市之繁华，人烟之阜盛，自与别处不同。又行了半日，忽见街北蹲着两个大石狮子，三间兽头大门，门前列坐着十来个华冠丽服之人。正门却不开，只有东西两角门有人出入。正门之上有一匾，匾上大书"敕造[2]宁国府"五个大字。黛玉想道：这必是外祖之长房了。想着，又往西行，不多远，照样也是三间大门，方是荣国府了。却不进正门，只进了西边角门。那轿夫抬进去，走了一射之地[3]，将转弯时，便歇下退出去了。后面的婆子们已都下了轿，赶上前来。另换了三四个衣帽周全十七八岁的小厮上来，复抬起轿子。众婆子步下围随至一垂花门[4]前落下。众小厮退出，众婆子上来打起轿帘，扶黛玉下轿。林黛玉扶着婆子的手，进了垂花门，两边是抄手游廊[5]，当中是穿堂[6]，当地放着一个紫檀架子大理石的大插屏[7]。转过插屏，小小的三间厅，厅后就是后面的正房大院。正面五间上房，皆雕梁画栋，两边穿山游廊[8]厢房，挂着各色鹦鹉、画眉等鸟雀。台矶之上，坐着几个穿红着绿的丫头，一见他们来了，便忙都笑迎上来，说："刚才老太太还念呢，可巧就来了。"于是三四人争着打起帘笼，一面听得人回话："林姑娘到了。"

黛玉方进入房时，只见两个人搀着一位鬓发如银的老母迎上来，黛玉便知是他外祖母。方欲拜见时，早被他外祖母一把搂入怀中，心肝儿肉叫着大哭起来。当下地下侍立之人，无不掩面涕泣，黛玉也哭个不住。一时众人慢慢解劝住了，黛玉方拜见了外祖母。——此即冷子兴所云之史氏太君，贾赦贾政之母也。当下贾母一一指与黛玉："这是你大舅母；这是你二舅母；这是你先珠大哥的媳妇珠大嫂子。"黛玉一一拜见过。贾母又说："请姑娘们来。今日远客才来，可以不必上学去了。"众人答应了一声，便去了两个。

不一时，只见三个奶嬷嬷并五六个丫鬟，簇拥着三个姊妹来了。第一个肌肤微丰，合中身材，腮凝新荔，鼻腻鹅脂，温柔沉默，观之可亲。第二个削肩细腰，长挑身材，鸭蛋脸面，俊眼修眉，顾盼神飞，文彩精华，见之忘俗。第三个身量未足，形容尚小。其钗环裙袄，三人皆是一样的妆饰。黛玉忙起身迎上来见礼，互相厮认过，大家归了坐。丫鬟们斟上茶来。不过说些黛玉之母如何得病，如何请医服药，如何送死发丧。不免贾母又伤感起来，因说："我这些儿女，所疼者独有你母，今日一旦先舍我而去，连面也不能一见，今见了你，我怎不伤心！"说着，搂了黛玉在怀，又呜咽起来。众人忙都宽慰解释，方略略止住。

众人见黛玉年貌虽小，其举止言谈不俗，身体面庞虽怯弱不胜，却有一段自然的风流[9]态度[10]，便知他有不足之症[11]。因问："常服何药，如何不急为疗治?"黛玉道："我自来是如此，从会吃饮食时便吃药，到今日未断，请了多少名医修方配药，皆不见效。那一年我三岁时，听得说来了一个癞头和尚，说要化我去出家，我父母固是不从。他又说：'既舍不得他，只他的病一生也不能好的了。若要好时，除非从此以后总不许见哭声；除了父母之外，凡有外姓亲友之人，一概不见，方可平安了此一世。'疯疯癫癫，说了这些不经[12]之谈，也没人理他。如今还是吃人参养荣丸。"贾母道："正好，我这里正配丸药呢。叫他们多配一料就是了。"

　　一语未了，只听后院中有人笑声，说："我来迟了，不曾迎接远客！"黛玉纳罕道："这些人个个皆敛声屏气，恭肃严整如此，这来者系谁，这样放诞[13]无礼？"心下想时，只见一群媳妇丫鬟围拥着一个人从后房门进来。这个人打扮与众姑娘不同，彩绣辉煌，恍若神妃仙子：头上戴着金丝八宝攒珠髻[14]，绾着朝阳五凤挂珠钗[15]；项上带着赤金盘螭璎珞圈[16]；裙边系着豆绿宫绦，双衡比目玫瑰佩[17]；身上穿着缕金百蝶穿花大红洋缎窄裉袄[18]，外罩五彩刻丝石青银鼠褂[19]；下着翡翠撒花洋绉裙[20]。一双丹凤三角眼[21]，两弯柳叶吊梢眉[22]，身量苗条，体格风骚[23]，粉面含春威不露，丹唇未启笑先闻。黛玉连忙起身接见。贾母笑道："你不认得他。他是我们这里有名的一个泼皮破落户儿[24]，南省俗谓作'辣子'，你只叫他'凤辣子'就是了。"黛玉正不知以何称呼，只见众姊妹都忙告诉他道："这是琏嫂子。"黛玉虽不识，也曾听见母亲说过，大舅贾赦之子贾琏，娶的就是二舅母王氏之内侄女，自幼假充男儿教养的，学名王熙凤。黛玉忙赔笑见礼，以"嫂"呼之。这熙凤携着黛玉的手，上下细细打量[25]了一回，仍送至贾母身边坐下，因笑道："天下真有这样标致的人物，我今儿才算见了！况且这通身的气派，竟不像老祖宗的外孙女儿，竟是个嫡亲的孙女，怨不得老祖宗天天口头心头一时不忘。只可怜我这妹妹这样命苦，怎么姑妈偏就去世了！"说着，便用帕拭泪。贾母笑道："我才好了，你倒来招我。你妹妹远路才来，身子又弱，也才劝住了，快再休提前话。"这熙凤听了，忙转悲为喜道："正是呢！我一见了妹妹，一心都在他身上了，又是喜欢，又是伤心，竟忘记了老祖宗。该打，该打！"又忙携黛玉之手，问："妹妹几岁了？可也上过学？现吃什么药？在这里不要想家，想要什么吃的、什么玩的，只管告诉我；丫头老婆们不好了，也只管告诉我。"一面又问婆子们："林姑娘的行李东西可搬进来了？带了几个人来？你们赶早打扫两间下房，让他们去歇歇。"

　　说话时，已摆了茶果上来。熙凤亲为捧茶捧果。又见二舅母问他："月钱放过了不曾？"熙凤道："月钱已放完了。才刚带着人到后楼上找缎子，找了这半日，也并没有见昨日太太说的那样的，想是太太记错了？"王夫人道："有没有，什么要紧。"因又说道："该随手拿出两个来给你这妹妹去裁衣裳的，等晚上想着叫人再去拿罢，可别忘了。"熙凤道："这倒是我先料着了，知道妹妹不过这两日到的，我已预备下了，等太太回去过了目好送来。"王夫人一笑，点头不语。

　　当下茶果已撤，贾母命两个老嬷嬷带了黛玉去见两个母舅。时贾赦之妻邢氏忙亦起身，笑回道："我带了外甥女过去，倒也便宜[26]。"贾母笑道："正是呢，你也去罢，不必过来。"邢夫人答应了一声"是"字，遂带了黛玉与王夫人作辞，大家送至穿堂前。出了垂花门，早有众小厮们拉过一辆翠幄青绸车[27]，邢夫人携了黛玉，坐在上面，众婆子们放下车帘，方命小厮们抬起，拉至宽处，方驾上驯骡，亦出了西角门，往东过荣府正门，便入一黑油大门中，至仪门[28]前方下来。众小厮退出，方打起车帘，邢夫人搀着黛玉的手，进入院中。黛玉度其房屋院宇，必是荣府中花园隔断过来的。进入三层仪门，果见正房厢庑[29]游廊，悉皆小巧别致，不似方才那边轩峻壮丽；且院中随处之树木山石皆在。一时进入正室，早有许多盛妆丽服之姬妾丫鬟迎着，邢夫人让黛玉坐了，一面命人到外面书房去请贾赦。一时人来回话说："老爷说了：'连日身上不好，见了姑娘彼此倒伤心，暂且不忍相见。劝姑娘不要伤心想家，跟着老太太和舅母，即同家里一样。姊妹们虽拙，大家一处伴着，亦可以解些烦闷。或有委屈之处，只管说得，不要外道才是。'"黛玉忙站起来，一一听了。再坐一刻，便告辞。邢夫人苦留吃过晚饭去，黛玉笑回道："舅母爱惜赐饭，原不应辞，只是还要过去拜见二舅舅，恐领了赐去不恭，异日再领，未为不可。望舅母容谅。"邢夫人听说，笑道："这倒是了。"遂令两三个嬷嬷用方才的车好生送了姑娘过去。于是黛玉告辞。邢夫人送至仪门前，又嘱咐了众人几句，眼看着车去了方回来。

一时黛玉进了荣府，下了车。众嬷嬷引着，便往东转弯，穿过一个东西的穿堂，向南大厅之后，仪门内大院落，上面五间大正房，两边厢房鹿顶耳房钻山[30]，四通八达，轩昂壮丽，比贾母处不同。黛玉便知这方是正经正内室，一条大甬路，直接出大门的。进入堂屋中，抬头迎面先看见一个赤金九龙青地大匾，匾上写着斗大的三个大字，是"荣禧堂"，后有一行小字："某年月日，书赐荣国公贾源"，又有"万几宸翰之宝[31]"。大紫檀雕螭案上，设着三尺来高青绿古铜鼎，悬着待漏随朝墨龙大画[32]，一边是金蜼彝[33]，一边是玻璃盒[34]。地下两溜十六张楠木交椅，又有一副对联，乃乌木联牌，镶着錾银[35]的字迹，道是：

座上珠玑昭日月，堂前黼黻焕烟霞[36]。

下面一行小字，道是："同乡世教弟勋袭东安郡王穆莳拜手书。"

原来王夫人时常居坐宴息，亦不在这正室，只在这正室东边的三间耳房内。于是老嬷嬷引黛玉进东房门来。临窗大炕上铺着猩红洋罽[37]，正面设着大红金钱蟒靠背，石青金钱蟒引枕[38]，秋香色[39]金钱蟒大条褥。两边设一对梅花式洋漆小几。左边几上文王鼎匙箸香盒[40]；右边几上汝窑美人觚[41]——觚内插着时鲜花卉，并茗碗痰盒等物。地下面西一溜四张椅上，都搭着银红撒花椅搭[42]，底下四副脚踏。椅之两边，也有一对高几，几上茗碗瓶花俱备。其余陈设，自不必细说。老嬷嬷们让黛玉炕上坐，炕沿上却有两个锦褥对设，黛玉度其位次，便不上炕，只向东边椅子上坐了。本房内的丫鬟忙捧上茶来。黛玉一面吃茶，一面打谅这些丫鬟们，妆饰衣裙，举止行动，果亦与别家不同。

茶未吃了，只见一个穿红绫袄青缎掐牙[43]背心的丫鬟走来笑说道："太太说，请林姑娘到那边坐罢。"老嬷嬷听了，于是又引黛玉出来，到了东廊三间小正房内。正房炕上横设一张炕桌，桌上磊着[44]书籍茶具，靠东壁面西设着半旧的青缎背引枕。王夫人却坐在西边下首，亦是半旧的青缎靠背坐褥。见黛玉来了，便往东让。黛玉心中料定这是贾政之位。因见挨炕一溜三张椅子上，也搭着半旧的弹墨椅袱[45]，黛玉便向椅上坐了。王夫人再四携他上炕，他方挨王夫人坐了。王夫人因说："你舅舅今日斋戒去了，再见罢。只是有一句话嘱咐你：你三个姊妹倒都极好，以后一处念书认字学针线，或是偶一顽笑，都有尽让的。但我不放心的最是一件：我有一个孽根祸胎，是家里的'混世魔王'，今日因庙里还愿去了，尚未回来，晚间你看见便知了。你只以后不要睬他，你这些姊妹都不敢沾惹他的。"

黛玉亦常听得母亲说过，二舅母生的有个表兄，乃衔玉而诞，顽劣异常，极恶读书，最喜在内帏[46]厮混；外祖母又极溺爱，无人敢管。今见王夫人如此说，便知说的是这表兄了。因赔笑道："舅母说的，可是衔玉所生的这位哥哥？在家时亦曾听见母亲常说，这位哥哥比我大一岁，小名就唤宝玉，虽极憨顽，说在姊妹情中极好的。况我来了，自然只和姊妹同处，兄弟们自是别院另室的，岂得去沾惹之理？"王夫人笑道："你不知道原故：他与别人不同，自幼因老太太疼爱，原系同姊妹们一处娇养惯了的。若姊妹们有日不理他，他倒还安静些，纵然他没趣，不过出了二门，背地里拿着他两个小幺儿[47]出气，咕唧一会子就完了。若这一日姊妹们和他多说一句话，他心里一乐，便生出多少事来。所以嘱咐你别睬他。他嘴里一时甜言蜜语，一时有天无日，一时又疯疯傻傻，只休信他。"

黛玉一一的都答应着。只见一个丫鬟来回："老太太那里传晚饭了。"王夫人忙携黛玉从后房门由后廊往西，出了角门，是一条南北宽夹道。南边是倒座[48]三间小小的抱厦厅[49]，北边立着一个粉油大影壁[50]，后有一半大门，小小一所房室。王夫人笑指向黛玉道："这是你凤姐姐的屋子，回来你好往这里找他来，少什么东西，你只管和他说就是了。"这院门上也有四五个才总角[51]的小厮，都垂手侍立。王夫人遂携黛玉穿过一个东西穿堂，便是贾母的后院了。于是，进入后房门，已有多人在此伺候，见王夫人来了，方安设桌椅。贾珠之妻李氏捧饭，熙凤安箸，王夫人进羹。贾母正面榻上独坐，两边四张空椅，熙凤忙拉了黛玉在左边第一张椅上坐了，黛玉十分推让。贾母笑道："你舅母你嫂子们不在这里吃饭。你是客，原应如此坐的。"黛玉方告了座，坐了。贾母命王夫人坐了。迎春姊妹三个告了座方上来。迎春便坐右手第一，探春左第二，惜春右第二。旁边丫鬟执着拂尘[52]、漱盂、巾帕。李、凤二人立于案旁布让[53]。外间伺候之媳妇丫鬟虽多，却连一声咳嗽不闻。寂然饭毕，各有丫鬟用小茶盘捧上茶来。当日林如海教女以惜福养身，云饭后务待饭粒咽尽，过一时再吃茶，方不伤脾胃。今黛玉见了这里许多事情不合家中之式，不得不随的，少不得一一改过来，因而接了茶。早见人又捧过漱盂来，黛玉也照样漱了口。盥手毕，又捧上茶来，这方是吃的茶。贾母便说："你们去罢吧，让我们自在说话儿。"王夫人听了，忙起身，又说了两句闲话，方引凤、李二人去了。贾母因问黛玉念何书。黛玉道："只刚念了《四书》。"黛玉又问姊妹们读何书。贾母道："读的是什么书，不过是认得两个字，不是睁眼的瞎子罢了！"

一语未了，只听外面一阵脚步响，丫鬟进来笑道："宝玉来了！"黛玉心中正疑惑着："这个宝玉，不知是怎生个惫懒[54]人物，懵懂顽童？"——倒不见那蠢物也罢了。心中想着，忽见丫鬟话未报完，已进来了一位年轻的公子：头上戴着束发嵌宝紫金冠[55]，齐眉勒着二龙抢珠金抹额[56]；穿一件二色金百蝶穿花大红箭袖[57]，束着五彩丝攒花结长穗宫绦[58]，外罩石青起花八团倭缎排穗褂[59]；登着青缎粉底小朝靴[60]。面若中秋之月，色如春晓之花，鬓若刀裁，眉如墨画，面如桃瓣，目若秋波。虽怒时而若笑，即瞋视而有情。项上金螭璎珞，又有一根五色丝绦，系着一块美玉。黛玉一见，便吃一大惊，心下想道："好生奇怪，倒像在那里见过一般，何等眼熟到如此！"只见这宝玉向贾母请了安[61]，贾母便命："去见你娘来。"宝玉即转身去了。一时回来，再看已换了冠带：头上周围一转的短发，都结成小辫，红丝结束，共攒至顶中胎发，总编一根大辫，黑亮如漆，从顶至梢，一串四颗大珠，用金八宝坠角[62]；身上穿着银红撒花半旧大袄，仍旧带着项圈、宝玉、寄名锁[63]、护身符[64]等物；下面半露松花撒花绫裤腿，锦边弹墨袜，厚底大红鞋。越显得面如敷粉，唇若施脂；转盼多情，语言常笑。天然一段风骚，全在眉梢；平生万种情思，悉堆眼角。看其外貌最是极好，却难知其底细。后人有《西江月》[65]二词，批宝玉极恰，其词曰：

无故寻愁觅恨，有时似傻如狂。纵然生得好皮囊[66]，腹内原来草莽。潦倒不通世务，愚顽怕读文章。行为偏僻[67]性乖张[68]，那管世人诽谤！

富贵不知乐业，贫穷难耐凄凉。可怜辜负好韶光[69]，于国于家无望。天下无能第一，古今不肖无双。寄言纨绔与膏粱：莫效此儿形状[70]！

贾母因笑道："外客未见，就脱了衣裳，还不去见你妹妹！"宝玉早已看见多了一个姊妹，便料定是林姑妈之女，忙来作揖。厮见毕归坐，细看形容，与众各别：两弯似蹙非蹙罥烟眉[71]，一双似喜非喜含情目。态生两靥之愁，娇袭一身之病[72]。泪光点点，娇喘微微。闲静时如姣花照水，行动处似弱柳扶风。心较比干多一窍，病如西子胜三分[73]。宝玉看罢，因笑道："这个妹妹我曾见过的。"贾母笑道："可又是胡说，你又何曾见过他？"宝玉笑道："虽然未曾见过他，然我看着面善，心里就算是旧相识，今日只作远别重逢，亦未为不可。"贾母笑道："更好，更好，若如此，更相和睦了。"宝玉便走近黛玉身边坐下，又细细打量一番，因问："妹妹可曾读书？"黛玉道："不曾读，只上了一年学，些须[74]认得几个字。"宝玉又道："妹妹尊名是那两个字？"黛玉便说了名。宝玉又问表字。黛玉道："无字。"宝玉笑道："我送妹妹一妙字，莫若'颦颦'二字极妙。"探春便问何出。宝玉道："《古今人物通考》[75]上说：'西方有石名黛，可代画眉之墨。'况这林妹妹眉尖若蹙，用取这两个字，岂不两妙！"探春笑道："只恐又是你的杜撰。"宝玉笑道："除《四书》外，杜撰的太多，偏只我是杜撰不成？"又问黛玉："可也有玉没有？"众人不解其语，黛玉便忖度着因他有玉，故问我有也无，回答道："我没有那个。想来那玉是一件罕物，岂能人人有的。"宝玉听了，登时发作起痴狂病来，摘下那玉，就狠命摔去，骂道："什么罕物，连人之高低不择，还说'通灵'不'通灵'呢！我也不要这劳什子了！"吓得众人一拥争去拾玉。贾母急的搂了宝玉道："孽障！你生气，要打骂人容易，何苦摔那命根子！"宝玉满面泪痕泣道："家里姐姐妹妹都没有，单我有，我说没趣；如今来了这么一个神仙似的妹妹也没有，可知这不是个好东西。"贾母忙哄他道："你这妹妹原有这个来的，因你姑妈去世时，舍不得你妹妹，无法处，遂将他的玉带了去了：一则全殉葬之礼，尽你妹妹之孝心；二则你姑妈之灵，亦可权作见了女儿之意。因此他只说没有这个，不便自己夸张之意。你如今怎比得他？还不好生慎重带上，仔细你娘知道了。"说着，便向丫鬟手中接来，亲与他带上。宝玉听如此说，想一想大有情理，也就不生别论了。

当下，奶娘来请问黛玉之房舍。贾母说："今将宝玉挪出来，同我在套间暖阁儿[76]里，把你林姑娘暂安置碧纱橱[77]里。等过了残冬，春天再与他们收拾房屋，另作一番安置罢。"宝玉道："好祖宗，我就在碧纱厨外的床上很妥当，何必又出来闹的老祖宗不得安静。"贾母想了一想说："也罢了。"每人一个奶娘并一个丫头照管，余者在外间上夜听唤。一面早有熙凤命人送了一顶藕合色花帐，并几件锦被缎褥之类。

黛玉只带了两个人来：一个是自幼奶娘王嬷嬷，一个是十岁的小丫头，亦是自幼随身的，名唤作雪雁。贾母见雪雁甚小，一团孩气，王嬷嬷又极老，料黛玉皆不遂心省力的，便将自己身边的一个二等丫头，名唤鹦哥者与了黛玉。外亦如迎春等例，每人除自幼乳母外，另有四个教引嬷嬷，除贴身掌管钗钏盥沐两个丫鬟外，另有五六个洒扫房屋来往使役的小丫鬟。当下，王嬷嬷与鹦哥陪侍黛玉在碧纱橱内。宝玉之乳母李嬷嬷，并大丫鬟名唤袭人者，陪侍在外面大床上。

---

[1] 选自《红楼梦》第三回，人民文学出版社 1992 年版。题目是编者加的。曹雪芹（？—1763），原名霑（zhān），清朝汉军正白旗人，杰出的小说家。[2]［敕造］封皇帝之命建造。敕，本来是自上命下的用语，南北朝以前，通用与长官对下属、长辈对晚辈，以后作为皇帝发布诏令的专称。[3]［一射之地］就是一箭之地，大约一百五十步。[4]［垂花门］旧时富家宅院，进入大门之后，内院院门一般有雕刻的垂花倒悬于门额两侧，门上边盖有宫殿式的小屋顶，称垂花门。[5]［抄手游廊］院门内两侧环抱的走廊。[6]［穿堂］宅院中，坐落在前后两个院落之间可以穿行的厅堂。[7]［大插屏］放在穿堂中的大屏风，除作装饰外，还可以遮蔽视线，以免进入穿堂就直见正房。[8]［穿山游廊］从山墙开门接起的游廊。山，指山墙；

房子两侧的墙，形状如山，俗称山墙。[9]［风流］风韵。[10]［态度］言行举止所表现的神态。[11]［不足之症］中医病症的名称。由身体虚弱引起。[12]［不经］不合常理，近乎妄诞。[13]［放诞］放纵不守规范。[14]［金丝八宝攒珠髻］用金丝穿绕珍珠和镶嵌八宝（玛瑙、碧玉之类）制成的珠花的发髻。攒，凑聚。用金丝或银丝把珍珠穿扭成各种花样叫"攒珠花"。[15]［朝阳五凤挂珠钗］一种长钗，样子是一支钗上分出五股，每股一支凤凰，口衔一串珍珠。[16]［赤金盘螭（chī）璎珞圈］螭，古代传说中的无角龙。璎珞，联缀起来的珠玉。圈，项圈。[17]［双衡比目玫瑰佩］衡，佩玉上部的小横杠，用以系饰物。比目玫瑰佩，用玫瑰色的玉片雕琢成的双鱼形的玉佩。比目，鱼名，传说这种鱼成双而行。[18]［镂金百蝶穿花大红洋缎窄裉（kèn）袄］指在大红洋缎的衣面上用金线绣成百蝶穿花图案的紧身袄。裉，上衣前后两幅在腋下合缝的部分。[19]［五彩刻丝石青银鼠褂］石青色的衣面上有各种彩色刻丝，衣里是银鼠皮的褂子。刻丝，在丝织品上用丝平织成的图案，与凸出的绣花不同。石青，淡灰青色。银鼠，又名白鼠、石鼠。[20]［翡翠撒花洋绉裙］翡翠，翠绿色。撒花，在绉缎上用散碎小花点组成的花样或图案。洋绉，极薄而软的平纹春绸，微带自然皱纹。[21]［丹凤三角眼］眼角向上微翘，俗称单凤眼。[22]［柳叶吊梢眉］形容眉梢斜飞入鬓的样子。[23]［风骚］这里指姿容俏丽。[24]［泼皮破落户儿］原指没有正当生活来源的无赖。这里形容凤姐泼辣，是戏谑的称谓。[25]［打谅］打量。[26]［便（biàn）宜］这里是方便的意思。[27]［翠幄（wò）青绸车］用粗厚的绿色绸类作车帐、用青色绸作车帘的轿车。[28]［仪门］旧时官衙、府邸的大门之内的门。一说，旁门也可称仪门。[29]［庑（wǔ）］正方对面和两侧的小屋子。[30]［两边厢房鹿顶耳房钻山］两边的厢房用钻山的方式与鹿顶的耳房相连接。耳房，连接在正房两侧的小房子。钻山，指山墙上开门或开洞，与相邻的房子或游廊相接。[31]［万几宸（chén）翰之宝］这是皇帝印章上的文字。顽疾，就是万事，形容皇帝政务繁多，日理万机的意思。几，同"机"。宸翰，皇帝的笔迹。宸，北宸，即北极星。皇帝坐北朝南，所以北宸代指皇帝。翰，墨迹，书法。宝，皇帝的印玺。[32]［待漏随朝墨龙大画］待漏，封建时代大臣要在五更前到朝房里等待上朝的时刻。漏，铜壶滴漏，古代计时器，代指时间。随朝，按照大臣的班列朝见皇帝。墨龙大画，巨龙在云雾海潮中隐现的大幅水墨画。旧时以龙象征帝王，画中之"潮"与朝见之"朝"谐音。隐寓上朝陛见君王的意思。[33]［金蜼（wěi）彝］原为有蜼形图案的青铜祭器，后作贵重陈设品。蜼，一种长尾猿。彝，古代青铜器中礼器的通称。[34]［盉（hǎi）］盛酒器。[35]［錾（zàn）银］一种银雕工艺。錾，雕刻。[36]［座上珠玑昭日月，堂前黼黻（fǔfú）焕烟霞］形容座中人和堂上客的衣饰华贵，佩带的珠玉如日月般光彩照人，衣服的图饰如烟霞般绚丽夺目。珠玑，珍珠。黼黻，古代官僚贵族礼服上绣的花纹。[37]［罽（jì）］毛织的毯子。[38]［引枕］坐时搭扶胳膊的一种圆墩形的倚枕。[39]［秋香色］淡黄绿色。[40]［文王鼎匙箸香盒］文王鼎，指周朝的传国国鼎，这里说的是小型仿古香炉，内烧粉状檀香之类的香料。匙箸，拨弄香灰的用具。香盒，盛香料的盒子。[41]［汝窑美人觚（gū）］宋朝河南汝州窑烧制的一种仿古瓷器。觚，古代盛酒器，长身细腰，形如美人。[42]［椅搭］搭在椅上的一种长方形的绣花绸缎饰物。[43]［掐（qiā）牙］锦缎双叠成细条，嵌在衣服或背心的夹边上，仅露少许，作为装饰，叫掐牙。[44]［磊着］层叠地放着。[45]［弹墨椅袱］以纸剪镂空图案覆于织品上，用墨色或其他颜色弹或喷成各种图案花样，叫弹墨。椅袱，用锦、缎之类做成的椅套。[46]［内帏］内室，女子的居处。帏，幕帐。[47]［小幺儿］身边使唤的小仆人。幺，幼小。[48]［倒座］正方是坐北朝南，"倒座"是与正方相对的坐南朝北的房子。[49]［抱厦厅］回绕堂屋后面的侧室。[50]［影壁］俗称照墙，于门内或门外用作屏障或装饰。[51]［总角］儿童向上分开的两个发髻，代指儿童时代。[52]［拂尘］形如马尾，后又持柄，用以夫尘土，或驱赶蝇蚊，俗称"蝇甩子"。古时多用麈兽（zhǔ）尾制成，所以又称麈尾。[53]［布让］宴席间向客人敬菜、劝餐。[54]［愆懒］涎皮赖脸的意思。[55]［嵌宝紫金冠］把头发束扎在顶部的一种髻冠，上面插戴各种饰物或镶嵌珠玉。[56]［二龙抢珠金抹额］二龙抢珠，抹额上装饰的图案。抹额，围扎在额前，用以压发、束额。[57]［二色金百蝶穿花大红箭袖］用两色金线绣成的百蝶穿花图案的大红窄袖衣服，这里指男子穿的一种服式。[58]［五彩丝攒花结长穗宫绦] 五彩丝攒花结，用五彩丝攒聚成花朵的结子，指绦带的装饰花样。长穗宫绦，指系在腰间的绦带。长穗，是绦带端部下垂的穗子。[59] [石青起花八团倭缎排穗褂] 团，圆形团华。倭缎，又称东洋缎。排穗，排缎在衣服下面边缘的彩穗。[60] [青缎粉底小朝靴] 指黑色缎面、白色厚底、半高筒的靴子。青缎，黑色的缎子。朝靴，古代百官穿的"乌匹履"。[61] [请了安] 请安，即问安。清代的请安礼节是，男子打千，女子双手扶左膝，右腿微曲，往下蹲身，口称"请某人安"。[62] [坠角] 用于朝珠、床帏等下端起下垂作用的小装饰品，这里指辫子梢部所坠的饰物。[63] [寄名锁] 旧时怕幼儿夭亡，给寺院或道观一定财物，让幼儿当"寄名"弟子，并在幼儿的项下系一小金锁，名"寄名锁"。[64] [护身符] 是从道观领来的一种符篆，带在身上，避祸免灾。[65] [《西江月》二词] 这两首词用似贬实褒、寓褒于贬的手法揭示了贾宝玉的性格。西江月，词牌名。[66] [皮囊] 一作"皮袋"，指人的躯壳。佛教认为人的灵魂不死不灭，人的肉体只是为灵魂提供暂时住所，犹如皮口袋。[67] [偏僻] 片剂，不端正。[68] [乖张] 偏执，不驯顺，与众不同。[69] [可怜辜负好韶光] 可惜浪费了大好时光。可怜，这里是可惜的意思。辜负，也写作孤负，本意是背负、对不起，这里有浪费的意思。[70] [寄言纨绔与膏粱：莫效此儿形状] 赠言公子哥儿一句话：可别学这孩子的坏样子。寄言，赠言。膏粱，肥肉精米，这里借指富贵子第。[71] [罥（juàn）烟眉] 形容眉毛向一抹轻烟。罥，缠绕。[72] [态生两靥（yè）之愁，娇袭一身之病] 意思是妩媚的风韵生于含愁的面容，娇怯的情态出于孱弱的病体。态，情态，风韵。靥，面颊上的酒窝。袭，承继，由……而来。[73] [心较比干多一窍，病如西子胜三分] 意思是，林黛玉聪明颖悟，病弱娇美胜过西施。比干，商（殷）朝纣王的叔父。《史记·殷本纪》载：纣王淫乱，"比干曰'为人臣者，不得不以死争。'迺（乃）强谏纣。纣怒曰：'吾闻圣人心有七窍。'剖比干，观其心"。古人认为心窍越多越有智慧。[74] [些须] 一点儿。[75] [《古今人物通考》] 从下文来看，可能是宝玉的杜撰。[76] [暖阁儿] 是指在套间内再隔间为小房间，内设炕褥，两边安有隔扇，上边一横眉，形成床帏的样子，称"暖阁"。[77] [碧纱橱] 是清朝建筑内檐装修中隔断的一种，也成隔扇门、格门。清朝《装修作则例》中写作"隔扇碧纱橱"。用以隔断中间，中间两扇可以开关。隔心多灯笼框式样，灯笼心上常糊以纸，纸上画花或题字；宫殿或富贵人家常在隔心处安装玻璃或糊各色纱，所以叫"碧纱橱"，俗称"隔扇"。这里的"碧纱橱里"是指以碧纱橱隔开的里间。

七彩天空

尤二姐之死

尤二姐生来美貌，是雪为肌骨，花为肚肠的人。但却从小命苦，被父母许予资户张华为妻，且近十年来一直未曾有联络，那张家既穷，张华又好赌，嫁过去，岂会有好，想来就会被张华押在赌桌上。尤家也穷，一切自然都靠贾家之财势。

二姐遇上贾琏，思前想后，贾府富贵且有权势，贾琏也是正经的贾府公子，还愿意明媒正娶为二房，她自以为得了终身之所。

尤二姐既是没有心计，又是习惯忍气吞声的人，想那贾琏之妻——王熙凤，何许人也！泼妇一个，醋瓮一坛（贾母语），你一个优柔寡断、心慈面软的尤二姐怎么是她的对手。王熙凤趁贾琏外出办差，虚情假意地将尤二姐骗进贾府，并且阳奉阴违地在贾母和众人面前百般贬低尤二姐，这已经为尤二姐在贾府的苦难埋下了伏笔！

　　凤姐使计将二姐"招入"大观园后，慢慢处置。先是将二姐之人撵出，又派了自己心腹在二姐身边，渐渐的头油也没了，饭也不端来吃，且百般羞辱，该她咎由自取，因为她冒犯了凤姐嘛，自然该死。而这时候多亏了平儿还偷着给点吃的，再者二姐又怀有身孕，自然又有了希望，但是就这仅有的希望也被胡庸医给打掉了。有人辩称胡庸医不是凤姐请来。自然不是凤姐请来，是小厮嘛，但是如果凤姐不授意，又怎么会请他来？且喜脉不是难断之脉，都告诉他可能是有喜了，他却说不是。如果不是喜，又怎么给了打胎的药，想来此事又是谁授意的？小厮自作主张吗？贾琏不想要儿子吗？秋桐吗？秋桐就算有此心计，但她是丫鬟出身，且仅是贾赦赏给贾琏的，又怎么会有此权势？授意人只有凤姐一人。二姐之死可想而知了！

小　结

　　本文以林黛玉进贾府的行踪为线索，展开情节。
　　人物形象：林黛玉，贾宝玉，王熙凤。

双核训练

一、填空题

　　1. 我国最著名的四部古典长篇小说是《＿＿＿＿＿＿＿＿＿》、《＿＿＿＿＿＿＿＿》、《＿＿＿＿＿》、《＿＿＿＿＿＿》。

　　2.《红楼梦》是＿＿＿＿代小说家＿＿＿＿＿＿＿＿＿的白话长篇章回小说，又名《＿＿＿＿＿＿》，它是一部代表中国古典小说最高成就的杰作，以＿＿＿＿＿＿与＿＿＿＿＿的爱情悲剧为主线。

　　3. 王熙凤出场是《红楼梦》中极精彩的一笔，可概括为一个成语：＿＿＿＿＿＿＿。

二、分析人物形象

　　1. 林黛玉
　　2. 王熙凤
　　3. 贾宝玉

学习指引

　　有兴趣的同学可以品味鉴赏一下《红楼梦》中的诗词。

三、项　链[1]

莫泊桑

研读导学

这是一篇脍炙人口的短篇佳作。小说以项链为线索，在借项链、丢项链、赔项链的故事中，体现了主人公玛蒂尔德因爱慕虚荣，追求享乐的思想给自己造成的不幸，从而揭露了资本主义制度下，以主人公路瓦栽夫妇为代表的小资产阶级生活的艰难和命运的不稳定。作者善于以小见大，通过精巧新颖，富有戏剧性的构思，把一个普通的故事讲述得引人入胜。此外，善于运用心理描写来突出人物性格，也是本文一大特色。研读时要认真加以体会。

她也是一个美丽动人的姑娘，好像由于命运的差错，生在一个小职员的家里。她没有陪嫁的资产，也没有什么法子让一个有钱的体面人认识她，了解她，爱她，娶她；最后只得跟教育部的一个小书记[2]结了婚。

她不能够讲求打扮，只好穿得朴朴素素，但是她觉得不幸，好像这降低了她的身份似的。因为在妇女，美丽、丰韵、娇媚，就是她们的出身；天生的聪明，优美的资质，温柔的性情，就是她们唯一的资格。

她觉得她生来就是为着过高雅和奢华的生活，因此她不断地感到痛苦。住宅的寒伧[3]，墙壁的黯淡，家具的破旧，衣料的粗陋，都使她苦恼。这些东西，在别的跟她一样地位的妇人，也许不会挂在心上，然而她却因此痛苦，因此伤心。她看着那个替她做琐碎家事的勃雷大涅省[4]的小女仆，心里就引起悲哀的感慨和狂乱的梦想。她梦想那些幽静的厅堂，那里装饰着东方的帷幕，点着高脚的青铜灯，还有两个穿短裤的仆人，躺在宽大的椅子里，被暖炉的热气烘得打盹儿。她梦想那些宽敞的客厅，那里张挂着古式的壁衣[5]，陈设着精巧的木器，珍奇的古玩。她梦想那些华美的香气扑鼻的小客室，在那里，下午五点钟的时候，她跟最亲密的男朋友闲谈，或者跟那些一般女人所最仰慕最乐于结识的男子闲谈。

每当她在铺着一块三天没洗的桌布的圆桌边坐下来吃晚饭的时候，对面，她的丈夫揭开汤锅的盖子，带着惊喜的神气说："啊！好香的肉汤！再没有比这更好的了！……"这时候，她就梦想到那些精美的晚餐，亮晶晶的银器；梦想到那些挂在墙上的壁衣，上面绣着古装人物，仙境般的园林，奇异的禽鸟；梦想到盛在名贵的盘碟里的佳肴；梦想到一边吃着粉红色的鲈鱼[6]或者松鸡[7]翅膀，一边带着迷人的微笑听客人密谈。

她没有漂亮服装，没有珠宝，什么也没有。然而她偏偏只喜爱这些，她觉得自己生在世上就是为了这些。她一向就想望着得人欢心，被人艳羡，具有诱惑力而被人追求。

她有一个有钱的女朋友[8]，是教会女校的同学，可是她再也不想去看望她了，因为看望回来就会感到十分痛苦。由于伤心、悔恨、失望、困苦，她常常整天整天地哭好几天。

然而，有一天傍晚，她丈夫得意扬扬地回家来，手里拿着一个大信封。

"看呀，"他说，"这里有点东西给你。"

她高高兴兴地拆开信封，抽出一张请柬，上面印着这些字：

"教育部部长乔治·郎伯诺及夫人，恭请路瓦栽先生与夫人于1月18日（星期一）光临教育部礼堂，参加晚会。"

她不像她丈夫预料的那样高兴，她懊恼地把请柬丢在桌上，咕哝着：

"你叫我拿着这东西怎么办呢？"

"但是，亲爱的，我原以为你一定很喜欢的。你从来不出门，这是一个机会，这个，一个好机会！我费了多大力气才弄到手。大家都希望得到，可是很难得到，一向很少发给职员。你在那儿可以看见所有的官员。"

她用恼怒的眼睛瞧着他，不耐烦地大声说：

"你打算让我穿什么去呢？"

他没有料到这个，结结巴巴地说：

"你上戏园子穿的那件衣裳，我觉得就很好，依我……"

他住了口，惊惶失措，因为看见妻子哭起来了，两颗大大的泪珠慢慢地顺着眼角流到嘴角来了。他吃吃地说：

"你怎么了？你怎么了？"

她费了很大的力，才抑制住悲痛，擦干她那润湿的两腮，用平静的声音回答：

"没有什么。只是，没有件像样的衣服，我不能去参加这个晚会。你的同事，谁的妻子打扮得比我好，就把这请柬送给谁去吧。"

他难受了，接着说：

"好吧，玛蒂尔德[9]。做一身合适的衣服，你在别的场合也能穿，很朴素的，得多少钱呢？"

她想了几秒钟，合计出一个数目，考虑到这个数目可以提出来，不会招致这个俭省的书记立刻的拒绝和惊骇的叫声。

末了，她迟疑地答道：

"准数呢，我不知道，不过我想，有四百法郎就可以办到。"

他脸色有点发白了。他恰好存着这么一笔款子，预备买一杆猎枪，好在夏季的星期天，跟几个朋友到南代尔平原去打云雀。

然而他说：

"就这样吧，我给你四百法郎。不过你得把这件长衣裙做得好看些。"

晚会的日子近了，但是路瓦栽夫人显得郁闷、不安、忧愁。她的衣服却做好了。她丈夫有一天晚上对她说：

"你怎么了？看看，这三天来你非常奇怪。"

她回答说：

"叫我发愁的是一粒珍珠、一块宝石都没有，没有什么戴的。我处处带着穷酸气，很不想去参加这个晚会。"

他说：

"戴上几朵鲜花吧。在这个季节里，这是很时新的。花 10 个法郎，就能买两三朵别致的玫瑰。"

她还是不依。

"不成……在阔太太中间露穷酸相，再难堪也没有了。"

她丈夫大声说：

"你多么傻呀！去找你的朋友佛来思节夫人，向她借几样珠宝。你跟她很有交情，这点事满可以办到。"

她发出惊喜的叫声。

"真的！我倒没想到这个。"

第二天，她到她的朋友家里，说起自己的烦闷。

佛来思节夫人走近她那个镶着镜子的衣柜，取出一个大匣子，拿过来打开了，对路瓦栽夫人说：

"挑吧，亲爱的。"

她先看了几副镯子，又看了一挂珍珠项圈，随后又看了一个威尼斯式的镶着宝石的金十字架，做工非常精巧。她在镜子前边试这些首饰，犹豫不决，不知道该拿起哪件，放下哪件。她不断地问着：

"再没有别的了吗？"

"还有呢。你自己找吧，我不知道哪样合你的意。"

忽然她在一个青缎子盒子里发现一挂精美的钻石项链，她高兴得心也跳出来了。她双手拿着那项链发抖。她把项链绕着脖子挂在她那长长的高领上，站在镜前对着自己的影子出神好半天。

随后，她迟疑而焦急地问：

"你能借给我这件吗？我只借这一件。"

"当然可以。"

她跳起来，搂住朋友的脖子，狂热地亲她，接着就带着这件宝物跑了。

晚会的日子到了，路瓦栽夫人得到了成功。她比所有的女宾都漂亮、高雅、迷人，她满脸笑容，兴高采烈。所有的男宾都注视她，打听她的姓名，求人给介绍；部里机要处的人员都想跟她跳舞，部长也注意她了。

她狂热地、兴奋地跳舞，沉迷在欢乐里，什么都不想了。她陶醉在自己的美貌胜过一切女宾，陶醉于成功的光荣，陶醉于人们对她的赞美和羡妒所形成的幸福的云雾里，陶醉在妇女们所认为最美满最甜蜜的胜利里。

她是早晨四点钟光景离开的。她丈夫从半夜起就跟三个男宾在一间冷落的小客室里睡着了。那时候，这三个男宾的妻子也正舞得快活。

她丈夫把那件从家里带来预备给她临走时候加穿的衣服，披在她的肩膀上。这是件朴素的家常衣服，这件衣服的寒碜味儿跟舞会上的衣服的豪华气派很不相称。她感觉到这一点，为了避免那些穿着珍贵皮衣的女人看见，想赶快逃走。

路瓦栽把她拉住，说：

"等一等，你到外边要着凉的。我去叫一辆马车来。"

但是她一点也不听，赶忙走下台阶。他们到了街上，一辆车也没看见，他们到处找，远远地看见车夫就喊。

他们在失望中顺着塞纳河走去，冷得发抖，终于在河岸上找着一辆拉晚儿的破马车。这种车，巴黎只有夜间才看得见；白天，它们好像自惭形秽[10]，不出来。

车把他们一直拉到马丁街寓所门口，他们惆怅地进了门。在她，一件大事算是完了。她丈夫呢，就想着十点钟得到部里去。

她脱下披在肩膀上的衣服，站在镜子前边，为的是趁这荣耀的打扮还在身上，再端详一下自己。但是，她猛然喊了一声。脖子上的钻石项链没有了。

她丈夫已经脱了一半衣服，就问：

"什么事情？"

她吓昏了，转身向着他说：

"我……我……我丢了佛来思节夫人的项链了。"

他惊惶失措[11]地直起身子，说：

"什么！……怎么啦！……哪儿会有这样的事！"

他们在长衣裙褶里、大衣褶里寻找，在所有口袋里寻找，竟没有找到。

他问：

"你确实相信离开舞会的时候它还在吗？"

"是的，在教育部走廊上我还摸过它呢。"

"但是，如果是在街上丢的，我们总听得见声响。一定是丢在车里了。"

"是的，很可能。你记得车的号码吗？"

"不记得。你呢，你没注意吗？"

"没有。"

他们惊惶地面面相觑。末后，路瓦栽重新穿好衣服。

"我去，"他说，"把我们走过的路再走一遍，看看会不会找着。"

他出去了。她穿着那件参加舞会的衣服，连上床睡觉的力气也没有，只是倒在一把椅子里发呆，精神一点也提不起来，什么也不想。

七点钟光景，她丈夫回来了。什么也没找着。

后来，他到警察厅去，到各报馆去，悬赏招寻，也到所有车行去找。总之，凡有一线希望的地方，他都去过了。

她面对着这不幸的灾祸，整天等候着，整天在惊恐的状态里。

晚上，路瓦栽带着瘦削苍白的脸回来了，一无所得。

"应该给你的朋友写信，"他说，"说你把项链的搭钩[12]弄坏了，正在修理。这样，我们才有周转的时间。"

她照他说的写了封信。

过了一个星期，他们所有的希望都断绝了。

路瓦栽，好像老了五年，他决然说：

"应该想法赔偿这件首饰了。"

第二天，他们拿了盛项链的盒子，照着盒子上的招牌字号找到那家珠宝店。老板查看了许多账簿，说：

"太太，这挂项链不是我卖出的；我只卖出这个盒子。"

于是他们就从这家珠宝店到那家珠宝店，凭着记忆去找一挂同样的项链。两个人都愁苦不堪，快病倒了。

在皇宫街一家铺子里，他们看见一挂钻石项链，正跟他们找的那一挂一样，标价四万法郎。老板让了价，只要三万六千。

他们恳求老板，三天以内不要卖出去。他们又订了约，如果原来那一挂在2月底以前找着，那么老板可以拿三万四千收回这一挂。

路瓦栽现有父亲遗留给他的一万八千法郎。其余的，他得去借。

他开始借钱了。向这个借一千法郎，向那个借五百法郎，从这儿借五个路易，从那儿借三个路易。他签了好些债券，订了好些使他破产的契约。他跟许多放高利贷的人和各种不同国籍的放债人打交道。他顾不得后半世的生活了，冒险到处签着名，却不知道能保持信用不能。未来的苦恼，将要压在身上的残酷的贫困，肉体的苦楚，精神的折磨，在这一切的威胁之下，他把三万六千法郎放在商店的柜台上，取来那挂新的项链。

路瓦栽夫人送还项链的时候，佛来思节夫人带着一种不满意的神情对她说：

"你应当早一点还我，也许我早就要用它了。"

佛来思节夫人没有打开盒子。她的朋友正担心她打开盒子。如果她发觉是件代替品，她会怎样想呢？会怎样说呢？她不会把她的朋友当作一个贼吗？

路瓦栽夫人懂得穷人的艰难生活了。她一下子显出了英雄气概，毅然决然打定了主意。她要偿还这笔可怕的债务。她就设法偿还。她辞退了女仆，迁移了住所，租赁了一个小阁楼住下。

她会做家里的一切粗笨活儿和厨房里的讨厌的杂事了。她刷洗杯盘碗碟，在那油腻的盆沿上和锅底上磨粗了她那粉嫩的手指。她用肥皂洗衬衣，洗抹布，晾在绳子上。每天早晨，她把垃圾从楼上提到街上，再把水从楼下提到楼上，走上一层楼，就站住喘气。她穿得像一个穷苦的女人，胳膊上挎着篮子，到水果店里，杂货店里，肉铺里，争价钱，受嘲骂，一个铜子一个铜子地节省她那艰难的钱。

月月都得还一批旧债，借一些新债，这样来延缓清偿的时日。

她丈夫一到晚上就给一个商人誊写账目，常常到了深夜还在抄写五个铜子一页的书稿。

这样的生活继续了十年。

第十年年底，债都还清了，连那高额的利息和利上加利滚成的数目都还清了。

路瓦栽夫人现在显得老了。她成了一个穷苦人家的粗壮耐劳的妇女了。她胡乱地挽着头发，歪斜地系着裙子，露着一双通红的手，高声大气地说着话，用大桶的水刷洗地板。但是有时候，她丈夫办公去了，她一个人坐在窗前，就回想起当年那个舞会来，那个晚上，她多么美丽，多么使人倾倒啊！

要是那时候没有丢掉那挂项链，她现在是怎样一个境况呢？谁知道呢？谁知道呢？人生是多么奇怪，多么变幻无常啊，极细小的一件事可以败坏你，也可以成全你！

有一个星期天，她到极乐公园去走走，舒散一星期来的疲劳。这时候，她忽然看见一个妇人领着一个孩子在散步。原来就是佛来思节夫人，她依旧年轻，依旧美丽动人。

路瓦栽夫人无限感慨。她要上前去跟佛来思节夫人说话吗？当然，一定得去。而且现在她把债都还清了，她可以完全告诉她了。为什么不呢？

她走上前去。

"你好，珍妮[13]！"

那一个竟一点也不认识她了。一个平民妇人这样亲昵地叫她，她非常惊讶。她磕磕巴巴地说：

"可是……太太……我不知道……你一定是认错了。"

"没有错。我是玛蒂尔德·路瓦栽。"

她的朋友叫了一声：

"啊！……我可怜的玛蒂尔德，你怎么变成这样了！……"

"是的，多年不见面了，这些年来我忍受着许多苦楚……而且都是因为你！……"

"因为我？……这是怎么讲的？"

"你一定记得你借给我的那挂项链吧，我戴了去参加教育部晚会的那挂。"

"记得。怎么样呢？"

"怎么样？我把它丢了。"

"哪儿的话！你已经还给我了。"

"我还给你的是另一挂，跟你那挂完全相同。你瞧，我们花了十年工夫，才付清它的代价。你知道，对于我们这样什么也没有的人，这可不是容易的啊！……不过事情到底了结了，我倒很高兴了。"

佛来思节夫人停下脚步，说：

"你是说你买了一挂钻石项链赔我吗？"

"对呀。你当时没有看出来？简直是一模一样的啊。"

于是她带着天真的得意的神情笑了。

佛来思节夫人感动极了，抓住她的双手，说：

"唉！我可怜的玛蒂尔德！可是我那一挂是假的，至多值五百法郎！……"

---

[1] 小说原题为《首饰》，发表于1884年。现译名是由英译本转译过来的，因沿用已久，这里仍用此名。[2] [书记] 旧时在机关里做抄写工作的职员。[3] [寒伧] 粗俗或穷酸而不体面。[4] [勃雷大涅省] 法国西部靠海的一个省区。雇佣这个地方的人，工资较低。[5] [壁衣] 装饰墙壁的织物。[6] [鲈鱼] 一种嘴大鳞细的鱼，肉味鲜美。[7] [松鸡] 一种山鸡，脚上长满羽毛，背部有白、黄、褐、黑等杂色的斑纹，生长在寒冷地带的森林中，肉味鲜美。[8] [一个有钱的女朋友] 指下文的佛来思节夫人。[9] [玛蒂尔德] 路瓦栽夫人的名字。[10] [自惭形秽] 看到自己不如别人而感到羞愧。形秽，形态丑陋，引申为感到自身的缺点或者不足。[11] [惊惶失措] 惊慌害怕得不知如何是好。惶，害怕。[12] [搭钩] 这里指项链两头连接的钩子。[13] [珍妮] 佛来思节夫人的名字。

> 一篇莫泊桑的短篇精品《项链》研读之后，或许让你余兴未尽，或许激你读兴大发，那何不就此再展兴趣的羽翼，向另一扇阅读之窗飞翔，了解一下我国第一位诺贝尔文学奖的获得者莫言之作。他的长篇小说《蛙》获得2011年第八届茅盾文学奖。小说塑造了一个乡村女医生的形象，以对生命强烈的人道关怀，贴近生活史诗般的叙述，反映新中国近60年波澜起伏的农村生育史，描述国家为了控制人口剧烈增长、实施计划生育国策所走过的艰巨而复杂的路程。

蛙（节选）

莫 言

我的故乡有一个古老的风气，生下孩子，好以身体的某个部位或器官起名字，孩子长大后有的会改换雅一点的名字，但也有的不改。姑姑的名字叫万心，她父亲，我的大爷爷是胶东军区八路军地下医院的医生、革命烈士。姑姑因为父亲的关系，曾和她的奶奶、母亲被驻扎在当地的日军司令关押在大牢里。中华人民共和国成立后，姑姑继承父业，经过新法接生培训，成为乡里的一名医生。姑姑是天才的妇产科医生，凡是见过她接生或是被她接生过的女人，都对她佩服得五体投地。她的手在孕妇肚皮上一摸，就会让孕妇感受到一种力量，并对她产生信心。从 20 世纪 50 年代初开始，姑姑接生过上万个孩子。姑姑用新法接生的第一个孩子是陈鼻；我（蝌蚪）是姑姑接生的第二个孩子，出生时先出来一条，被姑姑拽着腿，像拔萝卜一样拔了出来。50 年代，在国家经济发展繁荣时期，姑姑骑着自行车，风雨无阻地跑遍了高密东北乡十八个村庄的街道和胡同，接生了 1600 多名婴儿；并且在接生第 1000 个婴儿的日子，光荣加入了中国共产党。

阅读思考

1. 《蛙》中的"姑姑"是怎样的人？
2. 你能成为病人信任并且喜欢的医生或者护士吗？
3. 结合实际谈谈自己的感受。

莫言名言

1. 当笔下肆意挥洒的心情化为文字，我将用它记录永生。
2. 回首，才看见我们是以快乐的心情写悲伤的青春。
3. 有些人，在不经意间就忘了；有些人，你想方设法都忘不了。

小　结

《项链》的情节结构：
开端—发展—高潮—结局
借链—失链—赔链—假链
人物形象：玛蒂尔德

双核训练

一、填空题

1. 世界三大短篇小说之王是：法国的_____、俄国的_____和美国的_____。

2. 《项链》的作者是_____世纪_____国_____大师，他的成名作是《_____》。

3. 小说在结尾处点明项链是假的，既在意料之外，又在情理之中，因为上文已有三处铺垫。请把它们找出来，并简要说明这样写的好处。

三处铺垫：＿＿＿＿＿＿＿＿＿、＿＿＿＿＿＿＿＿、＿＿＿＿＿＿＿＿＿
这样写的好处：＿＿＿＿＿＿＿＿＿＿＿＿＿＿＿＿＿＿＿。

二、思考题

你认为造成玛蒂尔德不幸遭遇的根本原因是什么？

四、麻　雀

屠格涅夫

核心知识

自读提示

　　文章通过一只老麻雀拼死护卫小麻雀的感人故事，热情地讴歌了伟大的母爱。这种爱的力量，让猎狗也望而却步。阅读时，请仔细思考作者由此悟出的：爱比死和死的恐惧更加强大的人生哲理。你该如何理解，"只有依靠这种爱，生命力才能维持下去、发展下去"的深刻内涵。

　　我打猎归来，沿着花园的林荫路走着。狗跑在我前边。

　　突然，狗放慢脚步，蹑足潜行，好像嗅到了前边有什么野物。

　　我顺着林荫路望去，看见了一只嘴边还带着黄色、头上生着柔毛的小麻雀。它从巢里跌落下来（风猛烈地吹动着林荫路上的白桦树），呆呆地伏在地上，孤苦无援地张开两只刚刚长出羽毛的小翅膀。

　　我的狗慢慢地逼近它。忽然，从附近一棵树上扑下一只黑胸脯的老麻雀，像一颗石子落在狗的嘴脸跟前——它全身倒竖着羽毛，惊惶万状，发出绝望、凄惨的吱吱喳喳叫声，两次向露出牙齿、大张着的狗嘴边跳扑上去。

　　它是猛扑下来救护的，它以自己的躯体掩护着自己的幼儿……可是，由于恐怖，它整个小小的躯体在颤抖，它那小小的叫声变得粗暴嘶哑，它吓呆了，它在牺牲自己了！

　　在它看来，狗该是个多么庞大的怪物啊！然而，它还是不愿站定在自己高高的、安全的树枝上……一种比它意志更强大的力量，使它从那儿扑下身来。

　　我的特列左尔站住了，向后退下来……看来，它也承认了这种力量。

　　我赶紧叫开受窘的狗——于是，我怀着极恭敬的心情，走开了。

　　是啊，请不要见笑。我崇敬那只小小的、英勇的鸟儿，我崇敬它那爱的冲动。

　　爱，我想，比死和死的恐惧更加强大。只有依靠它，依靠这种爱，生命才能维持下去，发展下去。

隐形翅膀

【母爱之河】

小鸭子们在池塘里游着水，看上去就像是一大群金丝鸟。他们的母亲浑身纯白如雪，再配上一对赤红的腿，正尽力教他们如何头朝下地在水中倒立。"除非你们学会倒立，否则你们永远不会进入上流社会。"她老爱这么对他们说，并不停地做给他们看。但是小鸭子们并未对她的话引起重视。他们太年轻了，一点也不知道在上流社会的好处是什么。

"多么顽皮的孩子呀！"老河鼠高声喊道，"他们真该被淹死。"

"不是那么回事，"鸭妈妈回答说，"万事开头难嘛，做父母的要多一点耐心。"

"我啊：我完全不了解做父母的情感，"河鼠说，"我不是个养家带口的人。事实上，我从未结过婚，也决不打算结婚。爱情本身倒是挺好的，但友情比它的价值更高。说实在的，不知道在这世上还有什么比忠实的友谊更崇高和更珍贵的了。"

"那么，请问，你认为一个忠实的朋友的责任是什么呢？"一只绿色的红雀开口问道，"是啊，这正是我想知道的。"鸭妈妈说。

接着她就游到了池塘的另一头，头朝下倒立起来，为的是给孩子们做一个好榜样。——《忠实的朋友》（节选）

双核训练

1. 老麻雀在猎狗面前完全是临危不乱，一无所惧的吗？
2. 找出描写老麻雀护卫小麻雀时的动词。
3. 屠格涅夫是俄国著名的短篇小说家，你还读过他的哪些作品？

学习指引

根据前两课的学习内容《药》和《林黛玉进贾府》，我们安排了同名小说改编的影视剧欣赏活动。前两课时，观看电影《药》，重点分析华老栓、康大叔、夏瑜三类人物形象。把握典型人物的典型性格，进而了解作品的深刻内涵。

后两课时，观看电视连续剧《红楼梦》选集《林黛玉进贾府》。掌握核心人物：王熙凤、林黛玉和贾宝玉的形象，并将观后感写在语文笔记上。

小　结

　　本章通过阅读文章和作品欣赏两节内容，强化了学生的思、说训练。无论记叙文、文言文，还是散文、小说等内容，都紧紧围绕开掘学生的思路、表达这一核心知识展开的。（学生可以根据每篇文章的双核训练及小结，巩固复习所学知识）

　　在文章与文学两条线索融合并进的同时，提高学生相应的实践能力。将所学的基础知识，转化成良好的思维技能，以适应未来的工作岗位。

第二章　梳理成篇

在开掘思路的基础上，通过"写练蓄积"几种文体的学习，伴着对"戏剧赏析"话剧选场的欣赏，使学生学会系统地整理相关知识，能够梳理成篇，养成良好的写作习惯。同时，了解戏剧常识，分析主要人物形象，具有欣赏戏剧的能力。

第一节　写练蓄积　议论文

生活是写作的源泉，丰富多彩的大自然和人类社会，不仅为我们提供了取之不尽的写作材料，而且为我们提供了生动鲜活的关于写作形式与写作技巧的深刻启示。例如，巧合与悬念，往往是某些生活事件展示在人们面前时的固有形式或"手法"；对比与映衬，常常是构成大自然优美景观及"艺术"美感的重要因素和"手段"；"人有悲欢离合，月有阴晴圆缺"，人生和自然的规律中蕴涵着曲折美、变化美、节奏美；"蝉噪林愈静，鸟鸣山更幽"，常见的景象中包含着动与静相辅相成的艺术辩证法则。因此，我们必须向生活学习。本章的核心是将已有的知识积累向写作能力上转化，以促进写作水平的真正提高。

阅读议论文时，在理解文章思想内容的基础上，准确把握论点、论据及论证思路三要素，掌握结构方式，分析论证方法；品味议论文语言，具有迁移阅读的能力。以达到不断提高思想道德水平，具有较强文化修养的目的。

一、我国古代小说的发展及其规律[1]

吴组缃

核心知识

研读导学

本文评论的对象是我国古代小说，与评价一部文学作品相比，是一种更高级、更复杂的批评活动。因为文学现象本身就是一个复杂的问题，我国古代小说从古神话小说到明清小说，上下数千年，范围包括笔记、传奇、话本、演义、拟话本、章回体等多种小说样式，具体作品更是浩如烟海。作者从宏观的角度，凭借深厚的语言修养，精练而恰当地表述了自己从长期研究中获得的我国古代小说的发展过程以及发展过程中的某些规律。研读时请注意体会行文特点。

中国的小说，也和世界各国的小说一样，是从神话传说开始的；有人说我国小说有很多起源，如寓言、史传、诸子散文等等。其实源只有一个，那就是神话传说。神话是把神人化，传说是把人神化；这两者之间的界限很难确切划分。

到魏晋南北朝，出现了志怪、志人小说。这是鲁迅在《中国小说史略》中起的名字[2]，我觉得概括得很恰切。神话传说也好，志怪、志人也好，都是作为一种史实记载下来的，是靠实地访问，从民间搜集而记录下来的，因此叫做"志"。"志"是记录的意思，而不是创作。所以最初的小说，同历史归于一类。比如《穆天子传》[3]是个神话传说，可史书上却把它归于帝王"起居注"[4]一类；《山海经》[5]也是神话传说，《汉书》中却把它归于"地理志"中。

直到梁代萧统编《文选》[6]，才第一个要把文学和历史区分开来。他在序中提出他的文学定义，即"事出于沉思，义归乎翰藻"。但这时他所指的文学只包括诗、文、赋，并不包括小说。我国的小说脱离历史领域而成为文学创作，还是进入唐代之后的事。唐代的文化出现了很多新的东西，文人的思想也有所发展、开阔；这时传奇小说应运而生，如白居易写的《长恨歌》，陈鸿写的《长恨歌传》，白行简写的《李娃传》等等，都是依照传说创作而成，不再是历史性质的东西了。唐代小说的发展主要表现在想象虚构与讲求文采，这就同过去的作品有所区分。参照萧统的文学定义看，虚构、想象正是"事出于沉思"；"义归乎翰藻"则正是讲究文采。从此，小说便发展成为文学创作了，但作为史传的志怪志人传统也并没有停止。

传奇小说发展到宋代就衰落了。宋代的小说大致是根据史事记载完成的，没有什么虚构和富有文采的创作加工，同唐代小说大不相同。后来各个朝代的人们写的历史小说，大多走了宋代传奇的路子，即按照史书的记载编写，作为文学作品是失败的。

这时随之兴起的是话本。话本经过文人加工，就变成许多话本小说和演义小说。如《三国演义》、《水浒传》、《西游记》等等，大都是文人采用民间创作而进行再创作的。话本是民间"说话"艺术的底本，它是经过说书艺术的千锤百炼才产生、流传的。它以描绘精彩动人的情节场面和塑造生动活泼的人物性格见长；这就与专供人阅读的小说有了明显的不同风格，因为它们是植根于讲给人听的说书艺术的。

由这里再发展，便成为文人的独立的创作作品。这时不再拿民间的东西来加工了，而主要是自己创作。这一类代表作是《金瓶梅》，它在小说发展史上开辟了一条新路。无论《三国演义》、《水浒传》还是《西游记》，写的都是非凡的人物、不寻常的英雄；而《金瓶梅》开辟了一条写平凡人和生活的道路，通过写平凡人的日常生活，显示了现实主义文学的长足发展。《红楼梦》的道路，是《金瓶梅》所开创出来的。到了《红楼梦》，中国古代的现实主义小说，就走到了一个辉煌的顶点。

中国小说发展的脉络及特点，大致就是如此。

在这里还可以发现我国小说发展的几条规律。

其一是：中国的小说是来自民间的，是人民群众思想、愿望以及生活实际的反映。中国小说的每次发展、进步都是由优秀的文人作家向民间学习，参与、加工民间创作而取得的。

在封建制度的上升时期，《诗经》、乐府、神话传说都是政府为了解民情，从民间搜集来的；"小说"本是"稗官"[7]从民间搜集来，供施政参考的。志人志怪小说也是文人学习、参与民间创作的成果。唐代文人自感文意枯索，转向民间学习，从而开拓了小说创作的新境界，丰富了我国的传统文化。"说话"艺术出现后，民间的话本如《三国志平话》[8]等，都是既粗糙又不准确的，不能代表说话艺术的成就，也不能作为流传的读物；而其中的错误、疏漏、粗糙之处，后来在文人再创作的《三国演义》中都得到了改正与润色、丰富，从而取得了更高的艺术成就。这是具有规律性的情形。

文人与民间创作结合的创作方式，使得中国古典小说呈现了重视情节的特点。重视写情节并不意味着忽视写人物；而是要通过情节表现人物，以外在的情节动作来表现人物的内心活动和精神状态。所谓传奇，就包含了要以情节动人的意蕴。小说发展到文人独立创作之后，重视情节的特点仍然保留了下来。虽然这时的小说已不再用让人惊奇的情节来吸引人了，而以描绘人物为目的，另一方面，中国小说总是不静止地叙述人物的内心活动，而往往偏重通过人物的外部言行的表现使读者体会到人物的内心活动。这是中国古典小说不同于外国小说的一点。

还有一条规律，就是史传文学对中国古典小说的影响。唐代刘知几[9]的《史通》总结了史传文学的经验，其中说："爱而知其丑，憎而知其善，善恶必书，是为实录。"就是说，爱它而要晓得它有缺点，恨它而要晓得它有长处。世上万事万物都是矛盾对立的统一体，不可能有纯粹的东西。一方面有善恶、是非之分，另一方面，好人身上有缺点，坏人身上有长处。这完全符合辩证法。古典小说对史传文学传统的继承，首先表现在对人的看法和描写上。

民间文学写人往往是好坏分明，坏人无好处，好人便没有坏处。史传文学作品如《左传》、《史记》等则采取"实录"的态度写人物，写得真实丰满、有血有肉。我国古典小说中真正地吸收史传文学写人艺术经验的第一部作品，是文人参与创作的《水浒传》。据说明代士大夫案上总摆两部书，一部《庄子》，一部《水浒传》，认为《水浒传》笔法好，首先表现在它如"明镜照物，妍媸毕露"的高明的写人艺术上。这就使中国小说的人物描写大大推进了一步。从《水浒传》开始，而后才有《儒林外史》、《红楼梦》。史传文学不是源，而是流。

再有一个规律性的东西，就是中国为群众长期热爱的小说创作多是立足于现实，不脱离现实，否则就没有生命力。任何神话都产生于现实，是为了牵涉到现实问题，根据一个现实问题的触发而幻想出来的。幻想一旦脱离了现实，神话也就不易广泛流传。小说创作也是如此。

举《西游记》为例，书中写的虽多是神怪奇幻的境界，但唐僧"八十一难"中遇到的所有魔怪、各种磨难都是现实生活中有的。明代没有宰相，大臣地位很低，主要的政治权力落在太监手里。太监大多没有文化，只要权力与财物，而他们作为皇帝的代表，驻守全国各地，收税纳捐，权力极大。福建有一个太监高寀，权倾一时，据他身边的卫生顾问说，吃一千个小孩脑子，就可以使他的生理恢复正常。吓得民间小孩心惊胆战。吴承恩在《西游记》中写要吃小儿心肝的"小子国"便不是没有现实根据的。再如明代另一危害最大的政治势力锦衣卫，也遍布全国，朝野恐怖。《西游记》中所写的魔怪总是从神佛那里来；而民间的妖怪又总是在被孙悟空打得快死时被神、佛收去使用，都不是没有现实根据的。一部《西游记》，孙悟空先是大闹天宫，而后陪唐僧取经，降魔伏怪，实际仍是继续同统治势力作斗争。孙悟空的胜利总是大快人心，正是辛辣地挖苦与讽刺了神、佛即现实统治势力。吴承恩在他的志怪小说《禹鼎志》序中说："虽然吾书名为志怪，盖不专明鬼，时纪人间变异，亦微有鉴戒寓焉。"正是因为《西游记》这样立足于现实，才引起当时的轰动并得到广泛流传。再如《三国演义》、《水浒传》表现了民族感情，正是立足于现实的民族矛盾的表现。书中以汉、宋为正统，这不是历史观，而是现实的反映，不能以历史的标准来要求。正是作者立足于现实的创作精神，才使作品有了旺盛的生命力。

另外，中国小说受封建统治文化的压迫摧残，发展极为艰难。明清人士更以写小说为耻辱，以致许多伟大的作家生活、创作条件都全无保障；许多伟大的作品不知道作者是谁。从这里可以感受到封建文化对小说创作的残酷扼杀，也更可以感觉到那些古典现实主义大作家和他们的不朽作品的崇高可贵。

---

[1] 选自《文史知识》1992 年第 1 期，有改动。吴组缃（1918—1994），原名吴祖襄，安徽泾县人，作家、学者。主要作品有短篇小说集《西柳集》、《饭余集》，长篇小说《山洪》（又名《鸭嘴涝》）。[2] 这里作者可能有误记。"志怪"的名字古已有之，"志人"的名称倒是鲁迅所起，但见于《中国小说的历史变迁》一文，并非《中国小说史略》一书。《中国小说史略》，鲁迅著，全书 28 篇，论述了中国古代小说的发生、发展、演变过程，始于神话与传说，止于清末谴责小说，给中国小说的历史做了言简意赅的总结。[3] [《穆天子传》]晋代从战国时魏王墓中发现的先秦古书之一，作者不详。记周穆王驾八骏西游的故事，文辞质朴，较有小说意味。[4] [起居注]皇帝的言行录。起居，古代专指皇帝的言行举止。[5] [《山海经》]古代地理著作，18 篇，作者不详。主要内容为民间传说中的地理知识，其中有不少远古的神话传说。[6] [《文选》]我国现存最早的诗文总集。南朝梁萧统。萧统（501—531）为梁武帝萧衍长子，天监元年（502）立为皇太子，未及即位而卒，谥号昭明。后人习称《文选》为《昭明文选》。[7] [稗（bài）官]小官。后也称野史小说或小说家。稗，比喻微小、琐碎的。[8] [《三国志平话》]讲史话本。分上、中、下三卷。起于司马仲相阴间断狱，终于诸葛亮病亡，具有《三国演义》的主要情节，是研究《三国演义》形成和演变的重要材料。[9] [刘知

几] 661 —721，唐代史学家，字子玄，彭城（今江苏徐州）人。所著《史通》，是我国第一部史学评论的专书，对历代史书及其体例的评论尤详。

吴组缃的妙论

王宝成

小说家林斤澜回忆 1960 年文艺座谈会（即时谓文艺界"小阳春"）那一段昙花之景时，记述吴组缃发言，殊为精彩惹人。

吴教授曰："水浒传一百零八将中，李逵最直也最忠，作战也最勇敢。可是他不能当头儿，座次也不能排在很前面，他爱砍人，抢起板斧，排头砍去，跟砍菜瓜一般，这谁受得了？当领导还得宋江，宋江文不过郓城县小吏，武呢从来上不了阵，但他有一样：会团结人。"

"西游记又叫唐僧取经，唐僧百无一用，别人走路他还得骑马，取经还得他牵头。猪八戒一路发牢骚，也贪小便宜，也有过开小差的念头。可是，毕竟，一路上那副挑子，是他挑到底。"

吴教授讲完这段石破天惊的话，连主持人周扬都无可奈何，但周扬毕竟是周扬，圆了四个字的场，"教授风度"，端的是滴水不漏。

对吴教授事迹所知不多，印象中，先生以指章摘句，规范文字为能事，为人论事也该是中正和雅，不偏不激的，岂知竟有此一论。

小 结

全文共 16 个自然段，以"发展"与"规律"为界分作两大部分。"发展"以时间演进为线逐步展开，每一阶段均把握特征，重点介绍；"规律"按主次排列，逐点阐明；语言洗练简要，篇章不长，容量巨大；内涵丰富，框架明晰。

双核训练

一、给下列加点的字注音并解词

1. 稗官
2. 妍媸毕露

二、简说我国古代小说的发展规律

学习指引

有兴趣的同学可参看鲁迅的《中国小说发展史略》

二、谈《水浒》的人物和结构[1]

茅 盾

学习指引

有兴趣的同学可参看鲁迅的《中国小说发展史略》。

核心知识

自读提示

这是一篇文学评论。茅盾运用马克思主义的文艺观点和方法，分析评论了《水浒》的人物和结构，见解精辟深刻，有独到之处。在评论时，作者没有空谈理论，而是紧密结合原书中的具体例子进行分析，通过分析得出结论。在评论中作者注重引用事例来证明观点，使观点和材料很好地统一起来。

《水浒》的人物描写，向来就受到很高的评价。所谓一百单八人个个面目不同，固然不免言之过甚，但全书重要人物中至少有一打以上各有各的面目，却是事实。记得有一本笔记，杜撰了一则施耐庵如何写《水浒》的故事，大意是这样的：施耐庵先请高手画师把宋江等三十六人画了图像，挂在一间房内，朝夕揣摩，久而久之，此三十六人的声音笑貌在施耐庵的想象中都成熟了，然后下笔，故能栩栩如生。这一则杜撰的施耐庵的创作方法，有它的显然附会的地方，如说图像是宋江等三十六人，就是从《宣和遗事》[2]的记述联想起来的，但是它所强调的朝夕揣摩，却有部分的真理，虽然它这说法基本上是不科学的。因为，如果写定《水浒》的，果真是施耐庵其人[3]，那么，他在下笔之前，相对朝夕揣摩的，便该是民间流传已久的歌颂梁山好汉的口头文学，而不是施耐庵自己请什么高手画师所作的三十六人的图像。

个个面目不同，这是一句笼统的评语；仅仅这一句话，还不足以说明《水浒》的人物描写的特点。试举林冲、杨志、鲁达[4]这三个人物为例。这三个人在落草[5]以前，都是军官，都有一身好武艺，这是他们相同之处；他们三个本来都是做梦也不会想到有朝一日要落草的，然而终于落草了，可是各人落草的原因又颇不相同。因为高衙内想把林冲的老婆弄到手，于是林冲吃了冤枉官司，刺配[6]沧州。而对这样的压迫陷害，林冲只是逆来顺受，所以在野猪林内，鲁达要杀那两个该死的解差，反被林冲劝止；到了沧州以后，林冲是安心做囚犯的，直到高衙内又派人来害他性命，这他才杀人报仇，走上了落草的路。杨志呢，为了失陷花石纲[7]而丢官，复职不成，落魄[8]卖刀，无意中杀了个泼皮[9]因此充军，不料因祸得福，又在梁中书门下做了军官，终于又因失陷了生辰纲[10]，只得亡命江湖，落草了事。只有鲁达，他的遭遇却是"主动"的。最初为了仗义救人，军官做不成了，做了和尚；后来又为了仗义救人，连和尚也做不成了，只好落草。《水浒》从这三个人的不同的遭遇中刻画了三个人的性格。不但如此，《水浒》又从这三个人的不同的思想意识上表示出三个人之不同遭遇的必然性。杨志一心想做官，"博个封妻荫子"[11]，结果是赔尽小心，依然落得一场空。林冲安分守己，逆来顺受，结果被逼得无处容身。只有鲁达，一无顾虑，敢作敢为，也就不曾吃过亏。对于杨志，我们虽可怜其遭遇，却鄙薄其为人；对于林冲，我们既寄以满腔的同情，却又深惜其认识不够；对于鲁达，我们却除了赞叹，别无可言。《水浒》就是这样通过了绚烂的形象使我们对于这三个人发生了不同的感情。不但如此，《水浒》又从这三个人的思想意识上说明了这三个人出生于不同的阶层。杨志是"三代将门之后，五侯杨令公[12]之孙"，所以一心不忘做官，"封妻荫子"，只要有官做，梁中书也是他的好上司。林冲出自枪棒教师的家庭，是属于小资产阶级的技术人员，他有正义感，但苟安于现状，非被逼到走投无路，下不来决心。至于鲁达，无亲无故，一条光棍，也没有产业，光景是贫农或手艺匠出身而由行伍提升的军官。《水浒》并没叙述这三人的出身（只在杨志口中自己表白是将门之后），但是在描写这三人的性格时，处处都扣紧了他们的阶级成分。

因此，我们可以说，善于从阶级意识去描写人物的立身行事，是《水浒》的人物描写的最大一个特点。

《水浒》人物描写的又一个特点便是关于人物的一切都由人物本身的行动去说明，作者绝不下一切按语。仍以林冲等三人为例，这三个人物出场的当儿，都是在别人事件的中间骤然出现的；鲁达的出场在史进寻找王教头的事件中，林冲的出场在鲁达演习武艺的时候，而杨志的出场则在林冲觅取投名状的当儿。这三个人物出场之时，除了简短的容貌描写而外，别无一言介绍他们的身世，自然更无一言叙述他们的品性了；所有他们的身世和品性都是在他们后来的行动中逐渐点明，直到他们的主要故事完了的时候，我们这才全部认清了他们的身世和性格。这就好比一人远远而来，最初我们只看到他穿的是长衣或短褂，然后又看清了他是肥是瘦，然后又看清了他是方脸或圆脸，最后，这才看清了他的眉目乃至声音笑貌：这时候，我们算把他全部看清了。《水浒》写人物，用的就是这样的由远渐近的方法，故能引人入胜，非常生动。

《水浒》的人物描写就说到这里为止吧。下面再略谈《水浒》的结构。

从全书看来，《水浒》的结构不是有机的结构。我们可以把若干主要人物的故事分别编为各自独立的短篇或中篇而无割裂之感。但是，从一个人物的故事看来，《水浒》的结构是严密的，甚至也是有机的。在这一点上，足可证明《水浒》当其尚为口头文学的时候是同一母题而各自独立的许多故事。

这些各自独立、自成整体的故事，在结构上有一些共同的特点。大概而言，第一，故事的发展，前后勾连，一步紧一步，但又疏密相间，摇曳多姿。第二，善于运用变化错综的手法，避免平铺直叙。试以林冲的故事为例。林冲的故事，从狱庙烧香到水泊落草，一共有五回书[13]，故事一开始就提出那个决定了林冲命运的问题，从此步步向顶点发展，但这根发展的线不是垂直的一味紧下去的，而是曲折的，一松一紧的；判决充军沧州，是整个故事中间的一个大段落，可不是顶点，顶点是上梁山，林冲的故事也就于此结束。在这五回书中，行文方面，竭尽腾挪跌宕[14]的能事，使读者忽而愤怒，忽而破涕为笑，刚刚代林冲高兴过，又马上为他担忧。甚至故事中的小插曲（如林冲路遇柴进及与洪教头比武）也不是平铺直叙的。这一段文字，先写林冲到柴进庄上，柴进不在，林冲失望而去，却于路上又碰到了柴进（柴进出场这一段文字写得有声有色），后来与洪教头比武。林冲比武这小段的描写，首尾不过千余字，可是，写得极错综而富于变化。说要比武了，却又不比，先吃酒，当真开始比武了，却又半真（洪教头方面）半假（林冲方面），于是柴进使银子叫解差开枷，又用大锭银作注[15]，最后是真比，只百余字就结束了；但这百余字真是简洁遒劲[16]，十分形象地写出了林冲武艺的高强。这一小段千余字，还把柴进和洪教头两人的面目也刻画出来了，笔墨之经济，达到了极点。再看杨志的故事。杨志的故事一共只有三回书[17]，一万五六千字，首尾三大段落：卖刀，得官，失陷生辰纲。在结构上，杨志的故事和林冲的故事是不同的。林冲的故事先提出全篇主眼[18]，然后一步紧一步向顶点发展，杨志故事却是把失意、得志、幻灭这三部曲概括了杨志的求官之梦；从结构上看，高潮在中段。在权贵高俅那里，杨志触了霉头[19]，但在另一权贵梁中书那里，杨志却一开始就受到提拔，似乎可以一帆风顺了，但在权贵门下做奴才也并不容易。奴才中间有派别，经常互相倾轧。梁中书用人不专，注定了杨志的幻灭。同时也就注定了黄泥冈上杨志一定要失败。故事发展的逻辑是这样的，但小说结构发展的逻辑却经过一连串的一正一反的螺旋到达顶点。杨志一行人还没出发，吴用他们已经布好了圈套，这在书中是明写的；与之对照的，便是杨志的精明的对策。读者此时急要知道的，是吴用等对于此十万贯金珠究竟是"软取"呢或是"硬取"？如果"软取"，又怎样瞒过杨志那精明的眼光？这谜底，直到故事终了时揭晓，结构上的纵横开阖，便是这样造成的。

以上是对于《水浒》的人物和结构的一点粗浅的意见。如果要从《水浒》学习，这些便是值得学习的地方。自然，《水浒》也还有许多其他优点值得我们学习。例如人物的对白中常用当时民间的口头语，因而使得我们如闻其声；又如动作的描写，只用很少几个字，就做到了形象鲜明，活跃在纸上。……这些都应该学习，但是从大处看，应当作为学习的主要对象的，还是它的人物描写和结构。（请不要误会，以为《水浒》的其他方面就没有可供我们学习之处；不过，此篇专谈它的如何创造人物与如何结构全局，所以暂时不谈它的其他方面）在这上头，我的偏见，以为《水浒》比《红楼梦》强些；虽然在全书整个结构上看来，

《红楼梦》比《水浒》更近于有机的结构，但以某一人物的故事作为独立短篇而言，如上所述，《水浒》结构也是有机的。

---

[1] 选自《茅盾评论文集》（上），原载 1950 年 4 月 10 日《文艺报》。[2]［《宣和遗事》］一作《大宋宣和遗事》。书出宋、元间，作者不详。该书"案年演述，体裁甚似讲史。惟节录成书，末加融会，故先后文体，致为参差，灼然可见"（鲁迅《中国小说史略》）。内容多取材于旧籍，叙述北宋衰亡和高宗南迁临安的经过，对北宋末年封建统治集团的荒淫腐败和当时的民族矛盾有所反映。其中所叙杨志卖刀，晁盖智取生辰纲，宋江杀阎婆惜，三十六人于梁山泊聚义，最后被招安，打方腊，宋江封节度使等情节，略具《水浒》故事雏形。[3]［如果写定《水浒》的，果真是施耐庵其人］过去对《水浒》的作者有不同的说法，但据近年发现的有关材料，一般研究者都认为《水浒》的作者确是施耐庵。[4]［鲁达］鲁智深的原名。智深，是他出家做和尚后的法名。[5]［落草］旧称逃往山林为盗。[6]［刺配］古代在犯人脸上刺字，并发配到边远地区服役。[7]［花石纲］北宋徽宗喜爱奇异的花木和石头，大臣蔡京就派专差向民间搜罗，运往京城，供皇帝赏玩。这种专送花石的船队，号为"花石纲"。纲，唐代中期，管理江河运输的人，把每十只船编为一纲，叫"纲法"。后来凡是转运大批货物，需要编排车马船只的都叫"纲"。[8]［落魄］同"落泊"。形容穷困失意。[9]［泼皮］流氓，无赖。[10]［生辰纲］庆贺生辰的礼物。[11]［博个封妻荫子］取得显贵地位，使妻、子也获得封号和荣誉。[12]［杨令公］姓杨名业，北宋初的名将。传说他家"一门五侯"，所以称他"五侯"。[13]「五回书」指《水浒》第七、八、九、十、十一各回。[14]［腾挪跌宕（dàng）］变化曲折的意思。[15]［作注］作为赌注。[16]［遒（qiú）劲］刚劲有力，多指书画的运笔。[17]［三回书］指《水浒》第十二、十三、十六各回。[18]［主眼］关键。[19]［触了霉头］江浙一带的方言，意思是说，遇到了倒霉的事。

思维对抗

茅盾的启蒙教育

茅盾的启蒙教育开始较早。小学前便读过家塾、私塾。8 岁入乌镇立志小学读书，后转入植材高级小学，成为该校第一班学生。在这里，他不仅读到了国文、修身和算术教科书，并且对绘画产生了兴趣。那时，在一般守旧人的眼光里，小说之类被称为诲淫诲盗的"闲书"，是不准孩子们看的，但茅盾竟得到明达的父母的允许。《西游记》、《三国演义》、《水浒传》、《聊斋志异》和《儒林外史》等，都是他这时爱读的书。从茅盾小学时代留存的作文中得见，当时便流露出忧国忧民、扶正祛邪的思想端绪。

双核训练

一、给加点的字注音并解词

1. 落魄

2. 腾挪跌宕

3. 遒劲

二、思考题

作者在文中说："《水浒》也还有许多其他优点值得我们学习。例如人物的对白中常用当时民间的口头语，因而使得我们如闻其声；又如动作的描写，只用很少几个字，就做到了形象鲜明，活跃在纸上……"这两点作者只是提出，没有展开，你可以就其中的一点，模仿课文的写法，对《水浒》的人物描写特点作评价。

三、拿来主义[1]

鲁　迅

核心知识

研读导学

　　这是鲁迅先生于20世纪30年代所写的关于继承文化遗产的一篇杂文。"拿来主义"这个提法是鲁迅的独创。"拿来"是一种形象的说法，"主义"则指一种重大的原则和主张。"拿来主义"是针对"闭关主义"和"送去主义"而提出的，主张批判地继承外国和本国的文化遗产，吸取精华、剔除糟粕。本文涉及的主题相当深刻，意义十分重大，但作者写得非常自如。文章的论辩思路迂回曲折、引人入胜：运用举例、比喻、类比、对比等多种论证方法把抽象的道理讲得深入浅出，生动形象又耐人寻味；而语言的犀利幽默、含蓄生动，更显示出鲁迅文章鲜明的语言风格。学习时先整体感知课文内容，以分段分层的方式完成对各部分的理解；然后体会、分析各部分在论证结构和论证方法上的特色；感受、理解鲁迅在语言运用上的突出特色。

　　中国一向是所谓"闭关主义"[2]，自己不去，别人也不许来。自从给枪炮打破了大门之后，又碰了一串钉子[3]，到现在，成了什么都是"送去主义"了。别的且不说罢，单是学艺[4]上的东西，近来就先送一批古董到巴黎去展览[5]，但终"不知后事如何"；还有几位"大师"们捧着几张古画和新画，在欧洲各国一路的挂过去，叫做"发扬国光"[6]。听说不远还要送梅兰芳博士到苏联去，以催进"象征主义"[7]，此后是顺便到欧洲传道。我在这里不想讨论梅博士演艺和象征主义的关系，总之，活人替代了古董，我敢说，也可以算得显出一点进步了。

　　但我们没有人根据了"礼尚往来"[8]的仪节[9]，说道：拿来！

　　当然，能够只是送出去，也不算坏事情，一者见得丰富，二者见得大度[10]。尼采[11]就自诩过他是太阳，光热无穷，只是给予，不想取得。然而尼采究竟不是太阳，他发了疯。中国也不是，虽然有人说，掘起地下的煤来，就足够全世界几百年之用。但是，几百年之后呢？几百年之后，我们当然是化为魂灵，或上天堂，或落了地狱，但我们的子孙是在的，所以还应该给他们留下一点礼品。要不然，则当佳节大典之际，他们拿不出东西来，只好磕头贺喜，讨一点残羹冷炙[12]来做奖赏。

这种奖赏，不要误解为"抛来"的东西，这是"抛给"的，说得冠冕[13]些，可以称之为"送来"，我在这里不想举出实例[14]。

我在这里也并不想对于"送去"再说什么，否则太不"摩登[15]"了。我只想鼓吹我们再吝啬一点，"送去"之外，还得"拿来"，是为"拿来主义"。

但我们被"送来"的东西吓怕了。先有英国的鸦片，德国的废枪炮，后有法国的香粉，美国的电影，日本的印着"完全国货"的各种小东西。于是连清醒的青年们，也对于洋货发生了恐怖。其实，这正是因为那是"送来"的，而不是"拿来"的缘故。

所以我们要运用脑髓，放出眼光，自己来拿！

譬如罢，我们之中的一个穷青年，因为祖上的阴功[16]（姑且让我这么说说罢），得了一所大宅子，且不问他是骗来的，抢来的，或合法继承的，或是做了女婿换来的。那么，怎么办呢？我想，首先是不管三七二十一，"拿来"！但是，如果反对这宅子的旧主人，怕给他的东西染污了，徘徊不敢走进门，是孱头[17]；勃然大怒，放一把火烧光，算是保存自己的清白，则是昏蛋。不过因为原是羡慕这宅子的旧主人的，而这回接受一切，欣欣然的蹩进卧室，大吸剩下的鸦片，那当然更是废物。"拿来主义"者是全不这样的。

他占有，挑选。看见鱼翅[18]，并不就抛在路上以显其"平民化"，只要有养料，也和朋友们像萝卜白菜一样的吃掉，只不用它来宴大宾；看见鸦片，也不当众摔在毛厕里，以见其彻底革命，只送到药房里去，以供治病之用，却不弄"出售存膏，售完即止"的玄虚[19]。只有烟枪和烟灯，虽然形式和印度，波斯[20]，阿拉伯的烟具都不同，确可以算是一种国粹[21]，倘使背着周游世界，一定会有人看，但我想，除了送一点进博物馆之外，其余的是大可以毁掉的了。还有一群姨太太，也大以请她们各自走散为是，要不然，"拿来主义"怕未免有些危机。

总之，我们要拿来。我们要或使用，或存放，或毁灭。那么，主人是新主人，宅子也就会成为新宅子。然而首先要这人沉着，勇猛，有辨别，不自私。没有拿来的，人不能自成为新人，没有拿来的，文艺不能自成为新文艺。

六月四日[22]

---

[1] 选自《且介亭杂文》（《鲁迅全集》第6卷，人民文学出版社1981年版）。[2]［闭关主义］指清廷奉行的闭关自守政策。[3]［碰了一串钉子］指鸦片战争以后，清廷与英、法、俄、日、美、德、意等列强相继签订的一系列丧权辱国的不平等条约。[4]［学艺］泛指学术文艺。[5]［送一批古董到巴黎去展览］指当时国民党政府在巴黎举办的中国古典艺术展览。[6]［还有几位……叫做"发扬国光"］指当时国民党政府在西欧各国举办的中国绘画展览。[7]［听说不远……以催进"象征主义"］《大晚报》在1934年5月28日刊载一条文艺新闻，

说著名美术家徐悲鸿等在莫斯科举办中国书画展览会、"切合苏俄正在盛行之象征主义作品"，还说"因拟……邀中国戏曲名家梅兰芳等前往奏艺"。鲁迅针对这一则新闻，在同年5月30日写了《谁在没落》一文，指出象征主义已在苏联没落，批驳那种认为中国画和戏剧切合象征主义的论调。象征主义是19世纪末叶在法国兴起的文艺流派。[8]［礼尚往来］礼节上重在有来有往。尚，崇尚、重视。[9]［仪节］礼节。[10]［大度］大方，气量宽宏。[11]［尼采］德国唯心主义哲学家，主张唯意志论，提倡超人哲学，歌颂战争，反对民主解放运动和妇女解放运动。[12]［残羹冷炙］吃剩的饭菜，借指权贵的施舍。炙，烤肉。[13]［冠冕］"冠冕堂皇"的省语，意思是很体面、有气派；冕，古代帝王的礼帽。[14]［我在这里不想举出实例］暗指按1932年国民党政府与美国签订的"棉麦借款"协定运来的剩余的小麦。[15]［摩登］英语"morden"的音译，"现代的""时髦"的意思。[16]［阴功］迷信的说法，人们做了好事，阴间就给记功，可以释及后代子孙。［做下女婿换来的］这里是讽刺做了富家翁的女婿而炫耀于人的邵洵美之流。[17]［孱头］懦弱无能的人。[18]［鱼翅］一种名贵的海味，用鲨鱼的鳍制而成。[19]［玄虚］这里指用来掩盖真相、使人迷惑的手段。[20]［波斯］伊朗的旧称。[21]［国粹］原指国家文化中的精华，这里是反语。[22]［六月四日］指1934年6月4日。

现代拿来主义

把鲁迅先生的《拿来主义》温了一遍，看来，"放开眼光，运用脑髓，自己来拿"的不仅是得了房子的穷青年，还有今天的人们。

君不见，招商引资火热一片，争相降税免费，只要您来了，您就是皇帝，我们看中的可不管其他的。您给我们带来了政绩，我先谢谢您了！恰如当年三宫六院，叽叽喳喳望穿秋水等着临幸的气氛了！合资吧，我不管这牌子是中、是洋，不管您是不是冲着利用我们的廉价成本来的，不管您是不是拒绝技术上的合作，毕竟咱们的国企改革步子硬，领导看了会高兴的！

拿来的是什么，应该的是什么。我们是自己来拿，不是等着别人抛来，不是等着别人来找你抽血。我们不能让人抽血浆，我们要自己给自己造血！我们要辨别，我们要知道自己缺的是什么，我们不能错过机会，毕竟，我们还要发展！

小 结

本文的结构层次，总括起来有三种分法，学习本文后，仔细体会

1. 分为两部分。第一部分（1—4段）：破"送去主义"；第二部分（5—10段）：立"拿来主义"。

2. 分为三部分。第一部分（1—5段）：提出问题，主张"拿来主义"；第二部分（6—9段）：分析问题，阐明什么是"拿来主义"；第三部分（10段）：解决问题，总结"拿来主义"。

3. 分为四部分。第一部分（1—2段）：开篇扣题（没有人"说道：拿来！"）；第二部分（3—5段）：否定送去主义，主张拿来主义；第三

部分（6—9 段）：正面分析"拿来主义"（破、立）；第四部分（10 段）：总结"拿来主义"的做法、结果、前提和意义。

双核训练

一、给加点的字注音并解词

1. 自诩
2. 冠冕
3. 吝啬
4. 蹩进

二、认真阅读课文，总体把握文意，然后联系上下文，完成下列各题

1. 解释"运用脑髓，放出眼光，自己来拿"的含义＿＿＿＿＿＿＿＿
＿＿＿＿＿＿＿＿＿＿＿＿＿＿＿＿＿＿。

2. 课文中的"孱头"、"昏蛋"、"废物"，他们对待文化遗产的态度，各是＿＿＿＿＿＿＿、＿＿＿＿＿＿＿、＿＿＿＿＿＿＿。

3. "看见鱼翅""也和朋友们像萝卜白菜一样的吃掉，只不用它来宴大宾"的内涵是＿＿＿＿＿＿＿＿＿＿＿＿＿＿＿＿＿。

4. 拿来主义的含义＿＿＿＿＿＿＿＿＿＿＿＿＿＿＿＿＿＿。

四、在马克思墓前的讲话[1]

恩格斯

核心知识

自读提示

1883 年 3 月 17 日，伟大的革命导师马克思的遗体被安葬在英国伦敦郊区海格特公墓。在葬礼上，恩格斯用英语发表了这篇演说。恩格斯是马克思的挚友，两人为无产阶级的解放事业并肩战斗近四十年，对马克思的了解，最深刻的莫过于恩格斯；对马克思的逝世，最悲痛的莫过于恩格斯；对马克思的逝世所造成的巨大损失，最清楚的莫过于恩格斯。在这篇悼词中，恩格斯总结了马克思一生的伟大贡献，表达了全世界无产阶级对马克思的无比崇敬和哀悼之情。这篇悼词综合运用了叙述、议论、描写、抒情等多种表达方式，诵读时认真体会。

3 月 14 日下午两点三刻，当代最伟大的思想家停止思想了。让他一个人留在房里还不到两分钟，当我们进去的时候，便发现他在安乐椅上安静地睡着了——但已经永远地睡着了。

这个人的逝世，对于欧美战斗的无产阶级，对于历史科学，都是不可估量的损失。这位巨人逝世以后所形成的空白，不久就会使人感觉到。

正像达尔文[2]发现有机界的发展规律一样，马克思发现了人类历史的发展规律，即历来为繁芜丛杂的意识形态所掩盖着的一个简单事实：人们首先必须吃、喝、住、穿，然后才能从事政治、科学、艺术、宗教等等；所以，直接的物质的生活资料的生产，从而一个民族或一个时代的一定的经济发展阶段，便构成基础，人们的国家设施、法的观点、艺术以至宗教观念，就是从这个基础上发展起来的，因而，也必须由这个基础来解释，而不是像过去那样做得相反。

不仅如此。马克思还发现了现代资本主义生产方式和它所产生的资产阶级社会的特殊的运动规律。由于剩余价值[3]的发现，这里就豁然开朗了，而先前无论资产阶级经济学家或者社会主义批评家所做的一切研究都只是在黑暗中摸索。

一生中能有这样两个发现，该是很够了。即使只能作出一个这样的发现，也已经是幸福的了。但是马克思在他所研究的每一个领域，甚至在数学领域，都有独到的发现，这样的领域是很多的，而且其中任何一个领域他都不是浅尝辄止。

他作为科学家就是这样。但是这在他身上远不是主要的。在马克思看来，科学是一种在历史上起推动作用的、革命的力量。任何一门理论科学中的每一个新发现——它的实际应用也许还根本无法预见——都使马克思感到衷心喜悦，而当他看到那种对工业、对一般历史发展立即产生革命性影响的发现的时候，他的喜悦就非同寻常了。例如，他曾经密切注视电学方面各种发现的进展情况，不久以前，他还密切注视马赛尔·德普勒[4]的发现。

因为马克思首先是一个革命家。他毕生的真正使命，就是以这种或那种方式参加推翻资本主义社会及其所建立的国家设施的事业，参加现代无产阶级的解放事业，正是他第一次使现代无产阶级意识到自身的地位和需要，意识到自身解放的条件。斗争是他的生命要素。很少有人像他那样满腔热情、坚韧不拔和卓有成效地进行斗争。最早的《莱茵报》（1842 年），巴黎的《前进报》（1844 年），《德意志—布鲁塞尔报》（1847 年），《新莱茵报》（1848—1849 年），《纽约每日论坛报》（1852—1861 年），以及许多富有战斗性的小册子，在巴黎、布鲁塞尔和伦敦各组织中的工作，最后，作为全部活动的顶峰，创立伟大的国际工人协会，——老实说，协会的这位创始人即使没有别的什么建树，单凭这一成果也可以自豪。

正因为这样，所以马克思是当代最遭忌恨和最受诬蔑的人。各国政府——无论专制政府或共和政府，都驱逐他；资产者——无论保守派或极端民主派，都竞相诽谤他，诅咒他。他对这一切毫不在意，把它们当作蛛丝一样轻轻拂去，只是在万不得已时才给以回敬。现在他逝世了，在整个欧洲和美洲，从西伯利亚矿井到加利福尼亚，千百万革命战友无不对他表示尊敬、爱戴和悼念，而我敢大胆地说：他可能有过许多敌人，但未必有一个私敌。

他的英名和事业将永垂不朽！

[1] 选自《马克思恩格斯选集》第三卷（人民出版社 1995 年版）[2]［达尔文］英国生物学家，进化论的奠基人。出版《物种起源》这一划时代的著作，提出了生物进化论学说，从而摧毁了各种唯心的神造论和物种不变论。[3]［剩余价值］雇佣工人所创造的并被资本家无偿占有的超过劳动力价值的那部分价值，它是雇佣工人剩余劳动的凝结，体现了资本家和雇佣工人之间剥削和被剥削的关系。[4]［马赛尔·德普勒］法国电工学家和物理学家，巴黎科学院院士。在 1882 年的慕尼黑博览会上展示了第一条试验输电线路（米斯巴赫－慕尼黑线路）。

相关信息

真挚的友谊

马克思与恩格斯的友谊，是世界上任何友谊都无法相比的。马克思敬佩恩格斯的才能，说自己总是踏着恩格斯的脚印走。而恩格斯又总是认为马克思的才能超过自己，在他们的共同事业中，恩格斯称马克思是第一提琴手而自己是第二提琴手。

《资本论》这部经典著作的出版，就是他们伟大友谊的结晶。

1848 年大革命失败后，恩格斯为了使马克思有可能从事革命活动和理论研究，心甘情愿作出牺牲，从事自己最不愿干的"该死的生意"，把挣来的钱负担马克思一家的生活。马克思说："我们之间存在的友谊是何等的珍贵！"恩格斯说："马克思是和我相交 40 年的最好的、最亲密的朋友，他给我的教益是无法用语言表达的。"他们两人虽然不能经常"一起生活，一起工作，一起欢笑"，但却始终保持着密切的书信联系。他们几乎天天都要通信，只要一方回信稍慢一点，另一方就会感到不安。有一次，恩格斯隔了几天没有写信，马克思就写信风趣地问他："亲爱的恩格斯！你在哭泣还是在欢笑？你睡着了还是醒着？"既是问候，又是关切。他们这种友谊是前无古人的。

双核训练

1. 恩格斯从哪几个方面总结了马克思的贡献？
2. 课外搜集马克思的相关资料，说说自己的学习体会。

学习指引

http：//www.chineseall.com/中文在线

五、改造我们的学习

毛泽东

研读导学

中国共产党为了纯洁党的作风，清算左、右倾机会主义的思想影响，提高党的战斗力，在 1941 年发动了著名的延安整风运动，对全党和全体干部进行了一次深刻的马列主义教育。本文主要是针对党内在学习中存在的问题，说明了改造学习的重要意义，批判了主观主义的学风，阐明了理论联系实际是马克思主义根本原则，并指明了改造学风的具体途径。它不仅是当时整风运动的重要文献，而且对我们今天的理论学习仍有着指导意义。课文是从中节选出来的一部分。

本文不仅前后呼应，而且逐层对应。请在阅读课文时深入体会并具体分析。

我主张将我们全党的学习方法和学习制度改造一下。其理由如次：

一

中国共产党的二十年，就是马克思列宁主义的普遍真理和中国革命的具体实践日益结合的二十年。如果我们回想一下，我党在幼年时期，我们对于马克思列宁主义的认识和对于中国革命的认识是何等肤浅，何等贫乏，则现在我们对于这些的认识是深刻得多、丰富得多了。灾难深重的中华民族，一百年来，其优秀人物奋斗牺牲，前仆后继，摸索救国救民的真理，是可歌可泣的。但是直到第一次世界大战和俄国十月革命之后，才找到马克思列宁主义这个最好的真理，作为解放我们民族的最好的武器，而中国共产党则是拿起这个武器的倡导者、宣传者和组织者。马克思列宁主义的普遍真理一经和中国革命的具体实践相结合，就使中国革命的面目为之一新。抗日战争以来，我党根据马克思列宁主义的普遍真理研究抗日战争的具体实践，研究今天的中国和世界，是进一步了，研究中国历史也有某些开始。所有这些，都是很好的现象。

二

但是我们还是有缺点的，而且还有很大的缺点。据我看来，如果不纠正这类缺点，就无法使我们的工作更进一步，就无法使我们在将马克思列宁主义的普遍真理和中国革命的具体实践互相结合的伟大事业中更进一步。

首先来说研究现状。像我党这样一个大政党，虽则对于国内和国际的现状的研究有了某些成绩，但是对于国内和国际的各方面，对于国内和国际的政治、军事、经济、文化的任何一方面，我们所收集的材料还是零碎的，我们的研究工作还是没有系统的。二十年来，一般地说，我们并没有对于上述各方面作过系统的周密的收集材料加以研究的工作，缺乏调查研究客观实际状况的浓厚空气。"闭塞眼睛捉麻雀"，"瞎子摸鱼"，粗枝大叶，夸夸其谈，满足于一知半解，这种极坏的作风，这种完全违反马克思列宁主义基本精神的作风，还在我党许多同志中继续存在着。马克思、恩格斯、列宁、斯大林教导我们认真地研究情况，从客观的真实的情况出发，而不是从主观的愿望出发；我们的许多同志却直接违反这一真理。

其次来说研究历史。虽则有少数党员和少数党的同情者曾经进行了这一工作，但是不曾有组织地进行过。不论是近百年的和古代的中国史，在许多党员的心目中还是漆黑一团。许多马克思列宁主义的学者也是言必称希腊[1]，对于自己的祖宗，则对不住，忘记了。认真地研究现状的空气是不浓厚的，认真地研究历史的空气也是不浓厚的。

最后说到学习国际的革命经验，学习马克思列宁主义的普遍真理。许多同志的学习马克思列宁主义似乎并不是为了革命实践的需要，而是为了单纯的学习。所以虽然读了，但是消化不了。只会片面地引用马克思、恩格斯、列宁、斯大林的个别词句，而不会运用他们的立场、观点和方法，来具体地研究中国的现状和中国的历史，具体地分析中国革命问题和解决中国革命问题。这种对待马克思列宁主义的态度是非常有害的，特别是对于中级以上的干部，害处更大。

上面我说了三方面的情形：不注重研究现状，不注重研究历史，不注重马克思列宁主义的应用，这些都是极坏的作风。这种作风传播出去，害了我们的许多同志。

确实的，现在我们队伍中确有许多同志被这种作风带坏了。对于国内外、省内外、县内外、区内外的具体情况，不愿做系统的周密的调查和研究，仅仅根据一知半解，根据"想当然"，就在那里发号施令，这种主观主义的作风，不是还在许多同志中间存在着吗？

对于自己的历史一点不懂，或懂得甚少，不以为耻，反以为荣。特别重要的是中国共产党的历史和鸦片战争以来的中国近百年史，真正懂得的很少。近百年的经济史，近百年的政治史，近百年的军事史，近百年的文化史，简直还没有人认真动手去研究。有些人对于自己的东西即无知识，于是剩下了希腊和外国故事，也是可怜得很，从外国故纸堆中零星地捡[2]来的。

几十年来，很多留学生都犯过这种毛病。他们从欧美日本回来，只知生吞活剥地谈外国。他们起了留声机的作用，忘记了自己认识新鲜事物和创造新鲜事物的责任。这种毛病，也传染给了共产党。

我们学的是马克思主义，但是我们中的许多人，他们学马克思主义的方法是直接违反马克思主义的。这就是说，他们违背了马克思、恩格斯、列宁、斯大林所谆谆告诫人们的一条基本原则：理论和实际统一。他们既然违背了这条原则，于是就自己造出了一条相反的原则：理论和实际分离。在学校的教育中，在在职干部的教育中，教哲学的不引导学生研究中国革命的逻辑，教经济学的不引导学生研究中国经济的特点，教政治学的不引导学生研究中国革命的策略，教军事学的不引导学生研究适合中国特点的战略和战术，诸如此类。其结果，谬种流传，误人不浅。在延安学了，到富县就不能应用。经济学教授不能解释边币和法币[3]，当然学生也不能解释。这样一来，就在许多学生中造成了一种反常的心理，对中国问题反而无兴趣，对党的指示反而不重视，他们一心向往的，就是从先生那里学来的据说是万古不变的教条。

当然，上面我所说的是我们党里的极坏的典型，不是说普遍如此。但是确实存在着这种典型，而且为数相当地多，为害相当地大，不可等闲视之的。

三

为了反复地说明这个意思，我想将两种互相对立的态度对照地讲一下。

第一种：主观主义的态度。

在这种态度下，就是对周围环境不作系统的周密的研究，单凭主观热情去工作，对于中国今天的面目若明若暗。在这种态度下，就是割断历史，只懂得希腊，不懂得中国，对于中国昨天和前天的面目漆黑一团。在这种态度下，就是抽象地无目的地去研究马克思列宁主义的理论。不是为了要解决中国革命的理论问题、策略问题而到马克思、恩格斯、列宁、斯大林那里找立场，找观点，找方法，而是为了单纯地学理论而去学理论。不是有的放矢，而是无的放矢。马克思、恩格斯、列宁、斯大林教导我们说：应当从客观存在着的实际事物出发，从其中引出规律，作为我们行动的向导。为此目的，就要像马克思所说的详细地占有材料，加以科学的分析和综合的研究[4]。我们的许多人却是相反，不去这样做。其中许多人是做研究工作的，但是他们对于研究今天的中国和昨天的中国一概无兴趣，只把兴趣放在脱离实际的空洞的"理论"研究上。许多人是做实际工作的，他们也不注意客观情况的研究，往往单凭热情，把感想当政策。这两种人都凭主观，忽视客观实际事物的存在。或作讲演，则甲乙丙丁、一二三四的一大串；或作文章，则夸夸其谈的一大篇。无实事求是之意，有哗众取宠[5]之心。华而不实，脆而不坚。自以为是，老子天下第一，"钦差大臣"满天飞。这就是我们队伍中若干同志的作风。这种作风，拿了律己，则害了自己；拿了教人，则害了别人；拿了指导革命，则害了革命。总之，这种反科学的反马克思列宁主义的主观主义的方法，是共产党的大敌，是工人阶级的大敌，是人民的大敌，是民族的大敌，是党性不纯的一种表现。大敌当前，我们有打倒它的必要。只有打倒了主观主义，马克思列宁主义的真理才会抬头，党性才会巩固，革命才会胜利。我们应当说，没有科学的态度，即没有马克思列宁主义的理论和实践统一的态度，就叫做没有党性，或叫做党性不完全。

有一副对子，是替这种人画像的。那对子说：

墙上芦苇，头重脚轻根底浅；

山间竹笋，嘴尖皮厚腹中空。

对于没有科学态度的人，对于只知背诵马克思、恩格斯、列宁、斯大林著作中的若干词句的人，对于徒有虚名并无实学的人，你们看，像不像？如果有人真正想诊治自己的毛病的话，我劝他把这副对子记下来；或者再勇敢一点，把它贴在自己房子里的墙壁上。马克思列宁主义是科学，科学是老老实实的学问，任何一点调皮都是不行的。我们还是老实一点吧！

第二种：马克思列宁主义的态度。

在这种态度下，就是应用马克思列宁主义的理论和方法，对周围环境作系统的周密的调查和研究。不是单凭热情去工作，而是如同斯大林所说的那样：把革命气概和实际精神结合起来[6]。在这种态度下，就是不要割断历史。不单是懂得希腊就行了，还要懂得中国；不但要懂得外国革命史，还要懂得中国革命史；不但要懂得中国的今天，还要懂得中国的昨天和前天。在这种态度下，就是要有目的地去研究马克思列宁主义的理论，要使马克思列宁主义的理论和中国革命的实际运动结合起来，是为着解决中国革命的理论问题和策略问题而去从它找立场，找观点，找方法的。这种态度，就是有的放矢的态度。"的"就是中国革命，"矢"就是马克思列宁主义。我们中国共产党人所以要找这根"矢"，就是为了要射中国革命和东方革命这个"的"的。这种态度，就是实事求是的态度。"实事"就是客观存在着的一切事物，"是"就是客观事物的内部联系，即规律性，"求"就是我们去研究。我们要从国内外、省内外、县内外、区内外的实际情况出发，从其中引出其固有的而不是臆造的规律性，即找出周围事变的内部联系，作为我们行动的向导。而要这样做，就须不凭主观想象，不凭一时的热情，不凭死的书本，而凭客观存在的事实，详细地占有材料，在马克思列宁主义一般原理的指导下，从这些材料中引出正确的结论。这种结论，不是甲乙丙丁的现象罗列，也不是夸夸其谈的滥调文章，而是科学的结论。这种态度，有实事求是之意，无哗众取宠之心。这种态度，就是党性的表现，就是理论和实际统一的马克思列宁主义的作风。这是一个共产党员起码应该具备的态度。如果有了这种态度，那就既不是"头重脚轻根底浅"，也不是"嘴尖皮厚腹中空"了。

四

依据上述意见，我有下列提议：

（一）向全党提出系统地周密地研究周围环境的任务。依据马克思列宁主义的理论和方法，对敌友我三方的经济、财政、政治、军事、文化、党务各方面的动态进行详细的调查和研究的工作，然后引出应有的和必要的结论。为此目的，就要引导同志们的眼光向着这种实际事物的调查和研究。就要使同志们懂得，共产党领导机关的基本任务，就在于了解情况和掌握政策两件大事，前一件事就是所谓认识世界，后一件事就是所谓改造世界。就要使同志们懂得，没有调查就没有发言权，夸夸其谈地乱说一顿和一二三四的现象罗列，都是无用的。例如关于宣传工作，如果不了解敌友我三方的宣传状况，我们就无法正确地决定我们的宣传政策。任何一个部门的工作，都必须先有情况的了解，然后才会有好的处理。在全党推行调查研究的计划，是转变党的作风的基础一环。

（二）对于近百年的中国史，应聚集人才，分工合作地去做，克服无组织的状态。应先作经济史、政治史、军事史、文化史几个部门的分析的研究，然后才有可能作综合的研究。

（三）对于在职干部的教育和干部学校的教育，应确立以研究中国革命实际问题为中心，以马克思列宁主义基本原则为指导的方针，废除静止地孤立地研究马克思列宁主义的方法。研究马克思列宁主义，又应以《苏联共产党（布）历史简明教程》为中心的材料。《苏联共产党（布）历史简明教程》是一百年来全世界共产主义运动的最高的综合和总结，是理论和实际结合的典型，在全世界还只有这一个完全的典型。我们看列宁、斯大林他们是如何把马克思主义的普遍真理和苏联革命的具体实践互相结合又从而发展马克思主义的，就可以知道我们在中国是应该如何地工作了。

我们走过了许多弯路。但是错误常常是正确的先导。在如此生动丰富的中国革命环境和世界革命环境中，我们在学习问题上的这一改造，我相信一定会有好的结果。

---

[1]［言必称希腊］指有些研究革命理论的人生搬硬套外来的东西，而不重视研究本国的历史和现状的教条主义倾向。希腊，欧洲南部巴尔干半岛上的一个国家。古代希腊的文化，对后来欧洲各国的文化发展有很大的影响。[2]［检］这里通"捡"。[3]［边币和法币］边币是1941年陕甘宁边区银行所发行的纸币；法币是1935年以后，国民党官僚资本四大银行（中央、中国、交通、中国农民）依靠英美帝国主义支持所发行的纸币。毛泽东同志在文中说的，是指当时边币和法币之间所发生的兑换比价变化问题。[4]［详细地占有材料……综合的研究］见马克思《资本论》第一卷第二版跋。马克思在该文中说："研究必须搜集丰富的材料，分析材料的各种发展形态，探寻这些形式的内在联系。不先完成这种工作，则对于现实的运动，必不能有适当的叙述。"[5]［哗众取宠］用浮夸的言辞博取群众的喜欢。[6]［把革命气概和实际

精神结合起来〕见斯大林《论列宁主义基础》第九部分。

七彩天空

毛泽东的卧室书香浓郁

毛主席毅力非凡，他说："决心学习，至死方休。"1959 年 1 月自称学习英语"到处碰石头，很麻烦"的毛主席要给自己定一个五年计划的目标，就是要通过学习，能够看英文的政治、经济、哲学方面的文章。我考虑到他要务缠身，日理万机，为了节省他的时间，对他未学过的单词，往往事先代他查好字典，并注明轻重音等。可他往往还是要亲自翻翻字典，看看音标和注解。

毛主席湖南乡音浓重，在湖南的方言音中"n""l"不分，因而在读英语时，常常出现把"night"（夜晚）误读成"light"（光、亮）。每当此时，他就像个谦恭的学生，听我讲解发音要领，随着我的领读，反复练习。他不像有些人学外语，念错几次，便羞得张不开口。他始终是爽爽朗朗地大声念，坦坦然然地大声改。

毛主席学英语的方法也与众不同，他不是从初级课本到中级课本这样读，而是根据自己的特点，从读新闻、时评、政论入手，逐步学习理论文章和经典著作，如《矛盾论》、《实践论》、《毛泽东选集》第四卷、《共产党宣言》、《政治经济学批判》等英文本。不仅如此，有些经典著作反复阅读，《矛盾论》英文本学过三遍，《共产党宣言》英文本也读过不止一遍。《矛盾论》、《共产党宣言》英文本每页的空白处他都用蝇头行草密密麻麻地写满了注解。每读一遍便又注解一遍。

通过勤奋的努力，到晚年他借助字典可以比较顺畅地阅读政论文章和理论书，但对文字比较艰深的古典著作读起来还有困难。至于英语会话，因为年事已高，乡音难改，他只能说几句简单的应酬话，用英语对话还不行。作为一个高龄的领导人，能做到这一点已经很不容易了。

小　结

掌握议论文的基本结构形式：引论—本论—结论。
议论文的三要素：论点—论据—论证。
常用的论证方法：对比论证、例证法等。

双核训练

一、给加点的字注音并解词

1. 哗众取宠

2. 有的放矢

二、本文论点明确，论据充分，论证严密。请在预习基础上，讨论本文的中心论点、分论点及主要论据，并概述各部分的主要内容。

中心论点：

分论点：

主要论据：

各部分主要内容：

学习指引

请选择阅读一些毛泽东诗词，体会伟人的文学魅力。

六、议论文写作实训

（一）议论文的写作

议论文又叫论说文，是一种以议论为主要表述方式、运用逻辑思维对客观事物、现象等进行分析评议的文体。在现实生活中，人们免不了要对自己的所见所闻进行评议，表达自己的看法。大至世界形势、国家大事，小至家务琐事、个人哀乐，远至盘古开天、三皇五帝，近至改革开放、世纪之交……事事都可议。因此，议论文有着旺盛的生命力和广泛的实用价值。

议论文就内容而言，包罗万象；就形式而言，亦是多种多样。从表现形式和使用范围来看，可以分为评论类、报告类、学术类、序跋类和杂感类等；从议论方式来说，有立论和驳论两类。议论文有传播交流作用和宣传教育作用。阅读和写作议论文，不仅可以拓展认识视野，提高思想水平，指导实践，还能锻炼逻辑思维和提高论辩能力。议论文的特点可以从以下五方面来认识：

1. 文体特点

议论文是通过议论的方式，用典型、充实的论据来论证自己的观点和主张。其特征是：观点的鲜明性、内容的说理性、论证的逻辑性、语言的论辩性。

议论是议论文的主要表述方式。它与其他一些文体中的局部性议论是有区别的。因为议论文中的议论必须完整地由论点、论据和论证三个要素组成。一篇议论文除有一个统率全篇的中心论点外，一般还有几个从属于中心论点的分论点，然后引用事实论据或理论论据，进行分析论证。而其他文体为了表达的需要，适当引用一些议论，往往以结论的方式直接引入，一般不需要展开分析和严密推理。议论文中也有叙述，但其作用是为议论提供事实论据，叙述性语言是十分概括的；议论中插入必要的说明，只是对引用的论据起注释和解说作用；议论中简洁而精彩的抒情和描写，旨在形象论理，情理相融，以增强文章的感染力。由此可见，议论文中的叙述、说明、抒情和描写，都是为议论服务的。

（想一想：议论文的特征是什么？）

2. 思维特点

语言既是交际工具，又是思维工具。议论文的思维特点主要有以下三点：

（1）抽象思维　由于文章内容和体裁不同，思维的类型也不一样。记叙文多用形象思维，而议论文则多用抽象思维，即运用概念、判断、推理等手段及分析、比较、抽象、概括等方法从一般到个别、从具体到抽象、从感性到理性地揭示事物本质。

（2）辩证思维　分析能力是阅读和写作议论文最重要的能力。要学会分析，必须懂得辩证思维的方法。所谓辩证思维，就是要用发展的观点、全面的观点去观察和分析问题。不仅要看到事物的现状，而且要看到它的过去和将来，还要看到它的正面、反面和侧面等等。

（3）创造性思维　议论文不但要求立论正确、观点鲜明、论据充分，而且要新颖、独到，有真知灼见。最忌套话连篇、空发议论、观点陈旧、老生常谈。

3. 结构特点

文章的结构总是为表达内容服务的。议论文的基本结构包括：引论部分、本论部分、结论部分。其思维形式为：提出问题——分析问题——解决问题。

4. 三要素

论证是一种复杂而富有创造性的思维活动。它是运用一些已知为真的判断作为论据，来证明另一个判断（论点或论题）的真劣性的思维过程。例如《改造我们的学习》中，就运用了许许多多的判断（论据）来印证"改造我们的学习"这个论题（论点）的正确性。这些作为论据的判断，不管是正面的，还是反面的，都是已被实践证明是真实无误的。因此，"改造我们的学习"也就确定无疑了。

论证要符合以下规则：

（1）论题必须明确、同一。论证是为了确定论题的真实性而展开的。在同一个论证过程中，论题必须保持前后一致。否则便会"跑题"，犯"转移论题"或"偷换论题"的错误。

（2）论据必须真实可靠。虚假的论据，必然导致论题不能成立，或出现错误的结果。

（3）论据必须充足。论据虽然真实，但如果还不足以证明论题的真实性，则论题也不能成立。

（论证时要遵循哪些原则？）

5. 论证方法

常用的论证方法有：

（1）例证法　它是用典型事例作为论据来证明论点的方法。也就是常说的"摆事实"。例证有事实例证和假设例证两种。

（2）引证法　它是引用已知的公理原理、格言警句、成语谚语、经典言论以及众人皆知的生活常理来证明论点的方法，也叫理论论证。

（3）对比法　它是将两种性质截然相反或有差异的事物放在一起进行比较分析，以肯定正确的或好的事物，否定错误的或差的事物的方法。俗话说："不怕不识货，就怕货比货。"不论是《改造我们的学习》将两种对立的学习态度进行正反比较，还是《拿来主义》一文对不同的"拿来"态度进行评论，都给人留下了深刻的印象，增强了论证效果。

（4）喻证法　它是用形象的比喻来说明道理的方法。例如在《改造我们的学习》中的那副对子，毛泽东替抱主观主义学习态度的人画的像，是最生动、形象的比喻，它可使深奥的道理浅显化、抽象的事理具体化，大大增强论证力量。由此可见，一个恰当的比喻论证，比连篇累牍的空洞议论，更容易引起读者的兴趣和共鸣。

（5）归谬法　也叫引申法，是一种从反面论点引出错误结论来说理的方法。就是先假设对方的错误论断是"正确"的，然后从中导出（引申出）一个荒谬的结论来，从而证明对方论断之荒谬性。

（6）因果法　它是根据事物之间客观存在的因果关系来推论的方法。或者是由原因推断结果，或者是由结果推出原因。

当然，论证方法仅仅是写作议论文的辅助性的手段。最根本的还是要论点明确，论据充分，论证符合规则。

（你在写议论文时，最常运用的是哪种方法？）

双核训练

1. 请自己查找一篇议论文，理清思路后，将写作过程说给同学们听。

2. 练写议论文，内容、题目自己确定。

（二）小评论

你知道评论的内涵吗？

它是具有特定议论对象的评述性文章。其特点是：带有鲜明的针对性、系统的理论性、严密的逻辑性、新闻的时效性。它的形式灵活自由，篇幅可长可短。语言概括、准确、具体、通俗。一般要求：有的放矢，评述精到、深刻。它包括：思想评论、文学评论、诗歌评论、小说评论、影评等。

"短评"是一种不署名的小型评论，也叫"短论"。它的特点是：评论对象明确，内容单一，就事论理，言简意赅。写法要求：角度新颖，论点鲜明，善于说理，干净利落。而"文艺短评"则是评论者对于文艺作品及文艺现象随时抒写的所见所感。这种文体具有议论兼感想、行文活泼轻灵、篇幅短小、布局精巧、语言精辟生动等长处。文艺短评其实并不难写，在欣赏作品时，哪些地方令你激动，或者使你不耐烦甚至心生厌恶，你都可记下来，由实而虚，讲出点道理来，那就是一篇文艺短评。文艺短评不仅是个人审美感受、审美理解的小结，交流开去还能灌溉香花，剪除毒草，起到兴利除弊，指导创作和欣赏的作用。这里我们重点要说的是如何学写小评论。

小评论是一种针对性较强的小型评论。同短论相近，区别在于它可以署作者名，不代表特定的编辑部。它常就现实生活中的一个事例、一个问题、一种思想进行评论，讲清道理。具有内容简单、短小精悍、尖锐泼辣、迅速及时、言简意明等特点。写作时，要善于捕捉评论目标，紧密结合当前现实，立论精粹，具有较强的说服力。

微型评论是篇幅短小的评论。它大都一二百字，有的甚至一两句话，称为"一句话评论"。一般开门见山，直接触及问题的敏感点。命题小，论述简洁，文笔轻松活泼，言简意赅。

【开拓视野】

三重的思索

汪曾培

当人们面对着摄影作品《思索》时会感受到三重的思索：

第一重，是属于画框中那个囚女的。她虽然没有露出自己的面部，但从她那深深埋下的头颅，从她那扭曲不安的身躯，特别是从她那交织在一起的痉挛的双手，透露出她的内心正在急剧地翻腾。她在滑向犯罪的道路上，热衷于追求服饰的时髦，对人生也许从来没有好好用过脑子，而现在当她以身触法、银铛入狱的时候，她不能不想了。这是一种痛苦的思索。

第二重，是属于画框下那个姑娘的。面对那个囚女，她右手托腮，双眼凝视，陷入了深深的沉思。她也许在想，这个姑娘是怎样堕落的？也许在想，青年人应该从中吸取什么教训？由此引导她对人生进行深入的思索。

第三重，是属于这幅摄影作品的鉴赏者的。照片上的两个少女，在人生的道路上刚刚扬帆起程。可是，一个走入歧途双手被铐，飞向生活的翅膀折断了；一个则朝气蓬勃，热烈地追求知识与真理（她的左手按着书包），前途正灿烂似锦。照片上，她们一个在暗处，一个在明处，摄影者通过光线的运用，强调了这种对比。这不能不拨动鉴赏者的心弦，使人们思索起青少年的教育和成长问题。

画框中那位痛苦思索着的囚女形象，原是一幅画，它引起了那位观赏它的姑娘的思索，这是这幅画的艺术魅力所在；而丁影同志把这一镜头拍下来，变成照片《思索》，让鉴赏者从囚女的痛苦思索与那位姑娘的深沉思索中，引起更深入的思索，想的比照片上拍出的又多得多，则是这幅照片的艺术魅力所在。艺术贵在引人思索。莫泊桑就说过，他对小说创作的追求，不只是给读者叙述一个故事，娱乐娱乐他们，而是要使读者思索，以理解蕴涵在事件中的深刻意义。

令人思索的作品，必须具备丰富的内涵，"含虚而蓄实"，以有限表现无限，才能耐人寻味。那些浅露直白的作品，一览无余，还能让鉴赏者思索什么呢？同时，能够令人思索的作品，由于"言近而旨远，辞浅而义深"，有藏有露，有显有隐，最能调动鉴赏者再创造的能力，让鉴赏者驰骋自己的想象，在"再创造"中去充分领略作品的意趣。这种"思而得之"的鉴赏，也才是真正的文艺鉴赏，真正的美的享受。

因此，我们赞美《思索》，赞美引人思索的文艺作品。

选自《艺林散步》

小 结

本文是摄影艺术短评。标题新颖贴切，从摄影标题"就地取材"引申而来。文章立意高，开掘深，第一、二重是作品画面的含义，第三重是将观众（读者）都放了进去，对主题思想的阐述非常透彻。最后从艺术原理"含虚而蓄实""以有限表现无限"总结作品的艺术成就，自然顺畅，水到渠成。

双核训练

1. 自己查找一篇小评论范文，品读后向同学介绍内容。
2. 根据现实情况自己命题写篇小评论。

（三）读后感

读后感是我们善于写作的文体。

1. 读后感的写作意义

在日常生活中，我们阅读了一篇文章、一本书、一首诗……而后将自己的感受、心得、体会写下来形成文字，就是读后感。读后感，顾名思义，要先有"读"，而后才有"感"可言，它将阅读与写作紧密地联系在一起。

2. 读后感的结构模式

读后感也离不开"读"——对原文的引述、概括、评价等等，离不开"感"——自己的感想、观点、看法，"读"与"感"之间，还要有"感点"前后勾连。因此，读后感的一般结构模式如下：

述读（前提）——发感（论证）——感点（桥梁）——结感（升华）。

在这个结构模式中，"感点"是关键，没有了感点，读后感也就失去了灵魂，也就无所谓"读后感"了。感受，以议论为主，突出一个"感"字。

3. 读后感的一般写法

其一，确定正副标题，正标题一般标明文章的中心内容，有的正标题就是文章的中心论点。副标题标明题材，一般为"读《×××》有感"。副题比正题低两格。

其二，掌握读后感的一般套路："引—议—联—结"。

引——扼要写出"读"的内容或直接引用原文某些语句，很快引出"感"的观点或中心。

议——就自己"感"的重点、中心（或观点）进行分析议论，说明道理。

联——就议论的中心展开联想，记叙某些典型事例，也可联系社会和自己的实际抒发感受。

结——结尾概括中心，总结全文得出结论。结论可与开头照应，可归纳出结论性的意见，可强调某一重点，可发出号召。这个结论可以是批评式；又可是劝勉、鼓动式。视行文内容而定。

读后感在写感想的时候，要防止离开原文，"读"与"感"互相脱离。初学写作者常犯的一个毛病是引出观点后，就把所读的作品放到一边了，这是不恰当的。应当在行文中注意抓住原作品，最后也应当回到原作品上，以照应开头。

4. 写好读后感的秘诀

读后感，就是阅读后因有感触或受到启发而写出的心得体会。其表达方式灵活多样，基本属于议论范畴，但写法不同于一般议论文，因为它必须是在读后的基础上发感想。要写好有体验、有见解、有感情、有新意的读后感，必须注意以下几点：

第一，要读好原文。避免走马观花地读，若读得肤浅，当然就会感得不深。反之，就会读有所感，并感之深刻。如果读的是议论文，要弄清它的论点（见解和主张），想一想你受到哪些启发，还要弄清论据和结论是什么。如果是记叙文，就要弄清它的主要情节，有几个人物，他们之间的关系，以及故事发生的时间，作品涉及的社会背景等。还要弄清楚作品表达了何种思想感情，有哪些章节使人受感动，为什么感动等等。

第二，排好感点。只要认真读好原作，一篇文章可以写成读后感的方面很多。如：对原文的中心、对其他内容、对个别句子有感受等，都可以写成读后感。

第三，选准感点。一篇文章，可以排出许多感点，但在一篇读后感里只能论述一个中心，切不可面面俱到，所以要筛选比较，找出自己感受最深、角度最新，现实针对性最强、自己写来又觉得顺畅的一个感点，作为读后感的中心，然后加以论证成文。

第四，叙述要简。既然读后感是由读产生感，那么在文章里就要叙述引起"感"的那些事实，有时还要叙述自己联想到的一些事例。一句话，读后感中少不了"叙"。但它又不同于记叙文中"叙"的要求。简明，不是文字越少越好，而是越简，越要明了。

第五，联想要注意形式。其中有相同联想（联想的事物之间具有相同性）、相承联想（联想的事物之间具有相承性）、相似联想（联想的事物之间具有相似性）等多种。写读后感，尤其要注意"相同联想"与"相似联想"这两种联想形式的运用，不可混淆。

【细读与感悟】

原文

回　　声

有一个小孩子，不知道回声是什么东西。有一次，他独自站在旷野，大声叫道："喂！喂！"附近小山立即反射出他的回声，"喂！喂！"他又叫："你是谁?"回声答道："你是谁?"他又尖声大叫："你是蠢材！"立刻又从山上传来"蠢材"的回答声。孩子十分愤怒，向小山骂起来，然而，小山仍旧毫不客气地回敬他。孩子回家后对母亲诉说，母亲对他说："孩子呀，那是你做得不对。如果你和和气气地对它说，它就会和和气气地对待你。其实，世上许多事情都是这样的啊！"

例文1

回声的启示

上海考生

对着小山尖声喊叫，便得到尖利刺耳的回声；而对它和和气气，便得到柔和温婉的回声。得到什么样的回声，全取决于我们在小山面前发出的最初的声音。

人们常说"世事难料"，其实并不如此。我们以什么样的态度去对待世事，世事便会以什么样的方式来回报我们。这便是回声的启示。

面对他人，如果我们捧出"真诚"，就能收获"友情"；如果付出"猜妒"，便只能品尝"孤独"。《红楼梦》里的王熙凤，其心计可谓举世无双，但过多的心眼纵然让她在贾母前落下个好名声，却终究摆脱不了寂寞无伴的悲哀。即使对贴身丫环平儿，她也一概以猜忌相对，这当然不能以心换心了。连曹雪芹也不由发出了"聪明反被聪明误"的慨叹，其原因便在于她没有付出应有的"真"，便当然得不到"真"的回声。

面对人生，如果我们付出"努力"，便能收获"成功"；如果付出"享乐"，便只能得到"哀叹"。伟大文学家鲁迅一生的努力可谓光照史册，他不厌其烦地做着"一木一石"的工作，又把"别人喝咖啡的时间用在工作上"。即便在知道自己"来日无多"之后，他仍一刻不停地在努力。当我们翻阅《鲁迅全集》的鸿篇巨制，仰望先人的成就时，常常流连于先生的"回声"，却忘了看一看先生当初那一声声顽强、坚毅的奋斗的呐喊。有的人在临终之际，哀叹自己今生一事无成，抱怨命运的不公，但他们却忘了这"平庸"的回声正是对他们青壮年时沉溺享乐、不思进取的最公正的回应。

回声是公正的。因此，它最"无情"，却又最"有情"：捧出"奋进"，便收获"成就"的回声；捧出"拼搏"，便收获"胜利"的回声；捧出"自信"，便收获"坚强"的回声，捧出"勇敢"便收获"坚毅"的回声。相反，若你付出的是自私、懦弱、沉沦……你便决计只能得到孤独、悲伤和失败的回声。

让我们记住那位母亲的话，捧出爱，捧出心，收获一曲"真、善、美"的回声。

小 结

综观全文，本文能很好地把握《回声》这篇材料的内涵，抓住回声的性质和"母亲"的话，准确定位感点：我们以什么样的态度去对待世事，世事便会以什么样的方式来回报我们；在论证方面，也从多种角度、多种方法、选取典型事例深入论证中心论点；文章也体现了作者相当的文化底蕴，如果平时没有对名著及鲁迅的相当了解，开卷论题是不可能信手拈来如此贴切实例的。按照"述感——感点——发感——结感"的写作流程，完密地构建了读后感的结构，本文在结构上堪称是一篇典型的读后感。

例文2

今天，奋斗的起点

—读《明日歌》有感

昨天带着回忆默默地逝去了，今天携着希望悄悄地来临了，而明天，又闪烁着光辉等待着人们。有人沉浸在回忆中，他们依恋昨天；有人只迷醉在梦幻中，他们企盼明天。这两种人，都忘记了最应当珍视的是宝贵的今天！

今天，不就是短短的一天吗？我从明天开始勤奋学习。今天，不就是短暂的二十四小时吗？我从明天开始认真工作。今天，不就是一年的三百六十五分之一吗？我从明天开始为共产主义事业奋斗。——有些人这样想，也是这样做的。朋友，我决不怀疑你的真诚，但为什么要把做的事情放到明天，一切要从明天开始呢？日月匆匆，到了明天，明天又变成了今天，而每个今天之后都有无穷尽的明天。那么，你的决心，你的理想，哪一天才能变为行动，变为现实呢？

莎士比亚说："抛弃时间的人，时间也会抛弃他。"我说："抛弃了今天的人，今天也会抛弃他；而被今天抛弃的人，他也就没有了明天。"

农民种田，不在今天及时刈草、施肥、灭虫，哪有金秋时节的丰收？医生不在今天及时抢救、医治病号，哪有人们日后的健康体魄？清洁工人不在今天及时清扫垃圾、扫除尘埃，哪有日复一日街道马路的洁净？解放军战士不在今天全副武装，做好战备，哪有千家万户永久的安宁？

"明日复明日，明日何其多；我生待明日，万事成蹉跎。"短短的几句诗，是先辈千折百曲、历经磨难的生活体验的结晶啊！古人有感于此，于是有了"悬梁刺股"、"囊萤映雪"、"凿壁借光"的勤学佳话。现在我们条件优越，不是更应珍惜，抓紧今天的分分秒秒吗？

抓住了今天，就是抓住了掌握获取知识的机会；抓住了今天，就是抓住了发明创造的可能。聪明、勤奋、有志的人，他们深深懂得时间就是生命甚至比生命还宝贵。他们决不把今天的宝贵时间虚掷给明天。伟大的发明家爱迪生从来就珍惜时间，利用在车上卖报的闲暇，搞实验时，渴了，喝口凉水；饿了，啃块面包；困了，趴在桌上打个盹。爱迪生如此，牛顿、居里夫人、爱因斯坦……一切有志气、有成就的人莫不如此。他们决不沉湎在昨天之中，更不空空观望明天，他们永远从今天开始！

相反，对有些人来说，时间就像代表它的那本日历，撕了这一张，还有下一张，撕完了这一本，还有下一本，却不知道在洁白如雪的日历上留下自己辛勤奋斗的汗水和学习工作的收获。那样，他们从呱呱落地到长眠地下，都是在闲散和观望、等待之中度过的。如果人的一生如此度过，那么消逝的岁月将如一场凄凉的悲剧，留在个人生命史上的回忆，也将拌和着悔恨、痛惜和哀伤的泪水……

虚掷光阴，在折损着生命的光；及时努力，在开辟理想的路。朋友，不要沉湎昨天，不要观望明天，一切从现在开始，从今天开始。

今天，是奋斗的起点啊！

小 结

"明日复明日，明日何其多；我生待明日，万事成蹉跎。世人苦被明日累，春去秋来老将至；朝看水东流，暮看日西坠；百年明日能几何？诸君听我《明日歌》。"明代文嘉的这首《明日歌》，问世数百年来，万口传颂，至今不衰。它告诫和劝勉人们要紧紧抓住稍纵即逝的今天，不要把一切计划和希望寄托在尚是未知数的明天。本文作者在准确领会和把握原诗中心思想的基础上，根据自己读后的实感提出中心论点，然后运用例证、引证、正反对比等论证方法，论述了今天的宝贵，只有紧紧抓住今天，才能有所作为，有所成就。反之，就会一事无成，悔恨莫及。因此，应"一切从现在开始，从今天开始"。文章内容充实，结构严谨，论证有力，语言流畅。比喻、排比等修辞手法的运用，大大增强了文章的生动性和感染力，是一篇值得一读的佳作。

例文3

读《登山人》有感

一个偶然的机会，我读了一篇短小精悍的文章——《登山人》。它讲了这样一个故事：一天，两个登山迷一起去登山，半途中忽然下起了雨，其中一人半途退下山来。第二天，两人又见了面，头天上山的人奇怪地问下山的人为何只登了一半，下山人自作聪明地答道："我的愿望是饱览群山美景，我一生中登了无数名山，昨天，有风雨阻挠，少登一座也无所谓。"而登上山的人却笑着说："我喜欢风雨。"

读完之后，我不禁为那下山的人而惋惜，他可能很难实现自己的夙愿了。风雨里的美，是晴天登山所难以想象的。晴天的美，美在"清明"，但由于清明，失去了想象的变幻；风雨中的美，美在缥缈，它可以令人进入想象的空间，虚幻的时空，是登不上山顶的人所品味不到的。

世上有人喜欢晴空万里，丽日当空；有人喜欢阴风怒号，大雨滂沱。但不管你喜欢不喜欢风雨，风仍会刮，雨仍会下。讨厌风雨的人此时会烦闷、退缩甚至躲避；而喜欢风雨的人，此时会与"清明"时一样快乐，并且懂得面对与承担。

生活中的挫折与打击，仿佛就是风雨。如果我们畏惧、躲避，那么我们就很难"饱览群山美景"，更不可能成为一个成功者。但如果懂得而且勇于承担与面对，挫折与打击就可以让我们更富于自信，在失败中找到转机，在成功中奠定基石，在逆境与顺境中同样保持着奋斗的姿态！每人在成长过程中都会经历无数"风雨"，有的人百折不挠，最终登上知识的巅峰；有的人畏缩不前，最终失败，落入深深的谷底。有的人把理想变成现实，有的人把理想带进坟墓。

"不经历风雨，如何见彩虹，没有人会随随便便成功。"当登上山顶，俯视风雨中的雾气迷蒙的城市、乡村；仰望着乌云流动的墨蓝色的天空时，当克服了困难走向成功时，才能真正体会到执著的"登山人"

成功的喜悦！

（四）综合训练

核心技能

　　思维，被恩格斯誉为"世间最美丽的花朵"。我国著名的科学作家高士其说得好："当今，国家与国家的竞争，是科学的竞争，是技术的竞争，同时也是教育的竞争，但归根结底却是人才的竞争。而人才的培养成长，其关键在于思维，在于科学的思维。"因此我们要格外注重思维的训练。一次，语文老师在黑板上刚写完"作文不交"四个字，学生不约而同地报以热烈的鼓掌，当看到老师接着写出"罚做三篇"四个字时，又都长叹一声："唉——"这个颇具喜剧性的情节充分展示出学生对作文的畏难情绪。它是一大心理障碍。作文难，难在哪里？字词句篇、语修逻文，处处都有拦路虎，但究其根本，是难在思维。马克思说："语言是思想的直接现实。"叶圣陶先生说："语言文字上的毛病就是思想上的毛病。"

　　对于学生来说，写作中字词句的基本功已经大体定型，要想在写作方面有超常发挥，其思维的训练就显得尤其迫切和重要了。下面就写作训练的实例，谈一些做法。

1. 广阔性，思维训练的突破口

　　大千世界的事物是复杂的，思维应该是客观事物正确的反映，但由于阅历等方面的原因，学生的思维常呈现单一直线型。这二者之间的矛盾，往往成为学生议论文写作思维上的第一道难关：或思路闭塞，不得其门；或中途易辙，莫衷一是。于是画地图，蜘蛛网，异常焦躁。解决这个难题的突破口，就在于培养学生思维的广阔性，即让学生多角度、全方位地观察、分析、联想……打开各种思路。原苏联教育家赞可夫说："我们要让学生研究某一事物时，既能从一个角度看问题，又在必要时，改变角度看问题，或者同时从几个角度看问题。"由此看来，广阔性就是议论文写作思维训练的入口之处。

　　[训练示例]

　　有人说，培养思维的广阔性，最好是选用常见的材料，这自有它的道理。但我们进行这项训练时，选用的却是一则来自国外的材料，学生感到新颖而有味：真是"横看成岭侧成峰"！

　　[训练材料]：该让哪四个人逃生？

　　在南太平洋的一个小岛上，有十个临时来探险旅游的人：一个32岁的未婚女歌星；一个42岁的单身汉——细菌学家；一个法官；一个同性恋的医生；一个美国副总统；还有一个非洲部落的酋长和他怀孕的妻子；一个有四个孩子的父亲，他是个长期失业者，家庭生活一直靠做工的妻子维持；一个38岁的寡妇，她独自抚养三个不到7岁的孩子；一个离了婚的男子，家中尚有一对10岁的孪生儿子。

传来预报：当日晚上将发生强烈地震，该岛极有可能沉入海底。当时岛上只有一架可以搭载四人的直升机，并且只能飞出一次，别无其他的交通工具和出路。

请每位同学抉择出四个逃生者，并要谈出使人信服的理由。

[训练步骤]：①各人自写文章；②教师挑出几篇典型的，由其作者上台宣读；③先分小组评议，然后选代表在班上发言。

[训练解说]

本来，这次到小岛上来探险旅游的人都是无辜的（至于此前的表现无法论定），但这个材料创设出一种特殊环境，要学生做出让其中四个人逃生的抉择，由于各人考虑问题的出发点不同，选择也就大有差异。当然，这些选择的正确与否是难以定论的，也无须定论的，关键是要讲出令人信服的理由。特别是在典型文章宣读之后，经过评论交锋，就有利于训练学生多角度、全方位地思考问题，以培养其思维的广阔性。现将学生的抉择及理由简介如下：

（1）"仁义说"（寡妇、酋长妻、失业者、离婚男）；如果他们能逃生，那么他们的十个孩子和几个亲属可免遭厄运，这是大仁大义。

（2）"性别说"（寡妇、酋长妻、歌星、离婚男）：世上只有妈妈好，女士应该优先。离婚男虽然是男的，但他又当爹来又当妈。

（3）"价值说"（细菌学家、法官、歌星、寡妇）：前三者都是人才，可以发挥更大的作用，寡妇独自抚养三个不到7岁的孩子，活得有价值。

（4）"权力说"（副总统、法官、酋长、细菌学家）：他们如能逃生，将可以运用权力救助遇难者的家属，并保证社会安定，科学发展。

（5）"效益说"（寡妇、酋长妻、失业者、离婚男）：虽然与"仁义说"抉择的逃生者一样，但理由不同，他们四人如能逃生，则可最大限度地使他们及其亲属（一共十五人）获益，这是十人中的最佳选择。

此外，还有些按几种标准做出的混合选择，不过，绝大部分学生选择让寡妇活下来。但据说，美国的大学生大都觉得她应该死去，因为她活着是受罪；他们选择歌星活下来，可以使更多的人活得愉快。

"接天莲叶无穷碧，映日荷花别样红"，这是宋人杨万里写西湖荷花的名句。这里，如果借用"荷花"比喻文章，那么思维就是"日"，文章的"别样红"，映射出思维独创性的光辉。

2. 独创性，思维训练的主攻方向

创造力是人类智慧的最高表现，创造性活动是人类最重要的实践活动。如果说，广阔性是议论文思维训练的突破口，那么独创性就是其主攻方向。现在的教育是为21世纪培养人才，这人才必须能适应"三个

面向"的需要，他们应是勇于进取的创造之才，决非人云亦云的等闲之辈。思维的独创性要求不落俗套，别具匠心，富有新意。作文的构思是既具综合性又具独创性的一项思维活动。青少年有着很强的进取心，这正是培养其独创性极其有利的一面，议论文的写作训练，正是培养和发展思维独创性的极好途径。

[训练示例]

（1）对成语进行反思。

成语是人们长期习用、意思精辟的用语，它反映了一种思维的定势。但独创性就是要突破传统的思维定式，开辟新的领域。我们在议论文独创性思维训练的起始阶段，安排了一些对成语进行反思的题目，如《开卷未必有益》、《班门正好弄斧》、《玩物可以长志》等等。

（2）将立论做出比较。

题目由老师指定，是思维独创性训练的初级阶段。后来，逐渐转为老师提供材料，学生自拟题目，以题目揭示论点的训练。

[训练材料]：据报载，神农架林区野猪曾一度为患，有人想出在电线杆上装高音喇叭，播放狮、虎吼叫的声音，以吓唬野猪的办法。开始倒很有效，后来，野猪非但不怕，反而拱倒了电线杆。

[训练步骤]：①各人自拟题目，自写文章；②教师选出十个有代表性的题目（亦即文章论点）；③讲评时，重点分析比较其思路，由此了解获得独创见解的各种途径。

[训练解说]

有人讲独创性玄而又玄，充满了神秘感。其实独创性主要源于求异思维，就其思路而言，大体上有如下四条：纵向引申、横向扩散、逆向否定和辩证反思等。

让我们结合上面训练材料来看看吧。讲评时，教师在黑板上抄下了学生自拟的十个题目；①适者生存；②不能姑息迁就；③骗，终非长久之计；④动动真格如何；⑤要顺应时代潮流⑥改革才会有发展；⑦弄虚作假者戒；⑧既要声势，更要行动；⑨形式主义要不得；⑩做个"野猪"又何妨。

这十个题目中的①、⑤、⑥显得浮泛扣训练材料不紧；②对材料的理解有偏差；③、⑦、⑨属于纵向引申；④属于横向扩散；⑧属于辩证反思；⑩属于逆向否定。

经过讨论比较，大家认为③、④、⑦、⑧、⑨、⑩均可，而认为⑧最好；⑩显得标新立异，从作反形式主义的勇士的角度来写，但应排除"一度为患"这消极的一面。

[注意事项]

（1）爱护嫩芽，赞扬一星半点的火花。

独创性是高层次的思维品质，一开始不可指望学生就能写出振聋发聩之作，教师在训练时要敏锐地抓住学生创造性思维一星半点的火花，加以赞扬，甚至鼓吹。例如：有个学生写短评，题目是《美的节日》，其中一段写到："美育节为何要现丑呢？小品《害人终害己》揭示的现象是丑的，而表演者将它淋漓尽致地表现出来，激发大家对丑憎恶、对美追求。难怪，精彩的表演刚一结束，雷鸣般的掌声便响彻了整个大厅。"这段议论，就体现了作者见解的独到之处。

（2）做好"指路"、"搭桥"和"交钥匙"的工作。

"指路"是指树立目标、激发兴趣，尤其要鼓励学生积极进取的好奇心。爱因斯坦说："思维的发展，在某种意义上说就是对惊奇的不断摆脱。""搭桥"是给学生提供一些阅读的范文，以便借鉴，学生对一些"反弹琵琶"的文章是感兴趣的。"交钥匙"就是授之以法，教给一些分析解决问题的思路和方法。

（3）防止发生偏差。

独创性，求异思维是可贵的，但决不等于故意唱反调、越怪越好。训练时，要防止学生走进以荒唐怪诞为荣的死胡同。

由于种种原因，学生在初写议论文时，一个通病是肤浅。由肤浅到深刻是议论文写作思维训练的必由之路，施教之功，在于引导学生在"上穷碧落下黄泉"、"升天入地求之遍"的过程中不失时机地从旁指点迷津。

3. 深刻性，思维训练的终极目标

如果说广阔性是思维训练的突破口，独创性是其主攻方向的话，那么，深刻性就是思维训练的终极目标。这是因为"求多"、"求异"这些特征显示的意义最终必须落到"求深"上，犹如开花的长远意义最终必须落实到结果之上。

"思维的深刻性，是大政治家、思想家的特点。"其实，大科学家又何尝不是如此？爱因斯坦就说过："我没有什么特别的才能，不过喜欢寻根刨底追究问题罢了。"从以上的说法中，我们不难看出深刻性在思维训练中极其重要的地位了。

［训练示例］

立论的逐层深入，多体现在连问几个"为什么"而对驳论的深入，许多初学者却感到茫然。于是，我设计了一道写作题，从批驳的角度来训练思维的深刻性。

［训练材料］：下面一段话选自鲁迅先生的《华盖集·忽然想到十一》，争辩的双方谁是谁非？请试以丙的身份参加辩论，对错误言行予以批驳（不超过200字，标点不计）。

甲："喂，乙先生！你怎么趁我忙乱的时候，又将我的东西拿走了？现在拿出来，还我罢！"

乙："我们要一致对外！这样危急的时候，你还只记得自己的东西么？亡国奴！"

丙：……

[训练步骤]：1. 各人当堂独立完成写作，用时间约20分钟；2. 教师选出三篇习作抄出评讲；3. 教师拿出下水作文，师生共同切磋，取长补短。

[训练解说]

不少学生对提供的材料最初的反应是哑然失笑。我挑选的三篇有代表性文章如下（文字略有删减）：

（1）"乙先生说得对。这样危急时候，怎能搞内部斗争呢？如果为了个人利益自相残杀，那么敌人就可以坐收渔利；如果我们不计前嫌。敌人的阴谋就不能得逞，我们也能保存下来，这正是大家的长远利益所在呀！甲先生，希望你不要只顾眼前利益，做出使亲者痛、仇者快的事来！"

（2）"我认为甲乙都不对。甲先生在危急时，一心守护着自己的财产，而将国家民族利益抛之脑后，这实际上是一种个人主义。然而乙先生更不对，趁别人忙乱的时候拿东西，这与强盗有何两样？别人讨还时，又用大话压人，一点民族意识都没有。正确的态度是，你们都应置个人财产于不顾，同心协力，共为民族的生存而斗争。"

（3）"乙的讲话是错的。'我们要一致对外'，这话讲得极对，但是，趁人忙乱时从中捞一把，未免太可耻了，这谈什么'这样危急时候，你只记得自己的东西么？亡国奴'！如果甲不记得自己的东西，让别人全部捞走了，粮票、衣服甚至武器全都被拿光了，试问甲何以'对外'？甲应当把自己的东西拿回来，只有对内清除蛀虫，才能真正地'对外'！"

通过讨论，大家认识到：第（1）篇的主要毛病是为假象所迷惑，抓不住实质，被诡辩牵着鼻子走了；第（2）篇的观点看似全面公正，实则混淆了是非，对错误的一方有利；第（3）篇的看法虽然正确，但批驳却不得要领，更不深透。于是，我拿出了自己的下水作文，与同学们相互切磋：

"乙先生，这是你的不对了。第一，甲先生只叫你归还私自拿去的东西，你却偷换论题，大谈什么'危急时候'、'要一致对外'，并且以攻为守。骂甲先生是'亡国奴'，照这样说，私拿别人东西而不还的人，倒是救国英雄！第二，你斥责别人'只记得自己的东西'，并趁忙乱之际，不断地把它们变成'自己的东西'，大发国难财，破坏一致对外，你这不是在用自己的手打自己的耳光吗？乙先生，如今既然人赃并获，你首先该做的不是物归原主吗？"

这篇短文虽然不到200字（标点未计），却由浅入深可以分解为三个层次七个步骤：分是非，拆花招，剥画皮；抓要害，揭实质，查危害；提主张。

莘莘学子，谁不希望在关键时刻能够文思如泉涌、出口能成章！

千百年来，人们津津乐道：曹子建七步成诗而脱险，李太白长安肆上"斗酒诗百篇"。当代的周总理从容应对,折冲樽俎。外国的数学家高斯在上小学时,面对一道"1 到 100 所有自然数之和"的题目,老师话音刚落,他就报出了正确的答案,其思维反应之神速令人拍案惊奇。当今社会信息繁多,节奏加快,只有耳聪目明、反应迅速的人,才能更好地适应飞跃发展的时代潮流,而快速反应能力的核心就在于思维的敏捷性。

4. 敏捷性,多种思维品质的综合结晶

在特定条件下,善于迅速发现、分析和处理问题的能力,不是某种单一思维品质能胜任得了的。还必须明确指出的是,思维的敏捷性是以正确性为前提的,否则一味求快,则容易陷入轻率性和盲目性,"盲人骑瞎马,夜半临深池",后果是令人不寒而栗的。敏捷性应是准中求快,快中求好。"兵贵神速",思维的敏捷性是关键时刻克敌制胜的法宝,而这个法宝是经过长期艰苦的修炼而成的。要做到像写《滕王阁序》的王勃那样临场挥毫,字字珠玑,需有一个循序渐进的训练过程。

[训练示例]

中学语文教学大纲,在"写作能力"方面,要求"有一定的速度"。训练速度的方法多种多样,我们常用的有两种:

(1) 设题辩论,于唇枪舌剑中快速反击。

[训练材料]:某校高二年级举行一次别开生面的辩论会,辩论的题目是"在人类的文明史上,男人是否总比女人强"。男生四人和女生四人分别为辩论双方的代表。下面是辩论进行中的一个片断:

女生:"在封建社会里,正因为男人清楚女人不比他们弱,所以才用许多清规戒律,将女人锁在绣房里,这正是男人强的一种表现。"

女生:"……"

要求在 1 分钟内,站在女生的立场上迅速反击(35 字左右)

[训练步骤]:先由个人写几句话,再在四人小组中评出最好的一份在全班交流,最后与范文进行比较。

(2) 限时作文,先构思提纲,然后成文。

[训练材料]:广东电视记者安珂勇斗歹徒而不幸牺牲,一位作者为此写了一首诗。请你读后写篇评论,题目是《浅谈〈安珂,你缺什么〉的构思》。要求先列提纲 50 字左右,然后成文 600 字以上。限时 45 分钟。

安珂,你缺什么

当人们都在歌颂你的时候,我却在寻找你的不足的地方:

作为记者

你智。

作为战士

你勇。

作为党员

你公。

作为青年

你刚。

但是作为人，我觉得你缺点什么。

翻遍你的历史，查遍你的日记。

我明白了：你缺私。

[**训练步骤**]：先各自写好提纲和评论，然后全班讲评有代表性的习作。

[**训练解说**]

（1）进行思维敏捷性的强化训练，应该适当组织一些有益活动，其中辩论是一种好的方法。哲学家培根说"阅读使人充实，会谈使人敏捷"的时候。上面示例1中，女生批驳道："面对如此荒唐可笑的结论，我也只好以牙还牙了。现在已婚男性不是几乎都'患'有'妻管严'吗？"反击迅速，幽默而有力，令人拍案叫绝。

（2）训练敏捷性常用的方法还是限时作文，在考试等紧急情况下，要求学生写好草稿再誊正，一般来说，是不现实的。如果学生能够快速拟好提纲，成文就只看语言文字的功力了。上面的示例参考提纲如下：

小诗构思精巧：①诗题巧设悬念；②诗中波澜起伏；③篇末明贬实褒；④角度新颖独特。

[**注意事项**]：正由于敏捷性是许多思维品质的综合结晶，因而要做到想快就快，正如学诗的"工夫在诗外"一样，虽然许多强化训练的方法都有效，但究其根本，还得靠长期的积累和锻炼，主要注意如下三点：

（1）教师讲课要充分发扬课堂民主，多引导学生讨论或争辩，以开发思维敏捷性的潜能。

（2）培养学生"多思"的习惯。鲁迅先生就说过"急不择言"的病源，并不在没有想的工夫，而在有工夫的时候没有想。

（3）写作议论文，其思维的敏捷性还需通过语言文字准确地表达出来，这就要平时养成练笔的习惯；既积累了材料，又训练了思维。一旦需要，就能够对答如流、妙语如珠。

学习指引

[1] 郭常安主编．全国中等卫生职业学校教材《语文》（上、下）北京：人民卫生出版社．

[2] 刘重光主编．全国高等职业技术教育卫生部规划教材《语文》（上、下）．北京：人民卫生出版社．

[3] 中学语文室编著．全日制普通高级中学教科书《语文》．北京：人民教育出版社．

[4] 倪文锦主编.中等职业教育国家规划教材《语文》（基础版）北京：高等教育出版社.

第二节　写练蓄积　说明文

一、眼睛与仿生学

王谷岩[1]

核心知识

研读导学

这是一篇介绍视觉仿生学的科普说明文，题目揭示了说明的重点：眼睛与仿生学的关系。文章通过介绍人和各种动物眼睛的不同构造和功能，说明视觉仿生学的研究对发展现代科学技术的重大意义。由于仿生学是一门新兴科学，人们一般对它都比较陌生，所以作者不是先在科学定义上做文章，而是先介绍人们最熟悉、印象最深的眼睛的作用、功能，然后再过渡到仿生学的介绍说明。就眼的构造来说，一般眼睛的构造比复眼简单，所以作者先从一般眼睛谈起，然后再介绍复眼的构造及其在仿生学中的意义。所以本文采用了由一般到特殊，由简单到复杂的说明顺序。这样的说明顺序既便于读者理解，又符合人们的认识规律，因此显得合情合理。学习时，注意体会主体部分的说明顺序及其结构特点：总—分—总。

眼睛是人和动物的重要感觉器官。人眼从外界获得的信息，不仅比其他感觉器官多得多，而且有些是其他感觉器官所不能获得的。据研究，从外界进入人脑的信息，有百分之九十以上来自眼睛。

眼睛的基本功能是感受光的刺激、识别图像：从外界景物来的光线，通过眼的光学系统投射到视网膜的感觉细胞上，感觉细胞把光的刺激转换成一种电信号，而后通过视神经传到大脑，再经过脑的综合分析，人和动物便看到了景物的形象、色彩和运动的状况。

人和各种动物的眼睛，构造是不同的。各种构造不同的眼睛，功能又都有特殊的地方。研究、认识眼睛的各种构造和功能，可以从中得到重要的启示。这对发展现代科学技术有重要的意义。

人眼的光学系统跟照相机是十分类似的。但跟照相机只是把外界景物的图像映在照相软片上不同，人眼并不是把投射到视网膜上的图像一点不漏地传给大脑，而是先对图像进行信息加工，抽取线段、角度、弧度、运动、色度和明暗对比等包含重要信息的简单特征，并把它们编制成神经密码信号，再传给大脑。人眼的这种信息加工原理，对于改进某些机器的输入装置和自动控制系统的传送器，研制新型跟踪和发现系统，都具有十分重要的参考价值。

　　人眼还可以对比周围的景物，使人感知自身的运动和位置状态，确定物体的距离、形状和相对大小。人们由此得到启示，研制成功了一种叫做"生物——电子位置传送器"的"人造眼"。进一步完善这种技术装置，将可以用来自动控制宇宙飞船下降阶段的制导，选择合适的着陆场地，并实现稳妥的着陆；还可以控制无人驾驶探险车，使它准确灵活地避开障碍，选择道路，在人迹从未到过的地方长途巡行。

　　你如果看到科教片《保护青蛙》，一定会为青蛙动作的敏捷、捕食的准确而赞叹不已。青蛙所以能够具有这样一套特殊本领，主要是因为它有一双机能优异的大眼睛。

　　蛙眼对运动的物体简直是"明察秋毫"，而对静止不动的物体却"视而不见"。这是它长期适应特定生活环境所获得的一套独特本领。就是靠这套本领，青蛙才能准确地捕捉食物和逃避敌害，在地球上生存了200万年之久。

　　蛙眼能敏捷地发现具有特定形状的运动目标，准确地确定目标的位置、运动方向和速度，并能选择最佳的攻击时刻。这种机能特性，用在技术上，特别是用在军事技术上，可以起重要的作用。根据蛙眼的视觉原理，借助于电子技术，人们制成了多种"电子蛙眼"。有一种电子蛙眼可以像真蛙眼一样，从出示给它的各种形状的物体当中，识别出类似苍蝇等昆虫形状的物体。这种识别图像的能力正是雷达系统所需要的。不断改进这种电子蛙眼，并把它用到雷达系统中，就可以准确地把预定要搜索的目标同其他物体分开，特别是把目标同背景分开，因而大大提高雷达系统的抗干扰能力，在显示屏上显示出十分清晰的目标。装有改进了的电子蛙眼的雷达系统，还有可能根据导弹的飞行特性，轻而易举地把真假导弹区分开来，使人们能够及时地截击真导弹而不为假导弹所迷惑。国外已经投入使用的一种人造卫星跟踪系统，也是模仿蛙眼视觉原理的。

　　由于受到视野和视敏度的限制，在高空飞行的飞行员单凭肉眼很难发现和识别地面目标。例如飞机在6000米高空作水平飞行时，飞行员只能看到两侧八九公里和前方一二十公里狭窄范围内的地面，即使在这个区域里，对比较大的目标也不是总能准确无误地发现和识别的。但是，老鹰眼睛的视野却比人眼广阔得多。展翅翱翔于两三千米高空的雄鹰，一下子就能发现地面上宽广范围内的一只小兔或小鸡。如果我们能够研制出一种类似鹰眼的搜索、观测技术系统，就能够大大扩充和提高飞行员的视野和视敏度。如果能够研制出具有鹰眼视觉原理的"电子鹰眼"，就有可能用于控制远程激光制导武器的发射。如果能够给导弹装上小巧的"鹰眼系统"，那么它就可以像雄鹰一样，自动寻找、识别、追踪目标，做到百发百中。

跟人和上述各种动物的眼睛不同，另一类动物的眼睛别具一格。例如蜻蜓的眼睛，没有人眼的那种眼球，也不能转动，而是靠着头部的转动朝向物体的。它的表面是一层比较硬的半透明角膜，边缘与头部表面融为一体。我们用显微镜观察，会惊异地看到，蜻蜓的一只大眼睛竟是由两万多只表面呈六角形的"小眼"紧密排列组合而成的。每只小眼都自成体系，有自己的光学系统和感觉细胞，都能看东西。这类由几十至几万个独立小眼构成的眼睛，叫做"复眼"。虾、蟹、蜂、蚁、蝇等节肢动物的眼睛都是复眼。复眼构造的精巧、功能的奇异，在某些方面为人眼所不及。因此，复眼已成为人们极感兴趣的研究对象，给了人们种种有益的启示。

有一种小甲虫，叫象鼻虫，它的眼睛是复眼，呈半球形，许多小眼排列在曲面上。在飞行中，不同的小眼是在不同的时刻看到外界同一个物体的。象鼻虫根据各个小眼看到同一个物体的时间差以及自身在此期间飞过的距离，可以很快地"计算"出它相对于地面的飞行速度。它的眼睛竟是天然速度计。模仿象鼻虫复眼的这种功能原理，人们研制成了一种测量飞机着陆时相对于地面的飞行速度的仪器——地速计，已经在飞机上试用。这种地速计也可以用来测量导弹攻击目标时的相对速度。

太阳光本来是自然光，它的振动均匀地分布在各个方向上。但是当它穿过大气层时，由于受到大气分子和尘埃颗粒等的散射，它的振动就只分布在某个方向上，或者在某个方向上的振动占了优势。这种现象叫做光的偏振现象，具有偏振现象的光叫做偏振光，人眼不借助于仪器是观察不到的，但是蜜蜂、蚂蚁和某些甲虫却可以凭借复眼看到偏振光的振动方向，并且能够利用天空中的太阳偏振光来导航，确定行动的方向。

蜜蜂的复眼因为具有特殊的结构，能够看到太阳偏振光的振动方向，而这种方向与太阳的位置有确定的关系，所以蜜蜂能够随时辨别太阳的方位，确定自身的运动方向，准确无误地找到蜜源或回巢。人们按照蜜蜂的复眼的结构特点和工作原理，制成了一种根据天空偏振光导航的航海仪器——"偏光天文罗盘"。应用这种罗盘，即使在阴云密布以及黎明或傍晚看不到太阳的时候，也不会迷失方向。特别是在不能使用磁罗盘的靠近南北两极的高纬度地区，使用这种偏光罗盘就更显得优越了。

蜻蜓和苍蝇等的复眼的角膜，具有一种奇特的成像特点。剥取蜻蜓和苍蝇复眼的角膜，放在显微镜下观察，尽管在角膜前面只放一个目标，但通过角膜却可以看到许许多多个像。这是因为这种复眼角膜是由许许多多个六角形的小眼角膜排列构成，而每个小眼的角膜又都形成一个像。人们从这里得到启示，模仿这些昆虫复眼角膜的结构，用许多小的光学透镜有规则地排列起来，制成了一种新型光学元件——"复眼透镜"。用它做镜头制成的"复眼照相机"一次就能照出千百张相同的像。这种复眼照相机已用于印刷制版和大量复制大规模集成电路中精细的显微电路，大大提高了工效与质量。

上述各方面的研究工作，是进行技术设计的一条新途径，属于一门新兴边缘科学——"仿生学"的研究范畴。仿生学是在生物科学与技术科学之间发展起来的，它的任务是用生物体结构与功能的原理，去改善现有的或创造新型的机械系统、仪器设备、建筑结构和工艺过程。

探索人和动物眼睛奥秘的仿生学研究工作，称为视觉仿生。它跟听觉仿生、嗅觉仿生、触觉仿生和味觉仿生一起，统称为感觉仿生。感觉仿生已经成为目前仿生学的发展重点。

---

[1] 王谷岩，河北唐山人，现为中国科学院生物物理研究所科研处处长，高级工程师。

[2] 仿生学是生物学、数学和工程技术学等学科边缘上的一门综合性学科。

学科交叉

【知识趣闻】

运动仿生学的故事：

向跳蚤学跳高

我国运动员朱建华创造世界跳高纪录2.38米，但是跳蚤的跳高本领更令人惊叹。有人做过一个有趣的实验，把跳蚤放进瓶中，用有气孔的盖子将瓶子盖上，然后晃瓶，使跳蚤跳跃。跳蚤每小时可跳600次，而且可以连续不断地跳跃三天三夜，跳跃的高度为其身高的500倍。朱建华跳高的高度却不到身高的1.5倍。运动仿生学家对跳蚤大感兴趣，正在研究。据说奥妙在跳蚤的腿肌上有一种特别的生物细胞，其变形和弹力特别的好，而且在腿肌的温度升高时更好。英国科学家希勒拉发现青蛙的跳高本领也和腿肌温度有关，只要将其腿肌温度提高1℃，腿肌收缩速度便提高一成左右，而弹跳能力也随之明显提高。所以当今运动仿生学家便想方设法提高跳高运动员起跳时的腿肌的温度。

向袋鼠学起跑

过去，短跑都是站着起跑的。澳大利亚短跑运动员舍里尔曾经为短跑成绩停滞不前而苦恼。他观察袋鼠虽然拖了个大袋子，大腹便便，可是它每小时跑70多公里，跳远一步达12米。舍里尔发现袋鼠跑跳之前总是先向下屈身，把腹部贴近地面，然后一跃而起。舍里尔模仿袋鼠，发明了蹲式起跑，因而他在1896年的奥运会上创造了优异成绩。后来，另一位运动员布克在起跑线上蹲下的地方挖了一个小小的浅坑，一只脚放进浅坑，起跑时脚一蹬，便箭般地冲射而出，取得了100米短跑不到10秒的成绩。

七彩天空

游泳训练新法

游泳运动员学习青蛙的动作，于是出现了"蛙泳"。当发现海豚的游泳能力比青蛙强得多，模仿海豚游泳已成为近代游泳的研究项目。有人模拟袋鼠，制作大肚子游泳衣，平时穿上这种游泳衣，内装沙子，大腹便便地入水游泳，借以锻炼体力和耐力，比赛时一旦丢掉大肚子游泳衣，换上普通游泳衣，便倍觉轻松利索，在水中轻快前进，成绩显著提高。

蚂蚁是世界举重冠军

举重教练们和运动仿生学家正在研究蚂蚁的举重本领。小小蚂蚁能够搬起比它的体重重10倍的东西，而人却举不起、搬不动10倍于自己体重的东西。一个60公斤体重的大力士却搬不动600公斤的东西。为什么小小蚂蚁有如此大力气，目前还是一个谜。

同斑马、狮子比赛长跑

乌干达的长跑健将布阿为了提高成绩，平时锻炼和斑马赛跑。埃塞俄比亚的马拉松选手比塞拉锻炼和狮子赛跑，结果比狮子跑得快。现代运动仿生学家用高速拍摄骏马奔驰，然后放慢镜头，观察研究骏马奔跑的动作，发现骏马跑得快的奥秘在后腿蹬踏有力。因此现代短跑运动员为了提高一时难以突破的世界纪录，训练蹬踏式，使脚掌趴地，然后奋力蹬跃，这样就冲得远，跑得快。

动物运动会

我国古代名医华佗创立"五禽戏"，便是运动仿生学的生动体现。他的学生程普照此锻炼，到了老年，牙不掉一颗。现代郭林气功治癌法，也模仿许多动物动作，鹿、虎、猿、猴等动作都是模仿的对象。太极拳中有"倒撵猴"、"抱虎归山"、"白鹤亮翅"等动作，也是仿生学的成果。气功"五禽戏动功"，模拟禽兽的动作、表情和声音，表现猛虎扑食、麋鹿奔跃，熊步蹒跚、鹏鸟展翅、猿猴攀登，成为具有民族特色的体育疗法。

为了开拓运动仿生学，国外已举行过好几次动物运动会。美国加利福尼亚州已开过几十次青蛙运动会，跳高冠军为3.5英尺，跳远冠军为2.5英尺。其他如骏马田径赛、鱼类游泳赛、袋鼠跳远赛……各类冠亚军获得者的动作都被高速录影，作为分析研究资料，供运动员训练时借鉴。运动仿生学日益受到体育界的重视。

小　结

学习本文，使我们了解了眼睛给仿生学带来的启示意义及由此而产生的科学创造和发明。本文采用了总—分—总的结构方式。先总括说明眼睛的重要作用和基本功能，然后分别介绍了"一般眼睛"和"复眼"两类眼睛的功能及启示作用。最后归纳说明学习仿生学的意义、任务、分类、说明重点。层次清晰、合理。

双核训练

一、填空题

1.《眼睛与仿生学》整体结构是按"_____、_____、_____"式，主体结构特点是_____。

2 "这类由几十几万个独立小眼构成的眼睛叫做'_____'"。

二、思考题

阅读本文后，你对仿生学的相关知识有何感受？

二、神奇的极光[1]

曹　冲

核心知识

自读提示

极光是南北极地区特有的一种大气发光现象。极光在东西方的神话传说中都留下了美丽的身影，现代科学的发展，使人类能够用理性的眼光看待极光，对它做出科学的解释。本文是一篇自读课文，在理解文意的基础上，从文中筛选有关"极光"知识的重点内容。全文紧紧围绕着"神奇"来写，按从特征到成因机理的逻辑顺序来安排文章的结构。全文思路为：神话传说——极光现象——极光成因。这种思路像层层剥笋，体现了人们认识事物由浅入深，由现象到本质的客观规律。文章在说明中融入了生动的描写和恰当的比喻，增强了文章的趣味性。阅读过程中应仔细体会。

古老的神话传说

相传公元前两千多年的一天，夜来临了。随着夕阳西沉，夜已将它黑色的翅膀张开在神州大地上，把远山、近树、河流和土丘，以及所有的一切全都掩盖起来。一个名叫附宝[2]的年轻女子独自坐在旷野上，她眼眉下的一湾秋水闪耀着火一般的激情，显然是被这清幽的夜晚深深地吸引住了。夜空像无边无际的大海，显得广阔、安详而又神秘。天幕上，群星闪闪烁烁，静静地俯瞰着黑魆魆[3]的地面，突然，在大熊星座[4]中，飘洒出一缕彩虹般的神奇光带，如烟似雾，摇曳不定，时动时静，像行云流水，最后化成一个硕大无比的光环，萦绕在北斗星的周围。其时，环的亮度急剧增强，宛如皓月悬挂当空，向大地泻下一片淡银色的光华，映亮了整个原野。四下里万物都清晰分明，形影可见，一切都成为活生生的了。附宝见此情景，心中不禁为之一动。由此便身怀六甲，生下了个儿子。这男孩就是黄帝轩辕氏。以上所述可能是世界上关于极光的最古老的神话传说之一。

在我国的古书《山海经》中也有极光的记载。书中谈到北方有个神仙，形貌如一条红色的蛇，在夜空中闪闪发光，它的名字叫触龙。关于触龙有如下一段描述："人面蛇身，赤色，身长千里，钟山之神也。"这里所指的触龙，实际上就是极光。

极光是天空中一种特殊的光，是人们能用肉眼看得见的唯一的高空大气现象，它常常出现在南北半球的高纬地区，主要是在南极区和北极区。这种光的美丽显示，是由高空大气中的放电辐射造成的。出现在北半球的叫做北极光，出现在南半球的叫做南极光；南北极光泛称极光。在我国所能见到的当然是北极光。在古代，我国没有极光这个词，所以是根据极光不同的形状差异分别加以称谓，如叫做"天狗"、"刀星"、"蚩尤旗"、"天开眼"、"星陨如雨"等等，它们大部分散落在史书的星象、妖星、异星、流星、祥气的记载中。

极光这一术语来源于拉丁文伊欧斯[5]一词。传说伊欧斯是希腊神话中"黎明"（其实，指的是晨曦和朝霞）的化身，是希腊神泰坦[6]的女儿，是太阳神和月亮女神的妹妹，她又是北风等多种风和黄昏星等多颗星的母亲。极光还曾被说成是猎户星座[7]的妻子。在艺术作品中，伊欧斯被说成是一个年轻的女人，她不是手挽个年轻的小伙子快步如飞地赶路，便是乘着飞马驾挽的四轮车，从海中腾空而起；有时她还被描绘成这样一个女神，手持大水罐，伸展双翅，向世上施舍朝露，如同我国神话故事中的观音菩萨，普洒甘露到人间。

极光一瞥

极光被视为自然界中最漂亮的奇观之一。如果我们乘着宇宙飞船，越过地球的南北极上空，从遥远的太空向地球望去，会见到围绕地球磁极存在一个闪闪发亮的光环，这个环就叫做极光卵。由于它们向太阳的一边有点被压扁，而背太阳的一边却稍稍被拉伸，因而呈现出卵一样的形状。极光卵处在连续不断的变化之中，时明时暗，时而向赤道方向伸展，时而又向极点方向收缩。处在午夜部分的光环显得最宽最明亮。长期观测统计结果表明，极光最经常出现的地方是在南北磁纬度 67 度附近的两个环带状区域内，分别称做南极光区和北极光区。在极光区内差不多每天都会发生极光活动。在极光卵所包围的内部区域，通常叫做极盖区，在该区域内，极光出现的机会反而要比纬度较低的极光区来得少。在中低纬地区，尤其是近赤道区域，很少出现极光，但并不是说压根儿观测不到极光。1958年2月10日夜间的一次特大极光，在热带都能见到，而且显示出鲜艳的红色。这类极光往往与特大的太阳耀斑暴发和强烈的地磁暴发有关。

在寒冷的极区，人们举目瞭望夜空，常常见到五光十色、千姿百态、各种各样形状不同的极光。毫不夸大地说，在世界上简直找不出两个一模一样的极光形体来，从科学研究的角度，人们将极光按其形态特征分成五种：一是底边整齐微微弯曲的圆弧状的极光孤；二是有弯扭折皱的飘带状的极光带；三是如云朵一般的片朵状的极光片；四是面纱一样均匀的帐幔状的极光幔；五是沿磁力线方向的射线状的极光芒。

极光形体的亮度变化也是很大的，从刚刚能看得见的银河星云般的亮度，一直亮到满月时的月亮亮度。在强极光出现时，地面上物体的轮廓都能被照见，甚至会照出物体的影子来。最为动人的当然是极光运动所造成的瞬息万变的奇妙景象。我们形容事物变得快时常说："眼睛一眨，老母鸡变鸭。"极光可真是这样，名副其实的翻手为云、覆手为雨、变化莫测，而这一切又往往发生在几秒钟或数分钟之内。极光的运动变化，是自然界这个魔术大师，以天空为舞台上演的一出光的活剧，上下纵横成百上千公里，甚至还存在近万公里长的极光带。这种宏伟壮观的自然景象，好像沾了一点仙气似的，颇具神秘色彩。令人叹为观止的则是极光的色彩，早已不能用五颜六色去描绘。说到底，其本色不外乎是红、绿、紫、蓝、白、黄，可是大自然这一超级画家用出神入化的手法，将深浅浓淡，隐显明暗一搭配、一组合，好家伙，一下子变成了万花筒啦。根据不完全的统计，目前能分辨清楚的极光色调已达160余种。

极光这般多姿多彩，如此变化万千，又是在这样辽阔无垠的穹窿中、漆黑寂静的寒夜里和荒无人烟的极区，此情此景，此时此地，面对五彩缤纷的极光图形，亲爱的读者，你说能不令人心醉，不叫人神往吗？无怪乎在许许多多的极区探险者和旅行家的笔记中，描写极光时往往显得语竭词穷，只好说些"无法以言语形容"、"再也找不出合适的词句加以描绘"之类的话作为遁词。是的，普通的美丽、壮观、奇妙等字眼在极光面前均显得异常的苍白无力，可以说，即使有生花妙笔也难述说极光的神采、气势、秉性脾气于万一。

极光的来龙去脉

长期以来，极光的成因机理未能得到满意的解释。在相当长一段时间内，人们一直认为极光可能是由以下三种原因形成的。一种看法认为极光是地球外面燃起的大火，因为北极区临近地球的边缘，所以能看到这种大火。另一种看法认为，极光是红日西沉以后，透射反照出来的辉光。还有一种看法认为，极地冰雪丰富，它们在白天吸收阳光，贮存起来，到夜晚释放出来，便成了极光。总之，众说纷纭，无一定论。直到20世纪60年代，将地面观测结果与卫星和火箭探测到的资料结合起来研究，才逐步形成了极光的物理性描述。

现在人们认识到，极光一方面与地球高空大气和地磁场的大规模相互作用有关，另一方面又与太阳喷发出来的高速带电粒子流有关，这种粒子流通常称为太阳风。由此可见，形成极光必不可少的条件是大气、磁场和太阳风，缺一不可。具备这三个条件的太阳系其他行星，如木星和水星，它们的周围，也会产生极光，这已被实际观察的事实所证明。

地磁场分布在地球周围，被太阳风包裹着，形成一个棒槌状的腔体，它的科学名称叫做磁层。为了更形象化，我们打这样一个比方，可以把磁层看成是一个巨大无比的电视显像管，它将进入高空大气的太阳风粒子流汇聚成束，聚焦到地磁的极区，极区大气就是显像管的荧光屏，极光则是电视屏幕上移动的图像。但是，这里的电视屏幕却不是18英寸或24英寸，而是直径为4000公里的极区高空大气。通常，地面上的观众，在某个地方只能见到画面的1/50。在电视显像管中，电子束击中电视屏幕，因为屏上涂有发光物质，会发射出光，显示成图像。同样，来自空间的电子束，打入极区高空大气层时，会激发大气中的分子和原子，导致发光，人们便见到了极光的图像显示。在电视显像管中，是一对电极和一个电磁铁作用于电子束，产生并形成一种活动的图像。在极光发生时，极光的显示和运动则是由于粒子束受到磁层中电场和磁场变化的调制造成的。

极光不仅是个光学现象，而且是个无线电现象，可以用雷达进行探测研究，它还会辐射出某些无线电波。有人还说，极光能发出各种各样的声音。极光不仅是科学研究的重要课题，它还直接影响到无线电通信，长电缆通信，以及长的管道和电力传送线等许多实用工程项目。极光还可以影响到气候，影响生物学过程。当然，极光也还有许许多多没有解开的谜。

---

[1] 选自《极光的故事》（海洋出版社1989年版）。[2]［附宝］黄帝的母亲。《河图稽命征》上说："附宝见大电光绕北斗权星，照耀郊野，感而孕二十五月，而生黄帝轩辕于青邱。"[3]［黑魆魆］（xū）形容黑暗。[4]［大熊星座］即北斗星，由七颗明亮的星组成，分布成勺形。[5]［伊欧斯］古罗马神话中的黎明女神。[6]［泰坦］一般译作"提坦"，这里指提坦许佩里翁，伊欧斯之父，天神乌剌诺斯和地神盖亚的儿子。[7]［猎户星座］赤道带的星座之一，由两颗一等星、五颗二等星及其他更暗的星组成。

七彩天空

【人与自然】

大自然是神秘的，变幻莫测；大自然是美丽的，壮观雄浑。山川、湖泊、河流是它的杰作；阳光、雨雪、风霜是它的礼物。人类在享受着自然的美景、品味着馈赠给我们的美味佳肴时，是否对大自然做到了以礼相待？在人类进行着一项项高科技发明创造的同时，是否意识到了对自然毁损？请看下文：

人类最糟糕的发明

英国《卫报》在 2002 年评出"人类最糟糕的发明",塑料袋不幸"荣获"这一称号。因为我们现在居住的地球似乎已经变成了"塑料星球",土地、河流、高山、海洋……塑料已经无所不在。直到有一天,我们都已离去,这些家伙仍然占据着地球,因为它们是"永生"的。

该报称,蟑螂曾被誉为顽强生命力的象征,但是自从塑料袋出现后,它甚至超越了蟑螂。它的分子结构非常稳定。自然界的光、热、细菌和酶难以将其化解,即使埋在土里数百年它也不会分化、降解;焚烧塑料也不是解决问题的办法,因为塑料燃烧后残存在大气里的氯化物及重金属离子会严重地危害人类健康和生态环境,所以大量弃置塑料袋的堆积,已经造成农田和河流的严重污染,破坏了我们所处的生态环境。

塑料"诞生"于 20 世纪 30 年代,从 70 年代起,塑料袋垄断了欧美超市购物袋的市场。现在仅英国每年就要使用 80 亿个塑料袋。每次人们使用崭新的塑料袋装东西时,应该想想也许有一天海龟会把它当作美味的水母一口吞下去,然后悲惨地死于窒息。

与其他国家相比,南非的"白色污染"更为严重。大风吹过,树木上经常挂满了塑料袋,居民还以为是下雪了。为了减少环境污染,自 2001 年 3 月起,爱尔兰政府开始征收塑料袋税,每个塑料袋 9 便士。而英国采取另一措施,使用可降解的材料制造塑料袋。目前,其他国家正在效仿该方案,为"最糟糕的发明"做补救工作。但不知什么时候,人类才能告别"塑料时代"。

小 结

整篇文章的思路其实就围绕着两个字"神奇"来写。极光,因为神奇,所以在东西方的神话传说中都留下了她美丽的身影。文章先从"古老的神话传说"起笔,对极光的神奇做个间接的描写,从侧面烘托一番;然后从正面直接地介绍极光以及它真正神奇的所在;最后从科学的角度切入,探索"极光的来龙去脉"并得出结论。至此,作者的写作意图也就完成了。全文三个小标题,环环相扣,形成了一个有机的整体。

双核训练

思考题:现在,我国提出了加强环保意识,号召人们尽量少用或不用塑料袋,你能做到吗?人类与自然界应该如何构建和谐的环境,谈谈你的想法。

学习指引

为什么极光会有不同的颜色？可通过百度搜索"极光"就能找到答案。

三、南州六月荔枝丹[1]

贾祖璋

核心知识

研读导学

这是一篇介绍荔枝的文艺性说明文。文艺性说明文也称之为科学小品。它除具有一般性说明文的特点外，还带有浓厚的文学色彩。本文以文艺性笔调，通俗、生动地向读者介绍了一种水果——荔枝。作者在介绍荔枝时，旁征博引，把丰富的科学知识、历史知识和文学知识融为一体，妙趣横生，使人们在有滋有味的阅读中了解了荔枝的相关知识，言之有法又有序。学习本文的重点是探究文章的先主后次，由表及里，由实到虚的说明顺序，体会多种说明方法恰当使用的效果，品味说明文语言准确、生动的特点。

幼年时只知道荔枝干的壳和肉都是棕褐色的。上了小学，老师讲授白居易的《荔枝图序》，读到"壳如红缯[2]，膜如紫绡[3]，瓤肉莹白如冰雪，浆液甘酸如醴酪"，实在无法理解，荔枝哪里会是红色的！荔枝肉像冰雪那样洁白，不是更可怪吗？向老师提出疑问，老师也没有见过鲜荔枝，无法说明白，只好不了了之。假如是现在，老师纵然没有见过鲜荔枝，也可以找出科学的资料，给有点钻牛角尖的小学生解释明白吧。

白居易用比喻的笔法来描写荔枝的形态，的确也有不足之处。缯是丝织物，丝织物滑润，荔枝壳却是粗糙的。用果树学的术语来说，荔枝壳表面有细小的块状裂片，好像龟甲，特称龟裂片。裂片中央有突起部分，有的尖锐如刺，这叫做片峰。裂片大小疏密，片峰尖平，都因品种的不同而各异。

成熟的荔枝，大多数是深红色或紫色。生在树头，从远处当然看不清它壳面的构造，只有红色映入眼帘，因而把它比做"绛囊"、"红星"、"珊瑚珠"，都很逼真。至于整株树以至成片树林，那就成为"飞焰欲横天[4]"、"红云几万重[5]"的绚丽景色了。荔枝的成熟期，广东是4月下旬到7月，福建是6月下旬到8月，都以7月为盛期，"南州六月荔枝丹"指的是阴历六月，正当阳历7月。荔枝也有淡红色的，如广东产的

"三月红"和"挂绿"等。又有黄荔，淡黄色而略带淡红。

荔枝呈心脏形、卵圆形或圆形，通常蒂[6]部大，顶端稍小。蒂部周围微微突起，称为果肩；有的一边高，一边低。顶端叫果顶，浑圆或尖圆。两侧从果顶到蒂部有一条沟，叫做缝合线，显隐随品种而不同。旧记载中还有一些稀奇的品种，如细长如指形的"龙牙"、圆小如珠的"珍珠"，因为缺少经济价值，现在已经绝种了。

荔枝大小，通常是直径三四厘米，重 10 多克到 20 多克。20 世纪 60 年代，广东调查得知，有鹅蛋荔和丁香大荔，重达四五十克。还有四川合江产的"楠木叶"，《四川果树良种图谱》说它重 19 克左右，《中国果树栽培学》则说大的重 60 克。

所谓"膜如紫绡"，是指壳内紧贴壳的内壁的白色薄膜。说它"如紫绡"，是把壳内壁的花纹误作膜的花纹了。明代徐渤有一首《咏荔枝膜》诗，描写吃荔枝时把壳和膜扔在地上，好似"盈盈荷瓣风前落，片片桃花雨后娇"，是夸张的说法。

荔枝的肉大多数白色半透明，说它"莹白如冰雪"，完全正确。有的则微带黄色。从植物学的观点看，它不是果肉，而是种子外面的一层膜发育而成的，应称做假种皮。真正的果肉倒是前面说的连同果壳扔掉的那一层膜。荔枝肉的细胞壁特别薄，所以入口一般都不留渣滓[7]。味甜微酸，适宜于生食，有的纯甜。早熟品种则酸味较强。荔枝晒干或烘干，肉就成红褐色，完全失去洁白的面貌。

荔枝不耐贮[8]藏，正如白居易说的："一日而色变，二日而香变，三日而味变，四五日外，色香味尽去矣。"现经研究证实，温度保持在 1℃到 5℃，可贮藏 30 天左右。还应进一步设法延长贮藏期，以利于长途运输。因为荔枝不耐贮藏，古代宫廷想吃荔枝，就要派人兼程[9]飞骑从南方远送长安或洛阳，给人民造成许多痛苦。唐明皇为了宠幸杨贵妃，就干过这样的事。唐代杜牧诗云："长安回望绣成堆[10]，山顶千门次第[11]开。一骑红尘妃子笑[12]，无人知是荔枝来。"就是对这件事的嘲讽。

荔枝的核就是种子，长圆形，表面光滑，棕褐色，少数品种为绿色。优良的荔枝，种子发育不全，形状很小，有似丁香，也叫焦核。现在海南岛有无核荔枝，核就更加退化了。

荔枝花期是 2 月初到 4 月初，早晚随品种而不同。广东有双季荔枝，一年开花两次。又有四季荔枝，一年开花四次之多。花形小，绿白色或淡黄色，不耀眼。花分雌雄，仅极少数品种有完全花。雌雄花往往不同时开放，宜选择适当的品种混栽在一起，以增加授粉的机会。一个荔枝花序，生花可有一二千朵，但结实总在 100 以下，所以有"荔枝十花一子"的谚语。荔枝花多，花期又长，是一种重要的蜜源植物。

荔枝原产于我国，是我国的特产。海南岛和廉江有野生的荔枝林，可为我国是原产地的明证。据记载，南越王尉佗曾向汉高祖进贡荔枝，足见当时广东已有荔枝。它的栽培历史，就从那个时候算起，也已在2000年以上了。唐代对四川荔枝多有记述。自从蔡襄的《荔枝谱》[13]（1059）成书以后，福建荔枝也为人所重视。广西和云南也产荔枝，却很少有人说起。

古代讲荔枝的书，包括蔡襄的在内，现在知道的共有13种，以记福建所产的为多，尚存八种；记载广东所产的仅存一种。清初陈鼎一谱，则对川、粤、闽三省所产都有记载。《蔡谱》不仅是我国，也是世界的果树志中，著作年代最早的一部。内容包括荔枝的产地、生态、功用、加工、运销以及有关荔枝的史事，并记载了荔枝的32个品种。其中"陈紫"一种现在仍然广为栽培。"宋公荔枝"现名"宋家香"，有老树一株，尚生长在莆田宋氏祠堂里，依然每年开花结实。这株千年古树更足珍惜。

荔枝是亚热带果树，性喜温暖，成都、福州是它生长的北限。汉武帝曾筑扶荔宫，把荔枝移植到长安，没有栽活，迁怒[14]于养护的人，竟然对他们施以极刑。宋徽宗时，福建"以小株结实者置瓦器中，航海至阙下[15]，移植宣和殿"。徽宗写诗吹嘘说："密移造化出闽山，禁御新栽荔枝丹[16]。"实际上不过当年成熟一次而已。明代文徵明有《新荔篇》诗，说常熟顾氏种活了几株，"仙人本是海山姿，从此江乡亦萌蘖[17]。"但究竟活了多少年，并无下文。现在科学发达，使荔枝北移，将来也许不是完全不可能的事。

我国幅员[18]广阔，不同地区有不同的特产。因地制宜，努力发展本地区的特产，是切合实际的做法。盛产荔枝的地区，应该大力发展荔枝的生产。苏轼有诗云："罗浮山下四时春，卢橘[19]杨梅次第新。日啖荔枝三百颗，不妨长作岭南人。"但日啖[20]三百颗，究竟能有几人呢？社会主义现代化的荔枝生产，应该能够逐步满足广大人民的生活需要。

---

[1] 本文选自《生物学碎锦》。贾祖璋，浙江海宁人，生于1901年，著名生物学者和科普作家。著《中国植物图鉴》、《鸟类概论》等著作，其中1931年出版的《鸟类概论》是我国最早的一部现代鸟类学著作《南州六月荔枝丹》写于1979年5月。南州，泛指我国南部地区。六月指的是农历。[2] [红缯（zēng）]红色的丝绸。缯，古代丝绸的统称。[3] [绡（xiāo）]生丝绸。[4] [飞焰欲横天]出自郭明章《荔枝》诗。飞焰，形容远看荔枝如同一片红色的火焰。横天，横于。[5] [红云几万重]出自北宋邓肃《看荔枝》诗。重，层。[6] [蒂（dì）]花或瓜果跟枝茎相连的部分。[7] [渣滓（zhāzi）]物品提出精华后剩下的东西。[8] [贮（zhù）藏]储藏。[9] 兼程　一天走两天的路。[10] [长安回望绣成堆]在长安回头望见骊山一片锦绣。绣，锦绣，精美鲜艳的丝织品。[11] [次第]一个挨一个地。[12] [一骑红尘妃子笑]写杨贵妃在骊山上看见一骑飞来，知道送荔枝的来了，喜笑颜开。[13] [《荔枝谱》]北宋书法家蔡襄（1012—1067）撰。书中论述了福建荔枝的栽培、服食、加工和品种。[14] [迁怒]把对甲的愤怒发泄到乙身上，或自己不如意时跟别人生气。[15] [阙下]指宋朝首都开封。[16] [密移造化出闽山，禁御新栽荔枝丹]出自宋徽宗《宣和殿荔枝》诗。造

化，自然，天然。禁御，帝王所住的宫殿。[17]［萌蘖（niè）]指植物长出新芽。蘖，树枝砍去后又长出来的新芽。[18]［幅员]领土面积。地广狭为幅，周围为员，员即圆。[19]［卢橘]枇杷。[20]［啖]吃。

学科交叉

【果中佳品】

荔枝营养功效

荔枝是果中佳品，含有丰富的糖分、蛋白质、多种维生素、脂肪、柠檬酸、果胶以及磷、铁等，是有益人体健康的水果。荔枝味道鲜美甘甜，口感软韧，是人们心目中的高级果品。常食荔枝能补脑健身，开胃益脾，有促进食欲之功效。荔枝拥有丰富的维生素，可促进微细血管的血液循环，防止雀斑的发生，令皮肤更加光滑。

吃荔枝禁忌：荔枝性温，阴虚火旺者慎服。就是说荔枝属于温性食物，多吃易"上火"，明代医学家李时珍认为："荔枝气味纯阳，其性畏热。鲜者食多，即龈肿口痛，病齿及火病人尤忌之。"荔枝会降低血糖，大量进食可引起低血糖，轻者头晕恶心、腹痛腹泻、疲乏无力、面色苍白、皮肤湿冷等症状；重者嗜睡昏迷、抽搐、四肢瘫痪、心律不齐、血压下降，甚至危及生命。尤其对于儿童来说，不要空腹进食大量的荔枝。还有个别人对荔枝过敏，会出现皮疹、瘙痒等过敏性皮炎的症状。不宜一次食用过多或连续多食，尤其是老人、小孩和糖尿病人。

小 结

文章从对《荔枝图序》质疑写起，然后介绍了荔枝的生态，最后介绍了荔枝的生产。从全文来看，本文的说明顺序是先主后次，先讲荔枝的生态，再介绍有关荔枝的其他知识和建议。说明荔枝的生态的时候是由表及里，先说果实的外部形态，再说果实的内部构造。在说明荔枝的产地、品种时是实写，说明荔枝的移植、发展时是虚写。另外本文采用了引用、举例、比喻、数据等说明方法。语言精准、生动。

双核训练

一、填空题

1. 本文是按先主后次，由_____及_____，从实到虚的顺序说明荔枝的。

2. 课文中引用了许多古诗句来说明有关荔枝的知识，具体说明下列引诗的说明对象：飞焰欲横天，红云几万重。_____盈盈荷瓣风前落，片片桃花雨后娇。_____

二、在写荔枝"不耐贮藏"和"移植"时，引入唐明皇、汉武帝的事，目的何在？

学习指引

你能较详细地介绍一种你喜欢吃的水果的营养价值吗？如果不能，可以登录新浪网站《健康饮食》就可以找到答案。

四、血液的自述[1]

彭 红

核心知识

自读提示

这是一篇文艺性的说明文。文章运用拟人化的手法，以第一人称向读者介绍了血液的相关知识，不仅对血液循环、血液的主要成分与作用以及人们对血液的认识等知识作了介绍，而且有比较突出的文艺性特征。阅读课文，思考其文艺性的具体表现，以及多种说明方法的运用。

我是血液，是在人的血管和心脏中日夜不停、循环流动着的红色液体，生命的活动一刻也离不开我。那么，我在人体内究竟起着什么样的作用，负责怎样的工作呢？请听我细细道来。

我在体内是这样循环着

我是一个蕴藏丰富的宝藏、一个有着博大胸怀的母亲，我在人体内不断地行走、流动着。我从左心室被心脏泵出，满载着氧气和营养物质，经过各级动脉，到达各个器官的毛细血管网，在那里把氧气和营养物质输送到各组织器官去，再把体内代谢中所产生的二氧化碳、废气、废料带回来，同时也把肠道吸收的营养物质带回来，这时，我便由动脉血变成了静脉血，通过各级静脉又回流到心脏，然后经肺动脉流至肺，在肺内经过气体交换后，我又变成了动脉血，再流回心脏，开始新的循环。

我的流动不仅可以输送营养物质到组织器官，还把二氧化碳运送到肺，从肺呼出体外；把废料运到肾脏，通过肾脏排出体外；还可以调节人体的酸碱度，使体内保持酸碱合适的环境，使体温保持恒定，维持人体的免疫和抗病能力。

正常情况下，我的总量大概占一个人体重的 6%～8%，举例来说，一个体重 50 千克的人，他的全身就大约有 3000～4000 毫升血液。为了休养生息，平时，我只让我的 80% 参加血液循环，其余 20% 则贮存在人体的"血库"，如肝脏、脾脏、肺等处，以逸待劳，以应急需。当人剧烈运动或失血后，人体"血库"中的血便紧急动员出来参加血液循环。我们兄弟是这样协同作战的。

说了那么多，这些事情并不是我一个人做到的，我只是一个母亲，实际上，在血液大家族里，我亲爱的孩子们都在默默奉献，各司其职。他们分别是红细胞，白细胞和血小板。

大儿子叫红细胞，他的数量是最多的，以每立方毫米血液计算，成年男子约 450 万～550 万个，成年女子约 350 万～450 万个。在显微镜下看，它就像一个中间凹陷的扁饼，里面几乎全部是血红蛋白，浑身通红，由于他数量多，所以，平时我看起来就是红色的了。大儿子的寿命较长，有 120 天左右，主要担负着气体运输任务，把氧气送到身体各部，再把体内的二氧化碳废气运送到肺部排出体外。

二儿子叫白细胞，实际上他是由不可分割的五部分组成的，各部分在体内都是"杀敌勇士"，各自具有独特的作战本领，分别叫做中性粒细胞、淋巴细胞、单核细胞、嗜酸性粒细胞和嗜碱性粒细胞。白细胞的数量没有红细胞多，每立方毫米血液中大约只有 4000～10000 个，寿命也较短，平均只有 9～13 天，但他的杀敌本领却很高，是人体的忠实卫士。当细菌乘虚而入的时候，白细胞就会从四面八方赶来将之团团围住，并吞入体内，吞进去的细菌在白细胞体内被溶解、消化，最后被杀死，同时白细胞也会和细菌同归于尽，形成平常所见的脓液。白细胞虽然重要，但也不是越多越好。当它恶性增生到某一程度时，便会导致人们闻之色变的血液恶性肿瘤——白血病。

小儿子叫血小板，在显微镜下看呈两面凸起的橄榄形或盘状，他的体积比大哥、二哥都小，但数量却不少。平时，血小板在血流中沿着血管壁排列，形成血管壁的保护层，减少毛细血管的脆性和通透性，当血管破损时，如同自来水管破裂一样，血就流出来了，这时，血小板就会奋不顾身地扑上去，通过他的黏着力和凝聚力黏附在破损血管壁上聚集成团，堵塞破损的血管，同时释放出组织胺、肾上腺素等物质，引起血管收缩，促进止血。因此他的主要功能是协助凝血、止血和修补破损的血管。

既不要忽视我，也不要过于袒护我

尽管我的重要性不言而喻，但人们在健康状态下是很少会意识到我的作用的，只有当病魔侵袭人体出现血液系统疾病时，我的作用才被反复强调。例如，有的人喜食油腻食物，暴饮暴食，又不注意体育锻炼，导致血脂升高，引起高脂血症，脂质在动脉管壁沉积，易发生动脉粥样硬化、冠心病等。还有的人，尤其是孩子，严重偏食，不吃含铁丰富的肉类等食物，造成铁的摄入不足；也有人大量食用浓茶、咖啡，影响铁的吸收，从而发生缺铁性贫血。所以，平时在生活中，人们应注意均衡饮食，改变暴饮暴食、酗酒等不良习惯，对于孩子的偏食更应早期纠正，避免这类贫血的发生。此外，外界许多不良因素也可对我造成损害，如 X 射线和放射性同位素可以抑制和损害骨髓的造血功能，尤其是小儿，对电离辐射非常敏感，妊娠妇女照射腹部所产胎儿患白血病的几率，比正常胎儿要高出很多倍，所以长期从事和接触放射线工作的人，一定要有防护措施，并定期检验血象有无变化；有些药物若使用不当，也会损害我和造血系统的造血功能，如氯霉素、磺胺类药物、安乃静、氨基比林等，因此，这些药物应在医生指导下慎用。

另一方面，有的人把我看得太过神秘，认为丢失一点都会对身体造成很大的损害，对社会推行的无偿献血更是退避三舍，认为一次就献出 200 毫升鲜血，一定会让人元气大伤的！其实，这是一种错误的认识。

科学研究表明，一个健康的成年人，如果一次失血量超过体内血液总量的 1/10，就会对健康有影响，而一个健康的体重在 50 公斤以上的人，每次献血 200 毫升，只占体内血液总量的 1/20，这对全身血液循环的正常进行没有任何影响，对健康是无碍的。而且在某种意义上说，适当献血还会对身体有益呢！因为当我的黏滞度增加时，血流就变得缓慢起来，发生血栓、脑血管意外和心肌梗死等病的几率也增加。而献血后，一定程度上减低了血液黏滞度，这些疾病的发生率也会相应降低，脑血流量也随之增加，会使人感到头脑灵活和轻松起来。而且，献血之后，骨髓会加速制造新的红细胞，以供机体生理所需。

凡身体健康，体重达标准体重，19～55 周岁的男性，19～50 周岁的女性，经检查合格和医生审定者都可参加献血。而且献血后也不需要大量服用滋补药，只要补充一些造血原料，如蛋白质、铁、叶酸、维生素 B_{12} 等就够了，而这些营养，普通食物中都有，所以只要注意多摄入牛奶、鸡蛋、瘦肉、绿叶蔬菜和水果就可以了。

讲了这么多，您应该对我有一个比较完整的认识了吧，我在人体内奔涌着，伴生命之始而生，随生命之终而逝，伴你到永远！

---

[1] 本文选自《家庭医生》，2008 年 6 月。

隐形翅膀

成分输血
——一血多用的新输血法

血液是生命的象征。没有血液就没有生命。对一个人来说，失血 10% 还没有关系，失血 20% 将明显影响健康，失血 30%（1500ml）则会危及生命。科学地进行安全输血的实践只有不到 100 年的历史。

过去，输血都是输全血，也就是把从献血者身上采得的血液全部输到病人的体内。可是在实践中，人们慢慢地发现，千篇一律地输全血并不科学，有时甚至是有害的。因此，人们现在越来越多地采用"成分输血"了。

成分输血，顾名思义，就是把血液中的有用成分分别提取出来，按照病人的需要来输用有关的血液成分。成分输血是同输全血相对而言的。它"对症下药"，缺什么补什么，疗效高，副作用也少。它可以"一血多用"，减少浪费，这在今天血源供应十分紧张的情况下更有意义。

输血都按成分输了，献血当然也就不一定献全血了。有的献血浆，有的献血小板，有的献粒细胞……医生从献血者的血液中取得所需要的成分后，还可以把其他的血液成分还给献血者。

小　结

文章紧紧围绕"血液"这一说明中心，分列 3 个小标题，依次介绍了血液在人体内的循环、血液的成分与作用、人们对血液的正确认识，环环相扣，用的是逻辑顺序。构思精妙，语言表达方式灵活多样，语言生动形象，文艺性特征突出。全文采用多种说明方法，如数字说明，比喻说明，举例说明，诠释说明等。

双核训练

1. 了解血液对人体的重要性，明白无偿献血对社会的巨大贡献。
2. 了解血液的组成和血液的类型。

五、牛郎织女（节选）

戴文赛

核心知识

自读提示

牛郎织女的故事在我国可以说是家喻户晓。每当想起这对勤劳善良的夫妇饱受分离的痛苦，不知有多少人为之洒泪。其实这个传说不过是反映了人们的不平与愤慨罢了。挂在天河两旁的牵牛星和织女星，其实是两颗没有任何关联的恒星，相隔16.4光年，不过事实并不意味着人类想象的可笑，想象不仅造就了神话，也开启了科学之门。科学与神话能够并存。

织女是我国最有名的一个民间传说，是我国人民最熟悉的关于星的故事。这个故事是谁最先说出来的？什么时候开始在民间流传？这两个问题不晓得已经有人考证出来没有。南北朝时期写成的《荆楚岁时记》里有这么一段："天河之东，有织女，天帝之子也。年年织杼劳役，织成云锦天衣。天帝怜其独处，许嫁河西牵牛郎。嫁后遂废织。天帝怒，责令归河东。惟每年七月七日夜，渡河一会。"

织女星是天琴星座里最亮的恒星。附近银河里有五个几乎一样亮的恒星排成十字架的形状，那五个星属天鹅座。银河的西边稍微南一点有三个星排得很近，中间那个比较亮一些的星就是牛郎星，也叫牵牛星。牛郎星是天鹰座里最亮的恒星。它和两旁那两个亮度小一点的星，有时候被人合起来称为"扁担星"。神话里说旁边那两个星是牛郎和织女所生的孩子。天鹅在银河里飘游，河畔有一位姑娘在织布，对岸有一个牧人带着两个小孩子在放牛。这是多么美丽的一幅图画！

宋代词人秦观也被牛郎织女这个悲里带欢、欢里带悲的故事激动了文思，他把这可歌可泣的故事的意境用长短句很巧妙地表达出来。《鹊桥仙》是词里很美丽的一首：纤云弄巧，飞星传恨，银汉迢迢暗度。金风玉露一相逢，便胜却人间无数。柔情似水，佳期如梦，忍顾鹊桥归路。两情若是久长时，又岂在朝朝暮暮。

从前我国许多人相信牛郎和织女真的在七夕渡河相会一次。那一夜，妇女们都穿针乞巧，又以瓜果祀祭织女星。这个故事也常被采用做戏剧的材料，京剧、话剧和各地的地方戏里多半有"牛郎织女"这出戏。

在戏剧里，牛郎是一个农村里放牛的孩子。他不肯帮哥哥种田，不肯帮嫂嫂车水，不肯帮妈妈做家务事。牛郎只是贪玩，只爱作奇怪的幻想。他的最好的朋友就是他所看守的老牛。有一晚，他在梦幻中看到天上的仙境，他便牵着老牛动身到天上去。同时，在天上有一位织女却想要下凡来享受人间的温暖。王母娘娘可怜织女的孤寂，便差遣金童玉女和喜鹊把织女带到天涯海角去和牛郎相会。"金风玉露一相逢"，真是"胜却人间无数"。一对爱侣被送上九霄云外度蜜月去了。

牛郎游遍了天上的胜境。日子一久，也便觉得平淡无奇了。织女得继续纺织云锦天衣，不能老陪着他。牛郎越来越感觉无聊，又从金童得知家里的人日夜在盼望他回去，便把回家的意念告诉织女。织女决心和他同到地上去享受那可爱的春天。可惜事机不密，给西王母晓得了。她赶来用玉簪划成银河一道，把牛郎和织女隔开，只答应每年七夕遣喜鹊结成天桥，使他们渡河相会一次。牛郎回到人间，很高兴地再看到母亲、哥哥、嫂嫂。从此，他不再偷懒，不再作无谓的幻想，天天努力劳动。他觉悟到在现实生活里也可以创造出美丽来。他闻到泥土的香味了，他洞悉生活的意义了。但惟一惋惜的就是：所爱的织女不能也到地上来和他一起劳动，一起享受人间的温暖。不过每年七夕还可以相会一次，那已经比永别好多了。

牛郎织女的故事在我国可以说是家喻户晓。每当想起这对勤劳善良的夫妇饱受分离的痛苦，不知有多少人为之洒泪。其实这个传说不过是反映了人们的不平与愤慨罢了。挂在天河两旁的牵牛星和织女星，其实是两颗没有任何关联的恒星，相隔16.4光年，不过事实并不意味着人类想象的可笑，想象不仅造就了神话，也开启了科学之门。科学与神话能够共存。

（选文个别地方有改动）

相关信息

【美丽的传说】

牛郎织女是一个很美丽的千古流传的爱情故事，中国四大民间爱情传说之一。作为成语可解释为：牛郎织女为神话人物，从牵牛星、织女星的星名衍化而来。比喻分居两地的夫妻。也泛指一对恋人。每年农历七月七日，有百鸟到银河搭鹊桥，牛郎织女相会的美好传说。所以，这一天被称为七夕、七夕节、乞巧节、少女节或女儿节，现代又被称为中国情人节。

双核训练

搜集几首写牛郎织女的古诗词，并积累下来。

学习指引

有兴趣的同学参看星象探秘方面的图书。

六、说明文写作实训

核心技能

任何事物都有其自身的特征，它是区别于其他事物的标志。

写说明文时只有抓住事物的特征，才能把被说明事物准确清晰地介绍给读者，让人们对事物有确切的了解。这是写好说明文的一个基本要求。要做到这一点，关键是要加强训练，同时也要针对具体情况，选好说明角度，讲究结构安排，做到条理分明。这样才不至于把文章写得散乱无章、目的不明确。

想一想：怎样才能写好说明文？

（一）说明文的写作

说明文是以说明为主要表达方式的一种文体。凡是运用说明性的文字，解说事物，阐明事理，给人以知识的文章，都属于说明文。它的基本特点是对事物对象的解说性。其写作目的是把某种事物、现象或道理说清楚，讲明白，使读者有个认识和了解，并从中获取一定的知识。

例如：

春天，百花争艳，万紫千红。花儿为什么这样红？它那万紫千红的颜色是从哪里来的？原来花瓣中含有一种纯白色的花青素，而各种花含的色素不同，有的含红色素，有的含紫色素，这种花青素和某种色素结合后，就变成某种颜色。但是，花中的黄色，本身不含花青素，而由胡萝卜素所造成。有些黄花中含有极淡的花青素，就变成橙色。因此花的万紫千红完全是由花青素的化合以及所含花青素的浓淡决定的。

上述文字是以解说的方式说明"花儿为什么这样红"的，让读者对"花红"有一个科学的认识与了解。这样的文体就是说明文。

根据说明对象的不同，可分为事物说明文和事理说明文。根据表达手段的不同，又分为平实性说明文和文艺性说明文。这里我们主要讲述的是平实性说明文。

1. 说明文的主要特征

（1）客观性。说明文必须客观、准确地按照事物的实际特点加以说明，不能附带个人的情感色彩。

（2）科学性。解说事物和事理必须揭示其本质特征，做到概念准确，判断恰当，符合实际，不能臆断、夸大、缩小或模棱两可。

（3）知识性。说明文的写作目的就是传播知识，否则就没有意义，这是说明文和其他文体所不同的一个特征。

2. 说明文的说明顺序

（1）时间顺序，以时间先后安排文章的说明顺序。这种结构顺序，一般用于说明事物发展变化的文章。比如《景泰蓝的制作》，它就是按照景泰蓝的制作过程中"做胎—掐丝—烧制—点蓝—烧蓝—打磨—镀金"的时间顺序来说明的。

（2）空间顺序，以空间转换安排文章的说明顺序。或从外到内，或从上到下，或从整体到局部来加以介绍，这种说明顺序有利于全面说明事物各方面的特征。

（3）逻辑顺序，即按照事物、事理的内在逻辑关系，或由个别到一般，或由具体到抽象，或由主要到次要，或由现象到本质，或由原因到结果，或按不同属性等一一介绍说明。

说明文的结构通常分为纵式结构、横式结构、纵横结合式结构三种。说明顺序的外在表现形式就是文章的结构方式，采用时间顺序和逻辑顺序（并列顺序除外）的说明文，通常我们把它称之为纵式结构；采用空间顺序和并列顺序的说明文，我们把它称之为横式结构。

3. 说明文的说明方法

说明文常用的说明方法有以下几种：

（1）举例说明，就是以具体事物为例的方法。

（2）比喻说明，就是打比方。以此物比彼物，引起联想，以突出事物的性状特点，增强说明的形象性和生动性。例如："桥洞不是普通半圆形，而是像一张弓。"形象地突出了桥洞的特征。

（3）定义说明，就是用比较简明的语言揭示概念内涵的逻辑方法。下定义能准确揭示事物的本质，是科技说明文常用的方法。例如："统筹方法，是一种安排工作进程的数学方法。"

（4）比较说明，说明某些抽象的或者是人们比较陌生的事物，可以用具体的或者大家已经熟悉的事物和它比较，使读者通过比较得到具体而鲜明的印象。事物的特征也往往在比较中显现出来。在作比较的时候，可以是同类相比，也可以是异类相比，可以对事物进行"横比"，也可以对事物进行"纵比"。

（5）分类说明，将被说明的对象，按照一定的标准划分成不同的类别，一类一类地加以说明。分类说明是将复杂的事物说清楚的重要方法。例如，学校为了加强有效管理，常对学生进行心理分析，心理分析当然不能一勺烩，要按不同的类型加以分析，内向型、外向型；男性、女性等。

（6）列数字，就是运用数据说明事物的方法。

（7）诠释说明，从一个侧面，就事物的某一个特点做些解释，这种方法叫诠释法。

（8）引用说明，为了使说明的内容更充实具体，可以引资料说明。引资料的范围很广，可以是经典著作，名家名言，公式定律，典故谚语等。

此外还有画图表、摹状貌、描写等说明方法。

一篇说明文单用一种说明方法显然是不行的，往往要综合地运用多种说明方法对说明对象加以说明。至于采用什么样的说明方法，一方面服从内容的需要，另一方面作者有选择的自由。是采用一种说明方法，还是采用多种说明方法，是采用这种说明方法，还是那种说明方法，可以灵活，不是一成不变的。

4. 说明文的语言特点

说明文的语言属于科技语体，在语言运用上形成了准确、简明、平实、通俗的语言特色。

准确，说明的恰如其分是准确的一种体现。恰当地使用表示程度、范围的词，是语言准确的另一种体现。

简明，说明文的遣词造句，应简洁明了、通俗易懂，不需要渲染和铺陈。

平实，说明文的语言应该朴素自然，避免花哨的语言。过多地使用修辞、议论、抒情都是不适宜的。

通俗，就是运用明白易懂的语言将科学知识说明的形象、生动。既然说明文的写作目的在于向人们传播知识，那么语言就必须易于被人们理解和接受，尽管有些科学知识本身比较复杂、深奥，也应注意避免使用生涩难懂的专业术语，尽量做到深入浅出。

总之，说明文就是要用准确且又浅显易懂的语言解说科学知识，带领人们在知识的殿堂里旅行。

【成分输血】

一血多用的新输血法

路　沙

血液是生命的象征。没有血液就没有生命。对于一个人来说，失血 10% 还没有关系，失血 20% 将明显影响健康，失血 30%（1500 毫升）则会危及生命。

对于失血过多的人，采取补充血液来挽救其生命的想法虽然古已有之，但是科学地进行安全输血的实践却还只有不到 100 年的历史。

过去，输血都是输全血，也就是把从献血者身上采得的血液全部输到病人的体内。可是在实践中，人们慢慢地发现，千篇一律地输全血并不科学，有时甚至是有害的。因此，人们现在越来越多地采用"成分输血"了。

说到成分输血，还得先交代一下血液的成分。

把抽出的血液注进一个放有少量抗凝剂的试管里，置于离心装置上旋转几分钟，试管里的红色液体就分成两层：上层淡黄色的透明液体叫血浆，下层暗红色的物质是密集的血细胞。

仔细分析一下血浆的化学成分，那花样就多了：水自然是最主要的，另外还有无机盐、纤维蛋白原、白蛋白、球蛋白、酶类、激素、各种营养物质和代谢产物等等。

血细胞是血液的细胞成分，包括红细胞、白细胞和血小板；白细胞还有有粒白细胞和无粒白细胞之分。

血液正是依靠这些有用成分来"各显其能"，才发挥了它支持生命的巨大作用。

成分输血，顾名思义，就是把血液中的有用成分分别提取出来，按照病人的需要来输用有关的血液成分。

患贫血症的人，主要是因为血液中的红细胞不足，或者因为血红蛋白的含量低于正常值，致使机体组织得不到足够的氧气，所以会产生种种不适。严重的贫血还可能引发心脏病和心力衰竭。因此，治疗贫血应该输用红细胞，尤其对那些血量并没有减少的贫血患者更是如此。输用全血，造成浪费不说，血液多了还会加重患者心脏的负担。

有些反复出血的病人和孕妇可能会对白细胞敏感，还有的病人血浆中含有对抗献血者血浆蛋白的抗体。对于这样的患者，不但不能输全血，甚至也不能输普通的红细胞，而应该输经过洗涤的红细胞。不然就会发生寒战、高热、荨麻疹等过敏反应。

白细胞是人体里的"警卫战士"，杀菌抗病的"英雄"。人体缺少了白细胞，抵抗力就会大为减弱，许多病菌也会乘虚而入，甚至可能引起败血症。有些人由于种种原因白细胞减少，我们应该"雪里送炭"，把白细胞补充给他们。

血小板是血液里的"抢救队员"，它的功能同止血凝血有关。一旦人体发生创伤，它们就立即赶来抢救，防止血液大量流失，保证血液循环正常。对于因缺少血小板而引起的出血症，可以输血小板制剂进行治疗。

白蛋白是一种比较简单的蛋白质，对于免疫和维持血液的正常渗透压、黏度、酸碱度都有重要作用。用白蛋白制剂可以治疗烧伤性休克、创伤性出血、妊娠中毒症和肝硬化等等。

丙种球蛋白是血浆蛋白的一种。人体里的免疫抗体大多数是丙种球蛋白。它对于白喉、麻疹、传染性肝炎、流行性感冒等多种疾病具有抵抗力。美国曾发现过一个男孩，动不动就生病，一检查，原来是因为他的血液里没有丙种球蛋白，因此他来到这个世界上就反复地受病菌、病毒感染。谁也无法保证孩子永远生活在无菌的环境里，于是就只好靠定期给他输注丙种球蛋白和抗生素来维持他的生命。

正常人因擦伤皮肤而流出的血液，过不多久就会凝固成块，堵住伤口而起到止血作用。这种凝血的奥秘在于血液里含有许多与凝血有关的物质，叫做凝血因子。这样的凝血因子现在已经发现了 12 种。凝血因子缺少了，出血就不容易止住。有一种血液病叫"血友病"，就是因为病人的血液里缺少了第八凝血因子，所以一有伤口，就流血不止，甚至皮下、关节、肌肉等处都会出现自发性的出血现象。如果给一个缺少第八凝血因子的血友病患者输血，一般要输 1000 毫升新鲜血浆，才能使他血液中的第八凝血因子数量达到正常人的 1/4。现在有了第八凝血因子浓缩剂，就可单给病人输注他们所缺的东西，事情就好办多了。

纤维蛋白原也是一种凝血因子。血液之所以能够凝固，就是因为众多的凝血因子发生了一系列的化学反应，使纤维蛋白原变成细丝状的纤维蛋白。它们交织成网，将血细胞网罗在内，血液就变成不流动的凝块了。对于缺少纤维蛋白原的病人，手术之前应当给他们输进一些纤维蛋白原制品。

血浆里含有一种纤维蛋白溶解酶原，它们在某些所谓激活物的作用下会变成纤维蛋白溶解酶。正是因为它们将人体血管中经常少量形成的纤维蛋白分解成可溶性的物质，才避免了血栓形成，保证了人体的血流畅通。这种纤维蛋白溶解酶可以用来治疗脑血栓、心肌梗死等疾病。

你看，这就是成分输血。成分输血是同输全血相对而言的。它"对症下药"，缺什么补什么，疗效高，副作用也少。它可以"一血多用"，减少浪费，这在今天血源供应十分紧张的情况下更有意义。

输血都按成分输了，献血当然也就不一定献全血了。有的献血浆，有的献血小板，有的献粒细胞……医生从献血者的血液中取得所需要的成分后，还可以把其他有用的血液成分还给献血者。

小　结

本文的说明中心是成分输血。文章采用了总—分—总的结构方式，做到了言之有序。通过准确、简洁的语言，恰当、合理的说明方法，突出了文章的说明中心。

（二）如何写好说明文

写好说明文，首先要认清题目，了解题意，明确对象。按说明文写作的基本要求行文，即抓住说明对象的特征，合理安排结构层次，选用恰当的说明方法，讲求语言的准确、简明、生动。为了增强文章的时代性、科学性，平时阅读应涉猎一些知识小品、科普短文。

要想写出一篇成功的说明文，必须做到以下几点：

1. 审题——弄清说明对象

弄清说明对象可以从审题入手，首先要判断清楚是写事物说明文还是事理说明文。例如《食物从何处来》，它的语法结构是"食物‖从何处来"。文章要说明的是食物"从何处来"，说明的中心是食物是怎么样来的。从而可以判断出《食物从何处来》是事理说明文。《苏州园林》说明对象是苏州的园林的风格特点，显然《苏州园林》是事物说明文。

弄清说明对象之后，就要就题立意——确定中心思想。确定中心思想时，要注意以下三点。首先是正确。也就是说，我们解说的事物的本质及规律性要有科学的根据，经得起实践的检验。其次是内容清楚、明白。要使读者不仅了解事物"是这样的"，而且要明白"为什么是这样的"。最后是集中。所谓集中就是重点突出，中心明确。我们对客观事物的认识是多方面的，感性材料是丰富的，但在确定中心时不能没有重点，没有中心，不能企图在一篇文章里面面俱到。如果方方面面都讲，又讲得不深不透，反而把中心思想给湮没了。

2. 说明要抓住特征

所谓特征就是此事物区别于彼事物的标志。大千世界事物繁多，为什么我们能够辨别出来呢？就是因为每一个事物都有区别于其他事物的基本特征。而说明文就是向读者介绍事物的习性、性质、成因、原理等特征的。所以，每一篇说明文都是抓住了事物的特征有条理地进行介绍。如《眼睛与仿生学》作者就是抓住了人和各种动物眼睛的不同特征加以说明的。《海洋与生命》的"浩瀚的海洋"一节，就是抓住了海洋既大又深的特征进行介绍。

3. 说明要言之有序

任何事物的说明都得有一个合理的顺序，否则就会杂乱无章，不知所云。说明文就非常讲究说明的顺序，这个顺序既要符合事物本身的客观性，也要符合写作目的和要求。一般来说说明文有三种顺序可供选用：时间顺序、空间顺序和逻辑顺序。

时间顺序就是按照事物发生、发展的先后顺序来说明。所谓空间顺序就是按照空间的方位来说明事物，可从东至西，从上到下，也可从内到外，由远及近。如《苏州园林》一文就是按照空间顺序由总体到局部展开说明。

比较难以理解的是逻辑顺序，它是按照事物事理的内在逻辑关系来安排说明顺序，这种内在关系可以是因果，递进，也可以是主次，总分或并列等等。比如，《南州六月荔枝丹》先按荔枝的生态特点和生产问题分成两个部分：前者是主要内容，放在前面详写；后者是次要内容，放在后面略写。

所以一篇说明文，既符合写作目的的要求，又选用了恰当的结构形式，那么就称得上是言之有序的文章了。

4. 说明要言之有法

写说明文，要讲方法。为了把事物、事理阐说清楚、明白，使人有所得，可以根据表达的需要，灵活地使用不同的说明方法。比如在上一节中，共介绍了十余种常用的说明方法：比喻、引用、举例、定义、作诠释、列数字、分类、比较和画图表等。这些说明方法，各有各的特点，各有各的长处，恰当地加以运用，有助于读者对客观事物的理解。《眼睛与仿生学》为了揭示"复眼"的内涵，就采用了定义说明的方法，它必须要有属概念（事物所属的类）和种差（事物的特征）构成。如：这类由几十至几万个独立小眼构成的眼睛，叫做"复眼"。所谓诠释说明就是作解释，比下定义自由灵活，它不要求完整地揭示事物的全部本质特性。如：沙漠是人类最顽强的自然敌人之一。这句话就是作诠释，不是下定义，因为它没有揭示出沙漠的本质特性，而是形象地阐明了沙漠与人类的关系，也是对沙漠的一种解释。只要多读、多练，都能自如合理地运用各种说明方法。

5. 说明要言之有体

写说明文要符合说明文的语体要求，无论写什么样的说明文，都应以说明为主要表达方式。符合说明文的语言特点。当然，以说明为主，并不是不允许说明文当中有记叙、描写和议论。应注意的是，说明文中的记叙、描写和议论都必须以说明为目的，是为说明服务的。

6. 说明要准确简明

说明文的语言要求是简洁、明晰，不夸张，没有弦外之音，同时更要注意准确。

有人写作说明文往往带上一些不必要的议论性、描写性或抒情性语句，这是造成语言不准确、不简明的一个重要原因，应当引起重视。

著名教育家叶圣陶先生曾说过"教材无非是个例子"。要想真正把在说明文里学到的东西消化，就必须要学写一定量的说明文，说明文用途广泛，是我们日常生活中离不开的一种实用性文体。买药品，离不开药品说明书，走进商店，只要是复杂一点的商品都要有说明书，而这些说明书就是我们所说的说明文体。所以学好说明文，写好说明文，用好说明文对我们来说是大有裨益的。

（三）科学小品

科学小品文也称知识小品或文艺性说明文。它用小品文的笔调，借助某些文学表达方式，寓科学性、知识性、趣味性、娱乐性为一体，将科学内容生动、形象地表达出来，使读者在文学欣赏中获得科学知识。

科学小品一般短小精悍、通俗易懂、语言丰富多彩，形式生动活泼。读这类文章能活跃思维、丰富知识、开阔视野，很受广大读者的喜爱。

1. 科学小品文的主要特点

（1）内容的科学性

尽管科学小品无论从形式还是到语言都比较灵活，但它的写作目的毕竟是为了向人们普及科学知识，所以科学性非常重要。这就要求引用的资料必须可靠，数据必须准确，内容必须是经得起推敲，不能想当然。如果介绍的知识不合乎科学，不仅达不到写作目的，还会误导读者，造成不良后果。

（2）语言的生动性

语言生动、形象、善用修辞的特点是科学小品区别于一般性说明文的主要标志。此外也可以进行描写、抒情、议论，文笔轻松活泼。

2. 科学小品的形式

为了达到科学普及、吸引读者的目的，文艺性说明文在结构方式或表现方式力求新颖、独特、有趣，构思精妙、想象丰富。科学小品的表现形式归纳起来常见的有以下几种：

（1）描述式

描，指描写；述，指叙述。这类小品文想象丰富、语言优美，既有形象的描写，又有生动的叙述，具有散文的风格。

（2）自述式

自述式就是把所要介绍的科学知识，用第一人称的拟人化的手法，赋予人的思想、感情、语言、动作，让被说明的事物作自我介绍。

（3）故事式

将要介绍的科学知识，编成生动有趣的故事，使人们在读故事或听故事时获得科学知识，这种表达形式称故事式。它和自述式不同的是，用第三人称；相同的是，大多采用拟人化的手法。采用这种形式，既要使故事情节能吸引读者，又要注意其合理性。

（4）对话式

对话式也称问答式，就是以问答、对话的方式进行说明。这种方式给人一种非常亲切的感觉，容易和读者沟通，产生共鸣。同时，这种写法文字更易精练。

总之，无论采用哪种形式，要依据内容而定，要突出以说明为主线，集叙述、描写、抒情甚至议论为一体，看似散文，实为说明，用文学笔法的感染作用，达到说明的目的，可读性更强。

例文：

昆虫的"鼻子"——触角

古代流传过这样一个有趣的故事：秦朝灭亡后，楚汉相争，刘邦节节胜利，项羽步步败退，一直被逼到乌江边，项羽在江边看到由无数蚂蚁聚集而成的六个大字："霸王自刎乌江"，以为蚂蚁代表了天意，于是拔剑自刎身亡。

其实哪有什么天意啊，这只不过是刘邦手下足智多谋的军师张良所施的小计！张良算计着项羽必定要退到乌江，便事先派人用蜜糖水在江边写了六个大字，引来了无数的蚂蚁在字迹上吃糖，鲁莽的项羽果然上了当。

蚂蚁怎么会知道江边有蜜糖吃呢？这全凭着它头上长的两个小"犄角"——触角！我们知道，昆虫头上都长着触角，只是不同种类的昆虫有着不同形态的触角而已。

形形色色的昆虫触角虽然很不起眼，却在昆虫的生活中起着相当重要的作用。例如蝴蝶的聚会、蜜蜂的采蜜、蚂蚁的聚集、苍蝇的逐臭等现象，无一不是依靠触角的作用。触角就是昆虫灵敏的"鼻子"。

触角为什么能闻到气味呢？原来触角上分布着许许多多能辨别气味的嗅觉器。据动物学家研究，蜂王的每个触角上有2000多个嗅觉器，工蜂有6000多个，雄蜂有3000多个；雄金龟子的每个触角上有4万多个嗅觉器……昆虫的嗅觉器如此之多，难怪昆虫的触角要比人的鼻子灵敏亿万倍啊！

触角除了有嗅觉功能外，有的还具有触觉、听觉等功能。像蟑螂，如果你在它探头探脑觅食时，轻轻地碰一下它那细长的触角，它便会立即逃掉；雄蚊子凭着触角，能听到雌蚊子发出的声音，找到雌蚊子在哪里呼唤；水龟虫则用触角来帮助呼吸……

仿生学家们也因此受到启迪。他们模拟触角的特点，制造出现代化的精密仪器。如装置在宇宙飞船座舱里的一种仪器，能及时发出警报，以避免事故的发生。看来，昆虫小小的触角里大有学问啊！

〔简评〕本文借用项羽自刎的故事，引出了本文的说明对象——昆虫的触角的功能。增强了文章的趣味性。

（四）综合训练

核心技能

口语训练

口语训练的要求是突出口语化的特点。其要求是多用日常用语，少用书面用语。说话时，语句的形态的表现为简约和松散。简约，是指说话时短句多，省略句多（省略主语、谓语、介词等），修饰语少，尤其是多层次、较长的修饰语。

例如：

昨天，小王买了一件蓝颜色的特别合体的西服。（书面语）

昨天，小王买了一件蓝色的西服，特别合体。（口语）

双核训练

1. 复述下面的文章。

要求：

（1）说明顺序不能改变，复述时，尽量将书面语言改成日常口语。

（2）发音准确，吐字清晰、响亮，说话要连贯，语调要自然。

例文：

神奇燕子洞

南方北方的溶洞，我看过许多处，觉得唯有云南建水县的燕子洞独具特色。

洞内景观分水旱两路，水路可有碧流的泸江穿洞而过，洞中许多熔岩形成的生动形象，姿态万千地展现在灯光之中，让人看得眼花缭乱。旱路有一条绝壁长廊，藏有不少碑文石刻，还有一处天然舞厅，五六十人翩翩起舞是绰绰有余的。

常年歌舞在洞中，劳作在洞中的是那许多呢喃穿飞的燕子，它们辛辛苦苦把窝巢建筑在悬崖绝壁，这一向被人们称之为神奇的景观。

燕子的巢便是山珍美味中的燕窝，与熊掌、鱼翅享有同等声誉。燕窝所以贵重，除其营养价值外，还在于其少，更在于其难采，所以到燕子洞参观的人，最难得的机缘是观看采燕窝。每年春分时节，燕子纷纷飞归洞中，为了保护燕子繁衍，一直到入秋是不允许采燕窝的，入秋后新一代小燕飞去暖和地方过冬，采燕窝的活动才开始。采燕窝要靠人矫健的手脚，在五十多米高的悬崖绝壁间攀缘，抬手动足都随时有险情发生，观看的人也都为采燕窝的人捏着一把汗。

采集高手一天能采五公斤燕窝，他们说，那艰险自己也担一份心呢！不过需要的是大胆细心、镇定。采燕窝的绝技，一代代地传下来了，可真是一方水土养一方人啊。

采下燕窝之后，要经过加工才能成为佳品。如今来燕子洞的游人可以品尝到燕窝稀粥，在这里，贵重的燕窝已经是一种普及的食品了。

我赞美燕窝，赞美采燕窝人的勇敢和高超技巧，然而，我更加赞美建窝筑巢的那些不辞辛劳又具有奉献精神的燕子。

（钦文《神奇燕子洞》，《北京日报》1994.1.30，共529字。）

2. 将下文改为对话体，对于"大蒜"的有关知识，采用一问一答的对话方式表达出来。

要求：提问清楚、具体；回答流利、全面，不能有内容遗漏。

大蒜的魔力

从植物学角度看，大蒜毫无特别之处。它属于百合科，只要温度适合，水分充足，就能生长。但在人类历史上，它在饮食和烹调上占有一席之地，在人类社会生活中，它的神奇魔力还起过十分重要的影响。

历史上最早嗜蒜成癖的人是4500多年前的巴比伦的一位国王。据记载，他曾下令为皇宫厨房进贡蒲式耳大蒜，以满足饮食之乐。从那时起，大蒜就和人类结下了不解之缘。除了使饮食更有风味之外，人们还用蒜汁涂身和擦洗婴儿；把它作为陪葬品埋入死者坟墓中；串起来挂在脖子上，戴在鞋上或挂在室内墙壁上；甚至把它当圣物顶礼膜拜。

在古代埃及，人们认为大蒜是力量的象征和源泉。在平民坟墓中都要放入用白色陶土制成的大蒜模型。人们曾在法老图唐卡门的金色墓室中发现六瓣大蒜。据说，法老胡夫在修建大金字塔时，民工们曾因大蒜供应中断而罢工，结果这位法老花费了1600塔伦特（一种重量单位）的黄金购买大蒜以使工程继续进行下去。

确实，从大蒜和人类生活发生联系以来，人们就确信，这种具有辛辣气味的植物一定有某种特殊的魔力。古罗马军队曾用食大蒜的方法增强战斗力；古希腊奥林匹克运动会的运动员们用吃大蒜来增强耐力和斗志。直到今天，叙利亚的农民在收获的季节，大蒜都是必不可少的食品。他们相信，能使他们胜任艰苦的收获劳动的动力来自于自然。

在人类医学史上，大蒜也具有独特的魔力。事实上，没有任何一种其他植物在如此漫长的历史中作为医疗手段医治过那么多人类的疾病。

古罗马博学多才的学者普林尼曾提出 61 种大蒜处方治疗各种疾病，包括蛇伤、痔疮、溃肠、气喘、惊厥、痉挛和普通感冒。公元五世纪印度的巫医们曾用大蒜改进嗓音和智力。中世纪波斯人用大蒜促进血液循环。何时何地，当发生霍乱时，人们把大蒜作为治疗和预防它的食物。直到最近的 1973 年意大利那不勒斯发生霍乱时，大蒜仍然起着这种作用。随着医学的发展，现代医生们更加了解和相信大蒜的医疗价值。大蒜汁是良好的抗菌药物。在第二次世界大战中，军医们在战地上，都把大蒜汁当作防止脓毒性中毒症和坏疽症的药物。1954 年苏联一位科学家证实，蒜汁能在三分钟内杀死培养基中的全部细菌。印度一位昆虫学家发明了一种合成大蒜油，能杀死五种蚊子的幼虫，包括传播疟疾、黄热病、象皮病和脑炎的蚊子。这种蒜油对于家蝇、毛毛虫、蚜虫的杀虫率极高，是优良的杀虫剂。

当然，对于大多数人来说，大蒜的魔力还在于饮食和烹调上，长久以来，在西欧、地中海一带以及整个东南亚，大蒜都是人们日常生活中不可缺少的食品。有些人讨厌它的味。近年来，日本培育出一种无辛辣气味的新品种大蒜，这使它在人们生活领域中又扩大了应用范围。

法国一位著名食谱家曾说，可以毫不夸张地讲，从地理上看，哪里用大蒜烹调，哪里就开始有了和平和幸福。他认为，对于人的生存来说，大蒜是仅次于土地、空气、火和水的第五位重要因素。这种说法虽然有些言过其实，但却道出了大蒜爱好者的真实感受。

3. 任选一题，进行口语训练。

（1）介绍你所熟悉的一人、一物、一景或介绍一种东西的制作过程。

（2）介绍一种你所熟悉的药品。

（3）介绍我的家乡、学校、家庭。

要求：

①抓住人或物的特征，给人以深刻的印象。

②把握好说明顺序，给人以条理清晰、内容完整的印象。

③恰当地使用各种说明方法，驾驭好说明的语言，在准确的同时，尽量做到生动、形象、风趣、幽默，增强表达的吸引力。

④发音准确，吐字清晰、响亮，说话要连贯，语调要自然。

⑤体现出口语话的特点——多用日常用语，少用书面语言。

⑥时间限定在 3 分钟左右。

4. 写作训练。

练习写说明文：

（1）《我家的房间布置》。

（2）《一味小菜的制作过程》。

（3）介绍你熟悉的物品。

（4）介绍你喜欢的一种动物。

（5）介绍一本书刊、一篇文章。

例文

请你认识大白鲨

全世界各地的海洋中生活着大约350种鲨鱼，它已在我们这个星球上生存了3亿多年。在所有的鲨鱼中，大白鲨个儿最大、最凶猛、最为矫健有力，没有任何海洋动物敢与大白鲨为敌。

生物学家认为，大白鲨可以长到7.61米长，寿命达20年。刚生下来的大白鲨幼鱼约1.06米，出生的当天就会自己捕食。雌大白鲨成年时长4.84米，体重达1360～2721千克。渔民因渔网被凶悍的大白鲨撞破扯烂而一无所获的事时有发生。

大白鲨是典型的肉食动物。幼小的大白鲨捕食鱼类，身体长到2.74～3.65米时，转而捕食海洋中比鱼类个子大的海豹、海狮之类的哺乳动物。捕食时，大白鲨往往先在猎物四周慢吞吞地游来游去兜圈子；然后悄然沉下海底，将身子隐蔽在礁石之间。觑准时机，猛然闪电般向上直扑猎物的腹部或尾部，刀锋似的利齿将猎物咬成几块，三口两口就把猎物吞进了肚里。

大白鲨的表皮覆盖着一排排叫做真皮齿的尖利鳞片，每个鳞片犹如一粒细小的利牙，鱼皮表面像砂纸那般粗硬。高速游动的大白鲨如果擦碰到人体，人的肌肤会被割划得皮开肉绽。

大白鲨的体温比周围水温高6℃。据科学测算，肌肉温度每提高5℃，肌肉的收缩力便增加2倍。这是大白鲨反应神速、肌肉爆发力强大的主要原因。

大白鲨的鼻孔上边有一系列感觉小孔，这些小孔能灵敏地探测到猎物发出的微弱电磁场，因此大白鲨能百发百中捕获猎物。通过鼻上小孔，大白鲨还能依据地球电磁场，在漆黑一片的海底游动时丝毫不差地把准方向。大白鲨游动时，将上下颚收缩在鼻子下边，使头部成流线型，以减少水的阻力。

大白鲨是海洋生物链中必不可少的一环，它起着控制海洋中某些哺乳动物数量的作用，吃掉其中的老弱病残者，促进生存竞争。另外，大白鲨还吞食海洋中的动物尸体，清洁海洋。可惜的是，体态优美的大白鲨由于受到误解，被人类大量捕杀，数量急剧减少，现在已被世界动物保护组织列入了濒危动物名单。

文章介绍的没有任何海洋动物敢与之为敌的大白鲨，无疑给我们留下了深刻的印象，之所以产生这样的效果，就是因为抓住了大白鲨的特点：①大白鲨个儿最大。②最凶猛、最为矫健有力（刀锋似的利齿、尖利鳞片、反应神速、肌肉爆发力强大、灵敏的小孔）。所以抓住了事物的特征，就等于抓住了文章的关键。

家常菜谱——水煮鱼

水煮鱼是人们非常喜食的一道菜，其口感特点是肉味鲜美，辣中带香，油而不腻，味道醇厚，备受青睐。现将制作方法介绍如下：

材料准备：

主料：

1. 去鳞去鳍尾草鱼一条，2.5～3.5 斤（爱吃鱼头者也可用胖头鱼）；

2. 一斤黄豆芽（用开水焯到八成熟待用）；

3. 一小袋榨菜；

4. 两头大蒜剥好斩去根部待用（要用刀面拍两下）；

5. 一块去皮姜切片（约 50mm 见方大小）；

6. 花椒和干辣椒适量；

7. 色拉油一碗。

材料加工：

1. 将鱼头剁下，并从中分两半；

2. 将鱼身平放用锋利的刀平着将两大片鱼肉和鱼排分开；

3. 继续将两大片鱼肉片成适量的鱼片；

4. 将鱼排分为三四段与鱼头放一起备用；

5. 将鱼片内放一个蛋清（只要蛋清），少许盐，干淀粉和料酒，拌匀（最好用手抓匀）。

制作程序：

1. 将一小碗色拉油、所有花椒和辣椒倒入锅内，用小火慢炸；

2. 在辣椒变色后，用铲子捞出一半的油和花椒、辣椒，备用；

3. 将火开大，放入拍好的蒜瓣儿和姜片儿，出香味后，将鱼头鱼排入锅；

4. 翻炒两下，倒入料酒约一小碗，盐半调羹，加沸水三四碗；

5. 等鱼头汤沸腾出味，将鱼片一片一片平放到出水滚的汤中；

6. 鱼片会熟的很快，出锅前放入适量鸡精，白胡椒粉和椒盐粉。

盛盆：

1. 一定要用够大的盆（也可考虑用电火锅），盆中放着已焯好的黄豆芽和榨菜；

2. 将鱼片一系列汤汤水水倒入此盆；

3. 最后将那半碗捞出的辣椒和油倒在上面。

参考书：全国高等职业技术教育卫生部规划教材《语文》上册

新浪天天美食（健康饮食网）新浪。

第三节 戏剧赏析

你了解戏剧小常识吗？

戏剧是一种"综合艺术"，是话剧、歌剧、舞剧、广播剧、电视剧、戏曲等剧本的总称，有时也专称话剧剧本。中国戏剧至唐代略具雏形，成熟于宋代。它通常包括两个部分：一是舞台提示，包括时间、地点、人物动作、心理情绪等的说明；二是人物台词，包括独白、对白、旁白等。本章节是以学生了解戏剧为主，培养其兴趣，掌握戏剧的基本知识，最终达到能编写和表演简单的课本剧为目的。

戏剧概要

戏剧作为人类文化的一个组成部分，起源于古代的祭祀性歌舞。其演出是一种时间和空间相融、受舞台法则制约的特殊的集体艺术。戏剧的形态兼有多种的艺术成分，包括文学、音乐、绘画、雕塑、建筑、舞蹈等，是一种综合文学、舞蹈、音乐等艺术手段，在舞台上由演员扮演角色，表演故事情节，表达作者思想感情，反映社会生活的综合性艺术。

戏剧根据不同的分类标准，可分为多幕剧、独幕剧；话剧、歌剧、舞剧、戏曲（京剧）等，我们重点要学习的是话剧。它的基本特点如下：

第一，舞台性。古今中外的话剧演出都是借助于舞台完成的，舞台有各种样式，目的有二：一是，利于演员表演剧情；二是，利于观众从各个角度欣赏。

第二，直观性。话剧首先是以演员的姿态、动作、对话、独白等表演，直接作用于观众的视觉和听觉；并用化妆、服饰等手段进行人物造型，使观众能直接观赏到剧中人物形象的外貌特征。

第三，综合性。话剧是一种综合性的艺术，其特点是与在舞台上塑造具体艺术形象、向观众直接展现社会生活情景的需要相适应的。

第四，对话性。话剧区别于其他剧种的特点是：通过大量的舞台对话再现剧情、塑造人物和表达主题的。其中有人物独白，有观众对话，在特定的时空内完成戏剧内容。

它的基本要素是戏剧冲突，通过生动、丰富的情节，塑造各种典型人物，再现社会生活。其结构在时空方面既高度集中又自由灵活。人物语言含蓄、精炼，并带有强烈的动作性。

一、牡丹亭（节选）

汤显祖[1]

核心知识

自读提示

汤显祖的浪漫主义戏剧《牡丹亭》成功塑造了杜丽娘这样一个反对封建礼教、追求自由幸福的典型形象。本文主要是刻画杜丽娘的内心世界，在她走出深闺之前，她不知道"春色如许"，当她来到园中，领略了"姹紫嫣红"的春色，也就象征着她的青春的觉醒。自读时，仔细体会作者是如何通过描写人物外貌、语言和行动来显示人物的内心世界；又是如何通过景物描写来烘托人物情感。

游　园

【绕池游】（旦上）梦回莺啭，乱煞年光遍。人立小庭深院。（贴）炷尽沉烟[2]，抛残绣线[3]，恁今春关情似去年[4]？

[乌夜啼]"（旦）晓来望断梅关，宿妆残[5]。（贴）你侧着宜春髻子恰凭阑。（旦）翦不断，理还乱，闷无端。（贴）已分付催花莺燕借春看。"（旦）春香，可曾叫人扫除花径？（贴）分付了。（旦）取镜台衣服来。（贴取镜台衣服上）"云髻罢梳还对镜，罗衣欲换更添香。"镜台衣服在此。

[步步娇]（旦）袅晴丝[6]吹来闲庭院，摇漾春如线。停半晌、整花钿。没揣菱花[7]，偷人半面，迤逗的彩云偏[8]。（行介）步香闺怎便把全身现！（贴）今日穿插[9]的好。

[醉扶归]（旦）你道翠生生出落的裙衫儿茜，艳晶晶花簪八宝填，可知我常一生儿爱好是天然[10]。恰三春好处无人见。不堤防沉鱼落雁鸟惊喧，则怕的羞花闭月花愁颤。（贴）早茶时了，请行。（行介）你看："画廊金粉半零星，池馆苍苔一片青。踏草怕泥新绣袜，惜花疼煞小金铃。"（旦）不到园林，怎知春色如许！

[皂罗袍]原来姹紫嫣红开遍，似这般都付与断井颓垣。良辰美景奈何天，赏心乐事谁家院！恁般景致，我老爷和奶奶再不提起。（合）朝飞暮卷，云霞翠轩；雨丝风片，烟波画船——锦屏人忒看的这韶光贱[11]！（贴）是花都放了，那牡丹还早。

[好姐姐]（旦）遍青山啼红了杜鹃[12]，荼蘼外烟丝醉软[13]。春香啊，牡丹虽好，他春归怎占的先！（贴）成对儿莺燕啊。（合）闲凝眄[14]，生生燕语明如翦，呖呖莺歌溜的圆。（旦）去罢。（贴）这园子委是观之不足也。（旦）提他怎的！（行介）

【隔尾】观之不足由他缱[15]，便赏遍了十二亭台是枉然。到不如兴尽回家闲过遣。（作到介）（贴）"开我西阁门，展我东阁床。瓶插映山紫，炉添沉水香。"小姐，你歇息片时，俺瞧老夫人去也。（下）（旦叹介）"默地游春转，小试宜春面。"春啊，得和你两留连，春去如何遣？咳，恁般天气，好困人也。春香那里？（作左右瞧介）（又低首沉吟介）天呵，春色恼人，信有之乎！常观诗词乐府，古之女子，因春感情，遇秋成恨，诚不谬矣。吾今年已二八，未逢折桂之夫；忽慕春情，怎得蟾宫之客？昔日韩夫人得遇于郎[16]，张生偶逢崔氏[17]，曾有《题红记》、《崔徽传》二书。此佳人才子，前以密约偷期，后皆得成秦晋。（长叹介）吾生于宦族，长在名门。年已及笄[18]，不得早成佳配，诚为虚度青春，光阴如过隙耳。（泪介）可惜妾身颜色如花，岂料命如一叶乎！

[1] 汤显祖（1550—1616），字义仍，号海若、若士、清远道人，江西临川人，明代杰出的戏曲家。戏曲代表作为"临川四梦"（又名"玉茗堂四梦"），包括《牡丹亭》（又名《还魂记》）、《紫钗记》、《邯郸记》、《南柯记》。《牡丹亭》是汤显祖的代表作，也是我国戏曲史上浪漫主义的杰作。共五十五出，作品通过杜丽娘和柳梦梅生死离合的爱情故事，写杜丽娘为追求爱情因梦而死，死后因得到爱情而生的过程，热情歌颂了反对封建礼教、追求自由幸福的爱情和强烈要求个性解放的精神。本文选自《牡丹亭》第十出《惊梦》前半部。旦扮杜丽娘，贴扮春香。[2] [炷尽沉烟] 炷，作动词用，燃烧；沉烟，点燃的沉香。这句是说沉香燃尽。[3] [抛残绣线] 指没做完的针线活被抛在一边。[4] [恁今春关情似去年] 恁（rèn），怎么；关情，动心，牵动情怀。这句意为，怎么今年春天比去年更牵动我的情怀呢？[5] [晓来望断梅关，宿妆残] 望断，一直望到尽头，表示望的时间久长；宿妆残，还残留着昨天的妆容。这句的意思是，一早起来就眼巴巴地望着梅关，一直望到尽头。（杜丽娘生活在江西，柳梦梅从广东过来，须经过梅关，这里实际上是一个伏笔，有暗示作用。）[6] [晴丝] 游丝、飞丝，虫类所吐的丝缕，常在空中飘游。"晴"与"情"、"丝"与"思"谐音，"晴丝"语意双关。[7] [没揣菱花] 没揣（chuǎi），没料到；菱花，指镜子。[8] [迤（tuó）逗的彩云偏] 迤逗，意为挑逗、引惹；彩云偏，是指头上的发髻偏向一边。[9] [穿插] 穿戴，打扮。[10] [爱好] 犹言爱美。"天然"，天性使然。意谓爱美是我一生天性使然。[11] [锦屏人] 指深闺中人。韶光，春光，也指自己年华。[12] [啼红了杜鹃] 开遍了红色的杜鹃花。这里借用"杜鹃啼血"的典故，渲染浓郁的感伤气氛。[13] [荼蘼] 一种晚春开花的落叶小灌木。"烟丝醉软"是指柳丝飘荡。[14] [闲凝眄] "闲"，徒然地；"眄"是斜着眼睛看。[15] [缱] 留恋、牵绻。[16] [韩夫人得遇于郎] 唐僖宗时，宫女韩氏以红叶题诗，从御沟中流出，被于佑拾到。于佑也以红叶题诗，投入上流，寄给韩氏。后来两人结为夫妇。[17] [张生偶逢崔氏] 即张生和崔莺莺的故事。[18] [及笄] 古代女子十五岁开始以笄（簪）束发，叫及笄。

隐形翅膀

【牡丹亭与昆曲】

昆曲是我国的古老剧种，联合国教科文组织宣布昆曲为世界首批"人类口头遗产和非物质遗产代表作"，始于元代末年的江苏昆山一带，已有五百余年的历史。在历史的演变过程中，曾经有"昆山腔"（简称"昆腔"）、"昆调"、"昆曲"、"南曲"、"南音"、"雅部"等各种不同的名称。一般而言，着重表达戏曲声腔时用昆山腔，表达乐曲、尤其是脱离舞台的清唱时用昆曲，而将指表演艺术的戏曲剧种，则称做昆剧。

昆曲的剧目丰富，剧本文词典雅华美，文学性很高。昆曲成为明清两代拥有最多作家和作品的第一声腔剧种。昆曲的音乐曲牌、表演舞蹈对其他剧种影响很大，它对京剧和川剧、湘剧、越剧、黄梅戏等许多剧种的形成和发展都有过直接的影响，这也就是人们常常把昆剧称为"百戏之祖、百戏之师"的原因。

昆剧历史悠久，典雅精致，经过明清两代的发展，达到了高峰，此后逐渐衰落，就在昆剧表演极度低迷之时，《牡丹亭》的上演扭转了这种局面，所以有人说："一出戏救活了一个剧种。"

小 结

明传奇《牡丹亭》通过杜丽娘和柳梦梅生死离合的爱情故事，热情歌颂了反对封建礼教、追求自由幸福的爱情和强烈要求个性解放的精神。艺术上的最大特色是浪漫主义，通过"梦而死"、"死而生"的幻想情节表现了理想和现实的矛盾，以"情教"反对"理教"。用丰富的层次和多样的手段来刻画人物心理。

双核训练

一、填空题

1. 《惊梦》选自明代戏曲家（　　　　）的传奇作品《　　　　》。
2. 《　　　　》、《紫钗记》、《邯郸记》、《　　　　》四部作品合称"＿＿＿＿＿＿"，又称"玉茗堂四梦"。
3. （　　　　）吹来闲庭院，摇漾春如线。

二、思考题

杜丽娘形象的主要特点是什么？

二、雷 雨（第二幕）[1]

曹 禺

核心知识

研读导学

《雷雨》是曹禺的处女作，也是成名之作。本课节选的是其第二幕中间的两场戏。当侍萍去周公馆接女儿四凤回家时，与周朴园不期而遇。于是，展开了周、鲁两家激烈尖锐的矛盾冲突。剧情跌宕起伏，人物语言具有鲜明的个性特征和丰富的内涵。我们在分析周朴园、鲁侍萍、周萍、鲁大海之间矛盾冲突的同时，重点掌握周朴园这一人物形象。

午饭后天气更阴沉，更郁热，低沉潮湿的空气，使人异常烦躁[2]……

周朴园　（点着一支吕宋烟[3]，看见桌上的雨衣，向侍萍）这是太太找出来的雨衣么？

鲁侍萍　（看着他）大概是的。

周朴园　不对，不对，这都是新的。我要我的旧雨衣，你回头跟太太说。

鲁侍萍　嗯。

周朴园　（看她不走）你不知道这间房子底下人不准随便进来吗？

鲁侍萍　不知道，老爷。

周朴园　你是新来的下人？

鲁侍萍　不是的，我找我的女儿来的。

周朴园　你的女儿？

鲁侍萍　四凤是我的女儿。

周朴园　那你走错屋子了。

鲁侍萍　哦。——老爷没有事了？

周朴园　(指窗) 窗户谁叫打开的？

鲁侍萍　哦。(很自然地走到窗前，关上窗户，慢慢地走向中门)。

周朴园　(看她关好窗门，忽然觉得她很奇怪) 你站一站。

　　　　侍萍停。

周朴园　你——你贵姓？

鲁侍萍　我姓鲁。

周朴园　姓鲁。你的口音不像北方人。

鲁侍萍　对了，我不是，我是江苏的。

周朴园　你好像有点无锡口音。

鲁侍萍　我自小就在无锡长大的。

周朴园　(沉思) 无锡？嗯，无锡，(忽而) 你在无锡是什么时候？

鲁侍萍　光绪二十年，离现在有三十多年了。

周朴园　哦，三十年前你在无锡？

鲁侍萍　是的，三十多年前，那时候我记得我们还没有用洋火呢。

周朴园　(沉思) 三十多年前，是的，很远啦，我想想，我大概是二十多
　　　　岁的时候。那时候我还在无锡呢。

鲁侍萍　老爷是那个地方的人？

周朴园　嗯，(沉吟) 无锡是个好地方。

鲁侍萍　哦，好地方。

周朴园　你三十年前在无锡吗？

鲁侍萍　是，老爷。

周朴园　三十年前，在无锡有一件很出名的事情——

鲁侍萍　哦。

周朴园　你知道吗？

鲁侍萍　也许记得，不知道老爷说的是哪一件？

周朴园　哦，很远了，提起来大家都忘了。

鲁侍萍　说不定，也许记得的。

周朴园　我问过许多那个时候到过无锡的人，我也派人到无锡打听过。
　　　　可是那个时候在无锡的人，到现在不是老了就是死了。活着的
　　　　多半是不知道的，或者忘了。不过也许你会知道。三十年前在
　　　　无锡有一家姓梅的。

鲁侍萍　姓梅的？

周朴园　梅家的一个年轻小姐，很贤惠，也很规矩。有一天夜里，忽然

地投水死了。后来，后来，——你知道吗？

鲁侍萍　不敢说。

周朴园　哦。

鲁侍萍　我倒认识一个年轻的姑娘姓梅的。

周朴园　哦？你说说看。

鲁侍萍　可是她不是小姐，她也不贤惠，并且听说是不大规矩的。

周朴园　也许，也许你弄错了，不过你不妨说说看。

鲁侍萍　这个梅姑娘倒是有一天晚上跳的河，可是不是一个。她手里抱着一个刚生下三天的男孩。听人说她生前是不规矩的。

周朴园　(苦痛) 哦！

鲁侍萍　她是个下等人，不很守本分的。听说她跟那时周公馆的少爷有点不清白，生了两个儿子。生了第二个，才过三天，忽然周少爷不要她了。大孩子就放在周公馆，刚生的孩子她抱在怀里，在年三十夜里投河死的。

周朴园　(汗涔涔[4]地) 哦。

鲁侍萍　她不是小姐，她是无锡周公馆梅妈的女儿，她叫侍萍。

周朴园　(抬起头来) 你姓什么？

鲁侍萍　我姓鲁，老爷。

周朴园　(喘出一口气，沉思地) 侍萍，侍萍，对了。这个女孩子的尸首，说是有一个穷人见着埋了。你可以打听到她的坟在哪儿吗？

鲁侍萍　老爷问这些闲事干什么？

周朴园　这个人跟我们有点亲戚。

鲁侍萍　亲戚？

周朴园　嗯，——我们想把她的坟墓修一修。

鲁侍萍　哦，——那用不着了。

周朴园　怎么？

鲁侍萍　这个人现在还活着。

周朴园　(惊愕) 什么？

鲁侍萍　她没有死。

周朴园　她还在？不会吧？我看见她河边上的衣服，里面有她的绝命书。

鲁侍萍　她又被人救活了。

周朴园　哦，救活啦？

鲁侍萍　以后无锡的人是没见着她，以为她那夜晚死了。

周朴园　那么，她呢？

鲁侍萍　一个人在外乡活着。

周朴园　那个小孩呢？

鲁侍萍　也活着。

周朴园　(忽然立起) 你是谁？

鲁侍萍　我是这儿四凤的妈，老爷。

周朴园　哦。

鲁侍萍　她现在老了，嫁给一个下等人，又生了个女孩，境况很不好。

周朴园　你知道她现在在哪儿？

鲁侍萍　我前几天还见着她！

周朴园　什么？她就在这儿？此地？

鲁侍萍　嗯，就在此地。

周朴园　哦！

鲁侍萍　老爷，您想见一见她吗？

周朴园　（连忙）不，不，不用。

鲁侍萍　她的命很苦。离开了周家，周家少爷就娶了一位有钱有门第的小姐。她一个单身人，无亲无故，带着一个孩子在外乡，什么事都做：讨饭，缝衣服，当老妈子，在学校里伺候人。

周朴园　她为什么不再找到周家？

鲁侍萍　大概她是不愿意吧。为着她自己的孩子，她嫁过两次。

周朴园　嗯，以后她又嫁过两次。

鲁侍萍　嗯，都是很下等的人。她遇人都很不如意，老爷想帮一帮她吗？

周朴园　好，你先下去吧。

鲁侍萍　老爷，没有事了？（望着朴园，泪要涌出）

周朴园　啊，你顺便去告诉四凤，叫她把我樟木箱子里那件旧雨衣拿出来，顺便把那箱子里的几件旧衬衣也捡出来。

鲁侍萍　旧衬衣？

周朴园　你告诉她在我那顶老的箱子里，纺绸的衬衣，没有领子的。

鲁侍萍　老爷那种绸衬衣不是一共有五件？您要哪一件？

周朴园　要哪一件？

鲁侍萍　不是有一件，在右袖襟上有个烧破的窟窿，后来用丝线绣成一朵梅花补上的？还有一件——

周朴园　（惊愕）梅花？

鲁侍萍　旁边还绣着一个萍字。

周朴园　（徐徐立起）哦，你，你，你是——

鲁侍萍　我是从前伺候过老爷的下人。

周朴园　哦，侍萍？（低声）是你？

鲁侍萍　你自然想不到，侍萍的相貌有一天会老得连你都不认识了。
　　　　　周朴园不觉地望望柜上的相片，又望侍萍。半晌。

周朴园　（忽然严厉地）你来干什么？

鲁侍萍　不是我要来的。

周朴园　谁指使你来的？

鲁侍萍　（悲愤）命，不公平的命指使我来的！

周朴园　（冷冷地）三十年的工夫你还是找到这儿来了。

鲁侍萍　（怨愤）我没有找你，我没有找你，我以为你早死了。我今天没想到到这儿来，这是天要我在这儿又碰见你。

周朴园　你可以冷静点。现在你我都是有子女的人。如果你觉得心里有委屈，这么大年纪，我们先可以不必哭哭啼啼的。

鲁侍萍　哼，我的眼泪早哭干了，我没有委屈，我有的是恨，是悔，是三十年一天一天我自己受的苦。你大概已经忘了你做的事了！三十年前，过年三十的晚上我生下你的第二个儿子才三天，你为了要赶紧娶那位有钱有门第的小姐，你们逼着我冒着大雪出去，要我离开你们周家的门。

周朴园　从前的旧恩怨，过了几十年，又何必再提呢？

鲁侍萍　那是因为周大少爷一帆风顺，现在也是社会上的好人物。可是自从我被你们家赶出来以后，我没有死成，我把我的母亲可给气死了，我亲生的两个孩子你们家里逼着我留在你们家里。

周朴园　你的第二个孩子你不是已经抱走了么？

鲁侍萍　那是你们老太太看着孩子快死了，才叫我带走的。
　　　　（自语）哦，天哪，我觉得我像在做梦。

周朴园　我看过去的事不必再提了吧。

鲁侍萍　我要提，我要提，我闷了三十年了！你结了婚，就搬了家，我以为这一辈子也见不着你了；谁知道我自己的孩子偏偏要跑到周家来，又做我从前在你们家里做过的事。

周朴园　怪不得四凤这样像你。

鲁侍萍　我伺候你，我的孩子再伺候你生的少爷们。这是我的报应，我的报应。

周朴园　你静一静。把脑子放清醒点。你不要以为我的心是死了，你以为一个人做了一件于心不忍的事就会忘了吗？你看这些家具都是你从前顶喜欢的东西，多少年我总是留着，为着纪念你。

鲁侍萍　（低头）哦。

周朴园　你的生日——四月十八——每年我总记得。一切都照着你是正式嫁过周家的人看，甚至于你因为生萍儿，受了病，总要关窗户，这些习惯我都保留着，为的是不忘你，弥补我的罪过。

鲁侍萍　（叹一口气）现在我们都是上了年纪的人，这些话请你也不必说了。

周朴园　那更好了。那么我们可以明明白白地谈一谈。

鲁侍萍　不过我觉得没有什么可谈的。

周朴园　话很多。我看你的性情好像没有大改，——鲁贵像是个很不老实的人。

鲁侍萍　你不要怕。他永远不会知道的。

周朴园　那双方面都好。再有，我要问你的，你自己带走的儿子在哪儿？

鲁侍萍　他在你的矿上做工。

周朴园　我问，他现在在哪儿？

鲁侍萍　就在门房等着见你呢。

周朴园　什么？鲁大海？他！我的儿子？

鲁侍萍　就是他！他现在跟你完完全全是两样的人。

周朴园　（冷笑）这么说，我自己的骨肉在矿上鼓动罢工，反对我！

鲁侍萍　你不要以为他还会认你做父亲。

周朴园　（忽然）好！痛痛快快的！你现在要多少钱吧！

鲁侍萍　什么？

周朴园　留着你养老。

鲁侍萍　（苦笑）哼，你还以为我是故意来敲诈你，才来的吗？

周朴园　也好，我们暂且不提这一层。那么，我先说我的意思。你听着，鲁贵我现在要辞退的。四凤也要回家。不过——

鲁侍萍　你不要怕，你以为我会用这种关系来敲诈你吗？你放心，我不会的。大后天我就带着四凤回到我原来的地方。这是一场梦，这地方我绝对不会再住下去。

周朴园　好得很，那么一切路费、用费，都归我担负。

鲁侍萍　什么？

周朴园　这于我的心也安一点。

鲁侍萍　你？（笑）三十年我一个人都过了，现在我反而要你的钱？

周朴园　好，好，好，那么，你现在要什么？

鲁侍萍　（停一停）我，我要点东西。

周朴园　什么？说吧。

鲁侍萍　（泪满眼）我——我——我只要见见我的萍儿。

周朴园　你想见他？

鲁侍萍　嗯，他在哪儿？

周朴园　他现在在楼上陪着他的母亲看病。我叫他，他就可以下来见你。不过是——（顿）他很大了，——（顿）并且他以为他母亲早就死了的。

鲁侍萍　哦，你以为我会哭哭啼啼地叫他认母亲吗？我不会那样傻的。我明白他的地位，他的教育，不容他承认这样的母亲。这些年我也学乖了，我只想看看他，他究竟是我生的孩子。你不要怕，我就是告诉他，白白地增加他的烦恼，他也是不愿意认我的。

周朴园　那么，我们就这样解决了。我叫他下来，你看一看他，以后鲁家的人永远不许再到周家来。

鲁侍萍　好，我希望这一生不要再见你。

周朴园　（由衣内取出支票，签好）很好，这是一张五千块钱的支票，你可以先拿去用。算是弥补我一点罪过。

　　　　侍萍接过支票，把它撕了。

周朴园　侍萍。

鲁侍萍　我这些年的苦不是你拿钱算得清的。

周朴园　可是你——

　　　　外面争吵声，大海的声音："让开，我要进去。"三四个男仆声："不成，不成，老爷睡觉呢。"

周朴园　（走至中门）来人！

仆人由中门进。

周朴园　谁在吵？

仆　人　就是那个工人鲁大海！他不讲理，非见老爷不可。

周朴园　哦。(沉吟)那你就叫他进来吧。等一等，叫人到楼上请大少爷下来，我有话问他。

仆　人　是，老爷。(由中门下)

周朴园　(向侍萍)侍萍，你不要太固执。这一点钱你不收下将来你会后悔的。

　　　　侍萍望着周朴园，一句话也不说。

　　　　仆人领大海进。大海站在左边，三四个仆人立一旁。

鲁大海　(见侍萍)妈，您还在这儿？

周朴园　(打量大海)你叫什么名字？

鲁大海　你不要同我摆架子，难道你不知道我是谁吗？

周朴园　我只知道你是罢工闹得最凶的工人。

鲁大海　对了，一点儿也不错，所以才来拜望拜望你。

周朴园　你有什么事吧？

鲁大海　董事长当然知道我是为什么来的。

周朴园　(摇头)我不知道。

鲁大海　我们老远从矿上来，今天我又在你府上门房里从早上六点钟一直等到现在，我就是要问问董事长，对于我们工人的条件，究竟是答应不答应？

周朴园　哦，——那么，那三个代表呢？

鲁大海　我跟你说吧，他们现在正在联络旁的工会呢。

周朴园　哦，——他们没有告诉你旁的事情吗？

鲁大海　告诉不告诉于你没有关系。——我问你，你的意思，忽而软，忽而硬，究竟是怎么回事？

　　　　周萍由饭厅上，见有人，想退回。

周朴园　(看周萍)不要走，萍儿(望了一下侍萍。)

周　萍　是，爸爸。

周朴园　(指身侧)你站在这儿，(向大海)你这么只凭意气是不能交涉事情的。

鲁大海　哼，你们的手段，我都明白。你们这样拖延时候，不过是想花钱收买少数不要脸的败类，现时把我们骗在这儿。

周朴园　你的见地(见解。)也不是没有道理。

鲁大海　可是你完全错了。我们这次罢工是团结的，有组织的，我们代表这次来，并不是来求你们。你听清楚，不求你们，你们答应就答应；不答应，我们一直罢工到底，我们知道你们不到两个月整个地就要关门的。

周朴园　你以为你们那些代表们，那些领袖们都可靠吗？

鲁大海　至少比你们只认识洋钱的结合要可靠得多。

周朴园　那么我给你一件东西看。

　　　　周朴园在桌上找电报，仆人递给他；此时周冲[5]偷偷由左书房进，在旁谛听。

周朴园　（给大海电报）这是昨天从矿上来的电报。

鲁大海　（拿过去读）什么？他们又上工了。（放下电报）不会。

周朴园　矿上的工人已经在昨天早上复工，你当代表的反而不知道吗？

鲁大海　（怒）怎么矿上警察开枪打死三十个工人就白打了吗？（笑起来）哼，这是假的，你们自己假作的电报来离间我们的，你们这种卑鄙无赖的行为！

周　萍　（忍不住）你是谁？敢在这儿胡说？

周朴园　没有你的话！（向大海）你就这样相信你那同来的几个代表吗？

鲁大海　你不用多说，我明白你这些话的用意。

周朴园　好，那我把那复工的合同给你瞧瞧。

鲁大海　（笑）你不要骗小孩子，复工的合同没有我们代表的签字是不生效力的。

周朴园　合同！

　　　　仆人进书房把合同拿给周朴园。

周朴园　你看，这是他们三个人签字的合同。

鲁大海　（看合同）什么？（慢慢地）他们三个人签了字？（伸手去拿，想仔细看一看）他们不告诉我，自己就签了字了？

周朴园　（顺手抽过来，交给仆人）对了，傻小子，没有经验只会胡喊是不成的。

鲁大海　那三个代表呢？

周朴园　昨天晚车就回去了。

鲁大海　（如梦初醒）这三个没有骨头的东西！他们就把矿上的工人们卖了！哼，你们这些不要脸的董事长，你们的钱这次又灵了。

周　萍　（怒）你混账！

周朴园　不许多说话。（回头向大海）鲁大海，你现在没有资格跟我说话——矿上已经把你开除了。

鲁大海　开除了？！

周　冲　爸爸，这是不公平的。

周朴园　（向周冲）你少多嘴，出去！

　　　　周冲愤然由中门下。

鲁大海　好，好。（切齿）你的手段我早明白，只要你能弄钱，你什么都做得出来。你叫警察杀了矿上许多工人，你还——

周朴园　你胡说！

鲁侍萍　（至大海前）走吧，别说了。

鲁大海　哼，你的来历我都知道，你从前在哈尔滨包修江桥，故意叫江堤出险，——

周朴园　（厉声）下去！

仆人们　（拉大海）走！走！

鲁大海　你故意淹死了两千二百个小工，每一个小工的性命你扣三百块钱！姓周的，你发的是绝子绝孙的昧心财！你现在还——

周　萍　（冲向大海，打了他两个嘴巴）你这种混账东西！

　　　　大海还手，被仆人们拉住。

周　萍　打他！

鲁大海　（向周萍）你！

　　　　仆人们一齐打大海。大海流了血。

周朴园　（厉声）不要打人！

　　　　仆人们住手，仍拉住大海。

鲁大海　（挣扎）放开我，你们这一群强盗！

周　萍　（向仆人们）把他拉下去！

鲁侍萍　（大哭）这真是一群强盗！（走至周萍面前）你是萍，……凭——凭什么打我的儿子？

周　萍　你是谁？

鲁侍萍　我是你的——你打的这个人的妈。

鲁大海　妈，别理这东西，小心吃了他们的亏。

鲁侍萍　（呆呆地望着周萍的脸，又哭起来）大海，走吧，我们走吧！

　　　　大海为仆人们拥下，侍萍随下。

---

[1] 节选自《曹禺选集》（人民文学出版社 1978 年版）里的《雷雨》第二幕。四幕话剧《雷雨》写于 1933 年，次年，在《文学季刊》第三期上正式发表。曹禺（1910－1996），现代著名戏剧作家，原名万家宝，湖北潜江人。[2] ［午饭后……异常烦躁］这是一个夏天的午饭后，在周公馆的客厅里。[3] ［吕宋烟］雪茄烟，因菲律宾吕宋岛所产的质量好而得名。[4] ［涔涔（céncén）］形容汗水不断地下流。[5] ［周冲］周朴园和后妻繁漪的儿子，是一个受过"五四"新思想潮流影响的，充满着天真幻想的年轻人。

七彩天空

【知识导引】

　　1934 年曹禺的处女作《雷雨》问世，在中国现代话剧史上具有极其重大的意义，它被公认为是中国现代话剧真正成熟的标志。而从 1936 至 1937 年《日出》、《原野》的先后发表，短短几年时间，曹禺的创作水准无论从思想，还是艺术上，都已经达到了一定的境界。尤其是被誉为"四大名剧"的《雷雨》、《日出》、《原野》和《北京人》的艺术功力，迄今为止，无人超越。而彼时的他，年仅 31 岁。

　　同学们：你看过影片《满城尽带黄金甲》吗？本片的情节与《雷雨》有异曲同工之处。如果有兴趣，你不妨一试，看看该片是否具备古希腊悲剧的矛盾冲突？

小　结

　　本文主要讲述了周、鲁两家三十年间的矛盾纠葛，成功地塑造了周朴园等人物形象，研读课文时，让我们体会到了戏剧的无穷魅力。

双核训练

一、填空题

1.《雷雨》的作者_____，原名_____。

2. 曹禺的四大名剧是_____、_____、_____、_____。

二、思考题

阅读课文，品位《雷雨》的戏剧冲突，了解周朴园、鲁侍萍、周萍、鲁大海之间的关系（以图表形式完成）

三、简析周朴园的人物形象

学习指引

　　阅读鉴赏曹禺的其他经典剧本，如《原野》、《北京人》。

三、茶　馆[1]

老　舍

核心知识

研读导学

　　三幕话剧《茶馆》是以北京裕泰茶馆的兴衰和老板王利发的悲剧命运为线索的。全剧通过茶馆的变迁及在其中活动的各色人物的生活经历，依次反映了清末戊戌变法失败、民国初年军阀混战、国民政府瓦解前夕三个时代长达50年的社会生活，从侧面反映了当时残酷的社会现实。研读本课时，请注重把握"图卷戏"的独特结构。掌握主人公王利发的人物形象，讨论造成王利发悲剧命运的根本原因何在？

第二幕

人　物　王淑芬、报童、康顺子、李三、常四爷、康大力、王利发、松二爷、老林、难民数人、宋恩子、老陈、巡警、吴祥子、崔久峰、押大令的兵七人、公寓住客二三人、军官、唐铁嘴、刘麻子、大兵三五人。

时　间　与前幕相隔十余年，现在是袁世凯死后，帝国主义指使中国军阀进行割据，时时发动内战的时候。初夏，上午。

地　点　同前幕。

[幕启：北京城内的大茶馆已先后相继关了门。"裕泰"是硕果仅存的一家了，可是为避免被淘汰，它已改变了样子与作风。现在，它的前部仍然卖茶，后部却改成了公寓。前部只卖茶和瓜子什么的；"烂肉面"等已成为历史名词。厨房挪到后面去。专包公寓住客的伙食。茶座也大加改良：一律是小桌与藤椅，桌上铺着浅绿桌布。墙上的"醉八仙"大画[2]，连财神龛[3]，均已撤去，代以时装美人——外国香烟公司的广告画。"莫谈国事"的纸条可是保存了下来，而且字写得更大。王利发真像个"圣之时者也[4]"，不但没使"裕泰"灭亡，而且使它有了新的发展。]

[因为修理门面，茶馆停了几天营业，预备明天开张。王淑芬正和李三忙着布置，把桌椅移了又移，摆了又摆，以期尽善尽美。]

[王淑芬梳时兴的圆髻，而李三却还带着小辫儿。]

[二三学生由后面来，与他们打招呼，出去。]

王淑芬　（看李三的辫子碍事）三爷，咱们的茶馆改了良，你的小辫儿也该剪了吧？

李　三　改良！改良！越改越凉，冰凉！

王淑芬　也不能那么说！三爷你看，听说西直门的德泰，北新桥的广泰，鼓楼前的天泰，这些大茶馆全先后脚儿关了门！只有咱们裕泰还开着，为什么？不是因为拴子的爸爸懂得改良吗？

李　三　哼！皇上没啦，总算大改良吧？可是改来改去，袁世凯还是要做皇上。袁世凯死后，天下大乱，今儿个打炮，明儿个关城，改良？哼！我还留着我的小辫儿，万一把皇上改回来呢！

王淑芬　别顽固啦，三爷！人家给咱们改了民国，咱们还能不随着走吗？你看，咱们这么一收拾，不比以前干净，好看？专招待文明人，不更体面？可是，你要还带着小辫儿，看着多么不顺眼哪！

李　三　太太，您觉得不顺眼，我还不顺心呢！

王淑芬　哟，你不顺心？怎么？

李　三　你还不明白？前面茶馆，后面公寓，全仗着掌柜的跟我两个人，无论怎么说，也忙不过来呀！

王淑芬　前面的事归他，后面的事不是还有我帮助你吗？

李　三　就算有你帮助，打扫二十来间屋子，侍候二十多人的伙食，还要沏茶灌水，买东西送信，问问你自己，受得了受不了！

王淑芬　三爷，你说的对！可是呀，这兵荒马乱的年月，能有个事儿做也就得念佛！咱们都得忍着点！

李　三　我干不了！天天睡四五个钟头的觉，谁也不是铁打的！

王淑芬　唉！三爷，这年月谁也舒服不了！你等着，大拴子暑假就高小毕业，二拴子也快长起来，他们一有用处，咱们可就清闲点啦。从老王掌柜在世的时候，你就帮助我们，老朋友，老伙计啦！

　　　　［王利发老气横秋地从后面进来。］

李　三　老伙计？二十多年了，他们可给我长过工钱？什么都改良，为什么工钱不跟着改良呢？

王利发　哟！你这是什么话呀？咱们的买卖要是越做越好，我能不给你长工钱吗？得了，明天咱们开张，取个吉利，先别吵嘴，就这么办吧！All right[5]？

李　三　就这么办啦？不改我的良，我干不下去啦！

　　　　［后面叫："李三！李三！"］

王利发　崔先生叫，你快去！咱们的事，有工夫再细研究！

李　三　哼！

王淑芬　我说，昨天就关了城门，今儿个还说不定关不关，三爷，这里的事交给掌柜的，你去买点菜吧！别的不说，咸菜总得买下点呀！

　　　　［后面又叫："李三！李三！"］

李　三　对，后边叫，前边催，把我劈成两半儿好不好！（忿忿地往后走）

王利发　拴子的妈，他岁数大了点，你可得……

王淑芬　他抱怨了大半天了！可是抱怨的对！当着他，我不便直说；对你，我可得说实话：咱们得添人！

王利发　添人得给工钱，咱们赚得出来吗？我要是会干别的，可是还开茶馆，我是孙子！

　　　　［远处隐隐有炮声。］

王利发　听听，又他妈的开炮了！你闹，闹！明天开得了张才怪！这是怎么说的！

王淑芬　明白人别说糊涂话，开炮是我闹的？

王利发　别再瞎扯，干活儿去！嘿！

王淑芬　早晚不是累死，就得叫炮轰死，我看透了！（慢慢地往后边走）

王利发　（温和了些）拴子的妈，甭害怕，开过多少回炮，一回也没打死咱们，北京城是宝地！

王淑芬　心哪，老跳到嗓子眼里，宝地！我给三爷拿菜钱去。（下）

　　　　［一群男女难民在门外央告。］

难　民　掌柜的，行行好，可怜可怜吧！

王利发　走吧，我这儿不打发，还没开张！

难　民　可怜可怜吧！我们都是逃难的！

王利发　别耽误工夫！我自己还顾不了自己呢！

　　　　［巡警上。］

巡　警　走！滚！快着！

[难民散去。]

王利发　怎么样啊？六爷！又打得紧吗？

巡　警　紧！紧得厉害！仗打得不紧，怎能够有这么多难民呢！上面交派下来，你出八十斤大饼，十二点交齐！城里的兵带着干粮，才能出去打仗啊！

王利发　您圣明，我这儿现在光包后面的伙食，不再卖饭，也还没开张，别说八十斤大饼，一斤也交不出啊！

巡　警　你有你的理由，我有我的命令，你瞧着办吧！（要走）

王利发　您等等！我这儿千真万确还没开张，这您知道！开张以后，还得多麻烦您呢！得啦，您买包茶叶喝吧！（递钞票）您多给美言几句，我感恩不尽！

巡　警　（接票子）我给你说说看，行不行可不保准！

[三五个大兵，军装破烂，都背着枪，闯进门口。]

巡　警　老总们，我这儿正查户口呢，这儿还没开张！

大　兵　屌！

巡　警　王掌柜，孝敬老总们点茶钱，请他们到别处喝去吧！

王利发　老总们，实在对不起，还没开张，要不然，诸位住在这儿，一定欢迎！（递钞票给巡警）

巡　警　（转递给兵们）得啦，老总们多原谅，他实在没法招待诸位！

大　兵　屌！谁要钞票？要现大洋！

王利发　老总们，让我哪儿找现大洋去呢？

大　兵　屌！揍他个小舅子！

巡　警　快！再添点！

王利发　（掏）老总们，我要是还有一块，请把房子烧了！（递钞票）

大　兵　屌！（接钱下，顺手拿走两块新桌布）

巡　警　得，我给你挡住了一场大祸！他们不走呀，你就全完，连一个茶碗也剩不下！

王利发　我永远忘不了您这点好处！

巡　警　可是为这点功劳，你不得另有份意思吗？

王利发　对！您圣明，我糊涂！可是，您搜我吧，真一个铜子儿也没有啦！（掀起褂子，让他搜）您搜！您搜！

巡　警　我干不过你！明天见！明天还不定是风是雨呢！（下）

王利发　您慢走！（看巡警走去，跺脚）他妈的！打仗，打仗！今天打，明天打，老打，打他妈的什么呢？

[唐铁嘴进来，还是那么瘦，那么脏，可是穿着绸子夹袍。]

唐铁嘴　王掌柜！我来给你道喜！

王利发　（还生着气）哟！唐先生？我可不再白送茶喝！（打量，有了笑容）你混得不错呀！穿上绸子啦！

唐铁嘴　比从前好了一点！我感谢这个年月！

王利发　这个年月还值得感谢！听着有点不搭调！

唐铁嘴	年头越乱，我的生意越好！这年月，谁活着谁死都碰运气，怎能不多算算命、相相面呢？你说对不对？
王利发	Yes[6]，也有这么一说！
唐铁嘴	听说后面改了公寓，租给我一间屋子，好不好？
王利发	唐先生，你那点嗜好，在我这儿恐怕……
唐铁嘴	我已经不吃大烟了！
王利发	真的？你可真要发财了！
唐铁嘴	我改抽"白面儿"[7]啦。(指墙上的香烟广告)你看，哈德门烟是又长又松，(掏出烟来表演)一顿就空出一大块，正好放"白面儿"。大英帝国的烟，日本的"白面儿"，两个强国侍候着我一个人，这点福气还小吗？
王利发	福气不小！不小！可是，我这儿已经住满了人，什么时候有了空房，我准给你留着！
唐铁嘴	你呀，看不起我，怕我给不了房租！
王利发	没有的事！都是久在街面上混的人，谁能看不起谁呢？这是知心话吧？
唐铁嘴	你的嘴呀比我的还花哨！
王利发	我可不光耍嘴皮子，我的心放得正！这十多年了，你白喝过我多少碗茶？你自己算算！你现在混得不错，你想着还我茶钱没有？
唐铁嘴	赶明儿我一总还给你，那一共才几个钱呢！(搭讪[8]着往外走)

[街上卖报的喊叫："长辛店[9]大战的新闻，买报瞧，瞧长辛店大战的新闻！"报童向内探头。]

报　童	掌柜的，长辛店大战的新闻，来一张瞧瞧？
王利发	有不打仗的新闻没有？
报　童	也许有，您自己找！
王利发	走！不瞧！
报　童	掌柜的，你不瞧也照样打仗！(对唐铁嘴)先生，您照顾照顾？
唐铁嘴	我不像他，(指王利发)我最关心国事！(拿了一张报，没给钱即走)

[报童追唐铁嘴下。]

| 王利发 | (自言自语)长辛店！长辛店！离这里不远啦！(喊)三爷，三爷！你倒是抓早儿买点菜去呀，待一会儿准关城门，就什么也买不到啦！嘿！(听后面没人应声，含怒往后跑) |

[常四爷提着一串腌萝卜，两只鸡，走进来。]

常四爷	王掌柜！
王利发	谁？哟，四爷！您干什么哪？
常四爷	我卖菜呢！自食其力，不含糊[10]！今儿个城外头乱乱哄哄，买不到菜；东抓西抓，抓到这么两只鸡，几斤老腌萝卜。听说你明天开张，也许用的着，特意给你送来了！
王利发	我谢谢您！我这儿正没有辙呢！

常四爷 （四下里看）好啊！好啊！收拾得好啊！大茶馆全关了，就是你有心路，能随机应变地改良！

王利发 别夸奖我啦！我尽力而为，可就怕天下老这么乱七八糟！

常四爷 像我这样的人算是坐不起这样的茶馆喽！

[松二爷走进来，穿的很寒酸，可是还提着鸟笼。]

松二爷 王掌柜！听说明天开张，我来道喜！（看见常四爷）哎哟！四爷，可想死我喽！

常四爷 二哥！你好哇？

王利发 都坐下吧！

松二爷 王掌柜，你好？太太好？少爷好？生意好？

王利发 （一劲儿说）好！托福！（提起鸡与咸菜）四爷，多少钱？

常四爷 瞧着给，该给多少给多少！

王利发 对！我给你们弄壶茶来！（提物到后面去）

松二爷 四爷，你，你怎么样啊？

常四爷 卖青菜哪！铁杆庄稼没有啦，还不卖膀子力气吗？二爷，您怎么样啊？

松二爷 怎么样？我想大哭一场！看见我这身衣裳没有？我还像个人吗？

常四爷 二哥，您能写能算，难道找不到点事儿作？

松二爷 嗻[11]，谁愿意瞪着眼挨饿呢！可是，谁要咱们旗人[12]呢！想起来呀，大清国不一定好啊，可是到了民国，我挨了饿！

王利发 （端着一壶茶回来。给常四爷钱）不知道您花了多少，我就给这么点吧！

常四爷 （接钱，没看，揣在怀里）没关系！

王利发 二爷，（指鸟笼）还是黄鸟吧？哨得怎样？

松二爷 嗻，还是黄鸟！我饿着，也不能叫鸟儿饿着！（有了点精神）你看看，看看，（打开罩子）多么体面！一看见它呀，我就舍不得死啦！

王利发 松二爷，不准说死！有那么一天，您还会走一步好运！

常四爷 二哥，走！找个地方喝两盅儿去！一醉解千愁！王掌柜，我可就不让你啦，没有那么多的钱！

王利发 我也分不开身，就不陪了！

[常四爷、松二爷正往外走，宋恩子和吴祥子进来。他们俩仍穿灰色大衫，但袖口瘦了，而且罩上青布马褂。]

松二爷 （看清楚是他们，不由上前请安）原来是你们二位爷！

[王利发似乎受了松二爷的感染，也请安，弄得二人愣住了。]

宋恩子 这是怎么啦？民国好几年了，怎么还请安？你们不会鞠躬吗？

松二爷 我看见您二位的灰大褂呀，就想起了前清的事儿！不能不请安！

王利发 我也那样！我觉得请安比鞠躬更过瘾！

吴祥子	哈哈哈哈！松二爷，你们的铁杆庄稼不行了，我们的灰色大褂反倒成了铁杆庄稼，哈哈哈！（看见常四爷）这不是常四爷吗？
常四爷	是呀，您的眼力不错！戊戌年[13]我就在这儿说了句"大清国要完"，叫您二位给抓了走，坐了一年多的牢！
宋恩子	您的记性可也不错！混的还好吧？
常四爷	托福！从牢里出来，不久就赶上庚子年[14]，扶清灭洋，我当了义和团，跟洋人打了几仗！闹来闹去，大清国到底是亡了，该亡！我是旗人，可是我得说公道话！现在，每天起五更弄一挑子青菜，绕到十点来钟就卖光。凭力气挣饭吃，我的身上更有劲了！什么时候洋人敢再动兵，我姓常的还准备跟他们打打呢！我是旗人，旗人也是中国人哪！您二位怎么样？
吴祥子	瞎混呗！有皇上的时候，我们给皇上效力，有袁大总统的时候，我们给袁大总统效力；现而今，宋恩子，该怎么说啦？
宋恩子	谁给饭吃，咱们给谁效力！
常四爷	要是洋人给饭吃呢？
松二爷	四爷，咱们走吧！
吴祥子	告诉你，常四爷，要我们效力的都仗着洋人撑腰！没有洋枪洋炮，怎能够打起仗来呢？
松二爷	您说的对！嗯！四爷，走吧！
常四爷	再见吧，二位，盼着你们快快升官发财！（同松二爷下）
宋恩子	这小子！
王利发	（倒茶）常四爷老是那么又倔又硬，别计较他！（让茶）二位喝碗吧，刚沏好的。
宋恩子	后面住着的都是什么人？
王利发	多半是大学生，还有几位熟人。我有登记簿子，随时报告给"巡警阁子"。我拿来，二位看看？
吴祥子	我们不看簿子，看人！
王利发	您甭看，准保都是靠得住的人！
宋恩子	你为什么爱租学生们呢？学生不是什么老实家伙呀！
王利发	这年月，做官的今天上任，明天撤职，作买卖的今天开市，明天关门，都不可靠！只有学生有钱，能够按月交房租，没钱的就上不了大学啊！您看，是这么一笔账不是？
宋恩子	都叫你咂摸[15]透了！你想的对！现在，连我们也欠饷啊！
吴祥子	是呀，所以非天天拿人不可，好得点津贴！
宋恩子	就仗着有错拿，没错放的，拿住人就有津贴！走吧，到后边看看去！
吴祥子	走！
王利发	二位，二位！您放心，准保没错儿！
宋恩子	不看，拿不到人，谁给我们津贴呢？

吴祥子　王掌柜不愿意咱们看，王掌柜必会给咱们想办法！咱们得给王掌柜留个面子！对吧？王掌柜！

王利发　我……

宋恩子　我出个不很高明的主意：干脆来个包月，每月一号，按阳历算，你把那点……

吴祥子　那点意思！

宋恩子　对，那点意思送到，你省事，我们也省事！

王利发　那点意思得多少呢？

吴祥子　多年的交情，你看着办！你聪明，还能把那点意思闹成不好意思吗？

李　三　（提着菜筐由后面出来）喝，二位爷！（请安）今儿个又得关城门吧！（没等回答，往外走）

　　　　[二三学生匆匆地回来。]

学　生　三爷，先别出去，街上抓伕呢！（往后面走去）

李　三　（还往外走）抓去也好，在哪儿也是当苦力！

　　　　[刘麻子丢了魂似的跑来，和李三碰了个满怀。]

李　三　怎么回事呀？吓掉了魂儿啦！

刘麻子　（喘着）别，别，别出去！我差点叫他们抓了去！

王利发　三爷，等一等吧！

李　三　午饭怎么开呢？

王利发　跟大家说一声，中午咸菜饭，没别的办法！晚上吃那两只鸡！

李　三　好吧！（往回走）

刘麻子　我的妈呀，吓死我啦！

宋恩子　你活着，也不过多买卖几个大姑娘！

刘麻子　有人卖，有人买，我不过在中间帮帮忙，能怪我吗？（把桌上的三个茶杯的茶先后喝净）

吴祥子　我可是告诉你，我们哥儿们从前清起就专办革命党，不大爱管贩卖人口拐带妇女什么的臭事。可是你要叫我们碰见，我们也不再睁一眼闭一眼！还有，像你这样的人，弄进去，准锁在尿桶上！

刘麻子　二位爷，别那么说呀！我不是也快挨饿了吗？您看，以前，我走八旗[16]老爷们、宫里太监们的门子。这么一革命啊，可苦了我啦！现在，人家总长次长，团长师长，要娶姨太太讲究要唱落子[17]的坤角[18]，戏班里的女名角，一花就三千五千现大洋！我干瞧着，摸不着门！我那点芝麻粒大的生意算得了什么呢？

宋恩子　你呀，非锁在尿桶上，不会说好的！

刘麻子　得啦，今天我孝敬不了二位，改天我必有一份儿人心！

吴祥子　你今天就有买卖，要不然，兵荒马乱的，你不会出来！

刘麻子　没有！没有！

宋恩子　你嘴里半句实话也没有！不对我们说真话，没有你的好处！王掌柜，我们出去绕绕；下月一号，按阳历算，别忘了！

王利发　我忘了姓什么，也忘不了您二位这回事！

吴祥子　一言为定啦！（同宋恩子下）

王利发　刘爷，茶喝够了吧？该出去活动活动！

刘麻子　你忙你的，我在这儿等两个朋友。

王利发　咱们可把话说开了，从今以后，你不能再在这儿做你的生意，这儿现在改了良，文明啦！

［康顺子提着个小包，带着康大力，往里边探头。］

康大力　是这里吗？

康顺子　地方对呀，怎么改了样儿？（进来，细看，看见了刘麻子）大力，进来，是这儿！

康大力　找对啦？妈！

康顺子　没错儿！有他在这儿，不会错！

王利发　您找谁？

康顺子　（不语，直奔刘麻子去）刘麻子，你还认识我吗？（要打，但是伸不出手去，一个劲地颤抖）你，你，你个……（要骂，也感到困难）

刘麻子　你这个娘儿们，无缘无故地跟我捣什么乱呢？

康顺子　（挣扎）无缘无故？你，你看看我是谁？一个男子汉，干什么吃不了饭，偏干伤天害理的事！呸！呸！

王利发　这位大嫂，有话好好说！

康顺子　你是掌柜的？你忘了吗？十几年前，有个娶媳妇的太监？

王利发　您，您就是庞太监的那个……

康顺子　都是他（指刘麻子）作的好事，我今天跟他算算账！（又要打，仍未成功）

刘麻子　（躲）你敢，你敢！我好男不跟女斗！（随说随往后退）我，我找人来帮我说说理！（撒腿往后面跑）

王利发　（对康顺子）大嫂，你坐下，有话慢慢说！庞太监呢？

康顺子　（坐下喘气）死啦。叫他的侄子们给饿死的。一改民国呀，他还有钱，可没了势力，所以侄子们敢欺负他。他一死，他的侄子们把我们轰出来了，连一床被子都没给我们！

王利发　这，这是……

康顺子　我的儿子！

王利发　您的……

康顺子　也是买来的，给太监当儿子。

康大力　妈！你爸爸当初就在这儿卖了你的？

康顺子　对了，乖！就是这儿，一进这儿的门，我就晕过去了，我永远忘不了这个地方！

康大力　我可不记得我爸爸在哪里卖了我的！

康顺子　那时候，你不是才一岁吗？妈妈把你养大了的，你跟妈妈一条心，对不对？乖！

康大力　那个老东西，掐你，拧你，咬你，还用烟签子扎我！他们人多，咱们打不过他们！要不是你，妈，我准叫他们给打死了！

康顺子　对！他们人多，咱们又太老实！你看，看见刘麻子，我想咬他几口，可是，可是，连一个嘴巴也没打上，我伸不出手去！

康大力　妈，等我长大了，我帮助你打！我不知道亲妈妈是谁，你就是我的亲妈妈！

康顺子　好！好！咱们永远在一块儿，我去挣钱，你去念书！（稍愣了一会儿）掌柜的，当初我在这儿叫人买了去，咱们总算有缘，你能不能帮帮忙，给我找点事做？我饿死不要紧，可不能饿死这个无依无靠的好孩子！

　　　　〔王淑芬出来，立在后边听着。〕

王利发　你会干什么呢？

康顺子　洗洗涮涮、缝缝补补、做家常饭，都会！我是乡下人，我能吃苦，只要不再作太监的老婆，什么苦处都是甜的！

王利发　要多少钱呢？

康顺子　有三顿饭吃，有个地方睡觉，够大力上学的，就行！

王利发　好吧，我慢慢给你打听着！你看，十多年前那回事，我到今天还没忘，想起来心里就不痛快！

康顺子　可是，现在我们母子上哪儿去呢？

王利发　回乡下找你的老父亲去！

康顺子　他？他是死是活，我不知道。就是活着，我也不能去找他！他对不起女儿，女儿也不必再叫他爸爸！

王利发　马上就找事，可不大容易！

王淑芬　（过来）她能洗能作，又不多要钱，我留下她了！

王利发　你？

王淑芬　难道我不是内掌柜的？难道我跟李三爷就该累死？

康顺子　掌柜的，试试我！看我不行，您说话，我走！

王淑芬　大嫂，跟我来！

康顺子　当初我是在这儿卖出去的，现在就拿这儿当作娘家吧！大力，来吧！

康大力　掌柜的，你要不打我呀，我会帮助妈妈干活儿！（同王淑芬、康顺子下）

王利发　好家伙，一添就是两张嘴！太监取消了，可把太监的家眷交到这里来了！

李　三　（掩护着刘麻子出来）快走吧！（回去）

王利发　就走吧，还等着真挨两个脆的吗？

刘麻子　我不是说过了吗，等两个朋友？

王利发　你呀，叫我说什么才好呢！

刘麻子 有什么法子呢！隔行如隔山，你老得开茶馆，我老得干我这一行！到什么时候，我也得干我这一行！

[老林和老陈满面笑容地走进来。]

刘麻子 (二人都比他年轻，他却称呼他们哥哥) 林大哥，陈二哥！(看王利发不满意，赶紧说) 王掌柜，这儿现在没有人，我借个光，下不为例！

王利发 她 (指后边) 可是还在这儿呢！

刘麻子 不要紧，她不会打人！就是真打，他们二位也会帮助我！

王利发 你呀！哼！(到后边去)

刘麻子 坐下吧，谈谈！

老 林 你说吧！老二！

老 陈 你说吧！哥！

刘麻子 谁说不一样啊！

老 陈 你说吧，你是大哥！

老 林 那个，你看，我们俩是把兄弟！

老 陈 对！把兄弟，两个人穿一条裤子的交情！

老 林 他有几块现大洋！

刘麻子 现大洋？

老 陈 林大哥也有几块现大洋！

刘麻子 一共多少块呢？说个数目！

老 林 那，还不能告诉你咧！

老 陈 事儿能办才说咧！

刘麻子 有现大洋，没有办不了的事！

老林、老陈 真的？

刘麻子 说假话是孙子！

老 林 那么，你说吧，老二！

老 陈 还是你说，哥！

老 林 你看，我们是两个人吧？

刘麻子 嗯！

老 陈 两个人穿一条裤子的交情吧？

刘麻子 嗯！

老 林 没人耻笑我们的交情吧？

刘麻子 交情嘛，没人耻笑！

老 陈 也没人耻笑三个人的交情吧？

刘麻子 三个人？都是谁？

老 林 还有个娘儿们！

刘麻子 嗯！嗯！嗯！我明白了！可是不好办，我没办过！你看，平常都说小两口儿，哪有小三口儿的呢！

老 林 不好办？

刘麻子 太不好办啦！

老　林　（问老陈）你看呢？

老　陈　还能白拉倒吗？

老　林　不能拉倒！当了十几年兵，连半个媳妇都娶不上！他妈的！

刘麻子　不能拉倒，咱们再想想！你们到底一共有多少块现大洋？

　　　　［王利发和崔久峰由后面慢慢走来。刘麻子等停止谈话。］

王利发　崔先生，昨天秦二爷派人来请您，您怎么不去呢？您这么有学问，上知天文，下知地理，又做过国会议员，可是住在我这里，天天念经；干吗不出去做点事呢？你这样的好人，应当出去做官！有您这样的清官，我们小民才能过太平日子！

崔久峰　惭愧！惭愧！做过国会议员，那真是造孽呀！革命有什么用呢，不过自误误人而已！唉！现在我只能修持，忏悔！

王利发　您看秦二爷，他又办工厂，又忙着开银号！

崔久峰　办了工厂、银号又怎么样呢？他说实业救国，他救了谁？救了他自己，他越来越有钱了！可是他那点事业，哼，外国人伸出一个小指头，就把他推倒在地，再也起不来！

王利发　您别这么说呀！难道咱们就一点盼望也没有了吗？

崔久峰　难说！很难说！你看，今天王大帅打李大帅，明天赵大帅又打王大帅。是谁叫他们打的？

王利发　谁？哪个混蛋？

崔久峰　洋人！

王利发　洋人？我不能明白！

崔久峰　慢慢地你就明白了。有那么一天，你我都得做亡国奴！我干过革命，我的话不是随便说的！

王利发　那么，您就不想想主意，卖卖力气，别叫大家做亡国奴？

崔久峰　我年轻的时候，以天下为己任，的确那么想过！现在，我可看透了，中国非亡不可！

王利发　那也得死马当活马治呀！

崔久峰　死马当活马治？那是妄想！死马不能再活，活马可早晚得死！好啦，我到弘济寺去，秦二爷再派人来找我，你就说，我只会念经，不会干别的！（下）

　　　　［宋恩子、吴祥子又回来了。］

王利发　二位！有什么消息没有？

　　　　［宋恩子、吴祥子不语，坐在靠近门口的地方，看着刘麻子等。］

　　　　［刘麻子不知如何是好，低下头去。］

　　　　［老陈、老林也不知如何是好，相视无言。］

　　　　［静默了有一分钟。］

老　陈　哥，走吧？

老　林　走！

宋恩子　等等！（立起来，挡住路）

老　陈　怎么啦？

吴祥子　（也立起）你说怎么啦？

　　　　［四人呆呆相视一会儿。］

宋恩子　乖乖地跟我们走！

老　林　上哪儿？

吴祥子　逃兵，是吧？有些块现大洋，想在北京藏起来，是吧？有钱就藏起来，没钱就当土匪，是吧？

老　陈　你管得着吗？我一个人揍你这样的八个。（要打）

宋恩子　你？可惜你把枪卖了，是吧？没有枪的干不过有枪的，是吧？（拍了拍身上的枪）我一个人揍你这样的八个！

老　林　都是兄弟，何必呢？都是弟兄！

吴祥子　对啦！坐下谈谈吧！你们是要命呢？还是要现大洋？

老　陈　我们那点钱来得不容易！谁发饷，我们给谁打仗，我们打过多少次仗啊！

宋恩子　逃兵的罪过，你们可也不是不知道！

老　林　咱们讲讲吧，谁叫咱们是兄弟呢！

吴祥子　这像句自己人的话！谈谈吧！

王利发　（在门口）诸位，大令过来了！

老陈、老林　啊！（惊慌失措，要往里边跑）

宋恩子　别动！君子一言：把现大洋分给我们一半，保你们俩没事！咱们是自己人！

老陈、老林　就那么办！自己人！

　　　　［“大令”进来：二捧刀——刀缠红布——背枪者前导，手捧令箭的在中，四持黑红棍者在后。军官在最后押队。］

吴祥子　（和宋恩子、老林、老陈一齐立正，从帽中取出证章，叫军官看）报告长官，我们正在这儿盘查一个逃兵。

军　官　就是他吗？（指刘麻子）

吴祥子　（指刘麻子）就是他！

军　官　绑！

刘麻子　（喊）老爷！我不是！不是！

军　官　绑！（同下）

吴祥子　（对宋）到后面抓两个学生！

宋恩子　走！（同往后疾走）

　　　　　　　　　　　　　　　　　　　——幕落

————————————————

[1] 节选自《老舍文集》第十一卷（人民文学出版社 1980 年版）。剧本共三幕。第一幕写的是戊戌变法失败后，这时裕泰茶馆生意兴隆，三教九流都把这里作为一个相互交流的场所。第三幕写的是抗战胜利后国民党统治时期，这时裕泰茶馆已破败不堪，主人的改良无法自救，正直的人都陷入无法自拔的困境，恶势力却异常活跃，横行霸道。[2]　［“醉八仙”大画］大约是以饮中八仙故事为题材的画。饮中八仙，是指李白、贺知章等八人。杜甫有《饮中八仙歌》。[3]　［龛（kān）］供奉神佛的小阁子。[4]　［圣之时者也］原为古人评价孔子的话，这里指能适应时代和环境变化的人。[5]　［All right］英语。在这里是“好吧”的意思。[6]　［Yes］英

语。"对"的意思。[7]［白面儿］即海洛因，用吗啡制的毒品。[8]［搭讪（shàn）］为了应付尴尬局面而找话说。[9]［长辛店］地名。在北京市西南部、京广铁路线上。[10]［不含糊］这里是"千真万确、一点不假"的意思。[11]［嗻（zhè）］应对声。[12]［旗人］泛指满族人。[13]［戊戌年］即1898年。那一年发生了"戊戌变法"。[14]［庚子年］指1900年八国联军入侵北京。[15]［咂（zǎ）摸］寻思、反复研究。[16]［八旗］清代满族的军队编制和户的编制。[17]［落（lào）子］北方方言把评剧或曲艺叫做"落子"。[18]［坤角］旧时称戏剧女演员。坤，指女性的。

七彩天空

【茶艺芬芳】

老舍（1899—1966）当代作家，原名舒庆春，字舍予。满族，北京人。主要作品有：长篇小说《骆驼祥子》、《四世同堂》。剧本有《龙须沟》、《茶馆》等。他是以长篇小说和剧作著称于世的。曾因创作优秀话剧《龙须沟》而被授予"人民艺术家"的称号。

你知道吧？现今的老舍茶馆，就是以人民艺术家老舍先生及其名剧茶馆命名的。它始建于1988年，现有营业面积2600多平方米，是集书茶馆、餐茶馆、茶艺馆与一体的多功能综合性大茶馆。在这古香古色、京味十足的环境里，您每天都可以欣赏到一台汇聚京剧、曲艺、杂技、魔术、变脸等优秀民族艺术的精彩演出，同时可以品用各类名茶、宫廷细点、北京传统风味小吃和京味佳肴茶宴。

过去，老北京的茶馆遍布于全市各个角落。无论是前门、鼓楼、四牌楼、单牌楼等，如星罗棋布，数不胜数。正像老舍先生笔下的《茶馆》一样，民国以来社会动荡、百业萧条，本小利微的茶馆更难以维持，至新中国成立前夕，北京只剩下屈指可数的几家了。旧北京的茶馆一般可分为：清茶馆、书茶馆、棋茶馆和季节性的茶棚等。

小 结

本文节选自《茶馆》第二幕，主要描写了老板王利发首次实行改良方案，以图振兴茶馆的经过，集中反映了民国初年军阀混战时代的社会生活，展示了各个阶层人物的不同命运。《茶馆》的结构比较独特，被人称为"图卷戏"，或者叫卷轴式的平面结构。它没有一个统一的情节，也没有一个非此不可的中心人物，只是像图画一样，将一个一个人物展览进去，把一个一个情节镶嵌进去。剧中所有的人物，都只是大茶馆中的一个画面，把这些画面组织起来，便成了一幅画卷，且随着剧情的发展逐步展开。

双核训练

一、填空题

1. 老舍是_____代作家，原名_____，字_____，北京人。最具有京味的长篇小说是《_____》、《_____》。老舍以_____著称于世。曾因创作优秀话剧《_____》而被授予"人民艺术家"的称号。

2.《茶馆》的结构比较独特，被人称为"_____"，或者叫卷轴式的平面结构。

3. 三幕话剧《茶馆》是以_____茶馆老板_____的悲剧命运为线索，展示了各色人物的生活命运。

二、思考题

简析人物：茶馆老掌柜——王利发。

四、威尼斯商人（选场）[1]

莎士比亚

核心知识

自读提示

《威尼斯商人》是莎士比亚早期创作的一部喜剧。剧本描写了夏洛克与安东尼奥等人的矛盾冲突，揭露了夏洛克的阴险狡诈、唯利是图的丑恶嘴脸，歌颂了鲍西亚、安东尼奥等人见义勇为，高尚无私，敢于自我牺牲的精神。阅读时，注意把握戏剧冲突是围绕什么而展开的？夏洛克、鲍西亚各具有怎样的性格特征？

威尼斯·法庭

公爵[2]、众绅士、安东尼奥[3]、巴萨尼奥[4]、葛莱西安诺[5]、萨拉里诺、萨莱尼奥及余人等同上。

公　爵　安东尼奥有没有来？

安东尼奥　有，殿下。

公　爵　我很为你不快乐；你是来跟一个心如铁石的对手当庭质对，一个不懂怜悯、没有一丝慈悲心的不近人情的恶汉。

安东尼奥　听说殿下曾经用尽力量劝他不要过为已甚，可是他一味固执，不肯略作让步。既然没有合法的手段可以使我脱离他的怨毒的掌握，我只有用默忍迎受他的愤怒，安心等待着他的残暴的处置。

公　爵　来人，传那犹太人到庭。

萨拉里诺　他在门口等着；他来了，陛下。

　　　夏洛克[6]上。

公　爵　大家让开些，让他站在我的面前。夏洛克，人家都以为——我
也是这样想——你不过故意装出这一副凶恶的姿态，到了最后
关头，就会显出你的仁慈恻隐[7]来，比你现在这种表面上的残
酷更加出人意料；现在你虽然坚持着照约处罚，一定要从这个
不幸的商人身上割下一磅肉来，到了那时候，你不但愿意放弃
这一种处罚，而且因为受到良心上的感动，说不定还会豁免[8]
他一部分的欠款。你看他最近接连遭逢的巨大损失，足以使无
论怎样富有的商人倾家荡产，即使铁石一样的心肠，从来不知
道人类同情的野蛮人，也不能不对他的境遇发生怜悯。犹太
人，我们都在等候你一句温和的回答。

夏洛克　我的意思已经向殿下告禀过了；我也已经指着我们的圣安息
日[9]起誓，一定要照约执行处罚；要是殿下不准许我的请求，
那就是蔑视宪章，我要到京城里去上告，要求撤销贵邦的特
权。您要是问我为什么不愿接受三千块钱，宁愿拿一块腐烂的
臭肉，那我可没有什么理由可以回答您，我只能说我欢喜这
样，这是不是一个回答？要是我的屋子里有了耗子，我高兴出
一万块钱叫人把它们赶掉，谁管得了我？这不是回答了您吗？
有的人不爱看张开嘴的猪，有的人瞧见一头猫就要发脾气，还
有人听见人家吹风笛的声音，就忍不住要小便；因为一个人的
感情完全受着喜恶的支配，谁也做不了自己的主。现在我就这
样回答您：为什么有人受不住一头张开嘴的猪，有人受不住一
头有益无害的猫，还有人受不住咿咿唔唔的风笛的声音，这些
都是毫无充分的理由的，只是因为天生的癖性，使他们一受到
刺激，就会情不自禁地现出丑相来；所以我不能举什么理由，
也不愿举什么理由，除了因为我对于安东尼奥抱着久积的仇恨
和深刻的反感，所以才会向他进行这一场对于我自己并没有好
处的诉讼。现在您不是已经得到我的回答了吗？

巴萨尼奥　你这冷酷无情的家伙，这样的回答可不能作为你的残忍的
辩解。

夏洛克　我的回答本来不是为了讨你的欢喜。

巴萨尼奥　难道人们对于他们所不喜欢的东西，都一定要置之死地吗？

夏洛克　哪一个人会恨他所不愿意杀死的东西？

巴萨尼奥　初次的冒犯，不应该就引为仇恨。

夏洛克　什么！你愿意给毒蛇咬两次吗？

安东尼奥　请你想一想，你现在跟这个犹太人讲理，就像站在海滩上，

叫那大海的怒涛减低它的奔腾的威力，责问豺狼为什么害的母羊为了失去它的羔羊而哀啼，或是叫那山上的松柏，在受到天风吹拂的时候，不要摇头摆脑，发出簌簌的声音。要是你能够叫这个犹太人的心变软——世上还有什么东西比它更硬呢？——那么还有什么难事不可以做到？所以我请你不用再跟他商量什么条件，也不用替我想什么办法，让我爽爽快快受到判决，满足这犹太人的心愿吧。

巴萨尼奥　借了你三千块钱，现在拿六千块钱还你好不好？

夏洛克　即使这六千块钱中间的每一块钱都可以分做六份，每一份都可以变成一块钱，我也不要它们；我只要照约处罚。

公　爵　你这样一点没有慈悲之心，将来怎么能够希望人家对你慈悲呢？

夏洛克　我又不干错事，怕什么刑罚？你们买了许多奴隶，把他们当做驴狗骡马一样看待，叫他们做种种卑贱的工作，因为他们是你们出钱买来的。我可不可以对你们说，让他们自由，叫他们跟你们的子女结婚？为什么他们要在重担之下流着血汗？让他们的床铺得跟你们的床同样柔软，让他们的舌头也尝尝你们所吃的东西吧，你们会回答说："这些奴隶是我们所有的。"所以，我也可以回答你们：我向他要求的这一磅肉，是我出了很大的代价买来的；它是属于我的，我一定要把它拿到手里。您要是拒绝了我，那么你们的法律去见鬼吧！威尼斯城的法令等于一纸空文。我现在等候着判决，请快些回答我，我可不可以拿到这一磅肉？

公　爵　我已经差人去请培拉里奥，一位有学问的博士，来替我们审判这件案子；要是他今天不来，我可以有权宣布延期判决。

萨拉里诺　殿下，外面有一个使者刚从帕度亚来，带着这位博士的书信，等候着殿下的召唤。

公　爵　把信拿来给我；叫那使者进来。

巴萨尼奥　高兴起来吧，安东尼奥！喂，老兄，不要灰心！这犹太人可以把我的肉、我的血、我的骨头、我的一切都拿去，可是我决不让你为了我的缘故流一滴血。

安东尼奥　我是羊群里一头不中用的病羊，死是我的应分；最软弱的果子最先落到地上，让我也就这样结束了我的一生吧。巴萨尼奥，我只要你活下去，将来替我写一篇墓志铭，那就是做了再好不过的事。

尼莉莎[10]扮律师书记上。

公　爵　你是从帕度亚培拉里奥那里来的吗？

尼莉莎　是，殿下。培拉里奥叫我向殿下致意。

呈上一信。

巴萨尼奥　你这样使劲儿磨着刀干吗？

夏洛克　从那破产的家伙身上割下那磅肉来。

葛莱西安诺　狠心的犹太人，你不是在鞋口上磨刀，你这把刀是放在你的心口上磨；无论哪种铁器，就连刽子手的钢刀，都赶不上你这刻毒的心肠一半的锋利。难道什么恳求都不能打动你吗？

夏洛克　不能，无论你说得多么婉转动听，都没有用。

葛莱西安诺　万恶不赦的狗，看你死后不下地狱！让你这种东西活在世上，真是公道不生眼睛。你简直使我的信仰发生动摇，相信毕达哥拉斯[11]说畜生的灵魂可以转生人体的议论来了；你的前生一定是一头豺狼，因为吃了人给人捉住吊死，它那凶恶的灵魂就从绞架上逃了出来，钻进了你那老娘的腌臜的胎里，因为你的性情正像豺狼一样残暴贪婪。

夏洛克　除非你能够把我这一张契约上的印章骂掉，否则像你这样拉开了喉咙直嚷，不过白白伤了你的肺，何苦来呢？好兄弟，我劝你还是让你的脑子休息一下吧，免得它损坏了，将来无法收拾。我在这要求法律的裁判。

公　爵　培拉里奥在这封信上介绍一位年轻有学问的博士出席我们的法庭。他在什么地方？

尼莉莎　他就在这儿附近等着您的答复，不知道殿下准不准许他进来？

公　爵　非常欢迎。来，你们去三四个人，恭恭敬敬领他到这儿来。现在让我们把培拉里奥的来信当庭宣读。

书　记　（读）"尊翰[12]到时，鄙人抱疾方剧；适有一青年博士鲍尔萨泽君自罗马来此，致其慰问，因与详讨犹太人和安东尼奥一案，遍稽[13]群籍，折中是非[14]，遂恳其为鄙人庖代[15]，以应殿下之召。凡鄙人对此案所具意见，此君已深悉无遗；其学问才识，虽穷极赞辞，亦不足道其万一，务希勿以其年少而忽之，盖如此少年老成之士，实鄙人生平所仅见也。倘蒙延纳，必能不辱使命。敬祈钧裁[16]。"

公　爵　你们已经听到了博学的培拉里奥的来信。这儿来的大概就是那位博士了。

鲍西娅[17]扮律师上。

公　爵　把您的手给我。足下是从培拉里奥老前辈那儿来的吗？

鲍西娅　正是，殿下。

公　爵　欢迎欢迎，请上坐。您有没有明了今天我们在这儿审理的这件案子的两方面的争点？

鲍西娅　我对于这件案子的详细情形已经完全知道了。这儿哪一个是那商人，哪一个是犹太人？

公　爵　安东尼奥，夏洛克，你们两人都上来。

鲍西娅　你的名字就叫夏洛克吗？

夏洛克　夏洛克是我的名字。

鲍西娅　你这场官司打得倒也奇怪，可是按照威尼斯的法律，你的控诉是可以成立的。（向安东尼奥）你的生死现在操在他的手里，是不是？

安东尼奥　他是这样说的。

鲍西娅　你承认这借约吗？

安东尼奥　我承认。

鲍西娅　那么，犹太人应该慈悲一点。

夏洛克　为什么我应该慈悲一点？把您的理由告诉我。

鲍西娅　慈悲不是出于勉强，它是像甘霖一样从天上降下尘世；它不但给幸福于受施的人，也同样给幸福于施与的人；它有超乎一切的无上威力，比皇冠更足以显出一个帝王的高贵；御杖不过象征着俗世的威权，使人民对于君上的尊严凛然生畏；慈悲的力量却高出于权利之上，它深藏在帝王的内心，是一种属于上帝的德性，执法的人倘能把慈悲调剂着公道，人间的权利就和上帝的神力没有差别。所以，犹太人，虽然你所要求的是公道，可是请你想一想，要是真的按照公道执行起赏罚来，谁也没有死后得救的希望；我们既然祈祷着上帝的慈悲，就应该按照祈祷的指点，自己做一些慈悲的事。我说了这一番话，为的是希望你能够从你的法律的立场上做几分让步；可是如果你坚持着原来的要求，那么威尼斯的法庭是执法无私的，只好把那商人宣判定罪了。

夏洛克　我自己做的事，我自己当！我只要求法律允许我照约执行处罚。

鲍西娅　他是不是无力偿还这笔借款？

巴萨尼奥　不，我愿意替他当庭还清；照原数加倍也可以；要是这样他还不满足，那么我愿意签署契约，还他十倍的数目，拿我的手、我的头、我的心做抵押；要是这样还不能使他满足，那就是存心害人，不顾天理了。请堂上运用权力，把法律稍为变通一下，犯一次小小的错误，干一件大大的功德，别让这个残忍的恶魔逞他杀人的兽欲。

鲍西娅　那可不行，在威尼斯谁也没有权力变更既成的法律；要是开了这一个恶例，以后谁都可以借口有例可援，什么坏事情都可以干了。这是不行的。

夏洛克　一个但尼尔[18]来做法官了！真的是但尼尔在世！聪明的青年法官啊，我真佩服你！

鲍西娅　请你让我瞧一瞧那借约。

夏洛克　在这儿，可尊敬的博士；请看吧。

鲍西娅　夏洛克，他们愿意出三倍的钱还你呢。

夏洛克　不行，不行，我已经对天发过誓啦，难道我可以让我的灵魂背上毁誓的罪名吗？不，把整个儿的威尼斯给我，我都不能答应。

鲍西娅　好，那么就应该照约处罚；根据法律，这犹太人有权要求从这商人的胸口割下一磅肉来。还是慈悲一点，把三倍原数的钱拿去，让我撕了这张约吧。

夏洛克　等他按照约中所载条款受罚以后，再撕不迟。您瞧上去像是一个很好的法官；您懂得法律，您讲的话也很有道理，不愧是法律界的中流砥柱，所以现在我就用法律的名义，请您立刻进行宣判，凭着我的灵魂起誓，谁也不能用他的口舌改变我的决心。我现在但等着执行原约。

安东尼奥　我也诚心请求堂上从速宣判。

鲍西娅　好，那么就是这样：你必须准备让他的刀子刺进你的胸膛。

夏洛克　啊，尊严的法官！好一位优秀的青年！

鲍西娅　因为这约上所订定的惩罚，对于法律条文的含义并无抵触。

夏洛克　很对很对！啊，聪明正直的法官！想不到你瞧上去这样年轻，见识却这么老练！

鲍西娅　所以你应该把你的胸膛袒露出来。

夏洛克　对了，"他的胸部"，约上是这么说的；——不是吗，尊严的法官？——"靠近心口的所在"，约上写的明明白白的。

鲍西娅　不错，称肉的天平有没有预备好？

夏洛克　我已经带来了。

鲍西娅　夏洛克，去请一位外科医生来替他堵住伤口，费用归你负担，免得他流血而死。

夏洛克　约上有这样的规定吗？

鲍西娅　约上并没有这样的规定；可是那又有什么相干呢？肯做一件好事总是好的。

夏洛克　我找不到；约上没有这一条。

鲍西娅　商人，你还有什么话说吗？

安东尼奥　我没有多少话要说；我已经准备好了。把你的手给我，巴萨尼奥，再会吧！不要因为我为了你的缘故遭到这种结局而悲伤，因为命运对我已经特别照顾了：她往往让一个不幸的人在家产荡尽以后继续活下去，用他凹陷的眼睛和满是皱纹的额角去挨受贫困的暮年；这一种拖延时日的刑罚，她已经把我豁免了。替我向尊夫人致意，告诉她安东尼奥的结局；对她说我怎样爱你，又怎样从容就死；等到你把这一段故事讲完以后，再请她判断一句，巴萨尼奥是不是曾经有过一个真心爱他的朋友。不要因为你将要失去一个朋友而懊恨，替你还债的人是死而无怨的；只要那犹太人的刀刺得深一点，我就可以在一刹那的时间把那笔债完全还清。

巴萨尼奥 安东尼奥，我爱我的妻子，就像我自己的生命一样；可是我的生命、我的妻子以及整个的世界，在我的眼中都不比你的生命更为贵重；我愿意丧失一切，把它们献给这恶魔做牺牲，来救出你的生命。

鲍西娅 尊夫人要是就在这儿听见您说这样话，恐怕不见得会感谢您吧。

葛莱西安诺 我有一个妻子，我可以发誓我是爱她的；可是我希望她马上归天，好去求告上帝改变这恶狗一样的犹太人的心。

尼莉莎 幸亏尊驾在她的背后说这样的话，否则府上一定要吵得鸡犬不宁了。

夏洛克 这些便是相信基督教的丈夫！我有一个女儿，我宁愿她嫁给强盗的子孙，不愿她嫁给一个基督徒。别再浪费光阴了；请快些儿宣判吧。

鲍西娅 那商人身上的一磅肉是你的；法庭判给你，法律许可你。

夏洛克 公平正直的法官！

鲍西娅 你必须从他的胸前割下这磅肉来；法律许可你，法庭判给你。

夏洛克 博学多才的法官！判的好！来，预备！

鲍西娅 且慢，还有别的话哩。这约上并没有允许你取他的一滴血，只是写明着"一磅肉"；所以你可以照约拿一磅肉去，可是在割肉的时候，要是流下一滴基督徒的血，你的土地财产，按照威尼斯的法律，就要全部充公。

葛莱西安诺 啊，公平正直的法官！听着，犹太人；啊，博学多才的法官！

夏洛克 法律上是这样说的吗？

鲍西娅 你自己可以去查查明白。既然你要求公道，我就给你公道，而且比你所要求的更地道。

葛莱西安诺 啊，博学多才的法官！听着，犹太人；好一个博学多才的法官！

夏洛克 那么我愿意接受还款；照约上的数目三倍还我，放了那基督徒。

巴萨尼奥 钱在这儿。

鲍西娅 别忙！这犹太人必须得到绝对的公道。别忙！他除了照约处罚以外，不能接受其他的赔偿。

葛莱西安诺 啊，犹太人！一个公平正直的法官，一个博学多才的法官！

鲍西娅 所以你准备着动手割肉吧。不准流一滴血，也不准割得超过或是不足一磅的重量；要是你割下来的肉，比一磅略微轻一点或是重一点，即使相差只有一丝一毫，或者仅仅一根汗毛之微，就要把你抵命，你的财产全部充公。

葛莱西安诺　一个再世的但尼尔，一个但尼尔，犹太人！现在你可掉在我的手里了，你这异教徒！

鲍西娅　那犹太人为什么还不动手？

夏洛克　把我的本钱还我，放我去吧。

巴萨尼奥　钱我已经预备好在这儿，你拿去吧。

鲍西娅　他已经当庭拒绝过了；我们现在只能给他公道，让他履行原约。

葛莱西安诺　好一个但尼尔，一个再世的但尼尔！谢谢你，犹太人，你教会我说这句话。

夏洛克　难道我单单拿回我的本钱都不成吗？

鲍西娅　犹太人，除了冒着你自己生命的危险割下那一磅肉以外，你不能拿一个钱。

夏洛克　好，那么魔鬼保佑他去享用吧！我不打这场官司了。

鲍西娅　等一等，犹太人，法律上还有一点牵涉你。威尼斯的法律规定：凡是一个异邦人企图用直接或间接手段，谋害任何公民，查明确有实据者，他的财产的半数应当归受害的一方所有，其余的半数没入公库，犯罪者的生命悉听公爵处置，他人不得过问。你现在刚巧陷入这个法网，因为根据事实的发展，已经足以证明你确有运用直接间接手段，危害被告生命的企图，所以你已经遭逢着我刚才所说起的那种危险了。快快跪下来，请公爵开恩吧。

葛莱西安诺　求公爵开恩，让你自己去寻死吧；可是你的财产现在充了公，一根绳子也买不起啦，所以还是要让公家破费把你吊死。

公　爵　让你瞧瞧我们基督徒的精神，你虽然没有向我开口，我自动饶恕了你的死罪。你的财产一半划归安东尼奥，还有一半没入公库；要是你能够诚心悔过，也许还可以减处你一笔较轻的罚款。

鲍西娅　这是说没入公库的一部分，不是说划归安东尼奥的一部分。

夏洛克　不，把我的生命连着财产一起拿了去吧，我不要你们的宽恕。你们拿掉了支撑房子的柱子，就是拆了我的房子；你们夺去了我的养家活命的根本，就是活活要了我的命。

---

[1] 节选自《莎士比亚全集》（人民文学出版社 1978 年版）里的《威尼斯商人》第四幕第一场。莎士比亚（1564－1616），文艺复兴时期英国杰出的戏剧家和诗人，主要作品有《李尔王》、《哈姆雷特》、《奥赛罗》、《罗密欧与朱丽叶》等。与课文有关的情节是：安东尼奥为了帮助朋友巴萨尼奥向鲍西娅求婚，向高利贷者夏洛克求借三千块钱。夏洛克正因为安东尼奥借钱给人不取利息，妨碍了他的高利贷生意而痛恨安东尼奥，于是迫使安东尼奥订了一个契约，

规定如果不能在约定的日期和地点还钱，就要在欠债人的胸前割下一磅肉。安东尼奥答应了这暗藏杀机的条件，帮助巴萨尼奥求婚成功，可是却因为自己的商船触礁沉没，无法按约还钱。夏洛克坚持履行契约，要借法律条文除掉自己赚钱的绊脚石。课文就是从这里开始的。

[2]［公爵］指威尼斯公爵。威尼斯在中古后期是个共和国，最高统治者是公爵。[3]［安东尼奥］威尼斯商人。[4]［巴萨尼奥］安东尼奥的朋友。[5]［葛莱西安诺］和下文的萨拉里诺、萨莱尼奥都是安东尼奥和巴萨尼奥的朋友。[6]［夏洛克］放高利贷的犹太富翁。[7]［恻隐］对受苦难的人表示同情。[8]［豁免］免除。[9]［安息日］这里指犹太教每周一次的圣日，教徒在该日停止工作，礼拜上帝。[10]［尼莉莎］鲍西娅的侍女，葛莱西安诺的妻子。在这场戏里，她女扮男装，充当律师书记。[11]［毕达哥拉斯］古希腊哲学家，主张灵魂轮回说。[12]［尊翰］对别人来信的尊称。翰，这里指书信。[13]［稽］查考。[14]［折中是非］判定谁是谁非。折中，这里指对争执不决的双方进行判断、裁决。[15]［庖代］也写作"代庖"，是成语"越俎代庖"的简单说法。语出《庄子·逍遥游》，意思是越权办事或者包办代替。这里指代理他人的职务。庖，厨师。[16]［钧裁］恭请做出决定的意思。钧，旧时对尊长或者上级用的敬辞。裁，判断、决定。[17]［鲍西娅］富家女儿，巴萨尼奥的妻子。在这场戏里，她女扮男装，充当律师。[18]［但尼尔］以色列的著名法官，善于处理诉讼案件。

隐形翅膀

【知识追寻】

《威尼斯商人》是一部社会讽刺性喜剧，也是莎士比亚"四大喜剧"《仲夏夜之梦》、《皆大欢喜》、《第十二夜》之一。而其中期创作的"四大悲剧"则是：《哈姆雷特》、《奥赛罗》、《李尔王》和《麦克白》。这些戏剧主要写爱情、友谊和婚姻的，主题大同小异，情节生动、丰富，不落俗套。错综复杂的情节经常由许许多多的欺骗、偶合、乔装打扮和奇遇组成。作品闪耀着人文主义理想的光芒，充满了欢乐气氛和乐观精神。

莎士比亚名言

- 思想是生命的奴隶，生命是时间的弄人。
- 无瑕的名誉是世间最纯粹的珍珠。
- 名誉是一件无聊的骗人的东西；得到它的人未必有什么功德，失去它的人也未必有什么过失。
- 名字有什么关系？把玫瑰花叫做别的名称，它还是照样芳香。

小 结

《威尼斯商人》是莎士比亚的著名喜剧，作品塑造了富有生命力、个性鲜明的夏洛克和鲍西娅的形象。人物语言华美，比喻生动，极具表现力。这也是莎士比亚戏剧的一大特色。

双核训练

一、填空题

1.《威尼斯商人》的作者是_____，他是文艺复兴时期_____杰出的_____家和_____。

2. 莎士比亚的"四大喜剧"是《_____》、《_____》、《_____》、《_____》。

3. 莎士比亚的"四大悲剧"是《_____》、《_____》、《_____》、《_____》。

二、思考题

这场戏矛盾冲突的焦点是什么？开始的时候斗争的主动权在哪一方？后来斗争的主动权又转移到哪一方？矛盾冲突的转折点在哪里？

学习指引

鉴赏莎士比亚的悲剧，如《哈姆雷特》、《李尔王》。

五、观赏戏剧及实践

（一）观片欣赏

核心知识

研读导学

经过本节的理论学习，大家对于戏剧有了一定的了解，为了进一步把握剧情，更好地分析人物形象，我们安排了四学时的欣赏内容，在此基础上扩充学生视野，以提高其欣赏水平。

《雷　雨》

30 年前的周朴园与女仆梅侍萍相爱，并且生了两个儿子。后来，周家为了与一位门当户对的小姐（繁漪）结亲，在大年三十晚上赶走了梅侍萍，强迫她留下了长子（周萍），并且带走刚刚出生三天，病重的次子（鲁大海）。侍萍被逼投河，幸而被救。此后她嫁给了鲁贵，又生了女儿四凤，自己改名鲁侍萍，儿子也改名鲁大海……

周朴园，《雷雨》悲剧的制造者，是一个官僚资产阶级的典型人物。他唯利是图，凶残狠毒，血腥剥削，镇压工人，是封建暴君、专制魔王。满脑子的封建纲常伦理观念，顽固地遵照"三从四德"、"三纲五常"的封建法规。他对妻子讲话，盛气凌人，经常用命令式的口吻。当他第一次出场，就威逼蘩漪喝药，充分显示出"他的意见就是法律"。周朴园性格不仅专横而且极端虚伪，他表面上道貌岸然，念经吃素，实际上却是最阴险最狠毒的伪君子。剧作通过他对侍萍的态度细致入微地表现出来。

所以说周朴园是一切祸患的根源，悲剧的制造者，但这幕悲剧并非是他的意愿，他也是深陷于其中的最大的悲剧承担者。

《茶 馆》

老舍的《茶馆》以北京一座茶馆为舞台，利用一个大茶馆就是一个小社会的特点，展开了清末戊戌维新失败以后、民国初年北洋军阀盘踞时期和国民党政府在大陆的统治崩溃前夕三个不同时代的生活场景和历史动向。前后半个世纪，上场人物六七十人，几乎包括了半封建半殖民地中国各种社会阶层、社会势力的代表。全剧没有中心的故事线索，各幕之间也缺少前后呼应的紧密的情节联系，却能结构严密，一气呵成。它时代色彩强烈，多方面地再现了尖锐的矛盾冲突和丰富的社会生活，并且通过旧中国的日趋衰微，穷途末路，揭示出必须寻找别的出路的真理。剧本在出身不同社会阶层（民族资本家、茶馆主人、个体劳动者）却都潦倒不堪的三个老人撒纸钱自悼的悲怆场面中结束，象征着为旧时代送葬。全剧仅三万余字，却包含了如此丰富的历史内容，又处处闪烁着作家的睿智和幽默，被人誉为"每一句台词都有其自身的独特的意蕴，看演出真实难忘的艺术享受"。

王利发是"裕泰大茶馆"的掌柜。他父亲死得早，二十多岁就独立应付生活，他懂得，"在街面上混饭吃，人缘顶要紧"，所以按着老辈儿留下来的老办法，以为"多说好话，多请安，讨人的喜欢，就不会出岔子"。他每天满脸堆笑逢迎来自官僚权贵、外国势力、恶霸、地痞、特务、警察多方面的敲诈滋扰，他心地不坏，却因为地位比赤贫阶层高出一截，对世间的苦难早已熟视无睹。他是个本分买卖人，希望社会安定，自个儿的生意也顺心点儿，可社会总跟他拧着劲儿来，他不敢跟社会较劲，只能俯首当"顺民"，但仍无济于事。尽管他不坑人、不害人、逆来顺受、没有过高的生活要求，但最后的结局还是凄惨的。

双核训练

1. 复述以上作品的主要内容。
2. 讨论每部作品的主要矛盾冲突及人物性格。

（二）编演课本剧

课本剧就是把课文中精彩的故事情节改编为可以在课堂上由同学表演的短剧。由于剧本是戏剧表演的依据和基础，想要写好课本剧，首先要懂得剧本的特点，然后才能据此编出符合要求的内容来。

1. 了解剧本的四个特点

（1）空间和时间要高度集中

剧本要求时间、人物、情节、场景高度集中在舞台范围内。通常用"幕"和"场"来表示段落和情节。"幕"指情节发展的一个阶段。"一幕"可分为几场，"一场"指一幕中发生空间变换或时间变换的情节。

（2）强烈而富有表现力的戏剧冲突

戏剧的情节发展过程即是剧中人物与人物、人物与环境之间矛盾冲突的过程。戏剧则要求在一定的空间和时间里反映的矛盾冲突更加尖锐突出。因为戏剧这种文学形式是为了集中反映现实生活中的矛盾冲突而产生的，所以说，没有矛盾冲突就没有戏剧。

剧本中的矛盾冲突可分为开端、发展、高潮和尾声四部分。演出时从矛盾发生时就应吸引观众，矛盾冲突发展到最激烈的时候称为高潮，这时的剧情也最吸引观众，最扣人心弦。高潮部分也是编写剧本和舞台演出的"重头戏"，是最"要劲"、最需要下工夫之处。

（3）剧本的语言要表现人物性格

剧本的全部内容，基本上是通过人物语言表现出来的。戏剧的语言特点是动作化和性格化。戏剧语言把人物的对话，表情动作结合起来，表达人物的感情、意志和思想。而剧本的语言应该精练、简明，含义深刻，让读者既容易理解又有想象的空间。

（4）剧本的语言包括台词和舞台说明两部分

舞台说明是剧本语言不可缺少的一部分，是剧本里的一些说明性文字。舞台说明包括剧中人物表，人物活动的时间、地点、服装、道具、环境以及人物的表情、动作、上下场等。这些说明对刻画人物性格和推动戏剧情节发展有一定的作用。舞台说明语言要求写得简练、扼要。舞台说明一般出现在每一幕（场）的开端、结尾和对话中间，一般用括号（方括号或圆括号）括起来。

剧本的语言主要是台词。台词，就是剧中人物所说的话，包括对话、独白、旁白。独白是剧中人物独自抒发个人情感时说的话；旁白是剧中某个角色背着台上其他剧中人从旁侧对观众说的话。剧本主要是通过台词表现人物内心世界，推动情节发展。因此，台词语言要求能充分地表现人物的性格、思想感情；要通俗易懂、简明扼要；要口语化，要适合舞台表演。

2. 编写课本剧的基本原则

（1）注意选择题材，选择故事性强的和人物性格突出的课文

故事性强，才能吸引观众，提高学生的兴趣，同时更要塑造性格鲜明的人物，因为故事情节主要依靠人物形象来支持，离开了人物，再好的故事也只是个框架，没法真正打动观众的心。课本剧不同于小说。小说只注重能吸引人就可，所以题材选择更广泛。但是课本剧除了吸引

人，还需要带有一定的社会责任感，弘扬真、善，因为课本剧对学生的影响更直接、更全面。选择好的题材，改编成剧本，才能受到学生的欢迎，受欢迎的课本剧才是好剧本。

（2）由课文语言改成剧本语言

也就是把叙述性文字转换成能构成画面的文字。

改编的转换过程，也就是把作者需要反映的一切，通过环境交代，人物的动作、表情、语言交代来表达出来，而不是通过作者的解释。在课文里的心理描写、环境描写在改编中要么适当地转换成旁白或舞台说明，要么直接删除。

（3）注意改编的格式

课文一般是按照段落划分的，一段意思讲完才会另起一段。而剧本一般为了排练方便，是按照剧情划分的。所以是一个情节就是单独的一段，对白：是一个人说的话就是一段，换人说话就换行；动作：是一个人的动作就是一段，换人动作就换行。这样在看剧本的人的脑海里就能很清晰地出现可视文字。

（4）注意线索

在课本剧里，因为时间有限，很多内容无法得到充分的交代，所以线索多的话，很容易引起混乱和交代不清。掌控多线索架构，是需要一定功力的，所以碰到有多线索的小说，在改编中最好提取一条主要线索来围绕它重写，这样适合学生写作也适合学生欣赏。

（5）注意结构

小说讲究故事的起因、发展、高潮和结果。而剧本同样有起因、发展、高潮和尾声，因为课本剧篇幅短，所以很多地方大家是能省就省，最后就变成不该省的地方也省了，造成很多情节脱节，情绪断裂，因此，课本剧的结构也要有一定的完整性。

（6）注意语言

课文的语言可能更艺术化和书面化一点，而剧本是反映生活现实的，口语化一点，所以要求要接近生活，接近口语化。在语言的数量上，应按尽量精练的原则进行编写。能一句话说明白的，就别用三句话。另外要注意语言要符合人物身份和人物性格（动作也是如此）。

3. 意义

编演课本剧是激发学生兴趣的重要途径。

（1）形式新，学生学课文有兴趣

改编剧本？选哪一篇？怎样编？你来演什么角色？能不能演好？一系列的问题都需要学生去思考，需要学生认真阅读课文后才能解决问题。要编演课本剧，戏剧的有关知识可是基础中的基础，过去学生对戏剧常识不愿学习，现在他们可就主动去学习了，并且把几篇戏剧体裁的课文也认认真真地读下来。

（2）内容广，学生学习兴趣高

在编演过程中，对学生的语文知识的要求是多方面的。编演课本剧要注意课内外结合，班内外竞争，校内外交流；课本剧的改编不必限于文学作品，即使物理、化学、生物等课本内容，也可以用拟人化的方式改编成课本剧。

（3）表现新，提高学生的表达能力

改编课文为剧本，要把很多叙述性语言转化为对话，剧本里有简单的舞台说明，大部分是对话。对话语言要规范，就要求用词要准确，句子要完整。表演时读音要准确，对话要与人物性格相符合。这些要求既是让学生练习语文基础知识，同时也是为提高其语文表达能力。

（4）思维新，学生对创造性活动有兴趣

编演课本剧是学生创造性思维的提升。改编是一种创造，表演也是一种创造。"一千个观众就有一千个哈姆雷特"，每个学生在课文的阅读理解中一定有自己独特的理解，改编后进入表演，个人的创造性发挥各有不同，围绕剧情的推进，人物性格的表现，动作、表情、对话都能达到高度的个性化。表演时，学生把台上形象与自己创造的形象进行对照，把别人对形象塑造表现的技巧与自己的相比较，不断调整充实，使形象更为丰富，台上台下，交流创新成果，共同提高语文素质水平。

编演课本剧对学生学好语文以及全面发展大有裨益。它是"大语文"教育观的具体活动形式之一，是口头表达能力多元化的实践活动之一，更是全面提高学生素质的有效途径之一。它不仅化被动的写作为主动的投入，锻炼了学生的口头表达能力和分析鉴赏能力，而且使学生的注意力、想象力、创造力都极大地得到加强和提高；更有价值的是学生认识到了自己的诸多不足，大大地增强了语文学习的动力及兴趣。全面培养了学生素质，丰富了校园活动，为校园文化建设增添了亮丽。

相关信息

【追溯历史】

19世纪末，在时代大潮的激荡中，学生演剧为中国文明新戏的出现拉开了序幕。学生凭着一颗赤子之心，自编自演了许多抨击社会黑暗的时装剧，推动了戏剧改良运动的发展，成为中国戏剧近代化的标志——文明新戏的先驱。改良派先驱梁启超对学生演剧这件教育界、文艺界革命性的事件，给予了充分的重视。当时许多学生踊跃参加戏剧社团活动，积极投入"文明新戏"的排演之中，成一时之风尚；虽是在课余，但影响巨大，其中的一些人以后成为各行各业的佼佼者。老一辈革命家中如周恩来、邓颖超、萧楚女、廖承志，以及著名的戏剧工作者曹禺、金乃千等，都是当时学生戏剧队的积极分子。他们率先冲破封建藩篱而勇敢地走上舞台，在把"文明戏"走向大众化、推向普及的浪潮中成为出色的弄潮儿，他们不愧是中国学生参加现代戏剧表演的先驱。

（三）实训活动

核心技能

指导学生完成课本剧的编演，要按一定规范操作，同时又要灵活掌握，注意肯定学生的创造性思维。

1. 选学生喜欢的课文

在老师的指导下，所选课文要求矛盾冲突激烈，情节性较强，人物性格鲜明，尤其学生感兴趣的课文。选用的课文篇幅不宜过长，也可选取其中一段内容，让学生讨论后决定，以调动其积极性。

2. 研读课文

在老师的引导下，读所要改编的课文，了解背景、明确主题、熟悉内容。特别要牢牢地把握住文中主要人物性格特征，更要清楚产生其性格的社会背景，明白作者塑造此形象的用心。（选好导演和演员）

3. 编写剧本（学生导演）

注意：①寻找材料进行改编。②改编时可适当增删，适合于剧情发展及人物性格的需要即可。③台词编写要精炼，符合人物性格。

4. 表演（安排角色）

①按演员的性格要求，安排演员。②人物对话的表演是重点，应掌握好语调、速度、节奏，最大限度地突出人物性格，为推动情节发展服务。③注意情节发展，尤其是独白和旁白的巧妙运用。④大量的排练，运用多种手段（音响，多媒体），以达到一定效果。

5. 师生互评

在演出后，最重要的是组织学生讨论，讨论演出的水平及得失，重点讨论表演的创新和成功之处，总结失败原因，同时提出今后努力的方向。演出后学生对原课文的理解已达到一个新高度，此时，可提出一些较难的问题让学生讨论，可实现对课文认识的新突破。

课本剧作为一种实践锻炼方式，学生极感兴趣，并且对学生语文素质的提高比较显著，让我们共同为课本剧的良好发展而努力奋斗。

双核训练

本章节是戏剧选场，《雷雨》、《茶馆》、《威尼斯商人》、《屈原》都是著名的剧作，请大家选取以上作品，并将其片段改编成课本剧。

要求：保持原有故事情节，可适当加入现代语言，以增强娱乐性。

小 结

在议论文的学习中，我们要温故知新，重点掌握其基本结构（引论、本论、结论）和它的三要素（论点、论据、论证）及论证方法，并能分析、写作一般性的文章。

学习掌握说明文的特点（说明性、客观性、科学性）、种类（说明事物、说明事理）及说明方法，会写科学小品文。

对于戏剧选场内容，只要了解剧情，学会分析人物形象即可。

第四节 总复习 测试

一、开掘思路

记叙文

1. 知晓研读课文中的"导学"内容
2. 掌握"课后习题"的知识点
3. 了解自读课文的相关资料

文言文

1. 能够概述"选篇"内容
2. 学会背诵重点语段（师说，1、3 段 劝学，1—3 段 负荆请罪 17—21 段）

散文

1. 掌握散文特点
2. 会写一般的适用散文

小说

了解小说的概念及分类

小说三要素

分析人物形象：华老栓、夏瑜、康大叔、王熙凤、林黛玉、贾宝玉、玛蒂尔德

二、梳理成篇

议论文

1. 议论文的基本结构
2. 三要素
3. 论证方法
4. 能写一般的议论文

说明文

1. 说明文的特点

2. 种类和方法

3. 基本写作（平实性说明文、科学小品）

戏剧

1. 戏剧的概念、特点

2. 戏剧的分类

3. 人物分析：周朴园、王利发

考试题型

一、填空题（30）

二、选择题（10）

三、判断题（10）

四、简答题（10）

五、写作（40）

试题说明

1. 填空各题，均以每个章节中的"导学"、"提示"内容为考核点。

2. "判断、选择"题也参照？考虑。

3. 简答题，以核心知识（课文中研读重点内容）为标准。

4. 写作，以"话题作文"或"读后感"为选择范围。

5. 有兴趣，可以根据"说明"自己出一套模拟题，相互练习。

第三章　推敲词句

今天，互联网已经渗透到我们生活中的各个领域，各种通信工具也十分普及。然而，人们在办理各种事务，如请假、求职、应聘、发表通知、提交申请时，还是要依据一定的行文体式使用大量的应用文。所以掌握常见应用文的基本知识，写好一篇格式规范、语言准确得体的应用文，对同学们来说是十分必要的。

另外，了解演讲、辩论等口语交际形式对我们来说也是必要的。因为当今时代的发展，很需要创新型的人才。而口语表达的得体与否，直接影响着人的发展和成功。所以我们要学会斟酌词句，揣摩语言。

第一节　应用迁移　常见应用文

在生活中，如果我们能将所学的知识自如地运用于实践，并能恰当地处理好面对的各种相应的问题，你便具备了一定的迁移能力。这也就是知识向能力方面转化的过程。例如：写一篇入党申请书、实习工作总结等，都需要运用所学过的应用文体，去解决实际的问题。

所以，你知道怎样才能用规范的格式和得体的语言书写常见的应用文吗？通过本节的学习，我们要掌握应用文的写法及常见的文体。

核心知识

> 应用文是我们在日常学习、生活和工作中处理事务、沟通关系、商谈工作时所写作的文章。通俗地说，就是为办事而写作的文章。它的特点是：体式固定、结构完整，内容准确、有实效性；语言简练明白，平实易懂。

一、请假条、通知、申请

（一）请假条

请假条是因事或生病不能正常参加日常学习、工作而向有关组织、负责人商请准假的日常应用文。

一份请假条一般只写一件事，并且要简短、明确，一目了然。请假条和很多日常应用文一样，是有固定格式要求的。其格式包括：标题、称呼、正文（请假原因，请假时间）和署名及日期四个部分。

● 标题　用比正文大的字写在第一行正中。

- 称呼　第二行开头顶格写，称呼语后面必须有冒号。
- 正文　称呼下一行空两格开始写，要交代清楚请假原因，请假时间。正文末尾，常写"请予以准假"、"特此请假"、"望准假"等结语。
- 署名及日期　另起一行右下角署名，在署名下一行位置写日期。

【示例一】　　　　　　　　　请假条

柳护士长：

　　我因患肠炎，腹痛腹泻，不能到医院上班，特此请病假三天，请予以准假。

　　　　　　　　　　　　　　　　　　　　　　张悦

　　　　　　　　　　　　　　　　　2007 年 3 月 6 日

【点评】这则请假条体式正确，结构完整，尤其是用语简洁、准确、得体。

【示例二】

　　我因病不能上班，请假三天。

　　　　　　　　　　　　　　　　　　　　　　张悦

　　　　　　　　　　　　　　　　　2007 年 3 月 6 日

【点评】这则请假条没有标题，也没有使用称呼语，虽然说明了请假的原因和时间，但在用语上过于生硬、直接，缺少沟通、商请的意味。

【示例三】　　　　　　　　　假　条

向老师：您好！

　　这几天我身体不舒服，吃不好饭，睡不好觉，上课也不能集中精力，头疼欲裂，实在坚持不住了，请假两天。

　　　　　　　　　　　　　　　　您的学生　王栋

　　　　　　　　　　　　　　　2006 年五月九日

【点评】这则请假条主要写因病请假，但正文语言过于烦琐、啰唆，违背了应用文语言准确、平实、简洁的特点；另外，标题写成"假条"也不准确；问候语不能和称呼语在同一行，应另起一行，空两格；结尾处的日期既有汉字又有阿拉伯数字，应该统一起来。

【修改】　　　　　　　　　请假条

向老师：

　　您好！我因患重感冒，无法坚持上课，请假两天，请予以批准。

　　　　　　　　　　　　　　　　　　　　　　王栋

　　　　　　　　　　　　　　　2006 年 5 月 9 日

（二）通　知

通知一般是需要周知或共同执行某事项时所使用的应用文。它是一种和请假条有区别的告知性公文。

格式一般也是固定的，由标题、受文单位、正文和落款四部分组成。

● 标题　作为公文的通知，标题需写全称，由发文单位、事由和文种三部分组成。如：《×××学校关于召开"迎奥运，展风采"田径运动会的通知》。

● 受文单位　是通知的主要对象，在标题下一行顶格写受文单位或个人，后面用冒号。

● 正文　正文一般包括缘由、事项和要求三部分。不同种类的通知正文写法不同。

● 落款　写清发文单位名称（标题上已写明的不再写）和发布通知的日期。

【示例一】×××学校关于召开"迎奥运，展风采"田径运动会的通知
全校各班：

为迎接2008年北京奥运会，在学校掀起健康向上的健身热潮，展现广大学生的青春风采，学校定于2007年9月16日召开"迎奥运，展风采"田径运动会。望全校各班高度重视，认真组织，精心准备，以优异的成绩和良好的精神风貌开好本次运动会。

（相关比赛规则学生会体育部另行通知）

2007年8月20日
（印章）

【点评】这则通知格式规范，缘由、事项和要求交代清楚明了，符合通知的写作要求。

【示例二】　　　　　　　　　通　知
各班生活委员：

明日放学前，将本班同学给南方灾区学生写的慰问信及捐赠的衣服、文具、书籍收齐，登记造册，交到学生会生活部。

校学生会
2008年2月25日

【点评】这是一则布置工作的通知，时间"明日"前加上"请于"就更得体，在"明日"后应在括号内注明具体月、日，使时间更加明确。

【修改】　　　　　　　　　通　知
各班生活委员：

请于明日（2月26日）前，将本班同学为南方灾区学生写的慰问信及捐赠的衣物、文具、书籍收齐，登记造册，交到学生会生活部。

校学生会
2008年2月25日

（三）申请

申请是个人或团体向有关领导或部门提出某种请求并请求办理的应

用文。在生活中申请用途比较广泛。

申请一般由四部分组成：标题、称呼语、正文和落款。

● 标题　写在第一行正中，文种字要大于正文字体，如"申请书"，或写上申请事项和文种，如"入团申请书"、"加入校学生会申请书"等。

● 称呼语　在标题下一行顶格写上申请递交的对象，后面用冒号。

● 正文　称呼语下一行空两格写正文。正文包括申请办理的事项、原因（需写清提出申请一方的基本情况）、理由和要求。虽然正文因申请办理事项不同而异，但文字一定要简明扼要，将申请办理的事项说得明白、有条理，态度要积极，言辞要恳切。正文后可以写上"请予以批准"或"请予以办理"等结束语。

● 落款　在正文右下角写申请者和日期。如有必要，应将自己的联系电话和电子邮箱写上。

【示例一】　　　　　　加 入 学 生 会 申 请

×××学校学生会：

我是学校×××级×××班学生，我申请加入校学生会。学生会是由优秀学生组成的为全校学生服务的学生组织，是学生进行自我教育和自我管理的先进团体，在广大学生中有着很高的威信和很强的凝聚力，是学校和老师的得力助手。我十分渴望能成为学生会中的一员。

我在小学和中学曾担任过班长和团支书，在工作中我积累了一些经验，学会了如何带动同学们共同进步，学会了沟通、宽容和团结。来到这个学校，我更想通过为同学服务来实现我的人生价值。

我愿意遵守学生会章程，努力提高自身修养，完善个人素质，尽心尽力为同学们服务，为学校的和谐发展服务。在工作中勇于实践，大胆创新，以高度的责任感和使命感完成学校领导和同学们交给我的任务，使学生会真正成为可信赖的学生组织。请接受我的申请。

此致

敬礼

申请人：邓××

×年×月×日

【点评】这是一则要求加入某个群众团体的申请，申请的事项清晰，原因和理由明确，格式准确，语言得体。

【示例二】　　　　　　参观英模纪念馆申请

×××市英模纪念馆馆长：

我是×××市×××职业技术学校×××班团支部书记。在清明节来临之际，我班决定于 4 月 4 日下午 13 时光临贵馆参观，回顾革命先烈和英模的战斗事迹，激发同学们爱祖国、爱家乡的情感，培养为国家和民族富强而努力学习的责任感。可否接受我们的申请，希尽快回复。

×××市×××职业技术学校××

2006 年 3 月 30 日

【点评】这则申请是学生干部写给英模纪念馆馆长的，里面的一些用语不得体。第二句里的"决定"显得生硬，因身份是下对上，语气必须尊重婉转，"决定"属命令语气，应改为"欲"。"光临"是指宾客来到，是敬辞，用在自身不合适，应改为"去"或"到"。最后一句"希"也含有命令的口吻，不得体，应改为"请"。

【修改】<center>参观英模纪念馆申请</center>

×××市英模纪念馆馆长：

我是×××市×××职业技术学校×××班团支部书记。在清明节来临之际，我班欲于 4 月 4 日下午 13 时到贵馆参观，回顾革命先烈和英模的战斗事迹，激发同学们爱祖国、爱家乡的情感，培养为国家和民族富强而努力学习的责任感。可否接受我们的申请，请尽快回复。

×××市×××职业技术学校××

2006 年 3 月 30 日

思维对抗

集雅轩

应用文中往往会使用某些文言词语，这些文言词语是古人在交流和沟通时的礼貌用语，简洁、庄雅，运用得当，会收到言简意赅的效果。如：当否——是否得当；莅临——来到；惊悉——知道后很震惊；令尊——您的父亲；令堂——您的母亲；为盼——期待您的答复；兹——现在；足下——对对方的尊称；为荷——承受恩惠（多用在结尾）；承蒙——受到别人的好意；收悉——收到并知道；谨致谢忱——表示谢意；届时——到时；笑纳——请人收下礼物。

小 结

常用应用文一

文种	格式	语言
请假条	标题、称呼语、正文和落款	得体、简洁、准确、一目了然
通知	标题、受文单位、正文和落款	得体、简练、通俗易懂
申请	标题、称呼语、正文和落款	得体、精简、清晰

双核训练

1. 请假条是＿＿＿＿＿＿＿＿＿＿＿＿＿＿＿＿＿＿＿时采用的应用文。

2. 请假条的格式分为＿＿＿＿＿＿、＿＿＿＿＿＿、＿＿＿＿＿＿和署名及日期。

3. 请假条的结尾要写＿＿＿＿＿＿，"敬礼"需＿＿＿＿＿＿＿＿＿＿＿。

4. 通知是＿＿＿＿＿＿＿＿＿＿＿＿＿＿＿＿＿＿时所使用的应用文。

5. 通知的受文单位是指＿＿＿＿＿＿＿＿＿＿＿＿＿＿＿＿＿＿＿＿。

6. 申请一般分为＿＿＿＿＿、＿＿＿＿＿、＿＿＿＿＿、＿＿＿＿＿四部分。

二、计划、总结、报告

计划、总结和报告广义上都属于公文，在语言上要求简明扼要、准确严谨、逻辑性强，便于理解和执行。

（一）计　划

计划是机关、团体，或个人对未来一定时期内的工作、学习和创新发展等方面的打算和具体安排，以书面形式表现出来的一种应用文。

计划的种类很多。按内容分，有工作计划、生产计划、教学计划、学习计划、科研计划等；按时间分，有年度计划、季度计划、学期计划、月计划、周计划等；按范围分，有单位计划、部门计划、个人计划等。

计划的形式通常有条文式、表格式、条文和表格混合式等。一般采用较多的是条文式和表格式。

条文式是用文字表述的计划。一般由标题、正文和落款三部分组成。

• 标题　包括计划制定者、时间期限、内容和文种。如：《×××医院护理部 2005 年护士岗位培训计划》。

• 正文　是计划的主体。一般包括三个层次的内容。

一层：用简要的语言交代制订计划的原因、依据、指导思想和对自身情况的基本分析。

二层：提出明确的任务、要达到的目标和具体要求。

三层：写清完成任务将采取的措施、步骤、分工和落实方法，具体责任人及完成计划的时间。

简言之，计划就是写清楚"做什么"、"怎么做"、"做到什么程度"、"何时完成"等即可。

• 落款包括制订计划者和制订计划的时间。

【示例一】　×××公司人力资源部 2006 年员工培训计划

×××公司作为一个成长较快、发展势头良好的中型民营企业，员工的培训是着眼于长期发展战略必须进行的工作，也是提高员工素质、增强企业凝聚力的重要方法。通过培训，员工的知识层次、工作技能、工作效率和工作品质都将进一步得到提高，从而全面提升企业人才结构水平，增强企业的综合竞争力，推进企业改革。2006 年，人力资源部的员工培训工作将有计划、有步骤地进行，为公司培养懂经营、擅管理、有专业知识、不断追求创新的专业人才和管理人才。

一、具体实施方案

1. 培训形式

（1）选拔和培养一批企业内部讲师，对员工进行工作技能、营销、管理等方面的培训。

（2）聘请学识水平高、在管理、营销等方面有建树的专家、学者来企业授课。

（3）为热爱企业、有培养前途的员工提供轮岗培训。

（4）派出一批工作水平高、责任心强的员工到外地参观、学习。

（5）以老带新培训。由加入公司时间早，工作开展有成效的员工结合自己的工作实践传授工作方法和注意事项。

（6）购买具有先进管理、营销理念的书籍、光盘、软件等培训资料，组织员工观看、阅览、自学。

2. 培训内容

（1）高层管理人员：组织行为学、员工激励、变革与创新管理、品牌策划、机电设备维护保养知识、环境保护基础知识、环境卫生相关法规、会计法及相关法规。

（2）中层管理人员：管理学基础知识、沟通与人际交往技巧、机电设备维护保养基础知识、公文写作、水电气相关法规。

（3）普通工作员工：技术技能培训、操作规程培训、沟通技巧等。

3. 培训目标

通过培训提高公司各层次员工的企业管理相关知识，掌握相关法律法规，了解财务基本知识，提高工作技能，培养团队意识和团队精神。

4. 培训时间

1—3 月份，外聘讲师培训；7—9 月份，内部讲师培训；员工内部培训每月一次。其他培训工作视公司业务开展情况安排。

5. 责任人

所有培训讲师的聘请、培训课目的开发均由人力资源部全部负责，并针对培训工作细节，在 2006 年 3 月 30 日前制定《×××公司员工培训制度》报董事会研究批准后贯彻执行。

二、注意事项

1. 人力资源部要注意培训课题的研究与开发，及时搜集国内外知名咨询顾问集团讲师资料和培训科目资料，并结合本公司实际情况向有关部门推荐相关培训课题。

2. 培训不走专家讲课、员工听课的形式主义，力争做到有培训、有考核、有提高。外派培训人员返回后要做培训总结和培训内容的传达贯彻，并将有关培训资料交于人力资源部存档。

3. 人力资源部在安排培训时要考虑与工作的协调，尽量避免培训时间与工作繁忙阶段的冲突；还要考虑重点培训与全面提高的关系，尽量避免某一岗位和某一个人反复培训的现象，以公司发展的需要为标准，全面提高员工素质。

（公章）

2006 年 2 月 1 日

小 结

这是一份条文式计划。前言用"是"、"也是"、"通过"、"从而"等说明在公司中实施员工培训的目的和意义，语言概括、简洁。正文分条列项写明培训的形式、内容、目标、时间、责任人和注意事项，语言准确，明白简练、层次清晰，便于执行。

【示例二】×××学校 2005/2006 学年度上学期德育活动计划

日　期	工作内容	工作目标	责任人
2005 年 8 月 15 日—8 月 31 日	入学教育	对新同学进行行为规范教育、专业思想教育	学生处团委
9 月 1 日—9 月 28 日	学生安全活动月	对学生进行消防安全、校园安全、人身财产和财物安全、网络安全系列教育	保卫处学生处团委
9 月 29 日—10 月 29 日	"歌唱祖国"校园艺术节	通过书画作品比赛、合唱比赛、演讲征文比赛展示祖国日新月异的变化，增强民族自信心和民族自豪感	学生处团委
11 月 1 日—12 月 30 日	端正学习目的、树立优良学风教育	通过教育在同学当中形成比学习、爱钻研、好学上进的风尚	学生处团委班主任

小 结

这是一则表格式计划，在表格中扼要地排列出完成计划的时间、工作内容、工作目标以及责任人，语言平实、简练、清晰，一目了然。

〔新学期开始了，给自己拟一个学习计划，有的放矢地努力吧！〕

（二）总 结

总结是把已经做过的某一阶段的工作，进行回顾、检查和研究的一种应用文。总结的种类很多，按性质分，有工作总结、学习总结等；按范围分，有部门总结、单位总结和个人总结等；按时间分，有月工作总结、季度工作总结、年度工作总结等；按功用分，有经验总结、工作汇报总结等。

总结一般由标题、正文和落款三部分组成。

● 标题 有三种写法。①接写单位、时间、内容、文种，如：《×××医院年度工作总结》；②概括总结内容，展示美好前景，如：《加强技术创新、实现科学发展》；③用一个形象而又生动的标题，再加上一个用来具体说明的副标题，如：《在奋进中前行的 2006 年——×××集团年终回顾》。

● 正文 因总结的作者和内容不同，写法也各不一样，基本包括开头和主体两部分。开头交代是什么总结、总结的目的或对工作完成情况进行概括性的评价，给人一个总体印象；主体包括陈述工作过程、分析取得的成绩经验和存在的缺点教训，并对未来进行设想和展望。

● 落款 即署名和日期。

【示例】   实习总结

时间过得飞快。一转眼，我们即将完成为期一年的毕业实习了。在这一年的时间里，我对护士这个职业有了更加深刻的认识，也更加坚定了我当好一名护士的决心。下面将我在 201 医院的实习总结如下：

1. 接受领导，积极参加实习医院组织的各项活动。为了尽快熟悉将来的护理工作，我严格遵守医院的各项规章制度，积极参加医院组织的政治学习、业务学习和工会活动。通过参加学习和参与活动，我感受到了做一名护士的快乐，也从中了解了即将步入的社会。在护理部组织的"5.12"护士节演讲比赛中，我演讲的《我骄傲，我是一名护士》获得了二等奖。

2. 虚心学习，进一步巩固护理理论。我们在医院护理部的安排下，认真学习了实习计划和实习大纲，在实习期间经常有目的、有重点地复习内外妇儿各科护理理论，使我认识到，护士不是简单地给药、打针，有很多临床护理工作离不开扎实的护理基础理论，在每次的理论考核和出科测评中我都取得了良好成绩。

3. 善于学习，全面掌握护理技术。在护理部的安排下我进行了各科轮转，开阔了视野，丰富了我的护理经验。在各科实习中，我严格遵守科室制度，按时参加护理查房，正确执行医嘱，严格执行"三查七对"，严格执行无菌操作规程，从不因为匆忙而出现差错和疏漏，规范地进行护理基础操作和各科临床护理操作，在急、危、老、重患者的护理中，能迅速熟悉病情并配合老师共同应对，严肃认真、一丝不苟，受到带教老师的好评。

4. 认真履行实习护士职责，努力提供优质的护理服务。虽然只是实习护士，但我在工作中尊敬师长，团结同学，关心病人。努力做到"眼勤、手勤、嘴勤、腿勤"，及时书写各种护理文书，经常巡视，发现问题及时处理。在工作中急患者之所急，想患者之所想，用"爱心"和"细心"为患者服务，逐步学会与人沟通，受到患者及家属的信赖和喜爱。

通过近一年的临床实习，我对整体护理技术和病房的护理管理有了更加具体而全面的认识，护理理论水平和临床操作水平都有了较大提高，同时也看到了自己身上存在的护理操作水平不高的问题。我将继续努力，刻苦学习，力争早日做一名合格的护士，用实际行动为母校添光彩。

2003 级护理 2 班　李莎

2006 年 6 月 5 日

小　结

这是一份护理专业学生的毕业实习总结。开头概括性地总结了实习工作基本情况，语言明白、易懂。在主体部分分条总结了自己在实习中的表现及取得的成绩。主要从在医院表现、理论学习、技能操作学习、医德医风等四个方面进行总结，条理清楚，语言流畅、简约、准确。

〔想一想，计划和总结的关系〕

（三）报　告

报告是向上级机关反映情况、汇报工作、答复上级机关的询问的公文。

报告的种类，按内容分：有工作报告、情况报告、答复报告等；按范围分：有专题报告和综合报告。

报告的格式一般由标题、主送机关、正文和落款四部分组成。

● 标题　常见的有两种形式：①由事由和文种组成，如：《关于开展学习宣传活动的报告》；②由发文机关、事由和文种组成，如：《护理部关于对××进行教育的情况报告》。

● 主送机关　即报告送达单位。

● 正文　一般由开头、主体和结尾组成。①开头。交代报告缘由、目的、意义或根据。②主体是报告的核心部分，用来说明报告事项。一般包括两个方面，一是工作情况及问题，二是进一步开展工作的设想。③结尾。根据报告内容不同所用语言不同。应另起一段来写。常用的有"专此报告"或"特此报告"等。

- 落款　包括署名和日期。

【示例】　　　　　　　关于对××护士进行教育的情况报告

院领导：

　　×月×日，内科疗区护士××给患者输液时三次进针均未成功，当患者向其提出异议并批评她时，该护士不仅不能虚心接受和诚恳致歉，反而指责患者，以致和患者发生争吵，影响很坏。此事引起院领导的高度重视。我们护理部遵照院领导的意见，已经对该护士进行了严肃的批评教育，并让她在内科疗区进行检讨。内科疗区的医护人员在讨论中一致认为，该护士的检讨认识深刻，态度诚恳；同时，此次事件对整个护理部也是一次端正服务态度教育的大好机会。事后，护士××在疗区护士长陪同下，向患者及其家属诚恳道歉，并已取得患者及其家属的谅解。此次事件暴露出护理部工作的缺失，今后，我们将加强对护士的技能训练和思想教育，杜绝类似事件的发生。

　　特此报告

　　　　　　　　　　　　　　　　　　　　　　　　　　护理部

　　　　　　　　　　　　　　　　　　　　　　　2006 年×月×日

【点评】 这是一则情况报告，简要陈述了事情的概况和处理结果，内容集中、单一，充分体现了情况报告的特点。

相关信息

一点通

计划和总结既有区别又有联系：

1. 它们是互相制约、互相依赖的关系。一般地说，没有系统、全面、深刻的总结，不可能制定出符合实际、切实可行的计划。反之，总结要以计划为依据，要检查计划的执行情况和计划的准确程度。

2. 它们是相互促进、不断提高的关系。计划—实践—总结—再计划—再实践—再总结……周而复始，循环往复。但这种循环不是简单地重复，而是不断提高，不断发展的。

小　结

计划：未来一定时期内的打算和安排。

总结：把已经做过的某一阶段的工作，进行回顾、检查和研究。

报告：向上级机关反映情况、汇报工作、答复上级询问。

双核训练

1. 写计划就是写_____、_____、_____、_____。

2. 条文式计划的格式由_____、_____、_____组成。

3. 总结是_____。

4. 总结标题的写法有_____种，第一种_____、第二种_____、第三种_____。

5. 报告是_____、_____、_____的公文。

6. 报告的格式分_____、_____、_____三部分。

三、求职书、推荐信、致辞

（一）求职书

求职书，也叫求职信。是以个人名义，针对某一岗位，向用人单位推荐自己、表达就业愿望的应用文。

这种应用文在就业形势严峻、竞争激烈的今天越来越显得重要。各种需要就业岗位的人要得到某个岗位，需要首先向用人单位送上求职书，等这个单位有了意向，再通过面试或面谈决定录用人选。所以求职书的好坏决定能否进行下一轮角逐，要注意避免泛泛的叙述，力争有别于其他求职书，吸引阅读者的目光，使其过目难忘。

求职书的格式由标题、称呼语、正文和落款四部分组成。

● 标题　在第一行正中写"求职书"或"求职信"字样。

● 称呼语、在标题下一行顶格写单位名称和阅信人职务或头衔。因求职书往往是首次交往，未必知道对方姓名，知道其职务或头衔的可写"尊敬的××医院护理部主任"，或"尊敬的××医院人事处处长"。若不知道对方职务，可使用泛称，如"尊敬的××医院领导"或"尊敬的××老师"等，称呼语要严谨、礼貌。

● 正文　这是一封求职书的重点所在。求职书的正文一般包括以下几个方面内容：

1. 自我介绍。包括姓名、性别、出生年月、籍贯、学历、所学专业、婚姻状况、性格、特长等。语言要简洁、精练、准确。

2. 主要资历和具备的条件。列举所受的专业培训、和工作相关的经历、在学校担任职务、受过的表彰和奖励、已经具备的能力、目标和志向等。这部分要实事求是，突出重点，把握关键，凝练精干。

3. 求职方向。写清所求工作，或所求岗位。

4. 结束语。往往是希望能被用人单位录用，或请对方给予答复。

5. 致敬语。"此致"、"敬礼"等，或略去不写。

● 落款　在右下方署名，下一行靠右标注日期。

【示例一】　　　　　　　　　　求职书

尊敬的××医院护理部主任：

我叫×××，女，1988年6月出生，家住××省××市××镇。是××市卫生职业学校2002级护理专业学生，中专学历，将于今年7月毕业。

我性格开朗活泼，举止大方，善于与人沟通。喜爱演讲和朗诵，曾在学校"歌唱祖国"演讲比赛中荣获优秀奖。我是班级的宣传委员，并在学生会文艺宣传部工作。从小我就十分喜爱护士这个职业，做一名身穿白衣、脚步轻盈的护士是我一直的梦想。

进入卫校以后，我十分珍惜时间，刻苦学习医学基础知识，较好地掌握了人体解剖学、生理学和病理学等基础理论。尤其是熟练掌握基本的临床护理操作技能，在学校组织的护理技能操作比赛中荣获第二名。同时我还注意培养自己的护理礼仪，曾为下一年级的同学示范过护理礼仪。

毕业实习我是在北京××部队医院完成的，实习期间我遵守实习医院的规章制度，虚心向带教老师学习，严格执行"三查七对"和无菌操作规程，熟练掌握了注射、静脉滴注技能和内外妇儿科的临床护理方法。在一次危重病人的急救工作中，我细心观察，及时发现问题及时上报，争取了救治时间，受到医院和患者家属的好评。我还利用课余时间学习了办公软件，能熟练处理电子表格和电子文档，电脑录入每分钟189字。

我很想到贵院做一名护士，如果我能到贵院工作，我将努力学习，团结合作，积极肯干，认真钻研业务，提高护理水平，待患者如亲人，为医院增添光彩！请给我一个机会让我证明。若还需什么材料，请惠告。（随后附上联系地址、电话、邮政编码）

　　　　　　　　　　　　×××市卫生职业学校2002级护理专业
　　　　　　　　　　　　　　　　　　2005年6月2日

小　结

这篇求职书格式完整、语言规范，第一自然段的自我介绍简洁、清晰。第二、三、四自然段重点写主要资历和具备的条件，既充分展示又文风朴实，层次分明、条理清楚，既不过分贬抑又不自视清高，纪实写实，令人信服。结尾寥寥数语，既表达了求职的渴望又合乎礼节。

【示例二】　　　　　　　　　　求职书

×××单位人事处（科）：

我是××学校××系××专业的本科学生，将于×年×月毕业。伴着青春的激情和对知识的渴望，我即将走完四年的求知生活。美好的大学生活，培养了我科学严谨的思维方法，更造就了我积极乐观的生活态度和开拓进取的创新意识。课堂内外拓展的广博的社会实践、扎实的基础知识和开阔的视野，使我更了解社会；在不断地学习和工作中养成的严谨、踏实的工作作风和团结协作的优秀品质，使我深信自己完全可以在岗位上守业、敬业、更能创业！

　　贵单位在××界成绩卓越，我相信我的能力和知识正是贵单位所需要的，我希望这样的人生，它在经历了无数场风雨后成为一道最壮丽的彩虹，我真诚渴望奉献我所拥有的一切，为单位的明天奉献自己的青春和热血！如果您是独具慧眼的伯乐，我就是一匹准备驰骋的千里马，请用您的目光告诉我海的方向，请用真诚的心灵拥抱我最热烈的胸怀，如果可能，我愿在贵单位的任何职能部门工作，我将用我的行动向贵单位证明：您的过去，我来不及参与，您的未来，必将有我的心血和汗水！

××学校××系××专业×

××

×年×月×日

小　结

　　这篇求职书看起来激情四射，实际上存在多个问题。求职书是推销自己的工具，专长、能力、兴趣、爱好一定要写得很明确，特别是与应聘职位相关的专长、学历、能力要突出出来。文章的第一段下笔千言，自己的兴趣、能力和专长却很模糊。第二段表明了自己求职的迫切愿望，但词语花哨，哗众取宠，给人幼稚和作秀的感觉，令人哭笑不得。"如果您是独具慧眼的伯乐，我就是一匹准备驰骋的千里马"这句，显得自视清高，违背了谦虚真诚的原则，而"我愿在贵单位的任何职能部门工作"看似对工作热爱，实际是怕竞争太激烈，不敢注明求职岗位，自信心不足。结尾的豪言壮语不可取，遣词用句应该注意朴素平实。

【修改】　　　　　　　　　　求职书

×××单位人事处（科）：

　　我是××学校××系××专业本科学生，将于×年×月毕业。四年的大学生活，不仅使我掌握了扎实的专业知识，还通过了大学英语六级和计算机四级考试，而且培养了我科学严谨的思维方法，积极乐观的生活态度，开拓进取的创新意识，严谨、踏实的工作作风和团结协作的优秀品质，我完全可以在将来的岗位上守业、敬业和创业。

　　贵单位在××界成绩卓越，我相信我的能力和知识正是贵单位所需要的，我愿在贵单位的设计部门工作，我将用踏实肯干，勤奋敬业的行动向贵单位证明我的实力。

××学校××系××专业×××

×年×月×日

〔想一想，你该如何向用人单位推销自己〕

（二）推荐信

推荐信一般是向对方推荐人才，希望对方能够采纳的书信类应用文。推荐信可以由个人写给个人，个人写给单位，或单位写给单位。推荐信一般是由第三人写给对方，有时也有自荐的。

如果是以个人名义写推荐信，对方又不熟悉推荐人的情况，需要在信中简要地介绍推荐人自己的身份。单位向单位写推荐信，需由主管人签名，并加盖公章。

推荐信的格式与普通书信相同。由称呼语、正文和落款三部分组成。

● 称呼语　在第一行顶格写对方姓名或职务，前面可加"尊敬的"或"敬爱的"等敬语。

● 正文　是推荐信的主体。要把被推荐人的基本情况以及推荐理由写清楚。要全面地、实事求是地介绍被推荐人的情况，要以客观公正的态度向对方提供真实情况。结尾可以使用致敬语，如"此致"、"敬礼"等。

● 落款　在右下方署名，下一行靠右标注日期。

【示例一】

×××医院护理部领导：

我是××卫生职业学校护理教研室主任×××，从事护理教学工作18年，现任省护理学会理事。

兹推荐我的学生×××到贵院工作。×××系我校2003级英语护士专业学生。在我校学习期间任学生会主席，品德好，有较强的组织和沟通能力。该同学学习刻苦，成绩优异，在班级排第二名。同时，她的护理技术也很过硬，在××医院实习反响很好，是做护士的好苗子。

欣闻贵院招收护士，我认为×××同学完全符合贵院的招收条件，特向您推荐。如有意，请约其面谈。谢谢！

　　谨祝

工作顺利

　　　　　　　　　　　　　　　　　　××卫生职业学校×××

　　　　　　　　　　　　　　　　　　　　×年×月×日

小　结

这篇推荐信简洁、清晰，格式完整。正文先简要介绍自己，能抓住关键，让对方能快速了解自己的身份。第二段介绍被推荐者，从品德、学识、技能等方面进行概括，真实可信。第三段希望自己的推荐能被对方采纳，礼貌坦诚。结尾致以问候，显示修养。

【示例二】

    ×××兄：

    前几天你来信，叫我找一两个人到你的私立医院工作。我有两个朋友的姑娘，都是卫校毕业的，一个叫王露、一个叫陈希，可以到你那里去。

×××

×年×月×日

【点评】这篇推荐信的开头"××兄"应该顶格写。推荐信是书面材料，而正文的主要内容太过于口语化，信中没有介绍被推荐人的简要情况，让对方无法做到大概了解。

【修改】

    ×××兄：

    前几天你来信，叫我找一两个人到你的私立医院工作。我有两个朋友的姑娘，都是卫校护理专业毕业生，一个叫王露、一个叫陈希，她们在学校的学习成绩都是良好，在医院实习后都能熟练掌握一定的临床护理技术，性格开朗，比较勤恳，我看比较适合你们医院的工作，特推荐到你那里。

×年×月×日

〔练一练 以班主任老师的身份推荐你的同学去某诊所工作〕

（三）致辞

    致辞一般是指在仪式上讲的，表示欢迎、勉励、感激、祝贺、祝福、哀悼的话。在日常学习和生活中的很多场合都需要致辞，它是用途很广的一种应用文。

    致辞因事由不同有答谢致辞、欢迎致辞、晚会致辞、庆典致辞、开（业）幕致辞、婚礼致辞、宴会致辞、悼词等。

    致辞的格式分标题、称呼语、正文和结尾四部分。

    • 标题 用比正文大的字写在第一行正中。通常有两种写法。一种由事由和文种组成，如：在×××上的致辞；一种是由致辞人、事由和文种组成，如×××在×××上的致辞。

    • 称呼语 在标题下一行顶格写。如"尊敬的各位领导"、"尊敬的各位来宾"等。

    • 正文 是致辞的主体，因事由不同而内容不同。开头一般都用与仪式的氛围相吻合的诗句引出，中间行文明快、流畅，语言坚定、有力，要用积极的、向上的语言，要饱含激情、充满热情，要富于鼓舞力量。最后多用祝福、希望的话结束致辞。

    • 结尾 一种写致辞人或写致辞人所代表单位名称和日期；一种写"谢谢大家"。另外也可不写结尾，有戛然而止的气势。

【示例一】   同学会致辞

尊敬的老师，亲爱的同学们：

大家好！在这金秋送爽，喜迎收获的季节里，我们98级检验班的同学，会集母校再牵手，重聚首。五年，在短暂的人生中是一段充满思念的长度。1998年，45个少不更事的孩子因了天赐之缘，迈进了这座校园。窄窄的寝室里，有我们对人生的美好憧憬，拥挤的食堂里，有我们清苦的白菜馒头。三年后，我们学有所成就各奔前程。今天，毕业五年的我们，再度在熟悉的课桌前坐好的时候，思念和重逢的喜悦在我们中间欢快的流淌，感慨和牵挂正向我们迎面扑来。

五年的时间虽不算长，但是同学们各自走过了许多坎坷和辛酸的历程，更觉得同学友情的弥足珍贵。如今，同学们大多找到了属于自己的位置，彼此虽然失去了联系，心中对同学的情意还是难以割舍。今天，为了友情，我们在这里相聚；今天，为了友情，我们在这里相会。让我向今天到会的同学表示欢迎，欢迎你们参加这难得的聚会！

分别五年再聚首，骨肉情深到白头。我们的相聚，凝结着亲情的力量，我们的相聚，传递着同学的温暖，这力量和温暖会鼓舞我们在人生的道路上策马扬鞭，一往无前。人生苦短，让我们珍惜这份情谊，这份情缘。如今，通信工具如此发达，希望大家留下联系方式，今后常来往，莫相忘。让这纯纯的情谊与我们相伴永远！

最后，祝愿我们98级检验班的全体同学珍惜今天，共同走向美好的明天！

谢谢大家！

小　结

这是一篇同学会致辞，也是宴会致辞。语言饱含激情、富于感染力。既有对过去学习生活的回顾，又有对同学友谊的颂扬，充满热情，让听者感到鼓舞和喜悦。

【示例二】　　　　　　　　生日致辞

各位同学：

今天是××十八岁生日，是个大喜的日子。我们相聚在这环境幽雅的饭店里共同为他庆祝。作为他的好朋友，此时此刻，我心情激动，浮想联翩。我想到了我们相处的很多事。有一次……还有一次……有一回……总之，跟他交朋友是件快乐的事。在此之际，我祝××福如东海，寿比南山！同时也祝大家天天快乐！更多的话我就不多说了，希望大家今晚过得愉快，别忘了明天上午的考试。

【点评】

这篇生日致辞是在宴会上讲的，应该注意简短，可是他的浮想联翩让人觉得冗长，乏味。祝福生日的话"福如东海，寿比南山"是给老年人的，用在青年人身上不合适，可以用"学业有成"、"前程似锦"之类的祝福语。最后提醒大家第二天还有考试更属画蛇添足，与生日宴会的气氛不搭调，有些令人扫兴。

【修改】

各位同学：

　　今天是××十八岁生日，是个值得庆贺的日子。我们相聚在这环境幽雅的饭店里共同为他庆祝。十八岁，有美妙的青春做伴，十八岁，是美好人生的起跑线，十八岁，像朝霞一样绚烂。作为他的好朋友，我衷心地祝他生日快乐！同时也祝大家天天快乐！希望大家今晚过得愉快。

相关信息

【集雅轩】

为庆祝朱总司令六十大寿的祝词

亲爱的总司令朱德同志：

您的六十大寿，是全党的喜事，是中国人民的光荣！

我能回到延安亲自向您祝寿，使我万分高兴。我愿代表在反动统治区千千万万见不到您的同志、朋友和人民向你祝寿，这对我更是无上荣幸。

亲爱的总司令，您几十年的奋斗，已使举世人民公认您是中华民族的救星，劳动群众的先驱，人民军队的创造者和领导者。

亲爱的总司令，你为党为人民真是忠贞不贰，您在革命过程中，经历了艰难曲折，千辛万苦，但你永远高举着革命的火炬，照耀着光明的前途，使千千万万的人民，能够跟随着你充满信心向前迈进！

在我们相识的 25 年当中，你是那样平易近人，但又永远坚定不移，这正是你的伟大！对人民你是那样亲切关怀，对敌人你又是那样憎恶仇恨，这更是你的伟大。

全党中你首先和毛泽东同志合作，创造了中国人民的军队，建立了人民革命的根据地，为中国革命写下了新的纪录。在毛泽东同志的旗帜下，你不愧为他的亲密战友，你称得起人民领袖之一。亲爱的总司令，你的革命历史，已成为 20 世纪中国革命的里程碑。辛亥革命、云南起义、北伐战争、南昌起义、土地革命、抗日战争、生产运动，一直到现在的自卫战争，你是无役不与。你现在 60 岁了，仍然这样健壮，相信你会领导中国人民达到民族解放的最后胜利，亲眼看到独裁者的失败，反动力量的灭亡！

你的强健身体，你的快乐精神，象征着中国人民的必然兴旺。人民祝你长寿！全党祝你健康！

周恩来

1946 年 11 月 30 日

小　结

文种	格式				语言			
求职书	标题	称呼语	正文	落款	简洁	准确	避免华而不实	真诚
推荐信	称呼语	正文	落款		简洁	实事求是		
致辞	标题	称呼语	正文	结尾	积极	向上	饱含激情	充满热情

双核训练

一、填空题

（1）求职书的格式是由 _____ 、 _____ 、 _____ 、 _____ 四部分组成。

（2）写推荐信要把 _____ 写清楚。

二、思考题

想一想：在庆祝祖父七十岁生日的家庭聚会上，你想对祖父说哪些话。

四、演　讲

（一）演　讲

是在公众面前就某一问题发表见解、抒发感情的口头语言活动。它既有演又有讲，需要借助有声语言和态势语言的艺术手段达到感召听众并促使其行动的目的。

演讲具有以下几个特点：

- 时间和环境的特定性　演讲是在一定的时间内完成的，并且需要一个有听众的特定环境，有讲有听，离开这两个要素就不能称其为演讲。

- 艺术性　演讲是一门艺术，演讲者的服饰、发型、语言、表情、态势语等都是为演讲服务的，具有一定的舞台效果，通过吸引听众，引导演讲走向成功。

- 宣传性和鼓动性　演讲就是通过富有感染力的语言，打动听众，让听众接受某种主张或接受某个信息，要达到这个目的，演讲就要具有宣传性和鼓动性。

演讲是最具感染力的口语表现形式，也是社会活动中应用频率比较高的口语形式。演讲比赛、典礼致辞、会议发言、学术讲座、科研报告、竞选演说、就职演说、法庭陈述、推销产品等都带有演讲的性质。

（二）演讲稿

为演讲准备的书面文稿叫演讲稿。它是为演讲服务的，是演讲的依据。演讲有内容、目的的不同，演讲稿也具有不同的形态，有报道、有说明、有论辩、有答谢等。总的来说，它有以下特征：

● 针对性　演讲稿讨论的是现实生活中存在的被人们关心的问题，它的观点来自身边的生活或学习，为了以思想、感情、事例和理论来晓谕听众，打动听众，"征服"听众，观点和态度一定要与现实生活紧密相关，必须要有现实的针对性。

● 说服性　演讲的目的和作用就在于打动听众，使听者对讲话者的观点或态度产生认可或产生共鸣。做到这一点，要依靠演讲稿思想内容的丰富、深刻，见解精辟，有独到之处，发人深省；语言表达要形象、生动，富有感染力。如果演讲稿写得平淡无味，毫无新意，即使在现场"演"得再卖力，"讲"的效果也不会好。

● 口语化　演讲稿的最终目的是用于演讲，所以，它是有声语言，是书面化的口语。因此，演讲稿要"上口"、"入耳"。它一方面是把口头语言变为书面语言，有助于演讲；另一方面，演讲稿要把较为正规严肃的书面语言转化为易听易懂的口语。因此，演讲稿写成之后，作者最好能通过试讲或默念加以检查，凡是讲不顺口或听不清楚之处（如句子过长），均应修改和调整。

可见，演讲稿对于演讲来说十分重要。演讲稿的结构通常包括标题、称呼语、开头、正文、结尾五个部分。

● 标题　是演讲的题目。可以概括演讲内容，可以提出问题，可以引发思考，要生动、响亮，引起听众兴趣。

● 称呼语　对听众的称呼和问候，要合乎听众的身份，显示礼貌。

● 开头　演讲稿的开头也叫开场白，是演讲稿中很重要的部分。好的开场白能够一开头就用最简洁的语言、最短的时间，把听众的注意力和兴奋点吸引过来，达到出奇制胜的效果。

演讲稿常用的开头方法：

（1）开门见山，揭示主题。这种开头是一开讲就进入正题，直接揭示演讲的中心。运用这种方法，必须先明晰地把握演讲的中心，把揭示的论点摆出来，使听众一听就知道讲的中心是什么，注意力马上集中起来。

（2）设置悬念，引起关注。这种开头可以迅速缩短与听众的距离，使听众急于了解下文。这样的开场白容易吸引听众的注意力，但要适度，切忌哗众取宠。

（3）提出问题，引发思考。这种开头提出一些激发听众思考的问题，以引起听众的注意。这样的开头可以调动听众的思维，使听众和演讲者共同思考。

除此之外，演讲的开头还可以诙谐幽默、激发兴趣，抒发情感、产生共鸣，语带双关、耐人寻味。

- **正文** 是演讲的主体。主体必须有重点，有层次，有主要观点，有对主要观点的论证。演讲主体的顺序有时间顺序，有空间顺序，可以平行并列、正反对比，还可以逐层深入。在主体部分要充分展示主旨，具有说服力和感染力。为了便于听众理解，各段落应上下连贯，段与段之间有适当的过渡和照应，每段都有一个中心语句。

- **结尾** 是演讲内容的自然收束。它起着深化主题的作用，要简洁有力、余音绕梁。

演讲稿常见的结尾方法：

（1）归纳法。概括中心思想，总结强调主要观点。

（2）引用法。引用名言警句，升华主题、留下思考。

（3）提问法。以问句引发思考，对演讲者观点的认同。

此外，演讲稿的结尾还可以展望未来、鼓舞听众，使演讲能自然收束，给人留下深刻印象。

五、论　辩

（一）论　辩

也叫辩论。是观点完全对立的双方针对同一问题进行争论，通过确立和强化自己观点来说服或驳倒对方的口头语言活动。

1. 论辩的特点

- **辩题的同一性** 论辩双方论辩的是同一问题的两个对立的观点。观点的对立性论辩双方所持的观点具有矛盾性和对抗性。如，"金钱是万能的"和"金钱不是万能的"，论辩双方需各自阐述两种截然相反的观点。

- **辩论的逻辑性** 论辩双方要运用严密的逻辑思维，构建严密无懈的理论框架，从而使自己的观点坚实、严谨。

- **表达的现场性** 论辩双方要在某一现场环境下，陈述各自的观点，反驳对方的见解。

2. 论辩的作用

- 认识事物，明辨是非
- 关注民生，培养责任
- 训练思维，培养口才
- 促进沟通，扩大交流

3. 论辩者的素质构成

- 较好的语言表达能力
- 良好的心理素质
- 积累与运用知识的能力
- 具有临场应变能力

（二）论辩的基本环节

（1）立论　是针对客观事物或问题，提出自己的观点和主张。立论是反驳的基础和必要的阶梯。辩论中如果没有必要的立论，反驳就会显得强词夺理，苍白无力。

（2）反驳　是根据某一已知为真的事实，推断另一论断虚假或其论证方式不能成立的思维过程。是驳斥谬论、揭露诡辩、维护真理的重要手段。反驳可以从三个方面入手，即反驳论点、反驳论据和反驳论证方式，可根据情形的需要，灵活运用各种反驳手段，驳倒对方。

（三）论辩的基本方法

（1）直驳论点　针对对方的论点进行反驳。这种方法一般是先引用对方的论点树立靶子，然后加以分析批判。

（2）摧毁论据　设法证明对方的论据是虚假的，不能成立的，以此否定由这论据支持着的论点。

（3）类比论证　是从已知的事物中推出同类事例的方法，即从特殊到特殊的论证方法。

（4）比喻论证　用人们熟知的事物作比喻来证明论点的论证方法。

（5）举例论证　列举确凿、充分，有代表性的事例证明论点的论证方法。

（6）引言论证　引用名家名言等作为论据，引经据典地分析问题、说明道理的论证方法。

（7）对比论证　用正反两方面的论点或论据作对比，在对比中证明论点的论证方法。

（8）反驳论证　指出对方的论据和论题之间没有必然的逻辑联系，或从对方的论据推不出对方的论题的论证方法。

（9）引申归谬　是在辩论时，姑且承认对方的观点是正确的，然后再根据对方的观点，按照逻辑进行合理的引申，直到最终得出不符合事实或违反公理的荒谬的结论。

（四）论辩技巧

（1）就事论理　辩论中要抓住辩题，不能离题万里，大发议论。要始终注意主攻方向。

（2）顺水推舟　表面上认同对方观点，顺应对方的逻辑进行推导，并在推导中根据己方需要，设置某些符合情理的障碍，使对方观点在所增设的条件下不能成立，或得出与对方观点截然相反的结论。

（3）死缠烂打　不要让对方轻易脱身，在每一场比赛中都要设定令对方无法回答的"重炮"问题，把对手逼住不放。

（4）巧设陷阱　在辩论中把对方逼入两难境地，进退维谷，使对方无力还击。

（5）移花接木　剔除对方论据中存在缺陷的部分，换上于己方有利的观点或材料，往往可以收到奇效。

（6）利用矛盾　将对方选手在辩论中出现的矛盾极力扩大，从而让对方自乱阵脚。

小　结

演讲：就某一问题发表见解、抒发感情，达到感召听众并促使其行动。换言之，即高层次的说话（演讲稿具有针对性、说服性、口语化的特点）。

论辩：观点完全对立的双方通过确立和强化自己观点来说服或驳倒对方的口头语言活动（论辩环节有立论和驳论）。

双核训练

1. 演讲的特点有＿＿＿＿＿＿、＿＿＿＿＿＿、＿＿＿＿＿＿。
2. 演讲稿的结构包括＿＿＿＿、＿＿＿＿、＿＿＿＿、＿＿＿＿、＿＿＿＿五个部分。
3. 论辩是＿＿＿＿＿＿＿＿＿＿＿＿＿＿＿＿＿＿＿＿＿＿＿＿的口头语言活动。
4. 论辩的作用有＿＿＿＿＿＿＿＿＿、＿＿＿＿＿＿、＿＿＿＿＿＿＿、＿＿＿＿＿＿。
5. 论辩的技巧有＿＿＿＿、＿＿＿＿、＿＿＿＿、＿＿＿＿。
6. 论辩的基本方法有＿＿＿＿、＿＿＿＿、＿＿＿＿、＿＿＿＿、＿＿＿＿、＿＿＿＿。

六、实训活动

（一）大型演讲会

1. 观摩借鉴

演讲是一种交流思想、沟通情感的重要方式，主要是用口头语言来传达演讲者的思想、情感，从而打动、感染听众，进而达到宣传和教育的作用。

成功的演讲要做好充分准备，还要掌握一些临场处理的技巧。

演讲前的准备：

● 观看演讲录像片，或登录 http://www.koucai.com 观看精彩演讲视频，学习演讲技巧。

● 确定演讲的目的，考虑听众的需要，了解、研究听众的心理，使演讲的内容与听众接近和相容，确定适当的演讲主题。

● 准备好演讲稿，因为演讲都必须是讲出来的，而不是念出来或者背诵出来的，行文要用口语，将材料、观点及感情直白地说出来。

● 要调整好心态，克服怯场心理，放松心情，充满自信，把握好感情基调。

演讲时要努力做到：

● 注意观众的心理反应，并运用适当的语气和体态来增强演讲的感染力。

● 逻辑连贯，运用排比、反复和反问，以增强语势。内容要充实、典型、新颖、具有时代特征，以理服人，以情动人，使听众产生共鸣。

● 声音响亮，吐字清晰，感情充沛，表达流畅，张弛有度。

● 善于运用表情、手势等体态语调动听众的情绪，使演讲和听众心理相容，感情相通。

● 善于采用适当的技巧，如引人入胜的故事、扣人心弦的悬念、激情澎湃的语言等巧妙的开场入题。

七彩天空

【一点通】

参加演讲比赛应注意以下几点：

1. 仔细揣摩演讲词的语体特点，注意用口头语言表达。

2. 演讲时需要注意"演"的辅助作用。要在"演"方面有所练习，在正式演讲之前要反复演练如何运用各种体态语。

3. 演讲关键看的是讲，对演讲词的措词、语音、语气、语调、抑扬顿挫等要进行设计，体现演讲技巧。

4. 演讲前做几次深呼吸，稳定一下情绪。不被别人的表现所干扰，暗示自己"我是最棒的"。

2. 实践练习

我们常说，到什么山，唱什么歌。演讲也是如此。演讲要贴近主题，演讲要符合情境，演讲者要与听众取得共识，使听众改变态度，激起行动。下面提供几种不同的情境或主题，同学们可联系当代社会生活和自己的见闻，组织演讲大会，练习演讲技能，提高演讲水平。

（1）人的一生中，领受着父母的养育、老师的教育，朋友的温暖……这一切都是爱。然而，这一切又常常被我们忽略，只知有自己，不知爱别人。如歌的生活，需要我们心存感激，这样，才会感受更多的爱，体会更深的爱。请以"学会感恩"为主题，组织一次演讲比赛。

（2）青春是美丽的，她充满活力；青春是灿烂的，她充满希望；青春有迷茫，但她始终坚定；青春有困惑，但她始终歌唱。作为一名中等职业技术学校的学生，走进了校门就意味着即将走向社会。选择了护士这个职业，就意味着选择了人生方向。可是在成长的路上，我们的梦想依然闪亮。请以"我的梦想"为题，组织一次演讲比赛。

● 大型演讲会比赛方案：

（1）成立比赛组织委员会。负责组织报名、宣传和预赛、决赛。

其中设计分员1名，计时员1名；场地布置1名；音响、麦克负责人1~2名；照相及摄影1~2名；主持人2名。

（2）确立评委会。可选4人或8人。

（3）制定比赛细则：内容贴近主题，积极向上；语言流畅，富有感染力；表情、动作自然，具有表现力；脱稿演讲，3~5分钟；每班3~5人参加预赛。选拔10人左右进入决赛。

（4）确定比赛时间：可分预赛和决赛。预赛和决赛可相隔一周。参赛选手先围绕主题，拟定题目，写一份800字的演讲稿上交。

（5）比赛地点：视参赛人数和观众人数而定。

（6）奖项细则。

隐形翅膀

沧海一粟

组织演讲比赛，要注意抓好以下几个环节：

1. 赛前准备。要确立组委会并做好演讲方案设计。印发比赛通知，加大宣传力度，扩大影响，通过一定程序组织参赛选手报名。

2. 确定主题。可依据当前的党政中心工作、国内国际时事、青年关心的热点问题以及主办单位的意愿等进行。

3. 培训参赛选手。要提高演讲赛的水平，必须要提高参赛选手的水平。一是要对选手的演讲稿提出要求，做统一修改；二是要根据演讲比赛中易出现的问题，对参赛选手进行培训指导，讲授演讲的知识和技巧，组织一定的训练和演练。

4. 组织比赛。可根据选手情况组织预赛、复赛和决赛。比赛主要做以下工作：①组织选手抽签，确定比赛顺序；②制作评分表；③精心设计布置会场，突出演讲主题和主办单位；④比赛的评分标准一般为：满分10分，其中主题和内容3分，演讲技巧3分，台风和演讲效果2分，普通话标准2分。

● 大型演讲会比赛程序：

（1）主持人宣布比赛开始，介绍参赛选手、评委嘉宾和比赛细则。

（2）演讲比赛开始。介绍一号选手。通知二号选手准备。

（3）介绍二号选手，公布上一名选手成绩。

（4）全部选手比赛完毕，请评委点评。

（5）宣布比赛成绩。

（6）颁奖。

（7）主持人做小结并宣布比赛结束。

（二）队式辩论会

1. 观摩借鉴

队式辩论是时下流行的"新加坡广播局"式辩论，类似体育比赛的团体项目。强调整体配合和默契，体现团队精神，具有流动的整体美。每队辩手为三人，分别称为一辩、二辩、三辩，每场比赛有一个辩题，参赛双方分为正反方。比赛伊始，正、反双方的一辩、二辩、三辩交替进行规范发言，时间均为三分钟，然后进入自由辩论阶段双方辩手打乱顺序交替发言，攻击对方漏洞并继续阐明本方观点，由于自由辩论阶段双方选手之间短兵相接且语速很快，因而把辩论会推向高潮。最后双方三辩各有四分钟时间为本方作总结陈词，升华本方的观点。

辩论是一种语言艺术。要辩得精彩、论得出色，要能言善道、伶牙俐齿，雄辩滔滔，不仅要靠语言，还要靠学养、思想和风度，自然也少不了观摩、培养、训练和实战的经验积累。在辩论场上的短兵相接，有辩也有论，而不仅仅是各自表述观点。所以真得多点准备工夫才行。

赛前准备：

● 观看国际大专辩论会录像，或登录 www. bianlun. net 或 http：//www. lunbian. cn 学习辩论技巧。

● 辩论队的组队和各个辩位的人员配置

队式辩论赛把场上队员依照座次顺序分为一辩、二辩和三辩。一般辩论赛都要求一辩作陈述性发言，三辩结辩，即总结发言。因此，场上队员的搭配要合理。既要有稳重刚健的，又要有激烈外向的，还要有清新纯净的；既要有咄咄逼人、言辞如刀的快枪手，又要有激昂豪迈、宣泄情感的"抒情派"，还要有严肃深沉、但语言幽默的"冷面杀手"。这样，方能显示出一个充满活力、异彩纷呈的整体。

另外，队员的选位也要知人善任、各尽所长。由于队式辩论赛有一定的辩位分工，因此，场上队员必须有明确的角色位置。如一辩力求气势如虹，在立论陈词中开一个好头；二辩则要推波助澜，要在观点上集大成，把己方陈述推向高潮；三辩由于要做结辩，细心聆听、及时归纳总结十分重要。因此，各位队员的位置需要根据其特点来选派，才能最好地发挥每位辩手的优势。

● 必要的思维训练和论辩技巧指导

在思维训练上培养以下几个方面：①反应敏捷，迅速思考的能力；②不枝不蔓，及时收束的思维；③敢于扩散，事半功倍的想象；④层层递进、步步为营的逻辑。

在论辩技巧上注意以下几个方面：①死守立论，不能动摇；②默契配合，步步紧逼；③借力打力，迂回进攻；④以辩对辩，辩出气势。

● 引导辩手"养气"。底气足才能慨然而辩，知识底蕴足才能雄辩。可以安排各种讲座和写作训练，保证队员的自我充实。

思维对抗

他山之石

1993—2007 年国际大专辩论赛决赛辩论题目

1993 年　人性本善（台湾大学）人性本恶（复旦大学）

1995 年　知难行易（南京大学）知易行难（辅仁大学）

1997 年　真理越辩越明（首都师范大学）真理不会越辩越明（马来亚大学）

1999 年　美是客观存在（马来亚大学）美是主观感受（西安交通大学）

2001 年　钱是万恶之源（武汉大学）钱不是万恶之源（马来亚大学）

2003 年　顺境更有利于人的成长（中山大学）逆境更有利于人的成长（世新大学）

2005 年　公众隐私应该受到保护（香港科技大学）公众隐私不应该受到保护（中国电子科技大学）

2007 年　赞成送老人进养老院（中南财经大学）不赞成送老人进养老院（澳门大学）

2. 实践练习

辩论，作为一门艺术，首先是语言艺术。凡是有人际交流的地方，人们都在自觉或不自觉地进行着各种辩论。辩论讲究语言，辩论需要知识，辩论注重思辨，辩论要有智慧。在某种意义上，辩论已经成为现代人的一种学习手段，一种人生体验，一种生活需要，一种精神享受。通过辩论可以交流思想、锻炼思维，增进智慧，探求真理。下面，请同学们在老师的指导下，结合自己对这个时代的感悟，对社会现实的了解和思考组织一场辩论会。

● 参考辩题

（1）文明的言行靠自律/文明的言行靠社会约束

（2）中等职业学校应该允许学生不穿校服/中等职业学校不应该允许学生不穿校服

（3）护士应当注重培养护理技能/护士应当注重学习护理理论

（4）网络对中专生有利/网络对中专生有害

（5）中等职业学校应该禁止学生抽烟/中等职业学校不应该禁止学生抽烟

- 辩论会规则

（1）赛制：为三对三团体辩论赛，辩论由辩手陈述、质询、自由辩论、总结陈词四部分组成。

（2）程序

1）大会执行主席致辞并宣布辩论会开始。

2）介绍参赛双方及所持立场（一般由抽签确定）。

3）介绍评委和嘉宾。

4）辩论开始。

5）辩论结束，评委点评，分析赛情。

6）大会执行主席宣布比赛成绩。

7）辩论会结束。

（3）辩论程序

1）陈述阶段：正反方一辩发言各3分钟；正反方二辩发言各3分钟

2）质询阶段：提问10秒钟，回答20秒钟

反方三辩提问

正方三辩回答、提问

反方二辩回答、提问

正方二辩回答、提问

反方一辩回答、提问

正方一辩回答、提问

反方三辩回答

3）自由辩论阶段

由正方首先发言，然后反方发言，正反方依次轮流发言，各用时10分钟。

4）总结陈词阶段

正反方轮流陈词，各用时2分钟。

（4）辩论规则

- 质询规则

1）每位辩手的发言应包括回答与提问两部分。回答应简洁，提问要明了（每次提问只限一个问题）。

2）对方提出问题时，被问一方必须回答，不得反驳，也不得回避。

- 自由辩论规则

1）自由辩论发言必须在两队之间交替进行，先由正方任何一名辩手起立发言。完毕后，反方的任何一位辩手应立即发言，双方依次轮流发言，直到双方时间用完为止。在自由辩论时队员可以相互提供发言线索。

2）各队耗时累计计算，当一方发言结束，即开始计算另一方用时。

3）在总时间内，各队队员的发言次序、次数和用时不限。

4）如果一方的时间已经用完，另一方可以放弃发言。也可以轮流发言，直到时间用完为止。

5）自由辩论是检验一个队整体配合能力以及每一位辩手实力的重要阶段。辩手应充分利用这段时间，简洁明了地加强自己的论点，机智有力地反驳对方的论点，如果流于空洞无物的攻击或有意回避对方的质询及发言观点，或者出现语误、空场等情形，都将影响该队的成绩。

● 注意事项

1）各队辩手辩论中可将资料集中在自制卡片上，发言时以备参考，但不得宣读事先准备的稿件或展示事先准备的图表，但可以出示所引用的书籍或报刊的摘要。

2）每个辩论阶段，每方使用时间剩余30秒时，计时员以时间牌提醒；用时满时，以时间牌终止发言；届时，发言辩手必须停止发言，否则作违规处理。

3）比赛中，辩手不得离开座位，不得打扰对方或本方辩手发言。

（5）评分标准

每场评分由团体分数和最佳辩手分数组成。

（表一）　　　　　　　　　　团 体 分 数

项目		满分	正方得分	反方得分
阶段分数	立论陈词	10		
	质询	10		
	自由辩论	10		
	总结陈词	10		
综合分数	立场鲜明	14		
	论据充足	14		
	推理明晰	12		
	语言流畅	10		
	团队配合	10		
总分				

（表二）　　　　　　最佳辩手评分表（请在对应格内画"√"）

项目	正方一辩	正方二辩	正方三辩	反方一辩	反方二辩	反方三辩
语言表达						
逻辑思维						
辩驳能力						
临场反应						
整体意识						
气质风度						
综合印象						

（6）每场比赛的胜负评判，依据评委所打团体分计算。如果两队得分相同，由评委另行投票决定胜负；最佳辩手产生方法为计算每位辩手得票数，多者胜出。

雨花石

评委是如何判定场上胜负的呢？

在辩论赛中，评委都采用中立的态度来看待辩题。评委的理念一般是看哪一支队伍能够说服中立者，采取该政策的一方，就能在评分单上获得高分。策略说服力的要素包括：资料准备的充分性、论点的周延程度、反应的正确与迅速、表达清晰度以及态度的诚恳性。但是对于欠缺理论与证据，或未能诚恳应对的辩手，绝不会仅因她（他）的口齿清晰，妙语如珠而给予高分。如：正方应说服评委，证明辩题所提的政策应该采行。正方应证明以下三个要件成立，若有任何一点被反方驳倒，则判反方获胜。①现状下有某些重大问题无法解决，或某些价值无法实现。因此有改变的需要。②正方所提出的制度，具有可行性，而且确实能够解决前述问题、满足需要。③该政策达成的利益须高于弊病。这项成本比较可能包含经济、文化、政治等价值。而反方则反之，要从社会经济、文化、政治等价值方面证明辩题的政策不应该采行，说服中立者，进而说服评委。

第二节　吟诗会意《诗经》及唐代诗歌概述

你是否爱好诗歌？了解我国最早的诗歌总集吗？

诗歌是一种偏重于抒情言志的文学样式。它通过精练、形象、富有节奏感和韵律美的语言反映生活，抒发情感。可以说，情绪和情感是诗的基础。

优秀的诗歌常常可以在潜移默化中，净化我们的灵魂，提高我们的思维意识，创设一种精神境界，使我们得到美的享受。

《诗经》及唐代诗歌概述

《诗经》是中国文学史上最早的一部诗歌总集，收录了从西周到春秋时期的诗歌 305 篇，古时也称"诗三百"。分为"风""雅""颂"三个部分。"风"又称"国风"，大都为当时各地的民间歌谣，其中有不少为古代劳动人民的创作。"雅"多系西周王室贵族歌颂祖先功德之作，也有少量民歌。"颂"则为统治阶级祭祀用的乐歌舞曲。《诗经》在艺术上有很高的造诣，其影响后世最大的莫过于赋、比、兴的表现手法。

唐诗是中国文学史上璀璨的明珠，代表了我国古代诗歌的最高成就。唐代又是一个诗人辈出的时代，仅《全唐诗》所录诗人即达两千余家。唐代诗坛，多种艺术风格的争奇斗艳，诗歌体制的完备成熟，形成了百花齐放的伟观。古人论唐诗，常分初、盛、中、晚四个时期。

王勃、杨炯、卢照邻、骆宾王被称为"初唐四杰"。而我们熟知的李白、杜甫、白居易合称"唐代三大诗人"。李白是盛唐时期最伟大的诗人，被称为"诗仙"。他的诗作表现了强烈的反权贵意识，有着明显的否定功名富贵的思想，也表现了对祖国山川异乎寻常的热爱。其诗作多运用丰富的想象、生动的比喻、高度的夸张，形成了一种雄奇、飘逸、奔放的风格，如"飞流直下三千尺，疑似银河落九天"（《望庐山瀑布》）。杜甫生活在唐由盛而衰的急遽转变时代，他的诗广泛而深刻地反映了安史之乱前后的现实生活和社会矛盾，爱国忧民成为其诗歌的主要内容。同时，他的诗感情深沉、语言高度凝练，具有极高的艺术水平，如："安得广厦千万间，大庇天下寒士俱欢颜"（《茅屋为秋风所破歌》）。为此，他的诗被誉为"诗史"，他被后人誉为"诗圣"。白居易是中唐时期的伟大诗人，继承和发展了我国诗歌现实主义的传统，他的诗充满了对人民的同情，对权贵的嘲讽。在诗歌形式上注重通俗易懂，达到了很高的艺术境界。如"同是天涯沦落人，相逢何必曾相识"（《琵琶行》）。此外，盛唐时期以王维、孟浩然为代表的田园山水诗派，以高适、岑参为代表的边塞诗派，以及中唐时期李贺、李商隐、杜牧的诗作，都具有鲜明的艺术风格。欣赏时，我们要了解作品的创作背景和作者创作意图，体会作品的思想含义，掌握诗歌的语言特点。

一、《诗经》四首

核心知识

研读导学

《无衣》是一首秦国人民抗击西戎入侵的军中战歌，既充满民族精神而又富有艺术魅力。全诗共分三章。第一章，统一思想；第二章，统一行动；第三章，齐上战场。章与章句式整齐，在重章复唱中诗意递进，表现战士们共同对敌、奔赴战场的高昂情绪，层层深入地揭示了战士们崇高的内心世界。诵读这首诗，要注意体会其慷慨雄壮的感情基调，感悟节奏明快，简短有力的语言特点。

《关雎》是一首民间爱情抒情诗。抒发了一个青年男子对一个勤劳、美丽、娴静的姑娘真挚、热烈的恋情。诗中纯真的感情、质朴的语言充分体现了《诗经》现实主义的艺术特色。诵读时注意体会诗中反复、双声、叠韵的手法。

《硕鼠》是一首劳动人民反抗统治者的政治讽刺诗。诗人用贪婪无德的硕鼠来比喻剥削者，既贴切又形象。充分表现了劳动人民对剥削者的憎恨和渴望摆脱剥削、追求美好生活的理想。诵读时注意体会诗中运用比喻手法揭露剥削者贪婪本性的写作特点。

《氓》是一首弃妇的怨诗。全诗以一个被抛弃的怨妇的口吻，诉说错误爱情带来的不幸婚姻，表现了主人公悔恨之后割爱的决心。诵读时注意体会其高度的艺术概括力及比喻等修辞手法的作用。

无 衣[1]

岂曰无衣，与子同袍[2]。王于兴师，修我戈矛，与子同仇！
岂曰无衣，与子同泽[3]。王于兴师，修我矛戟，与子偕作！
岂曰无衣，与子同裳。王于兴师，修我甲兵，与子偕行！

---

[1] 选自《诗经译注》（齐鲁书社 1980 年版）。[2]［袍］外面的长衣。[3]［泽］贴身内衣。

关 雎[1]

关关雎鸠，在河之洲。窈窕[2]淑女，君子好逑[3]。
参差荇[4]菜，左右流[5]之。窈窕淑女，寤寐[6]求之。
求之不得，寤寐思服[7]。悠哉悠哉，辗转反侧。
参差荇菜，左右采之。窈窕淑女，琴瑟友之。
参差荇菜，左右芼[8]之。窈窕淑女，钟鼓乐之。

---

[1] 选自《诗经译注》（齐鲁书社 1980 年版）。[2]［窈窕（yǎotiǎo）］美好的。[3]［逑（qiú）］配偶。[4]［荇（xìng）］一种可食用或药用的水草。[5]［流］这里是采摘的意思。[6]［寤（wù）寐（mèi）］醒来与睡着。[7]［思服］思念。思、服同义。[8]［芼（mào）］拔取。

硕 鼠[1]

硕鼠硕鼠，无食我黍！三岁贯女[2]，莫我肯顾。
逝[3]将去女，适[4]彼乐土。乐土乐土，爰[5]得我所！
硕鼠硕鼠，无食我麦！三岁贯女，莫我肯德[6]。
逝将去女，适彼乐国。乐国乐国，爰得我直[7]！
硕鼠硕鼠，无食我苗！三岁贯女，莫我肯劳[8]。
逝将去女，适彼乐郊。乐郊乐郊，谁之永号[9]？

---

[1] 选自《诗经译注》（齐鲁书社 1980 年版）。硕鼠，大老鼠。这里比喻贪婪成性的剥削者。硕，大。[2]［贯女］贯，侍奉、养活之意。女，通汝，这里指剥削者。[3]［逝］通誓。[4]［适］往，到。[5]［爰］乃、就。[6]［德］感激之意。[7]［直］通值。[8]［劳］慰劳。[9]［永号］长叹。

氓[1]

氓之蚩蚩，抱布贸丝[2]。匪来贸丝，来即我谋[3]。送子涉淇，至于顿丘。匪我愆期，子无良媒[4]。将子无怒，秋以为期[5]。

乘彼垝垣，以望复关[6]。不见复关，泣涕涟涟[7]。既见复关，载笑载言[8]。尔卜尔筮，体无咎言[9]。以尔车来，以我贿迁[10]。

桑之未落，其叶沃若[11]。于嗟鸠兮，无食桑葚[12]！于嗟女兮，无与士耽[13]！士之耽兮，犹可说也[14]。女之耽兮，不可说也[15]！

桑之落矣，其黄而陨[16]。自我徂尔，三岁食贫[17]。淇水汤汤，渐车帷裳[18]。女也不爽，士贰其行[19]。士也罔极，二三其德[20]。

三岁为妇，靡室劳矣[21]。夙兴夜寐，靡有朝矣[22]。言既遂矣，至于暴矣[23]。兄弟不知，咥其笑矣[24]。静言思之，躬自悼矣[25]。

及尔偕老，老使我怨[26]。淇则有岸，隰则有泮[27]。总角之宴，言笑晏晏[28]。信誓旦旦，不思其反[29]。反是不思，亦已焉哉[30]！

---

[1] 选自《诗经译注》（齐鲁书社 1980 年版）。[2]〔氓（méng）之蚩蚩（chīchī），抱布贸丝〕那个人忠厚老实，拿布来换丝。氓，民。这里指诗中的男主人公。蚩蚩，忠厚的样子。[3]〔匪来贸丝，来即我谋〕不是真的来换丝，到我这来就是商量婚事的。匪，通"非"，不是。即，就。[4]〔匪我愆（qiān）期，子无良媒〕不是我故意拖延时间，而是你没有好媒人。愆，拖延。[5]〔将（qiāng）子无怒，秋以为期〕请你不要生气，把秋天作为婚期吧。将，请。[6]〔乘彼垝垣，以望复关〕登上那倒塌的墙，遥望（从）复关（来的人）。垝垣，倒塌的墙。复关，卫国的一个地方。[7]〔不见复关，泣涕涟涟〕没看见复关，眼泪扑簌簌地掉下来。复关，指代住在复关的那个人。涕，泪。涟涟，泪流不断的样子。[8]〔既见复关，载笑载言〕看见了复关，又说又笑。[9]〔尔卜尔筮（shì），体无咎言〕你用龟板占卜，用蓍（shī）草占卦，没有不吉利的预兆。卜，用火烧龟板，根据龟板上的裂纹推断祸福。筮，用蓍草的茎占卦。体，卜筮的卦象。咎，灾祸。[10]〔以尔车来，以我贿（huì）迁〕你用车来接我，我带上财物嫁给你。贿，财物。[11]〔桑之未落，其叶沃若〕桑树还没落叶的时候，它的叶子新鲜润泽。沃若，新鲜润泽的样子。[12]〔于（xū）嗟鸠兮（xī），无食桑葚（shèn）〕唉，斑鸠啊，不要贪吃桑葚！传说斑鸠贪吃桑葚会昏醉。这句话比喻女子不要过于迷恋爱情。[13]〔于嗟女兮，无与士耽〕唉，女子啊，不要同男子沉溺爱情。士，男子的通称。耽，贪乐太甚。[14]〔士之耽兮，犹可说（tuō）也〕男子沉溺在爱情里，还可以脱身。说，通"脱"。[15]〔女之耽兮，不可说也〕女子沉溺在爱情里，就无法摆脱了。[16]〔桑之落矣，其黄而陨（yǔn）〕桑树落叶的时候，它的叶子枯黄了，纷纷落下。陨，落。[17]〔自我徂（cú）尔，三岁食贫〕自从我嫁到你家，多年来过着贫困的生活。徂，往。三岁，指多年。[18]〔淇水汤汤（shāngshāng），渐（jiān）车帷裳（cháng）〕淇水波涛滚滚，水花打湿了车两旁的布幔。汤汤，水很大的样子。渐，溅湿。帷裳，车两旁的围布。[19]〔女也不爽，士贰其行〕女子没有任何过失，男子的行为却前后不一致了。爽，过失。贰，跟"壹"相对，有二心，不专一。行，行为。[20]〔士也罔极，二三其德〕男子的爱情没有定准，他的感情无常。罔极，无常。二三，有时二，有时三。德，德行，品德。[21]〔三岁为妇，靡（mǐ）室劳矣〕多年以来作为你的妻子，家里的苦活没有不干的。靡，无，没有。室劳，家里的苦活。[22]〔夙（sù）兴夜寐，靡有朝矣〕早起晚睡，没有一天不是这样的。夙兴，早起。夜寐，晚睡。朝，一朝（一天）。[23]〔言既遂矣，至于暴矣〕（你的心愿）已经满足了，就逐渐凶恶起来了。言，助词。遂，顺心，满足。暴，凶恶。[24]〔兄弟不知，咥（xì）其笑矣〕我的兄弟不了解（我的处境），都讥笑我啊。咥，笑的样子。[25]〔静言思之，躬自悼矣〕静下心来想想，只能

自己伤心。躬自，自己，自身。悼，伤心。[26] [及尔偕老，老使我怨]（原想）同你白头到老，但白头到老的心愿使我心生怨恨。及，同。[27] [淇则有岸，隰（xí）则有泮（pàn）] 淇水（再宽）也总有岸，低洼的湿地（再大）也总有边。隰，低湿的地方。泮，畔。[28] [总角之宴，言笑晏晏] 少年时一起愉快地玩耍，尽情地说笑。总角，束发，指未成年男女。宴，快乐。晏晏，温和。[29] [信誓旦旦，不思其反] 誓言是诚恳的，没想到你竟会变心。旦旦，诚恳的样子。反，违反，指违背誓言。[30] [反是不思，亦已焉哉] 你违背誓言，不念旧情，那就算了吧。是，这，指誓言。已，止，了结。焉、哉均为语气词。

思维对抗

一点通

赋，即铺陈，包括直接叙述、抒情、写景、状物等手法。《诗经》在这方面已积累了丰富经验，许多作品都是长篇铺陈叙述的力作。

比，即譬喻。《诗经》中的比有两种情况：一是通篇由譬喻构成，即纯是比体，如《硕鼠》等。而更常见的情况则是作为修辞手法的比喻，包括明喻、暗喻和借喻。兴，即起兴，以一事物取譬引起之词。起兴是诗歌开篇的程式，主要作用是发端和限韵。兴语与主题的关系很微妙，比兴手法后来成为古代诗歌传统的表现手法。

小 结

1. 《诗经》是我国_____部诗歌总集，共有_____篇，分为"风""雅""颂"三个部分。

2. 《无衣》中"与子同袍"意为_____；"与子同泽"意为_____；后人称战友关系为_____正是由此而来。

3. 《关雎》中_____、_____、_____等词句表现了青年男子对勤劳、美丽、善良的姑娘的爱慕之情。

4. 《硕鼠》是劳动人民对剥削者的控诉，是一首_____诗。诗中"硕鼠"比喻_____。作者反复咏唱"乐土""乐园""乐郊"用意是_____。

5. 《氓》中"女也不爽，士贰其行。士也罔极，二三其德。"应译为_____。

6. 背诵这四首诗。

二、登　高

杜　甫[1]

核心知识

自学指导

　　全诗通过登高所见秋江景色，抒发了诗人长年漂泊、老病孤愁的复杂感情，同时也表现了诗人眼见时局动荡却谋国无路，报国无门的失落感，慷慨激越，动人心弦。诗的前半写景，后半抒怀，情景交融。其中"风急天高猿啸哀，渚清沙白鸟飞回"，"无边落木萧萧下，不尽长江滚滚来"更是成了千古流传的佳句，诵读时注意体会。

风急天高猿啸哀，
渚清沙白鸟飞回[2]。
无边落木[3]萧萧下，
不尽长江滚滚[4]来。
万里悲秋常作客[5]，
百年多病独登台[6]。
艰难[7]苦恨繁霜鬓，
潦倒新停浊酒杯。

---

[1] 杜甫，字子美，祖籍襄阳（今湖北襄樊市），唐代伟大的现实主义诗人。此诗是杜甫大历二年（767）秋在夔州时所写。夔州在长江之滨。[2][回] 回旋。[3][落木] 落叶。[4][滚滚] 江水汹涌流动的样子。[5][常作客] 指长年漂泊在外。[6][百年多病独登台] 一生多病的人，今天又独自登临高台。[7][艰难] 指世事艰难。

七彩天空

【雨花石】

　　白居易在新乐府运动中以一个生动的比喻，说明诗歌的内容和形式是不可分割的整体，他说，"诗者，根情，苗言，华声，实义"。要"为君、为臣、为民、为物、为事而作，不为文而作也"，主张诗歌必须与现实联系起来，对后来的现实主义诗歌创作具有一定的指导作用。

学习指引

阅读《杜甫诗选》。

三、山居秋暝[1]

王　维

核心知识

研读指导

这首山水诗描绘了一幅清新、幽静、恬淡、优美的山中秋季黄昏美景图。读这首诗，我们会真切地感受到时近黄昏，日落月出，松林静而溪水清，浣女归而渔舟从的景象。同时于诗情画意中也能强烈地体会到诗人高洁的情怀和对理想境界的追求。诗的开头用一"空"字，首先奠定了空灵澄净的基调，四联分别从感觉、视觉、听觉、感受用墨。前四句先写秋山晚景是多么的幽静，五六句再写浣女渔舟的喧哗，七八句是"言志"，表达诗人归隐山林的愿望。全诗动静结合，情景交融。学习时我们应了解相关背景，这样才能更好地理解这首诗及诗人：诵读时要展开丰富的联想和想象，并仔细琢磨诗中"新雨"、"空山"、"莲动"等词语。

空山新雨后，
天气晚来秋。
明月松间照，
清泉石上流。
竹喧归浣女[2]，
莲动下渔舟。
随意[3]春芳歇，
王孙[4]自可留。

[1] 选自《全唐诗》（中华书局 1960 年版）。王维（699—759），字摩诘，盛唐时期的著名诗人，官至尚书右丞，原籍祁（今山西祁县）。暝，此指傍晚。[2]［浣女］洗衣女。[3]［随意］任凭。[4]［王孙］贵族的后裔，这里指隐居的高士。

相关信息

【探古论诗】

王维是诗人，也是画家，又精通音律。广泛的兴趣和深厚的艺术修养，使他的诗歌取得了卓越的艺术成就。他以画入诗，在构图立意，布局谋篇乃至用色运笔上，对中国绘画艺术多有所取，他的写景诗如一幅幅山水条屏。苏轼说："味摩诘之诗，诗中有画；观摩诘之画，画中有诗。"（《东坡志林》）此确是最为贴切的评论。

双核训练

1. 首联"空山新雨后，天气晚来秋。"中"空山"应理解为_____。

2. 诗中"_____，_____"一句点明了全诗的主旨。

3. 诗的二、三两联同是写景，但却各有侧重，其中颔联侧重写_____，而颈联侧重写_____。

4. "明月松间照，清泉石上流"一句，诗人是在渲染山中的_____。

5. "竹喧归浣女，莲动下渔舟"一句所描绘出的纯洁美好的生活图景，既反映出诗人对安静纯朴生活的理解，同时也从反面衬托出他对_____的厌恶。

6. 背诵全诗。

四、过华清宫

杜 牧[1]

核心知识

自读指导

《过华清宫》是杜牧脍炙人口的代表作之一。诗人选取为贵妃飞骑送荔枝一事，形象地揭露了统治者为满足一己口腹之欲，竟不惜兴师动众，劳民伤财的丑形。有力地鞭挞了唐玄宗与杨贵妃的骄奢淫逸。诗的前两句为铺垫，后两句是描写的主体。诵读时注意体会"一骑红尘"、"妃子笑"、"无人知"等启人思索，耐人寻味的地方。

长安回望[2]绣成堆[3]，
山顶千门[4]次第[5]开。
一骑[6]红尘[7]妃子[8]笑，
无人知是荔枝来！

---

[1] 杜牧（803—852）字牧之，陕西长安人，晚唐著名诗人，二十六岁中进士。与同时代的李商隐齐名，并称为"小李杜"。杜牧擅长创作咏史绝句，《过华清宫》便是他脍炙人口的代表作之一。《过华清宫》同题作品共有三首，这是其中的第一首。华清宫，故址在陕西临潼县骊山上，是唐玄宗、杨贵妃的游乐之地。[2]［回望］回头远望。[3]［绣成堆］形容骊山突兀而奇秀的景色。[4]［千门］华清宫的宫门。[5]［次第］一个接一个地。[6]［一骑（jì）］一人一马的合称。[7]［红尘］马飞奔时扬起的尘土。[8]［妃子］指杨贵妃。

雨花石

歌，能唱的诗，是古代歌曲的一种形式，后来成为古代诗歌的一种体裁，它的音节、格律一般比较自由，形式采用五言、七言、杂言的诗体，特点是不讲究格律，任由诗人创作兴致所至，句数多少不限。

五、赋得古原草送别[1]

白居易

核心知识

自读提示

《赋得古原草送别》是唐代诗人白居易的成名作。此诗通过对古原上野草的描绘，抒发送别友人时的依依惜别之情。它可以看成是一曲野草颂，进而是生命的颂歌。诗的前四句侧重表现野草生命的历时之美，后四句侧重表现其共时之美。全诗章法谨严，用语自然流畅，对仗工整，写景抒情水乳交融，意境浑成，是"赋得体"中的绝唱。诵读时注意体会。

离离[2]原上草，一岁一枯荣[3]。
野火烧不尽，春风吹又生。
远芳侵古道[4]，晴翠接荒城[5]。
又送王孙[6]去，萋萋[7]满别情。

---

[1]［赋得］：借古人诗句或成语命题作诗。诗题前一般都冠以"赋得"二字。这是古代人学习作诗或文人聚会分题作诗或科举考试时命题作诗的一种方式，称为"赋得体"。[2]［离离］：青草茂盛的样子。[3]［一岁一枯荣］：枯，枯萎。荣，茂盛。野草每年都会茂盛一次，枯萎一次。[4]［远芳侵古道］：芳，指野草那浓郁的香气。侵，侵占，长满。远处芬芳的野草一直长到古老的驿道上。[5]［晴翠］：晴空下一片青翠的野草。荒城：荒凉、破损的城镇。连同上句之古道，皆用以点染古原景色。[6]［王孙］：本指贵族后代，此指要送的人。[7]［萋萋］：形容草木长得茂盛的样子。

赏析

这是一首应考习作，相传白居易十六岁时作。按科举考试规定，凡指定的试题，题目前须加"赋得"二字，作法与咏物相类似。《赋得古原草送别》即是通过对古原上野草的描绘，抒发送别友人时的依依惜别之情。

诗的首句"离离原上草"，紧紧扣住题目"古原草"三字，并用叠字"离离"描写春草的茂盛。第二句"一岁一枯荣",进而写出原上野草秋枯春荣,岁岁循环,生生不已的规律。第三、四句"野火烧不尽,春风吹又生",一句写"枯",一句写"荣",是"枯荣"二字意思的发挥。不管烈火怎样无情地焚烧,只要春风一吹,又是遍地青青的野草,极为形象生动地表现了野草顽强的生命力。第五、六句"远芳侵古道,晴翠接荒城",用"侵"和"接"刻画春草蔓延,绿野广阔的景象,"古道""荒城"又点出友人即将经历的处所。最后两句"又送王孙去,萋萋满别情",点明送别的本意。用绵绵不尽的萋萋春草比喻充塞胸臆、弥漫原野的惜别之情,真正达到了情景交融,韵味无穷。

全诗章法谨严,用语自然流畅而又工整,写景抒情水乳交融,意境浑成,在"赋得体"中堪称绝唱。

据宋人尤袤《全唐诗话》记载:白居易十六岁时从江南到长安,带了诗文谒见当时的大名士顾况。顾况看了名字,开玩笑说:"长安米贵,居大不易。"但当翻开诗卷,读到这首诗中"野火烧不尽,春风吹又生"两句时,不禁连声赞赏说:"有才如此,居亦何难!"连诗坛老前辈也被折服了,可见此诗艺术造诣之高。

相关信息

白居易简介

白居易(772~846)字乐天,晚年又号香山居士,河南新郑(今郑州新郑)人,我国唐代伟大的现实主义诗人,中国文学史上负有盛名且影响深远的诗人和文学家。他的诗歌题材广泛,形式多样,语言平易通俗,有"诗魔"和"诗王"之称。官至翰林学士、左赞善大夫。有《白氏长庆集》传世,代表诗作有《长恨歌》、《卖炭翁》、《琵琶行》等。白居易故居纪念馆坐落于洛阳市郊。白园(白居易墓)坐落在洛阳城南香山的琵琶峰。

六、茅屋为秋风所破歌[1]

杜 甫

核心知识

自读提示

《茅屋为秋风所破歌》充分表现了伟大的现实主义诗人杜甫忧国忧民的思想情怀。诗人们由自己的苦难联想到广大流离失所的人们,"安得广厦千万间,大庇天下寒士俱欢颜"时"吾庐独破受冻死亦足",充分表现了诗人广阔的胸襟和炽热的忧国忧民之情,诵读时注意体会。

八月秋高[2]风怒号，卷我屋上三重茅。茅飞渡江洒江郊，高者挂罥[3]长林梢，下者飘转沉塘坳。

南村群童欺我老无力，忍能[4]对面为盗贼。公然抱茅入竹去，唇焦口燥呼不得，归来倚杖自叹息。

俄顷[5]风定云墨色，秋天漠漠[6]向[7]昏黑。布衾[8]多年冷似铁，娇儿恶卧[9]踏里裂。床头屋漏无干处，雨脚如麻[10]未断绝。自经丧乱[11]少睡眠，长夜沾湿何由彻[12]！

安得广厦千万间，大庇[13]天下寒士[14]俱欢颜，风雨不动安如山？呜呼！何时眼前突兀[15]见此屋，吾庐独破受冻死亦足！

---

〔1〕选自《杜诗译注》（中华书局 1979 年版）。〔2〕〔秋高〕秋深。〔3〕〔挂罥〕悬挂。〔4〕〔忍能〕竟能忍心这样干。〔5〕〔俄顷〕不久，顷刻之间。〔6〕〔漠漠〕阴沉迷蒙的样子。〔7〕〔向〕将近。〔8〕〔布衾〕棉被。〔9〕〔恶卧〕睡相不好。〔10〕〔雨脚如麻〕形容漏进屋子里的雨水密集。〔11〕〔丧乱〕指安史之乱。〔12〕〔何由彻〕怎样才能熬到天亮呢。〔13〕〔大庇〕全部遮盖、保护起来。〔14〕〔寒士〕士本指士人，即文化人，此处泛指贫寒的人们。〔15〕〔突兀〕高耸的样子。

七、梦游天姥吟留别[1]

李 白

核心知识

研读导学

这首诗是李白代表作之一，写于与朋友分别时。但全诗没有惜别的表达，却通过对梦境中天姥山的描写，展现了诗人追求个性解放、向往自由世界的心境。全诗分为三段，第一段写人做梦的缘由，是全诗的引子：第二段再现梦中神奇变换的景色：第三段写梦醒后的感慨。诗人把大胆的想象和奇特的夸张有机融合，将梦中幻境写得活灵活现，变化无穷，使人有身临其境之感。此外，诗人通过极力美化梦境幻象，反衬现实的污浊，突出蔑视权贵的主旨，构思新奇而巧妙。学习时注意体会作品的浪漫主义风格，品味诗中比喻、夸张、对比、衬托等手法运用。

海客谈瀛洲，烟涛微茫信难求[2]；越[3]人语天姥，云霞明灭[4]或可睹。天姥连天向天横，势拔[5]五岳掩赤城[6]。天台一万八千丈，对此欲倒东南倾[7]。

我欲因之[8]梦吴越，一夜飞度镜湖[9]月。湖月照我影，送我至剡溪[10]。谢公[11]宿处今尚在，渌水[12]荡漾清猿啼。脚著谢公屐[13]，身登青云梯[14]。半壁[15]见海日，空中闻天鸡[16]。千岩万转路不定，迷花倚石忽已暝[17]。熊咆龙吟殷岩泉，栗深林兮惊层巅[18]。云青青兮欲雨，水澹澹兮生烟。列缺[19]霹雳，丘峦崩摧。洞天[20]石扉[21]，訇然[22]中开。青冥[23]浩荡不见底，日月照耀金银台[24]。霓为衣兮风为马，云之君兮纷纷而来下。虎鼓瑟兮鸾回车[25]，仙之人兮列如麻[26]。忽魂悸以魄动，恍惊起而长嗟[27]。惟觉时之枕席，失向来之烟霞[28]。

世间行乐亦如此，古来万事东流水。别君[29]去兮何时还？且放白鹿青崖间，须行即骑访名山[30]。安能摧眉折腰[31]事权贵，使我不得开心颜！

---

[1] 选自《李白集校注》（上海古籍出版社1980年版）。李白，字太白，号青莲居士。祖籍陇西成纪（今甘肃天水）。唐代伟大的浪漫主义诗人。唐玄宗天宝三年（744年），李白在长安受到权贵的排挤，被流放出京。第二年，他由东鲁（今山东）南游吴越，行前写了这首描绘梦中游历天姥山的诗，留给在东鲁的朋友，所以也题做《梦游天姥山别东鲁诸公》。天姥山，在今浙江新昌县东五十里，东接天台山。传说曾有登此山者听到天姥（老妇）歌谣之声，故名。
[2] [海客谈瀛洲，烟涛微茫信难求] 浪迹海上之人谈起传说中的东海仙山，都说模糊不清，实在难以寻访。瀛洲，传说中的东海仙山。微茫，隐约迷茫、模糊不清的样子。信，实在。难求，难以寻访。[3] [越] 指今浙江一带。[4] [云霞明灭] 云霞时明时暗。[5] [拔] 超越。[6] [赤城] 山名，在今浙江天台县北，为天台山的南门，土色皆赤。[7] [天台一万八千丈，对此欲倒东南倾] 天台山有一万八千丈，对着（天姥）这座山就好像要拜倒在它的东南面一样。天台，山名，在今浙江天台县北。一说，"四万八千丈"。形容天台山很高，是一种夸张的说法，并非实数。此，指天姥山。[8] [之] 天姥山及其传说。[9] [镜湖] 又名鉴湖，在今浙江绍兴县南。[10] [剡溪] 水名，在今浙江嵊县南，曹娥江上游。[11] [谢公] 指谢灵运，南朝宋时期的诗人，他游览天姥山时曾在剡溪住过。[12] [渌水] 清水。[13] [谢公屐] 指谢灵运游山时穿的一种特制木鞋，鞋底下安着活动的锯齿，上山时抽去前齿，下山时抽去后齿。[14] [青云梯] 形容高耸入云的山路。[15] [半壁] 半山腰。[16] [天鸡]《述异记》卷下："东南有桃都山，上有大树名曰桃都，枝相去三千里，上有天鸡。日初出照此木，天鸡则鸣，天下之鸡皆随之鸣。"[17] [暝] 黄昏。[18] [熊咆龙吟殷（yǐn）岩泉，栗深林兮惊层巅] 熊咆龙吟，震荡着山山水水，使深林和山峰都惊惧战栗。也可解为：在这样熊咆龙吟的山林中，人的心灵被震惊了。殷，充满。栗，使动用法。[19] [列缺] 闪电。[20] [洞天] 神仙居住的洞府。[21] [石扉] 石门。[22] [訇然] 形容声音很大。[23] [青冥] 青天。[24] [金银台] 神仙所居之处。[25] [虎鼓瑟兮鸾回车] 猛虎弹瑟，鸾鸟挽车。鸾，传说中凤凰一类的神鸟。回，回旋，回转。[26] [如麻] 形容很多。[27] [忽魂悸以魄动，恍惊起而长嗟] 从梦中惊醒，长叹不已。[28] [惟觉（jué）时之枕席，失向来之烟霞] 梦醒后只剩下眼前的枕席，刚才梦中的仙境美景都已消失。觉时，醒时。向来，原来。[29] [君] 指东鲁友人。[30] [且放白鹿青崖间，须行即骑访名山] 我且把白鹿放养在青山上，欲远行时就骑它去访问名山。[31] [摧眉折腰] 低头弯腰，即卑躬屈膝。摧眉，即低眉。

雨花石

七言古诗是中国古代诗歌体裁的一种。先秦时期的《诗经》、《楚辞》中已经有七言句式。历经西汉、东汉的发展，到梁至隋代，七言体诗歌开始逐渐增多。到了唐代七言体诗歌才真正发展起来。七言古诗在古代诗歌中是形式最活泼、体裁最多样、句法和韵脚的处理最自由，而且抒情叙事最富有表现力的一种诗歌形式。也是一种篇幅较长，容量较大，用韵灵活的诗歌体裁。

![小结图标] **小　结**

1.《梦游天姥吟留别》，想象丰富，夸张奇特，充分体现了李白_____的诗歌风格。其中_____，_____两句揭示了全诗主题，表达了诗人_____的思想感情。

2. 构思巧妙是这首诗的一大特点，全诗由瀛洲引出_____，由梦游天姥引出_____，由梦醒引出_____，使具体现实与_____景象，历史人物与_____巧妙结合在一起，创造出雄奇瑰丽的意境。

3.《梦游天姥吟留别》将梦中幻境写得活灵活现，变化无穷，使人有身临其境之感，除了得力于诗人丰富想象之外，成功地使用_____、_____、_____、_____等手法也是一重要原因。

4. 诗中所说的三大仙山是_____、_____、_____。

5. 背诵最后一段。

八、将进酒[1]

李　白

核心知识

自读指导

《将进酒》淋漓尽致地表现了李白狂放不羁的个性特征。诗人因怀才不遇，以酒会友，借酒消愁。但诗人并没自弃，却表现出"天生我才必有用"的高度自信。全诗如大河奔流，一泻千里。诵读时注意体会诗人丰富的内心情感。

君不见黄河之水天上来，奔流到海不复回[2]；
君不见高堂明镜悲白发[3]，朝如青丝暮成雪。
人生得意[4]须尽欢[5]，莫使金樽空对月。
天生我材必有用，千金[6]散尽还复来。
烹羊宰牛且为乐，会须一饮三百杯。
岑夫子，丹邱生[7]，将进酒，杯莫停。
与君歌一曲，请君为我倾耳听。
钟鼓馔玉[8]不足贵，但愿长醉不愿醒。
古来圣贤皆寂寞，惟有饮者留其名。
陈王昔时宴平乐，斗酒十千恣欢谑[9]。

主人何为言少钱，径须沽[10]取对君酌。

五花马[11]，千金裘[12]，呼儿将[13]出换美酒，与尔同销万古愁。

---

[1] 选自《中国历代文学作品选》（上海古籍出版社1980年版）[2]〔回〕返回。[3]〔悲白发〕因见白发而悲。[4]〔得意〕高兴。[5]〔尽欢〕尽情欢乐。[6]〔千金〕极言钱财之多。[7]〔岑夫子、丹丘生〕人名，即岑勋，元丹丘。[8]〔钟鼓馔（zhuàn）玉〕指富贵生活。[9]〔斗酒十千恣（zì）欢谑（xuè）〕喝着名贵的酒，纵情地欢乐。斗酒十千，一斗酒价值十千钱，意即名贵。恣，随意，纵情。谑，玩笑。[10]〔沽〕与"酤"同，这儿指买。[11]〔五花马〕毛色斑驳的马。一说，剪马鬣为五瓣。极言马的名贵。[12]〔千金裘〕价值千金的皮袍。[13]〔将〕拿。

小 结

《诗经》	地位：中国第一部诗歌总集	分类：风、雅、颂	手法：赋、比、兴	风格：现实主义
唐诗	分期：初唐、盛唐、中唐、晚唐	山水田园诗派代表：王维、孟浩然	初唐四杰：王勃、杨炯、卢照邻、骆宾王	唐代三大诗人：李白、杜甫、白居易

第三节　现当代诗歌及外国诗歌概述

1919年"五四"新文化运动带来了"文学革命"，最早开始尝试的文学样式是新诗。郭沫若堪称新诗第一人，他的诗集《女神》开了"五四"新诗的先河。此外有影响的诗人及作品很多，如冰心的《繁星》、《春水》，冯至的《我是一条小河》。在自由体新诗发展的同时出现了诗歌"规范化"的艺术探索。其中出现了一个重要的新诗流派——新月诗派，代表有闻一多的《死水》，徐志摩的《再别康桥》。1930年"中国左翼作家联盟"成立，其间尽管诗歌流派众多，但左翼无产阶级文学诗歌运动是其主流。蒋光慈出版新诗集《新梦》、《哀中国》等。1930年中国现代诗歌史上第一个有组织、有纲领的革命团体"中国诗歌会成立"。1938年"中华全国文艺界抗敌协会"成立，诗歌创作进入一个新的历史时期。解放军诗坛著名诗人有艾青《大堰河，我的保姆》、田间《给战斗者》、李季《王贵与李香香》。新中国成立后的17年，诗歌创作以歌颂祖国新生及新的历史时代为主旋律。著名诗人有郭沫若、艾青、臧克家、郭小川、贺敬之等。"文化大革命"十年间，诗歌创作一片荒芜。20世纪70年代"朦胧诗"崛起，代表作如舒婷的《致橡树》。

西方诗歌的源头是英雄史诗。意大利诗人但丁是"中世纪的最后一位诗人，同时又是新时代的最初一位诗人"，代表作《神曲》。欧洲18世纪文学中，歌德是德国最伟大的诗人，《浮士德》是其代表作。欧洲浪漫主义文学产生于18世纪末，其中拜伦、雪莱将英国的浪漫主义的文学推向高峰。雪莱以抒情诗创作著称于世，我们熟知的有《西风颂》、《致云雀》。亚历山大·普希金是俄罗斯浪漫主义诗人的杰出代表，《叶莆盖尼·奥涅金》是其代表作。此外，华尔特·惠特曼是美国的民族诗人，他创作的《草叶集》成为美国现代诗歌的开创者。在外国诗歌中，还有印度近代杰出诗人泰戈尔，《吉檀迦利》是其最著名的一部诗集。

一、炉中煤[1]

——眷念祖国的情绪

郭沫若

核心知识

研读导学

　　《炉中煤》表达了诗人对祖国深切真挚的眷恋。诗人把自己比作熊熊燃烧的"炉中煤"，把祖国比作"年青的女郎"，"炉中煤"的熊熊燃烧象征诗人愿为祖国献身的激情，"炉中煤"黑色外表下"火一样的心肠"象征劳苦大众"卑贱"的地位和伟大的人格。诗中"炉中煤"既指诗人这"小我"，也指劳动人民这"大我"。全诗音节和谐、节奏整齐，有"新格律诗"之称。学习时应在反复吟咏中体会诗人的爱国激情，以及拟人手法的作用，感受诗的韵律美。

啊，我年青的女郎！
我不辜负你的殷勤，
你也不要辜负了我的思量[2]。
我为我心爱的人儿
燃到了这般模样！

啊，我年青的女郎！
你该知道了我的前身？
你该不嫌我黑奴卤莽[3]？
要我这黑奴的胸中，
才有火一样的心肠。

啊，我年青的女郎！
我想我的前身
原本是有用的栋梁，
我活埋在地底多年，
到今朝总得重见天光。

啊，我年青的女郎！
我自从重见天光，
我常常思念我的故乡，
我为我心爱的人儿
燃到了这般模样！

---

[1] 选自《女神》（《郭沫若全集》第一卷，人民文学出版社 1982 年版）。郭沫若（1892—1978）现代著名作家、诗人、戏剧家、历史学家、古文字学家和社会活动家。[2]［思量］这里是思念的意思。[3]［卤莽］同"鲁莽"，轻率。

诗歌的特征

一是抒情性，诗歌是感情的产物，感情是诗歌的生命。

二是形象性，诗要用形象思维。

三是精练性，用最简练的字句来表现丰富的内涵。

四是审美性，诗歌必须是美的。包括形象美、激情美、意境美、意象美等。

五是含蓄性，诗贵含蓄，耐人寻味。

六是音乐性，诵诗，要琅琅上口，悦耳动听。七是跳跃性，诗要精练，集中。

七是象征性，通过某一特定事物来暗示与之有某种联系的思想和感情。

双核训练

1.《炉中煤》一诗的作者_____是我国_____著名作家，他的诗集《　　》开了"五四"新诗的先河。

2. 全诗运用了_____、_____、_____等手法，把作者的感情表达得淋漓尽致，深刻感人。

3. 诗中第四节"自从我重见天光，我常常思念我的故乡，我为我心爱的人儿，燃到了这般模样！"这是诗人尽情地倾诉了对_____的思念之情。

4. 背诵全诗。

学习指引

读《郭沫若诗》

二、老 马

臧克家[1]

核心知识

自读提示

《老马》写出了老马忍辱负重的命运和忠厚善良的性格。诗中的老马似乎生来就得无条件的承受装大车的命运，即使"背上的压力往肉里扣"，"也横竖不说一句话"，"只好把头沉重地垂下"，诵读时注意体会。

总得叫大车装个够，
它横竖不说一句话，
背上的压力往肉里扣，
它把头沉重地垂下！

这刻不知下刻的命，
它有泪只往心里咽，
眼里飘来一道鞭影，
它抬起头望望前面。

---

[1] 臧克家（1905—2004）山东诸城县人，中国现代著名诗人。

思维对抗

【别样风景】

断 章

卞之琳

你站在桥上看风景，
看风景的人在楼上看你。
明月装饰了你的窗子，
你装饰了别人的梦。

三、再别康桥[1]

徐志摩

核心知识

自读提示

这首诗抒写了诗人对母校真挚的眷恋之情。全诗宛如一曲优雅动听的轻音乐，把诗人对康桥的爱恋，对往昔生活的憧憬等表现得真挚、浓郁、隽永，诵读时注意体会。

轻轻的我走了，
正如我轻轻的来；
我轻轻的招手，
作别西天的云彩。

那河畔的金柳，
是夕阳中的新娘；
波光里的艳影，
在我的心头荡漾。

软泥上的青荇，
油油的在水底招摇；
在康河的柔波里，
我甘心做一条水草！

那榆荫下的一潭，
不是清泉，是天上虹；
揉碎在浮藻间，
沉淀着彩虹似的梦。

寻梦？撑一支长篙，
向青草更青处漫溯，
满载一船星辉，
在星辉斑斓里放歌。

但我不能放歌，
悄悄是别离的笙箫；

夏虫也为我沉默，
沉默是今晚的康桥！

悄悄的我走了，
正如我悄悄的来；
我挥一挥衣袖，
不带走一片云彩。

---

[1]　选自《徐志摩选集》（人民文学出版社 1983 年版）。康桥即剑桥。徐志摩（1896—1931）浙江海宁人，现代诗人，散文家。

朗诵诗歌的方法

　　诗歌是朗诵中常见的一种文学体裁。它高度集中地反映生活，饱含着作者丰富的想象和感情，语言精练，讲究节奏和韵律。朗诵诗歌时，必须运用适当的节奏，使言语的内容与形式达到高度的统一，发挥语言的最佳效果，把诗人的思想和感情表达出来。

　　什么是节奏呢？节奏就是语言在一段时间内交替出现的有规律的快慢、高低、长短、轻重的现象。押韵是加强节奏感的一种方法，它可以使诗的音调更加响亮，增加读者听觉的美感；它可以把许多涣散的音联系贯串起来，成为一个完整的声调，使诗歌的节奏更鲜明、更和谐，诵读时琅琅上口。朗诵押韵的诗歌时，可以用加重的方式，把韵脚显现出来。虽然许多新诗，形式比较自由，句子长短参差，也不押韵，但朗诵时仍须保持诗歌的韵味和音乐美。

四、乡　愁[1]

余光中

核心知识

自读提示

　　《乡愁》抒发了诗人对祖国母亲的热爱。全诗情深意切，既表达了渴望祖国统一的愿望，又将乡愁描写得淋漓尽致，充分表现了一个挚爱祖国及其文化传统的中国诗人深厚的历史感与民族感，诵读时注意体会。

小时候
乡愁是一枚小小的邮票
我在这头
母亲在那头

长大后
乡愁是一张窄窄的船票
我在这头
新娘在那头

后来啊
乡愁是一方矮矮的坟墓
我在外头
母亲在里头

而现在
乡愁是一湾浅浅的海峡
我在这头
大陆在那头

---

[1] 选自《余光中诗选》（海峡文艺出版社 1998 年版）。余光中（1928—　）台湾诗人，福建永春人。

五、致橡树[1]

舒　婷

核心知识

自读提示

　　《致橡树》是舒婷的代表作，创作于 1977 年 3 月，是"文化大革命"后最早的爱情诗。作为新时期文学的发轫之作，《致橡树》在文学史上的地位是不言自明的。舒婷的诗，构思新颖，富有浓郁的抒情色彩；语言精美，具有鲜明的个人风格。

　　本诗是一首优美、深沉的抒情诗。诗人别具一格地选择了"木棉"与"橡树"两个中心意象，将细腻委婉而又深沉刚劲的感情蕴在新颖生动的意象之中。它所表达的爱，不仅是纯真的、炙热的、而且是高尚的，伟大的。它像一支古老而又清新的歌曲，拨动着人们的心弦。

我如果爱你——
绝不像攀援的凌霄花，
借你的高枝炫耀自己；
我如果爱你——
绝不学痴情的鸟儿，
为绿荫重复单调的歌曲；

也不止像泉源，

常年送来清凉的慰藉；

也不止像险峰，增加你的高度，衬托你的威仪。

甚至日光。

甚至春雨。

不，这些都还不够！

我必须是你近旁的一株木棉，

做为树的形象和你站在一起。

根，紧握在地下，

叶，相触在云里。

每一阵风过，

我们都互相致意，

但没有人

听懂我们的言语。

你有你的铜枝铁干，

像刀，像剑，

也像戟，

我有我的红硕花朵，

像沉重的叹息，

又像英勇的火炬，

我们分担寒潮、风雷、霹雳；

我们共享雾霭、流岚、虹霓，

仿佛永远分离，

却又终身相依，

这才是伟大的爱情，

坚贞就在这里：

不仅爱你伟岸的身躯，

也爱你坚持的位置，脚下的土地。

[1] 选自《诗刊》1979 年第 4 期。

双核训练

1. 《致橡树》一诗的作者舒婷是我国_____女诗人，她是_____诗的代表人物，代表作有《　　　　　》《　　　　　　》等。

2. 给下列加点字注音：

慰藉（　　）　　　像戟（　　）　　　霹雳（　　　）

雾霭（　　）　　　流岚（　　）　　　虹霓（　　　）

六、我爱这土地[1]

艾 青

核心知识

自读提示

　　《我爱这土地》抒发了诗人对祖国、对土地、对劳动人民真挚而深沉的爱。诗中土地是祖国、民族、劳动人民的化身，爱土地就是爱祖国、爱民族、爱劳动人民。全诗感情浑厚，语言生动朴实，诵读时注意体会。

假如我是一只鸟，

我也应该用嘶哑的喉咙歌唱：

这被暴风雨所打击着的土地，

这永远汹涌着的悲愤的河流，

这无止息地吹刮着的激怒的风，

和那来自林间的无比温柔的黎明……

——然后我死了，

连羽毛也腐烂在土地里面。

为什么我的眼里常含泪水？

因为我对这土地爱得深沉……

---

[1] 选自《艾青诗选》（人民文学出版社1997年版）。艾青（1910—1996），中国现代诗人。

隐形翅膀

【展翅飞翔】

　　意象与意境：诗歌的创作十分讲究含蓄、凝练。诗人的抒情往往不是情感的直接流露，也不是思想的直接灌输，而是言在此意在彼，写景则借景抒情，咏物则托物言志。这里的所写之"景"、所咏之"物"，即为客观之"象"；借景所抒之"情"，咏物所言之"志"，即为主观之"意"；"象"与"意"的完美结合，就是"意象"。它既是现实生活的写照，又是诗人审美创造的结晶和情感意念的载体。诗人的聪明往往就在于他能创造一个或一群新奇的"意象"，来含蓄地抒发自己的情感。反之，读者只有在领悟意象寓意的过程中，才能把握诗歌的内容，领会诗歌的主旨，进入诗歌的意境，感知诗人的情感。所以，诗歌的阅读鉴赏，必须以解读诗歌的意象为突破口，以熟知诗歌意象为突破点。

七、我愿意是急流[1]

裴多菲

核心知识

研读导学

　　《我愿意是急流》是裴多菲许多优美爱情诗中的一首。诗人选取"急流"、"荒林"、"废墟"等寓意深刻的意象，形象地抒发了对爱人深挚的恋情，诵读时，请感悟、体会。

我愿意是急流，
山里的小河，
在崎岖的路上、
岩石上经过……
只要我的爱人
是一条小鱼，
在我的浪花中
快乐地游来游去。

我愿意是荒林，
在河流的两岸，
对一阵阵的狂风
勇敢地作战……
只要我的爱人
是一只小鸟，
在我的稠密的
树枝间做窠，鸣叫。

我愿意是废墟，
在峻峭的山岩上，
这静默的毁灭
并不使我懊丧……
只要我的爱人
是青青的常春藤，
沿着我荒凉的额，
亲密地攀援上升。

我愿意是草屋，
在深深的山谷底，
草屋的顶上
饱受风雨的打击……
只要我的爱人
是可爱的火焰，
在我的炉子里，
愉快地缓缓闪现。

我愿意是云朵，
是灰色的破旗，
在广漠的空中
懒懒地飘来荡去，
只要我的爱人
是珊瑚似的夕阳
傍着我苍白的脸，
显出鲜艳的辉煌。

---

[1] 选自《裴多菲诗集》（人民文学出版社 1979 年版），孙用译。裴多菲（1823—1849）是匈牙利伟大的革命诗人，也是匈牙利民族文学的奠基人。

思维对抗

憧憬未来

假如生活欺骗了你

普希金

假如生活欺骗了你，
不要悲伤，
不要着急。
忧郁的日子需要镇静，
相信吧，
那愉快的日子即将来临。
心永远憧憬着未来，
现在却常是阴沉。
一切都是瞬息，
一切都会过去。
而那过去了的，
即将成为亲切的回忆。

学习指引

参看《外国诗歌经典100篇》。

八、啊，船长！我的船长！

惠特曼[1]

核心知识

自读提示

　　《啊，船长！我的船长！》是美国民主诗人惠特曼于1865年为纪念林肯总统而写下的一首著名哀诗。诗人采用整体象征手法，把美国比作一只大船，把林肯总统比作这只船上的船长，当这只大船凯旋时，船长却牺牲了。形象而鲜明地表现了诗人对林肯的敬仰爱戴和对林肯之死的无限悲痛。全诗共分三节，第一节是对林肯卓越功勋的赞颂；第二节表现诗人对林肯深厚的父子般的感情；第三节写死了的"船长"的形象，表达作者无比悲痛的心情。诗中反复咏叹手法的使用，使感情抒发由浅至深、层层渐进，很好地渲染了作者心中对建立自由美国而献出生命的领袖林肯的无比崇敬和悲悼之情，实际上也是赞美为追求人民的自由平等而不惜一切的奉献的精神。

啊，船长！我的船长！我们完成了可怕的远航，

巨轮历尽风雨，我们赢得追寻的奖赏；

港口已近，钟声传来，一片欢呼的声浪；

稳健的大船，追随的目光，多么威武雄壮；

可是，心啊！心啊！心啊！

心中的鲜血在滴滴流淌，

甲板上躺着我们的船长，

他已辞世，全身冰凉。

啊，船长！我的船长！起来听那钟声荡漾；

起来，旌旗为你招展，号角为你激昂，

花团锦簇，彩带飘飞，为你，岸边人群熙熙攘攘；

人们把你呼唤，万头攒动，他们晃动急切的面庞；

在这里，船长，慈爱的父亲！

你的头下枕着我的臂膀！

那是甲板上的梦境，

你已辞世，全身冰凉。

我的船长没有回答，双唇苍白，沉默、安详，

我的父亲无法觉察我的手臂，他的脉搏停止了跳荡；

可怕的征途已过，胜利归来，

大船安全停靠，就此结束远航；

啊，海岸欢呼，啊，钟声敲响！

然而，我的步履沉重悲伤，

在甲板上踱步，那里躺着我的船长，

他已辞世，全身冰凉。

---

[1] 惠特曼（1819—1892），美国最伟大的民主诗人，美国浪漫主义最杰出的代表。他的代表作《草叶集》成为美国近代文学史上一座光辉的里程碑，是美国民族文学的典范。

七彩天空

篱笆那边

狄金森

篱笆那边

有草莓一棵

我知道，如果我愿

我可以爬过

草莓，真甜！

可是，脏了围裙

上帝一定要骂我！

哦，亲爱的，我猜，如果他也是个孩子

他也会爬过去，如果，他能爬过！

双核训练

1. 《啊，船长！我的船长！》作者惠特曼是_____民主诗人，他创作的《   》成为美国现代诗歌的开创者。

2. 在这首诗中"船"、"船长"、"航程"分别比喻和象征_____、_____、_____。

3. 这首诗每节末句都写林肯"已浑身冰凉，停止了呼吸"，用的是_____手法，这样写的作用是_____。

4. 诗中三节结尾的人称变化为"他——你——他"，这种人称的变化反映了诗人_____的感情变化。

5. 反复诵读全诗，体会诗人对林肯总统真挚而充沛的思想感情。

九、实训活动

诗歌朗诵

一、活动主题：赞美春天、拥抱未来

二、活动目的：三月是大地回春、万物复苏的季节。一年之计在于春，作为新时期的青年学生，应该珍惜这一年中最宝贵的时光，计划好新一年的学习、生活，不让光阴虚度、年华流逝，通过对春天等美好事物的讴歌与赞美，展示出青年学生蓬勃向上的朝气与活力。让我们咀嚼着诗歌的芬芳，使心灵得以净化、升华。

三、活动地点：本班教室（随堂进行）

四、活动规则

1. 全班每位同学朗诵一首诗，也可以几个人自由组合朗诵一首诗。

2. 诗歌内容不限，但所选诗歌，思想内容应积极向上（也可自己创作）。

3. 时间为 2 ~ 4 分钟。

4. 必须运用普通话（声音洪亮，语气、语调适当，重音、节奏恰当，表达感情准确、自然）。

5. 脱稿朗诵。

6. 抽签决定朗诵顺序。

五、奖项设置

本次活动分别设一等奖一名，二等奖两名，三等奖三名

六、评分标准

1. 作品主题鲜明突出，内容积极向上。（1 分）

2. 衣着得体，与诗歌内容相协调。（0.5 分）

3. 精神饱满，姿态得体大方。（1 分）

4. 感情饱满真挚，表达自然，能通过表情的变化反映诗歌的内涵。（1.5 分）

5. 朗诵熟练，声音洪亮。（1 分）

6. 吐字清晰，普通话标准，能很好把握诗歌节奏。（2 分）

7. 能正确把握诗歌内容，声情并茂，朗诵富有韵味和表现力，能与听众产生共鸣（赢得同学热烈掌声）。（2 分）

8. 朗诵形式富有创意，配以适当乐曲或以其他富有创意的形式朗诵。（1 分）

七、评委成员：由本班语文教师及同学推选的几名学生组成评委组，根据评分标准评分（应选出对诗歌有一定欣赏能力、有一定文学基础的同学担任评委，可推选其中 1 ~ 2 位同学谈对诗歌欣赏的感受）。

八、活动结束老师进行点评

小 结

作者	作 品	主要手法	其 他
郭沫若	《炉中煤》	象征	诗集《女神》开了"五四"新诗的先河
舒婷	《祖国啊,我亲爱的祖国》	象征	《致橡树》为"朦胧诗"代表作;其诗被誉为"心灵世界的歌"
惠特曼	《啊,船长!我的船长!》	暗喻、象征、重复和呼语	代表作《草叶集》成为美国现代诗歌的开创者

学习指引

1. 陈纪宁编著. 常用应用文写作手册. 北京:中华工商联合出版社.

2. 演讲与口才网站、论辩天下网站、百度搜索引擎.

3. 中国古代文学讲座. 长春:吉林大学出版社.

4. 徐挺主编. 文学欣赏. 北京:高等教育出版社.

5. 李修生主编. 语文. 北京:人民教育出版社.

6. 秦宇慧,王立编选. 现当代诗歌精选集. 北京:当代世界出版社.

第四章　采选信息

　　随着科学技术的飞速发展和信息的广泛传播，国际科学技术的交流与合作不断深入，通过各种媒体和医学期刊传播、掌握相关信息，发表各种医学科技消息、医学科研论文这一途径，参与国内外医学学术交流显得越来越重要。但遗憾的是，很多医务工作者缺乏获取信息和具有基本的科技文书的读写与实践能力，尤其是随着国际和国内医学媒体及期刊的标准化和规范化，这一矛盾显得越来越突出。因此，科技文书的阅读和写作在医学科技信息、技术的交流中有着极其重要的作用。

第一节　适用练笔　科技文书阅读

核心技能

　　【未来的医务工作者，常用的医学科技文书包括哪些，该如何阅读、书写医学消息，获取相关信息。你一定很想知道吧？】
　　本节内容旨在培养中等卫生职业学校学生对医学信息的接收与处理能力，并结合中职教育的特点，有针对性地加强科技文书的阅读与写作意识的培养和技能训练，以适应职业岗位的需求。

科技文书的阅读

　　医学科技文书是以医学科研、医学科技成果和医学科技事务为反映对象的具有实用价值和惯用格式的应用文体。它是人类认识自然、改造自然、发展社会的重要手段，是医学科学技术自身得以延续和发展的重要工具，是科学技术向生产力转化的媒介和桥梁。而科技文书是指表达一定科学技术内容的各种实用文体。

　　广义的科技文书可以分为：论文类（科技论文、实验报告等）、情报类（文摘、综述、述评等）、新闻类（消息、通信等）、说明类（设计、专利说明书，科普说明文等）、管理类（技术合同、标书等）等。

　　科技文书的特点是：①科学性（观点与材料的统一）。②创新性（开拓新领域，探索新课题，提出新见解，表达新成果）。③规范性（具有一定的规范格式）。④时效性（用最短的时间反映新成果）。

一、消　息

　　消息主要是对科学技术领域内新近发生的有社会意义的事实作简短

的报道。而医学消息则是对医学领域中的新发现、新技术成果等的报道。阅读科技消息可以及时了解科技领域的新动态、新知识。

二、文 摘

文摘是对原始文献重要内容的摘述。其类型有：报道性文摘（是原文主要内容的概括介绍）、指示性文摘（只起检索作用）、引语式文摘（根据需求摘录原文的有关句段）、题录式文摘（专为检索服务）。根据文摘，读者可以有选择、有重点地查阅原始文献，从而节省大量时间和精力。

隐形翅膀

【知识扩展】

《中国医学文摘·护理学》为《中国医学文摘》17 个分册之一，所收文献来自国内公开发行的护理杂志、医药学杂志和医学院校学报，共 200 余种。每年摘录其中有关基础护理、专科护理、护理教育、护理科研、护理管理等方面的专业文章约 3000 余条。是我国目前护理界知识密度最高、信息量最大、实用性最强、查找文献最方便的刊物。该刊每期刊有正文分类类目和使用说明，年终附有主题索引和著者索引，极便于读者查阅。刊内条目采用文摘、简介、题录三种形式。每条文摘末尾均署文摘员姓名。文摘顺序号由 6 位数组成，前两位数表示年号，后四位数为流水号。每年流水号及页码连续编排。此外，一些专业性期刊也辟有文摘栏目。如《健康报》、《中华护理杂志》等。综合性文摘刊物有《报刊文摘》、《中国剪报》、《新华文摘》等内容。

双核训练

一、填空题

1. 文摘的种类有_____、_____、_____、_____。

2. 报道性文摘是_____的_____的概括介绍。

二、思考题

1. 什么是题录式文摘？请举例说明。

2. 自己编写一则"题录式文摘"。

三、综述与述评

（一）综 述

1. 综述的概念

综述是对某一科技领域在一定时期内的进展情况进行综合介绍。

2. 综述的特点

综述的特点，一是综合性，即材料必须全面，不能有缺漏，能使读者从整体上把握研究对象的本质和规律。二是客观性，作者对研究对象的情况及各家的观点只做客观的叙述、介绍，不加评论。

3. 综述的结构

综述的结构包括题目、署名、前言、主体、结束语和参考文献等几个部分。前言主要介绍综述的基本内容和编写原因、目的、意义、范围背景等。主体是综述的正文部分，没有固定的格式，在写作上关键是安排好结构顺序，做到纲目清楚、合理。结束语，是对主体内容进行概括、评议，提出结论，并介绍本文的意义、有待深入研究的问题或今后研究的前景等。

参考文献要按规范的格式著录写作时所依据的文献资料，以便读者查阅参考。

（二）述 评

1. 述评的概念

述评是在综述的基础上加入作者的观点、见解和评论的一种科技文书形式，也称"评述"。可以先述后评，也可以边述边评。

2. 述评的特点

述评除了具有综述的性质和特点外，不同之处就在于"评"。述评要做到观点鲜明，评之有据，评与述要有逻辑联系，密切结合。因此，述评有较强的针对性和一定的指导作用。

3. 述评的结构

结构方式除题目和署名外，也可分为前言、主体、结束语和参考文献四部分。

前言、结束语、参考文献与"综述"的要求相同，差别在于主体部分。

【想一想：综述和述评有什么区别？】

双核训练

一、填空题

1. 综述的特点分为_____、_____、_____。

2. 综述与述评的主要区别是：综述_____，述评则_____。

二、简说综述的结构。

三、请自己采选信息，认真查找综述和述评各一篇，向同学推荐内容。

四、医学论文

医学论文主要是阐述医学科技领域中重要的理论和技术问题，探讨人类疾病的发生、发展规律，寻找预防和控制疾病的方法。其反映的内容包括医学新理论、新技术、新方法的研究和应用以及医学研究的新进展、临床经验的总结等。

医学论文必须具备论点、论据、论证三要素，但格式相对固定，谋篇手段与一般议论文不同。

医学论文的写作过程包括选题、课题设计、实验与观察、资料收集与处理、拟写论文提纲，以及论文起草、修改、定稿等环节。

（一）医学论文的种类

1. 按论文的写作目的分

（1）学术论文　是各学科领域的专业人员表述科研成果的论文，也叫期刊论文。

（2）学位论文　是为申报学位而撰写的论文。包括学士、硕士和博士论文。

2. 按论文所采取的科研方法分类

（1）实验研究型　主要是利用科学的实验方法获取客观数据，并对数据资料进行归纳、分析、处理后写成的论文。

（2）临床研究型　主要是通过对临床病例的病因、发病机制、临床表现、临床分型、治疗及疗效等方面进行观察、分析和讨论，提出自己的见解而写成的论文。

（3）调查报告型　是对一定范围的人群就某个病种、某个疾病或预防保健情况进行调查，将数据资料经统计学处理后写成的专业性论文。

（4）理论研究型　是选择某一学科内具有创造性的课题，以该学科的科学理论及相关学科、边缘学科的理论为指导，在广泛研究文献资料的基础上提出创新见解而写成的论文。

（5）经验体会型　是紧密结合医药卫生护理技术工作的实践，将自己的体会、经验加以总结而写成的论文。

（6）文献加工型　是作者在阅读过程中收集了某一领域或专题的大量的文献资料后，经过归纳、分析、综合而写成的专题性学术论文。常见的有综述、述评、讲座、问题解答、译文等。

（二）医学论文的结构和写作

医学论文的基本结构由三部分构成：前置部分（包括题目、署名、内容提要、关键词）；主体部分（包括前言、材料和方法、结果、讨论、结论、致谢、参考文献）；附录部分（包括附图、附表、照片、文后附录的资料等）。

（1）题目　题目是对论文内容的高度概括，要确切、简明，突出主题，一般不超过20个字，尽量不设副题。

（2）署名　每篇论文作者署名一般不超过6人，署名顺序视其在工作中贡献大小而定；个人署名必须用真名，集体署名必须写全称。

（3）内容提要　应扼要说明研究的目的、基本步骤和方法、主要发现和结论；以及创新性和价值、意义。它应是一篇完整的短文，可独立使用，一般不宜超过300字，不分段落，不用图、表、公式。

（4）关键词　是能表达论文主题的最重要的词或短语（利于计算机收录、检索和储存）。要根据全文内容和主题来选，选词要规范化，最少3～5个，最多不超过10个。

（5）前言（引言、导言）　是论文开头的一段话，主要介绍课题研究的动机、目的、范围、意义等，要开门见山、突出重点，以200字左右为宜。

（6）材料和方法　在临床论文中又称为临床资料、病历资料、对象和方法等。这是显示论文"结果"的可靠性和准确性的依据。

（7）结果　是文章的核心部位，文字叙述要简明扼要。

（8）讨论　是对研究结果进行理论阐述，提出尚未解决的问题及对今后工作的建议和意见等。

（9）结论（小结）　是对全文内容简明扼要的叙述，是全文中心论点的集中体现。若论文已有内容提要，可不再写结论。

（10）致谢　仅限于对本项研究工作和论文写作有过实质性贡献的单位和个人，并要征得被致谢者的书面同意。

（11）参考文献　用以表明论文的科学依据与历史背景，反映出作者尊重他人劳动成果的科学态度。它是医学论文的重要组成部位，一般不能省略。

【医学小知识】

静脉留置针又称套管针，作为头皮针的替代产品，以其操作简单、套管柔软、套管在静脉内留置时间长且不易穿破血管等特点被广泛应用于临床，是一项新的护理技术操作，它已逐步取代了传统的头皮钢针。其优点是减轻患者由于反复穿刺而造成的痛苦，保护血管，减少液体外渗，同时保证合理用药时间，而且很大程度减轻了护士的工作量。然而在应用过程中也带来了一些不良影响，特别是长期置管的患者常导致某些并发症的发生。

双核训练

一、填空题

1. 医学论文的基本结构_____、_____、_____。前言字数以_____为宜。

2. 医学论文同一般议论文一样，必须具备_____、_____、_____三要素。

二、思考题

查找相关的医学论文读一读，体会一下你所学的书本知识（可以翻阅《护理学杂志》，筛选所需内容）。

五、如何写作医学消息

医学消息是指对医学领域中的新发现、新技术、新成果等作简短的报道。作为医学生，若能较好地掌握医学消息的写作，将有利于今后的护理工作。

（一）医学消息的类型

从报道的内容来分，医学消息可分为人物消息和事件消息。

（二）医学消息的特征

医学消息除具有一般消息最基本的思想性、事实性、真实性、时效性、简明性和新闻性等特征外，还具有自己的科学性和知识性等特点。

1. 科学性

医学属于自然科学，医学消息属科技新闻，因此，科学性是医学消息的基本特点。

2. 知识性

凡是对人们有益的信息都是知识。新闻传播各种信息，也就是在传播知识。知识性是新闻传播的根本。但是，医学新闻的对象，毕竟是一些医学知识不多的读者。由于医学知识比较复杂，所以要求医学消息应写得通俗易懂、生动有趣。少用专门术语，所用的术语也尽量不超出一般读者所能理解的范围。

【想一想：医学消息为什么要具有自己的特点】

（三）医学消息的结构和写法

一般来说，医学消息具有比较固定的格式，包括标题、导语、主体、结语等几个部分。附属性的背景材料可以穿插在各个部分里，也可以独立成段。

1. 标题

标题是消息的眼睛。一篇消息的主题思想首先由标题集中地反映出来。标题要醒目、新颖，并能很好地概括主题与核心内容，以引起读者的兴趣和关注，提高阅读效率。因此，写作消息一定要精心设计标题。

消息的标题包括正题、引题、副题三种。正题是消息内容的高度概括，体现全篇的主题思想，是标题的核心；引题位于正题之前，对正题起烘托气氛或说明背景、原因的作用；副题位于正题之后，对正题起补充、解释等作用。

常见的标题结构形式有：正题式、引正式、正副式和完全式。

【做一做：试着撰写几条关于校园小消息的标题】

2. 导语

导语是置于消息开头的一段话。其作用是使读者一看就明白消息的主题及核心内容，而且能引起读者强烈的兴趣和极大的关注。

常用的导语方式有以下几种：

（1）叙述式　把消息中最主要的内容用叙述的方式概括出来，突出消息的要旨。这种形式的导语，一般都具备时间、地点、事件等基本要素。

（2）描写式　对所报道的主要事实或某个特定的场面加以简洁、生动的描写，使导语产生强烈的感染力，给读者留下深刻的印象。

（3）提问式　把报道中已经解决了的问题先用疑问句式鲜明地提出来，然后用事实作出回答。

（4）引语式　在导语中引用名言警句、政府文件或权威人士的话，借以点出消息的基本内容。

（5）对比式　将两个差别显著的事物加以对比，以显示新闻事实的意义，或突出矛盾，产生悬念。

【试一试：翻阅报纸，查找一些消息中不同形式的导语并摘录下来】

3. 主体

它是消息的主干，导语的展开部分。

它是用具体典型的事实材料对导语的内容作阐述、说明或回答（可按时间顺序、逻辑顺序等组材）。

4. 结尾

结尾是用来概括消息内容、指出事物发展趋向以及通过号召，唤起读者响应或启发读者深思的部分。消息并非都需要结尾，结尾也不一定要自成段落，但无论怎样都要紧扣事实，简短精练。

5. 背景

材料是同报道内容有关的历史材料或说明、对比、注释性的材料，其作用是说明新闻的起因 、帮助读者理解新闻 、突出消息的新闻价值。

（四）医学消息的写作要求

（1）标题，鲜明生动。

（2）导语，言简意赅。

（3）主体，具体充实。

（4）背景，精确恰当。

（5）结语，蕴意深刻。

【想一想：写作医学消息有哪些要求，背景材料重要吗？】

例文 1

医学消息一则

核心知识

自读提示

这是一则医学消息。阅读时想一想作者是怎样根据主题拟订标题的；本消息的导语有什么特点，与全文的关系如何；背景材料是如何处理的；从其消息的内容上看，它具备了哪些基本的新闻要素。

破学科壁垒　减患者负担
一站式杂交心脏手术中心亮相中国

本报讯（记者王雪飞　通信员万雷）6 月 20 日，中国医科院阜外心血管病医院对外宣布，体现心脏病诊治领域介入、外科治疗和影像诊断三大技术融合的亚洲第一个"一站式杂交心脏手术中心"即日起在该院启用。

据该院院长胡盛涛、副院长杨跃进等介绍，"一站式杂交"手术，又叫"Hybird"手术，是国际心血管病领域发展的最新趋势，其核心是打破学科壁垒，创新医疗服务模式，给患者提供完整、系统的科学治疗。过去，由于人为学科拆分以及医生个人素质等原因，往往给予患者不完全治疗或不完整治疗。以冠心病治疗为例，患者要么反复放置支架，要么反复搭桥，既浪费医疗资源又给患者造成叠加的身心创伤和叠加的经济负担，在转运过程中还易发生意外，远期疗效也未尽如人意。有了一站式 Hybird 手术中心这个治疗平台，就可以将心内科介入治疗、心外科搭桥以及即时的影像诊断在同一个单元、同一个时间段内一气呵成，既体现内科微创优势，又通过搭建动脉桥保障远期通畅率。一站式 Hybird 手术各病种费用总体会减少。其中先心病矫治最明显，将减少 20% ~30%。

据悉，一站式 Hybird 手术全球第一例 1996 年开展，我国第一例是在 1997 年 7 月由阜外心血管病医院胡盛寿、高润霖联手完成。目前有文献可查的冠心病一站式 Hybird 手术全球总例数为 367 例，所搭动脉桥远期通畅率为 98%，植入支架通畅率为 88%，死亡率为零。

选自 2007 年 6 月 21 日《健康报》

七彩天空

心脏搭桥术

心脏的心肌细胞是由冠状动脉供血的，与其他器官不同的是，其血管间吻合比较少，这意味着一旦冠状动脉的某一分支发生狭窄或堵塞，该血管所负责供血的那片心肌不容易从其他分支获得氧气和营养，严重就会出现心肌梗死。

所谓搭桥，就是用其他地方取来的一段血管，越过原来梗阻的部位，使缺血的心肌恢复血供。就像一条道路被一块大石头堵住了，无法通行，我们就另外修一条路绕过堵塞的路段使交通恢复。

双核训练

一、填空题

1. 消息具有比较固定的格式，一般由_____、_____、_____、_____等部分组成。

2. 常见标题结构形式有_____、_____、_____、_____。

二、思考题

1. 辨别上述消息的类型；检查这则消息的"要素"是否齐全，然后写出它的主题，并说说它与标题、导语的关系。

2. 请你再去阅读一篇医学消息，将内容写在笔记上（按着标题、导语、主体的结构概括）。

六、实训活动

核心技能

根据适用练笔章节的内容，培养训练学生的实践能力，使其在了解科技文书相关知识的基础上，自由运用所学知识。

活动建议：

一、筛选信息知识展示

组织学生围绕医学专业特点自选材料，在小组发布信息，（人人参与）然后选派代表，大会发言，师生点评。

二、随堂练笔现场评议

将大家确认的典型材料概括整理，规定编写成消息或文摘类的短小文章。以小组为单位，每组选出两名评委，交叉互评（提高学生的思维表达与实践能力）。

三、按照文摘的类别制作资料卡片，并在班级内交流。

第二节　诵词识记　宋词概述

词与唐诗是我国诗歌史上的两大奇葩。在你记忆的长廊壁上，印有多少诗词的痕迹？本节的学习重点，主要是针对名篇、名句，诵读记忆。积累相应的古词、佳句，以提高学生的文化素养。

宋词概述

词是一种按照乐谱的曲调和节拍填写，用以歌唱的文学体裁。最初称为"曲词"或"曲子词"，原是配合音乐演唱的歌词。初在民间广泛流传，到晚唐才成为与诗发展并行的独立文体，至宋达到高度繁荣的境地。其特点是：句式长短不齐，又称长短句。每一首词都有词牌，如"西江月"、"渔歌子"等。此外，按词的字数多少，一般可分为小令（约50字以下）、中调（约百字以下）、长调（百字以上）。词的一段叫"阕"，又叫"片"。

花间派的词作题材狭窄，内容空虚，大多以华丽的辞藻写妇女的服饰、体态，对后世有消极影响。如代表词人温庭筠的《菩萨蛮》："照花前后镜，花面交相映。"南唐后主李煜的《虞美人》："问君能有几多愁，恰似一江春水向东流。"凄切哀婉，极富感染力。柳永由于长期生活在市民阶层中，深受歌妓、乐工们的影响，创作了大量反映社会中下层人民生活的慢词。内容多写儿女之情、离别之思；艺术上善于铺叙，以白描见长。风格含蓄、委婉，是宋词婉约派的代表人物。其名句："今宵酒醒何处？杨柳岸晓风残月"（《雨霖铃》）至今仍广为传颂。秦观、李清照都是婉约派的代表人物。秦观的"两情若是久长时，又岂在朝朝暮暮"（《鹊桥仙》），李清照的"寻寻觅觅，冷冷清清，凄凄惨惨戚戚"（《声声慢》）等词句历来为人称道。苏轼的词情感豪迈奔放，胸怀坦荡开朗，开豪放之先河，是豪放词派的创始人，与辛弃疾并称"苏辛"。其《念奴娇·赤壁怀古》，留下了"大江东去，浪淘尽，千古风流人物"等千古绝唱。

辛弃疾的创作体现了南宋词的最高成就。如"想当年，金戈铁马，气吞万里如虎"（《永遇乐》），陆游的"胡未灭，鬓先秋，泪空流"（《诉衷情》）等名句，豪放无羁，气势雄伟悲壮。

南宋后期，代之而起的是姜夔、吴文英为代表的形式上偏重格律的格律派词人。他们的诗词中较少表现故国山河之痛，甚至为没落王朝装点门面，粉饰太平。姜词在艺术上继承了周邦彦的词风，有批判地继承婉约派词人的成就，对后来词家影响较大。

一、念奴娇[1]·赤壁[2]怀古

苏 轼[3]

核心知识

研读导学

　　《念奴娇·赤壁怀古》是苏轼词作名篇，豪放词派的开山之作。词的上阕集中描写古战场雄伟壮丽的景色，为赞颂英雄人物做好了铺垫。下阕刻画出年轻英雄周瑜的形象，表现了词人对建功立业的热切向往，同时也抒发了人生易老、壮志难酬的无限慨叹。全词气势豪迈奔放，感情激越雄壮，意境深沉高远，被誉为"千古绝唱"。

　　大江东去，浪淘尽，千古风流人物[4]。故垒[5]西边，人道是，三国周郎赤壁[6]。乱石穿空[7]，惊涛拍岸，卷起千堆雪[8]。江山如画，一时多少豪杰。遥想公瑾[9]当年，小乔[10]初嫁了，雄姿英发[11]。羽扇纶巾[12]，谈笑间，樯橹灰飞烟灭[13]。故国神游，多情应笑我[14]，早生华发。人生如梦，一樽还酹[15]江月。

---

[1]［念奴娇］词牌名。赤壁怀古为题目。这首词选自《苏东坡府笺》（商务印书馆1958年版）。[2]［赤壁］三国时吴将周瑜击破曹操大军之地，在今湖北武昌西。一说在今蒲圻县西北。苏轼所游览的赤壁在湖北黄冈城外，不是当年三国大战的赤壁。[3]［苏轼］（1037－1101）字子瞻，号东坡居士，眉山（今四川省眉山县）人。此词为宋神宗元丰五年（1082）苏轼谪居黄州（今湖北省黄冈市）游赤壁时写的名篇。[4]［风流人物］杰出的人物。[5]［故垒］旧时的营垒。[6]［人道是，三国周郎赤壁］"人道是"说明他据他人之说将此处当做古战场，借以怀古。周瑜为吴将时年仅二十四岁，吴中呼为"周郎"。[7]［乱石穿空］陡峭不平的石壁插入天空。[8]［千堆雪］比喻浪花。[9]［公瑾］周瑜的字。[10]［小乔］周瑜之妻。乔公有两个女儿，都很美丽，称大乔、小乔。大乔嫁给了孙权的哥哥孙策，小乔嫁给了周瑜。[11]［英发］指言论见解卓越不凡。[12]［羽扇纶（guān）巾］古代儒将装束，用来形容周瑜气度儒雅从容。纶巾，青丝带做的头巾。[13]［谈笑间，樯橹（qiáng lǔ）灰飞烟灭］意思是，周瑜在谈笑之间（从容不迫地），歼灭了强大的敌军。樯橹，指曹军的船只（在赤壁之战中被周瑜的部将黄盖用火攻之计烧毁）。[14]［多情应笑我］这是嘲讽自己忧愁多感，头发都花白了。"多情应笑我"实为"应笑我多情"。[15]［酹（lèi）］把酒倒在地上祭奠。

思维对抗

【评论链接】

　　东坡在玉堂（翰林院），有幕士善讴。因问："我词比柳词何如？"对曰："柳郎中词，只好十七八女孩儿，执红牙拍板，唱'杨柳岸晓风残月'，学士词，须关西大汉，执铁板，歌'大江东去'。"公为之绝倒。

　　　　　　　　　　　　　　　——余文豹《吹剑录》

小 结

"以诗为词"是苏轼词的最大特点，学习这首词最主要的是体会他雄奇超旷的豪放词风。

双核训练

1. 给下列加点字注音。

公瑾（　　）纶（　　）巾　樯橹（　　　）早生华（　　）发　酹（　　）

2. 文学常识填空。

苏轼，字_____，号_____，眉山（今四川省眉山县）人，是_____词派的创始人，与辛弃疾并称"_____"。

3. 大江东去，_____、_____。

4. 今宵酒醒何处？_____，_____。

5. 背诵并默写全词。

二、雨霖铃[1]

柳 永[2]

核心知识

自读提示

《雨霖铃》是柳永的代表作。它被称为宋金十大名曲之一。词的主题是抒写离别感伤。词的上阕以冷落的秋景为衬托，写一对恋人离别时难舍难分的感人场面，以景融情。下阕以情设景，写想象中别后的凄楚情景。全词集铺叙、白描、衬托于一体，情景交融，委婉缠绵，意境凄清幽远，堪称婉约派的佳作。请诵读体会。

寒蝉[3]凄切，对长亭[4]晚，骤雨初歇，都门帐饮[5]无绪，留恋处，兰舟[6]催发。执手相看泪眼，竟无语凝噎[7]。念去去，千里烟波，暮霭沉沉楚天阔[8]。多情自古伤离别，更那堪冷落清秋节！今宵酒醒何处[9]？杨柳岸晓风残月。此去经年[10]，应是良辰好景虚设。便纵有千种风情[11]，更与何人说！

---

[1]［雨霖铃］又作雨淋铃，词牌名。唐玄宗时教坊大曲名，后用为词调。这首词是作者离开都城汴京（今河南开封）时写的。[2]［柳永］原名三变，字耆（zhǐ）卿，崇安（今福建省崇安县）人。世称柳七、柳屯田。著有《乐章集》。[3]［寒蝉］意指秋天。[4]［长亭］古时设在交通大路边供行人休歇的亭舍，每十里设一长亭，每五里设一短亭，也是送别的地方。

[5]〔都门帐饮〕都门，京城门外，指汴京（今河南省开封市）外。帐饮，在郊外设帐宴饮践行。[6]〔兰舟〕相传鲁班刻木兰树为舟。后用为船的美称。[7]〔凝噎〕意同"凝咽"。[8]〔暮霭沉沉楚天阔〕指天空弥漫着层层的夜雾，望去空阔无边。沉沉，深厚的样子。古时长江中下游地区属楚国，故称为楚天。[9]〔今宵酒醒何处〕此句以下都是设想之词。[10]〔经年〕经过一年或若干年。[11]〔风情〕情意，深情蜜意。

七彩天空

【评论链接】

柳屯田"今宵酒醒何处？杨柳岸晓风残月"自是古今佳句。

——贺裳云《皱水轩词筌》

小 结

学习本词重点体会作者借景抒情，情景交融，层层推进，尽情铺展的抒情手法和柳永典雅委婉的词风。

双核训练

1. 给下列加点的字注音。

骤雨初歇（　　　　） 都门帐饮（　　　　）

凝噎（　　　） 暮霭（　　　　）

2. 文学常识填空。

柳永，著有＿＿＿＿＿＿，是＿＿＿＿＿＿词派的代表人物。

3. 熟读全词，仔细体会人物形象和情感。

三、永遇乐·京口北固亭怀古[1]

辛弃疾[2]

核心知识

自读提示

《永遇乐·京口北固亭怀》是辛弃疾的代表作之一。这首词写于辛弃疾65岁时，表达了自己抗金救国的决心。全词慷慨激昂、悲壮雄奇，尤其是用典贴切、自然，达到了浑然天成的境地。请诵读感悟。

千古江山，英雄无觅孙仲谋处[3]。舞榭歌台，风流总被雨打风吹去。斜阳草树，寻常巷陌，人道寄奴曾住[4]。想当年金戈铁马，气吞万里如虎[5]。

元嘉草草，封狼居胥，赢得仓皇北顾[6]。四十三年，望中犹记烽火扬州路[7]。可堪回首，佛狸祠下，一片神鸦社鼓[8]！凭谁问：廉颇老矣，尚能饭否[9]？

---

[1]［京口北固亭怀古］选自《全宋词》（上海古籍出版社 1978 年版）。此词为宋宁宗开禧元年（1205）辛弃疾在镇江（今江苏省镇江市）知府任上作。通过怀古，以言时事，体现作者坚决主张抗金，同时反对冒进误国的思想主张，流露出老当益壮的战斗意志。京口，即今江苏省镇江市。北固亭，在镇江市东北北固山上，北面长江，又名北顾亭。[2]［辛弃疾］（1140—1207）字幼安，号稼轩，城（今山东省历城县）人。词风以豪放为主。词集有《稼轩长短句》。[3]［英雄无觅孙仲谋处］实为"无觅英雄孙仲谋处"。孙权字仲谋，三国时吴主。他曾在京口建吴都，并击退曹操军队。[4]［寄奴曾住］南朝宋武帝刘裕字德舆，小名寄奴。其先世由彭城移居京口，他就在此起事，平定桓玄叛乱，推翻东晋，称帝。[5]［想当年金戈铁马，气吞万里如虎］颂刘裕当年北伐的功业。他统率军队，驰骋中原万里，先后灭掉南燕和后秦，光复洛阳、长安等地。气吞胡虏、金戈铁马，形容兵强马壮。[6]［元嘉草草，封狼居胥，赢得仓皇北顾］意思是刘义隆不能继承父业，徒然好大喜功，以致北伐惨败，国势一蹶不振。元嘉，宋文帝刘义隆（刘裕之子）的年号（424—453）。草草，草率。狼居胥，一名狼山，在今内蒙古自治区中部。《史记·霍去病传》载骠骑将军霍去病追击匈奴单于至狼居胥，封山而还。此处"封狼居胥"表示要北伐立功。《宋书·王玄谟传》："玄谟每陈北侵之策，上（宋文帝）谓殷景仁曰：'闻玄谟陈说使人有封狼居胥意'。"元嘉二十七年（450），王玄谟北伐失败，后魏的军队乘胜追击到长江边，声称渡江。都城震恐，内外戒严。宋文帝等烽火楼北望，对北伐表示忏悔。《宋书·索虏传》载宋文帝诗有"北顾涕交流"语。仓皇北顾，指此。南宋此时正是韩侂（tuō）胄当国，企图北伐金以巩固自己的地位，但仓促从事，准备不足。这里作者借元嘉北伐失败之事作为对时事的针砭。后果如其所言。[7]［四十三年，望中犹记烽火扬州路］作者于宋高宗绍兴三十二年（1162）南归，至此恰好为四十三年。南归之前，他正在烽火弥漫的扬州以北地区参加抗敌战争。路，宋时行政单位，扬州属淮南东路。[8]［佛（bì）狸祠下，一片神鸦社鼓］写敌占区庙宇里香火旺盛，暗示北方的土地和人民已非我所有。魏太武帝拓跋焘小名佛狸，打败王玄谟以后，曾追击至长江北岸的瓜步山（在今江苏省六合县东南二十里处），在山上建立行宫，即后来的佛狸祠。神鸦，指庙里吃祭品的乌鸦。社鼓，祭神时击鼓之声。[9]［凭谁问：廉颇老矣，尚能饭否］自己虽然已老，还和廉颇一样具有为国效力的雄心，但是朝廷无人关怀老年有经验的抗敌将士。廉颇，战国时赵国的名将。《史记·廉颇蔺相如列传》："赵使者既见廉颇，廉颇为之一饭斗米、肉十斤，披甲上马，以示尚可用。赵使者还报王曰：'廉将军虽老，尚善饭；然与臣坐，顷之，三遗矢矣。'赵王以为老，遂不召。"作者作词时的处境、心情与廉颇有相似之处，所以用来自比。

相关信息

【评论链接】

辛词当以京口北固亭怀古《永遇乐》为第一。

——杨慎《词品》

句句有金石声音，吾怖其神力。

——陈廷焯《白雨斋词话》

小 结

工于用典是这首词的艺术特色之一，仔细阅读，体会作者用历史典故来借古讽今，抒怀表志的艺术手法。

双核训练

1. 给下列加点字注音。

舞榭歌台（　　）巷陌（　　）金戈（　　）仓皇（　　）
无觅（　　）狼居胥（　　）可堪回首（　　）佛狸祠（　　）

2. 文学常识填空。

辛弃疾，字_____，号_____，_____（朝代）词人。其词多数抒写力图恢复国家统一的爱国热情，倾诉壮志难酬的悲愤，与_____同为豪放派的代表，合称"_____"。

3. 名句填空。

（1）元嘉草草_____，_____。
（2）四十三年_____，_____。
（3）凭谁问_____，_____。

4. 熟读全词，仔细体会作者的思想情感。

第三节 现代诗词两首

一、沁园春[1]·长沙

核心知识

研读导学

《沁园春·长沙》写于1925年，正值国内第一次大革命爆发的前夜，全国各地的工农运动风起云涌，如火如荼。毛泽东同志直接领导了湖南的农民运动，先后建立了20多个农民协会。1925年10月，他前往广州创建农民运动讲习所，途经长沙，重游橘子洲，面对如画的秋色和大好的革命形势，回忆过去的战斗岁月，不禁心潮起伏，浮想联翩，写下了这首动人的诗篇，表达了自己当时的强烈感受，抒发了革命的抱负和豪情。上阕写独立橘子洲头时所见的自然景物和所引起的思考；下阕追忆往事，表现青年时代的革命精神、战斗风姿，以及远大理想。上下阕今昔对照，由景到情，由自然情趣到人生哲理，层层推进，始终贯串着热爱祖国、拯救祖国的情思。作品用词精当，极富表现力。

独立寒秋，
湘江北去，
橘子洲[2]头。
看万山红遍，
层林尽染[3]；
漫江[4]碧透，
百舸[5]争流。
鹰击长空，
鱼翔浅底[6]，
万类霜天竞自由[7]。
怅[8]寥廓[9]，
问苍茫[10]大地，
谁主[11]沉浮[12]？

携来百侣[13]曾游。
忆往昔峥嵘岁月稠[14]。
恰同学少年，
风华正茂[15]；
书生意气，
挥斥方遒[16]。
指点江山，
激扬文字[17]，
粪土当年万户侯[18]。
曾记否，
到中流[19]击水[20]，
浪遏[21]飞舟？

[1] 选自《毛泽东诗词集》（中央文献出版社 1996 年版）。[2]〔橘子洲〕又名水陆洲，在长沙西南湘江中。洲，水中陆地。[3]〔层林尽染〕山上一层层的树林经霜变红，都像染过一样。[4]〔漫江〕满江。[5]〔舸（gě）〕大船。这里泛指船只。[6]〔鹰击长空，鱼翔浅底〕鹰在广阔的天空里飞，鱼在清澈的水里游。击，搏击，这里形容鹰飞得矫健有力。翔，本指鸟盘旋地飞，这里形容鱼游得轻快自由。[7]〔万类霜天竞自由〕万物都在秋光中争过自由自在的生活。[8]〔怅〕原意是失意，这里用来表达由深思而激昂慷慨的心绪。[9]〔寥廓〕指广阔的宇宙。[10]〔苍茫〕旷远迷茫。[11]〔主〕主宰。[12]〔沉浮〕同"升沉"（上升和没落）意思相近。这里指盛衰。[13]〔百侣〕很多伴侣。这里指同学。[14]〔峥嵘（zhēng róng）岁月稠〕不寻常的日子是很多的。峥嵘，不平凡，不寻常。稠，多。[15]〔风华正茂〕风采才华正盛。[16]〔书生意气，挥斥方遒（qiú）〕同学们意气奔放，正强劲有力。挥斥，奔放。遒，强劲有力。[17]〔指点江山，激扬文字〕评论国家大事，写出激浊扬清的文章。指点，这里是评论的意思。江山，指国家。激扬，激浊扬清，抨击恶浊的，褒扬善良的。[18]〔粪土当年万户侯〕意思是把当时的军阀官僚看得同粪土一样。粪土，作动词用，视……如粪土。万户侯，食邑万户的侯爵。万户，指侯爵封地内的户口，他们要向受封者交租税，为他们服劳役。这里借指大军阀、大官僚。[19]〔中流〕江心水深流急的地方。[20]〔击水〕

指游泳。[21]［遏（è）］阻止。

二、水调歌头·游泳[1]

自读提示

这首词作于 1956 年 6 月初。当时国内农业、手工业以及资本主义工商业的社会主义的改造已经胜利完成，社会主义的经济建设在快速发展。各条战线捷报频传，形势十分喜人。毛泽东同志豪情满怀地巡视南方，三次畅游长江，并把这些感受寄寓于这首词中，读后能感受到当时的时代气氛和诗人强烈的感情。上阕写了游泳时的所见所感，抒发横渡长江，与风浪搏斗的豪情。下阕描绘治理长江的现实图景和光辉前景，表现了诗人的伟大气魄和革命乐观主义精神。这首词通过畅游长江的所见所感和层层联想，热情赞颂了我国社会主义建设的伟大成就，展示了祖国发展的宏伟蓝图，抒发了迎着大风大浪前进的革命豪情。

才饮长沙水[2]，
又食武昌鱼[3]。
万里长江横渡，
极目楚天舒[4]。
不管风吹浪打，
胜似闲庭信步，
今日得宽余[5]。
子在川上曰：
逝者如斯夫[6]！
风樯[7]动，
龟蛇[8]静，
起宏图。
一桥飞架南北[9]，
天堑[10]变通途。
更立西江石壁，
截断巫山云雨，
高峡出平湖。
神女应无恙，
当惊世界殊[11]。

---

[1]［游泳］1956 年 6 月，作者曾由武昌游泳横渡长江，到达汉口。[2]［长沙水］作者自注："民谣：常德德山山有德，长沙沙水水无沙"。所谓无沙水，地在长沙城东，有一个有名的'白沙井'。[3]［武昌鱼］据《三国志·吴书·陆凯传》记载：吴主孙皓要把都城从建业（故城

在今南京市南）迁到武昌，老百姓不愿意，有童谣说："宁饮建业水，不食武昌鱼。"这里化用。武昌鱼，指古武昌（今鄂城）樊口的鳊（biān 编）鱼，称团头鳊或团头鲂。[4]［极目楚天舒］极目，放眼远望。武昌一带在春秋战国时属于楚国的范围，所以作者把这一带的天空叫"楚天"。舒，舒展，开阔。柳永词《雨霖铃》："暮霭沉沉楚天阔。"作者在 1957 年 2 月 11 日给黄炎培的信中说："游长江二小时飘三十多里才达彼岸，可见水流之急。都是仰游侧游，故用'极目楚天舒'为宜。"[5]［宽余］指神态舒缓，心情畅快。[6]［子在川上曰：逝者如斯夫］《论语·子罕》："子在川上，曰：'逝者如斯夫！不舍昼夜。'"（孔子在河边，说道："奔流而去的是这样匆忙啊！白天黑夜地不停留"）。[7]［风樯（qiáng）］樯，桅杆。风樯，指帆船。[8]［龟蛇］指长江两岸的龟山、蛇山。[9]［一桥飞架南北］指当时正在修建的武汉长江大桥。[10]［天堑（qiàn）］堑，沟壕。古人把长江视为"天堑"。据《南史·孔范传》记载，隋伐陈，孔范向陈后主说："长江天堑，古来限隔，虏军岂能飞渡？"[11]［更立西江石壁，截断巫山云雨，高峡出平湖。神女应无恙，当惊世界殊］将来还打算在鄂西川东长江三峡一带建立巨型水坝（"西江石壁"）蓄水发电，水坝上游原来高峡间狭窄汹涌的江面将变为平静的大湖。到那时，巫山的雨水也都得流入这个"平湖"里来。巫山上的神女当然会健在如故，她看到这种意外的景象，该惊叹世界真是大变样了。巫山，在四川省巫山县东南。巫山形成的峡谷巫峡和上游的瞿塘峡、下游的西陵峡合称三峡。巫山云雨，传楚宋玉《高唐赋·序》说，楚怀王在游云梦泽的高唐时曾梦与巫山神女相遇，神女自称"旦为朝云，暮为行雨"，这里只是借用这个故事中的字面和人物。

相关信息

伟人诗词

红军不怕远征难，万水千山只等闲。五岭逶迤腾细浪，乌蒙磅礴走泥丸。金沙水拍云崖暖，大渡桥横铁索寒。更喜岷山千里雪，三军过后尽开颜。

毛泽东《七律·长征》（1935 年 10 月）

大雨落幽燕，白浪滔天，秦皇岛外打鱼船。一片汪洋都不见，知向谁边？往事越千年，魏武挥鞭，东临碣石有遗篇。萧瑟秋风今又是，换了人间。

毛泽东《浪淘沙·北戴河》（1954 年夏）

小 结

毛泽东既是一位伟大的政治家，又是一位有着鲜明个性和独特风格的诗人。阅读毛泽东诗词时要结合时代背景理解其深刻内涵。

双核训练

1. 给下列加点字注音。

怅（　　）峥嵘（　　）岁月稠（　　）寥廓（　　）

浪遏飞舟（　　）百舸（　　）风樯（　　）遒（　　）

2. 背诵并默写这两首词。

学习指引

参看《毛泽东诗词》。

三、实践活动一

(一)古典诗词积累展示

核心技能

5000多年的中华文明,3000多年的文字历史给我们留下了无限的宝藏,而古典诗词宛如一颗璀璨的明珠,熠熠生辉,静静地向世人诉说着中国文学的灿烂辉煌。

积累古典诗词有利于进一步全面了解中国传统文化,有利于提高审美情趣和文化品位,发展语言思维能力,有利于树立爱国主义情感和正确的人生观、价值观。总之,古典诗词的熏陶对于提高语文能力具有举足轻重的作用。

古诗词展示活动,同学们要用心想一想,联手做一做,大胆展一展,尽力背一背、认真写一写,提高独立思考能力和合作探究意识,感受精神劳动的艰辛与创造成果的喜悦。

[活动设计]

选择诗词,收集材料,做好充分的准备是展示成功的关键。选择一首或多首所要展示的诗词,并准备相关材料。

【同学们想一想从哪里获得相关材料和信息呢?】

[提示]诗词可以是学过的,也可以没有学过的,因为展示的过程同时也是积累的过程。选择材料时要注意三点:第一,根据展示方式选择相应的诗词,选择便于自己展示的诗词材料。第二,作品一定是自己最感兴趣的,因为有兴趣你会更加倾力准备,你也会愿意和更多的人一起分享你喜欢的诗词,此外,注意避免选题的重复,确定选题之前要和其他同学或小组沟通,尽量体现各自的特色。第三,无论是学过还是没学过的作品,在选好之后都要再做仔细研读,为下一步展示打下基础。

(二)现代诗词展示

展示过程是实践活动成功的关键所在。展示可以是小组团队展示,也可以是个人展示,如果是小组展示,要分工明确,使每一位同学都清楚自己的角色任务。

【想一想可以通过哪些方式进行展示呢?】

[提示]展示方式可以用小品、朗诵、绘画、PPT和小报等;展示

角度可以选择从诗歌的语言、内容、立意、构思、章法、表达方式、修辞方法等一个或几个方面入手，可以参照资料，但是要加入自己的理解。

（三）总结互评

最后评价方式以学生自评、互评为主。互评，既可以使评价更加趋于合理、公平，同时又是同学们自我提高和改进的重要途径。可以从切题、流畅、新颖、设计、整体效果和感染力及表现力等方面给予评分，并给出展示者综合评价，指出其展示中的优点与不足，为今后的实践活动课奠定良好的基础。

[实例简评]

展示方式：分类别搜集古诗编辑小报，并积累背诵古诗词的名句。

展示方案：

1. 释疑活动程序和规则

课代表在起草了活动规则后，征询了学习小组代表的意见，最终确定并提前一天张贴。课上首先解决学生对于活动程序和规则不明白的地方。

2. 小组确定分工，并以书面形式上报

课前小组已完成选题，为避免选题过大过细或者多组重复，教师做了一定的指导。有的小组还会出现重复，就鼓励让他们在表现方法上做出各自的特色。分工确定并上报，是为了保证每一个组员清楚自己的角色任务。

3. 根据选题共同筛选诗词佳作名句

教师指导学生选择的选题中具有代表性的一到两首赏析，赏析可以从诗歌的语言、立意、构思、章法、表达方式、修辞方法等角度入手，可以参照资料，但是要加入自己的理解。

4. 按照分工各自准备

教师帮助大家解决活动中遇到的困难，主要指导朗诵。

5. 展出作品诵诗文，学生互评

小报准备时间为一周，张贴一天后，进行展示朗诵。小报张贴一天已经有了一个总体的印象，在听完具体的介绍后，以小组为单位分别打出报纸和展示的分数，并给予简短的评价。最后评出优胜小组，给予奖励。

6. 整理佳句竞才华

附：活动程序和规则

（1）本次活动一共分为三个板块，分类辑诗出小报、展出作品诵诗文、整理佳句竞才华。前两个板块主要是以小组为单位进行竞赛，第三个板块记个人和小组双重成绩。

（2）"分类辑诗出小报"和"展出作品诵诗文"这两个板块的分工是统一的，就是说组内的6个同学必须各司一职，具体分配可以参考：

小报设计 1 人，抄写 1 人，美工 1 人，作品展示 1 人，朗诵 1 人，诗歌整理打字 1 人。作品展示朗诵环节可以多人参加，但是主要角色的承担者不能与小报主编重复。

（3）诗歌小报，主题自定，要有题目，内容分成三大块：20 句名句欣赏（标明出处）、一至两首佳作赏析，此类诗歌的基本特点归纳。名句要尽量收入课本中出现的诗词作品。参考选题：咏志，咏物，咏史，感怀，田园，边塞，山水，送别，思乡，友谊等，当然可以更细化一些，比如：古诗中的春夏秋冬、古诗中的风花雪月、古诗中的花鸟虫鱼、古诗中的山水风光、古诗中的名胜古迹、古诗中的离情别绪等。

作品展示，形式自定，包括三个内容：介绍所选诗歌的特点、推荐小报亮点、朗诵小报所选的佳作或名句。

小报准备时间为一周，张贴一天后，进行展示朗诵。

（4）小报 50 分，包括内容、设计、书写、色彩、整体效果，一项 10 分。展示 40 分，包括切题、流畅、新颖、朗诵富于感染力，一项 10 分。诗歌整理打字 10 分，主要考虑格式和正确率。按平均分每班取四组优胜。

（5）各组整理打字完成后，由教师进行整理归类，印制试卷分发给大家，准备三天，进行名句填句竞赛。竞赛中所有的题目都出自各组的报纸，时间为 40 分钟。所选诗句在 100~150 句之间，具体的数量要等前两轮比赛之后决定。

（6）"整理佳句竞才华"的奖项分集体和个人：小组只设优胜奖 6 组，个人设全能奖、正确率奖、书写奖。卷面为 10 分，错别字 5 个以上开始倒扣分。

[简评]

这一诗词展示方案，比较强调学生的参与性，并且分工明确，很好地锻炼了学生的团队合作精神。通过实践活动不仅提高了学生的文学修养和语文综合能力，而且对学生的创新能力也有积极地推动作用。同时，学生互评活动，保证了评价的公平性，有效地调动了学生学习的积极性。

四、实践活动二

主持性表达

核心技能

主持性表达是口语表达和语言运用的较高形式，也是培养实践能力的过程。它需要主持人具有相当的知识底蕴和临场应变能力。因此，主持性表达训练是提高同学们口头表达能力和综合素质的一种良好途径。

（一）主持性发言的特点

（1）主持性表达要有全局观。主持人的发言不在于表达自己的观点，也不一定表达个人的倾向性观点，发言的关键在于主要是使所主持的活动按照预定的程序进行，并保证大家的发言能够自始至终地围绕中心议题展开，因此这种发言必须要有全局观。

（2）主持性表达要善于诱导。在主持的过程中经常会遇到冷场的情况。作为主持人，具有启发性诱导性的语言，也许会使参加者开启思路，找到头绪，流畅地发言，最终达到活动的目的。

（3）主持性表达要平等公正。在讨论中出现不同意见是非常正常的，当在两种不同意见针锋相对的情况下，难免会有激烈地争论。此时，主持人要公平公正，不应偏袒一方，既不参与争论，也不做评判；主持人还要及时以平和幽默的语调缓解双方的激动情绪，同时又让双方在理智的情况下有序地完成活动。

（二）设计主题活动

（1）学校团委将要举行一场新生辩论赛，假如你作为学生会代表被邀请参加本次活动并做辩论赛的主持人，你将如何主持呢？

［提示］主持辩论赛时，首先是要保持观点中立，不发表具有明显倾向性的观点，并通过机智幽默的谈吐恰当地缓解紧张气氛。其次，要注意临场应变和即兴发挥，遇到了突如其来的情况时，在客观情况允许的情况下，充分调动自己的主观能动性，使大脑思维处于高度运动和思考状态，从而做出迅速快捷地反应，能够进一步在此基础上进行发挥，使临时变故巧妙地朝好的方向转化。只有做到处变不惊，思维活跃，机智轻松，主持起来才能从容镇定、挥洒自如。最后，要注意仪态端庄，服饰符合场合要求。

（2）本月是"法制宣传"月，学校要求各班召开以"遵纪守法"为内容的主题班会。如果你是这次主题班会的主持人，你应该怎么做呢？

［提示］法制主题班会中，主持人在语言表达的分寸方面要把握好，也就是要通过语言表达，和同学们像朋友一样平等交流。既不能和同学之间的心理距离拉得太远，居高临下地说教；也不能和同学的心理距离太近，这样主持人就无法起到引导者的作用。正确的分寸把握应该是：亲切自然、随和真诚。分寸把握得体，就会出现主持人与同学相互间的情绪激发、感染、交流与共鸣，加深同学对法律知识的理解和体会，达到班会目的；反之，若分寸把握不得体，就会出现沟通的阻隔与断裂，使得此类班会流于形式化和表面化。

（3）你的一位同学最近读了一本好书，他想开一次读书会，作为导读人把这本书介绍给全班同学。他邀请你做这次读书会的主持人。

［提示］读书会主持应注意：第一，主持前应对所介绍的书有足够

的了解。第二，串场语言须要瞻前顾后，而不只是介绍读书会的程序；态度要热情，适时加入幽默机智的语言，以营造气氛，使大家都想发言。第三，对任何的提问和发言皆须保持中立立场，不批评、不责备。第四，要能适时地提出与本书相关的问题或分享一些与本书精彩段落相关的故事，以活跃现场气氛。第五，提请发问的次序：距离远的同学优先；第一次发言的同学优先。

第四节　总复习　测试

复习要求

一、推敲词句

常见应用文

1. 掌握基本概念及书写格式。

2. 会写简单的应用文。

《诗经》及唐代诗歌概述

1. 背诵默写诗歌（《无衣》、《关雎》、《山居秋暝》、《登高》、《过华清宫》《茅屋为秋风所破歌》、《梦游天姥吟留别》）。

2. 名句赏析。

现当代及外国诗歌

1. 掌握外国诗歌概述中的知识点。

2. 背诵《炉中煤》、《我愿意是急流》。

3. 了解相关诗作者。

二、采选信息

科技文书的阅读

1. 掌握消息的概念、结构，了解相关知识。

2. 写作医学消息的要求。

3. 文摘种类及相关内容。

4. 综述与述评的特点及区别。

5. 了解医学论文的书写格式。

宋词概述

1. 了解宋词的相关知识。

2. 掌握名家、名句。

3. 背诵默写（《念奴娇　赤壁怀古》、《沁园春 长沙》）。

考核说明

1. 考查形式可参照上编"考试题型"，突出核心知识的强化训练。

2. 加大实践能力的考核力度，考核标准：基础知识为 40%，实践能力占 60%。

3. 根据教学实际情况，考核办法可以具有灵活性。

附　录

一、文章赏读

老师的泪

初二时，我竟莫名其妙地喜欢上了我的语文老师。

老师姓杨，爱穿白色的裙子，她在讲台上讲蓝蓝的天，青青的草，像一片白云飘来飘去，轻盈极了。

她有一双大而明亮的眼睛，笑时，便成了甜甜的弯月……

"齐玉。"杨老师叫我。

我发怔。

"为什么走神？"她停止讲课，走到我面前。

云飘到我眼前……可我仍愣愣的。"我，我喜欢看你的眼睛。"我说。同学们爆发出哄堂大笑。在笑声中，她的脸红红的，(a) 美丽的眼中似乎还有泪水——她刚从师范大学毕业呢。

"你——你请出去。"

我懊丧地走出了教室。她从没发过火，这一次一定真生气了。

第二天，杨老师叫我们写周记。我花了整整一个晚上，把心中的苦水倾倒出来："美丽的妈妈死了，爸爸根本就不管我，整天就知道玩麻将、赌博，被公安局抓走，判了 3 年徒刑。我冷了、饿了、怕了、病了，也没人知道。那时我常常一边哭，一边看妈妈的相片；可现在我长大了，是个男子汉，我不哭，把泪水咽在心里。我只有恨，恨我爸。我毕竟是个孩子，需要爱护，需要有人听听心里话。我选择了我的语文老师。因为，她像妈妈。"

不久后的一天，杨老师把我叫到她的宿舍，我诚惶诚恐地走进她的房间，只见她眼睛红红的。

"原谅老师，好吗？"

泪水涌出我的眼睛，尽情流淌。在同学面前，甚至爸爸面前，我从不流泪，可在她面前我做不到。我哭了，尽情地哭了。

她等我哭完，便为我擦干泪水，轻轻地讲了一个姑娘的故事：

"一个小姑娘上中学时，父母在一次车祸中双亡，只剩下她孤苦伶仃一个人。当小姑娘绝望时，是她的老师收养了她，给了她生活的勇气和无微不至的关怀。后来，小姑娘考上了师范大学，可老师不行了。弥留之际，小姑娘跪在老师的床前，哭着说：'妈妈，我还没报答您呀！'老师却含笑地说了一句：'给你未来的学生吧……'"

（b）杨老师泪水盈盈。

我明白了："杨老师，你也……"

她擦了擦眼泪，微笑着扶住我的双肩："你是个男子汉，对吗？"

我呜咽着点点头。

"你恨爸爸，这不好。男子汉不这样，男子汉是笑着对待整个世界，真的。笑一笑，你笑一笑。"

我咧了咧嘴。

"我会帮助你的——像我的老师一样。"她眼中突然滚出了泪水，洒落在我的额头上。

"记住你是个男子汉，做个乐观正直的人！"

我狠狠地点点头。

在以后的日子里，我觉得我额上有着圣洁的印迹。我永远也忘不了。

品读赏析：

文章开头说"我竟莫名其妙地喜欢上了我的语文老师"，其实，"我"喜欢语文老师的真正原因是：老师像妈妈。而文中第二、三段对老师外貌的描写，目的是表现老师美丽的外表和纯洁的心灵。

咀嚼文意：

文中多处写老师的"泪"，细腻传神地表现了老师的心理和情感。请你简要回答，横线（a）处的"泪"表现了杨老师此时怎样的心理？横线（b）处的"泪"表现了杨老师对恩师怎样的情感？

答：_____

_____

1. 最后一段"我觉得我额上有着圣洁的印迹"一句中，"额上有着圣洁的印迹"指的是

（1）_____；

（2）_____。

2. 文章讲述了两代教师的感人故事，谱写了一曲_____的赞歌。

3. 文中杨老师对"我"说"男子汉是笑着对待整个世界，真的"。请你结合自己的生活感受，简要谈谈对这句话的理解或体会。

答：_____

_____

_____

变色龙为什么能变色

人们常常用变色龙来形容那些反复无常的人。可是，真正的变色龙，我们恐怕谁都没有见过。这不单是因为变色龙大多数生活在马达加斯加和非洲其他一些地方，而且，即使有一条变色龙就在你眼前不远，你也许还发现不了它哩！

变色龙，顾名思义，它能变色，是爬行类动物蜥蜴的一种，俗称避役，属无毒动物。那么，在现实生活中，变色龙的体色是怎样变化的呢？在绿草丛里，它的体色呈草绿色；在红花丛里，转眼之间，它的体色又变成了红色；在黄泥土中，一眨眼工夫，它的体色又变成了黄色……

很多人都好奇变色龙为什么要变色？原来，变色龙的体色随栖息的环境变化而变化，是为了保护自己，防御外来侵害。它具有这种保护色，表明变色龙具有适应环境的自然保护功能。

那么变色龙为什么能改变体色呢？

经科学家仔细观察，发现在变色龙的表皮上有一个变幻无穷的"色彩仓库"。在这仓库里，储藏着绿、红、蓝、紫、黄、黑等奇形怪状的色素细胞，这些色素细胞的周围有放射状的肌纤维丝，可以使色素细胞伸缩自如。一旦周围的光线、湿度和温度发生了变化，或者让变色龙受到化学药品的刺激，有的色素细胞便增大了，而其他一些色素细胞就相应缩小，于是，变色龙通过神经调节，像魔术一样，随心所欲地变换着身体上的颜色。

变色龙的这些变色本领，在工业生产上是很有启示意义的。现在，人们已经用某些特制的颜料做成变色漆，这种漆对温度的高低变化十分敏感，一旦温度变化，在不到一秒钟的时间内就会改变颜色。将这类变色漆刷在容易发热的机器设备上，就可以用颜色及时发出警报，提醒人们立即采取措施，以免因温度过高而损坏机器设备。

如今，科学家仍在研究变色龙表皮中的色素细胞，以期发现更多能变色的有机色素。看来，这里面还真是奥妙无穷呢！

（选自《名牌高中》内容有改动）

品读赏析：

生活中的变色龙，是指那些善于见风使舵、媚上欺下的人。他们的品行是不被世人称道的。而自然界的变色龙，则是对社会发展有积极启示意义的。

咀嚼文意：

1. 变色龙变色的目的是什么？（用原文语句回答）

答：_____

2. 促使变色龙变色的外部条件有（　　）和（　　）。

A. 神经调节

B. 光线、温度和温度发生变化

C. 色素细胞周围有放射状的肌纤维丝

D. 表皮上有奇形怪状的色素细胞

E. 受到化学药品的刺激

3. 在变色龙变色本领的启示下，还可以设计出什么东西？

道德治国与读书求知

高尚品德的形成，是离不开读书的，只有精于读书的人，才能使自己的品德高尚，成为"以德治国"的模范。

读书，既是对人类和知识营养的吸收，又是对自己人格的完善。读书，是人生的艺术享受，其乐无穷，美不胜收。要做到自觉地读书，既是一种文明的习惯，又是一种境界。

读书求知，对道德大厦的塑造，更是必不可少的"心灵工程"。古人云："静坐自无妄为，读书即是立德。"读书与德，确实不可分开。无德是一种愚昧，"书犹药也，善读之可以医愚"。不读书的人，只会在黑暗中摸索，不可能脱离愚昧的苦海。无德，是一种邪恶的品性，是兽性的一种表现。"学则正，否则邪"；"学则治，不学则乱"。由此可见，读书对人的道德品质的形成，有着重要的作用，我们要成为"以德治国"的模范，必须认真读书。

当然，读书要有选择。我们不仅要读书，更重要的是读好书。只有多读好书，才能治邪、治恶，促使美善之树长出文明的花朵；无德，是灵魂的卑鄙，是干坏事、办错事的一种动因。"读一切好书，就是和许多高尚的人说话"，"种种蠢事，在每天阅读好书的影响下，仿佛烤在火上一样，渐渐熔化"（雨果语）。"腹中有书气自华"，多读好书，可以使自己的人格高尚，灵魂伟大，不干坏事，少办错事。孙中山、毛泽东、周恩来等革命先驱和鲁迅、茅盾等有作为的作家，都是一生手不释卷，博览名著的知识渊博者；反之，"常玉不琢，不成文章。君子不学，不成其德"，要培养高尚的道德，应当从读书开始。

让我们人人都拿起书本，汲取人类宝贵的精神营养吧！

（选自《名牌高中》内容有所改动）

品读赏析：

书是人类进步的阶梯，只要多读好书，就会使美善之树长出文明的花朵。你对"学则正，否则邪。书犹药也，善读之可以医愚。"有新的看法吗？

咀嚼文意：

1. 你认为本文的中心论点是什么？选出概括恰当的一项（　　）

A. 时代的发展要求我们读书求知。

B. 读书对人的道德品质的形成起着重要作用。

C. 读书要有选择，必须读好书。

D. 以德治国必须读书求知。

2. 请你为第三自然段另选一条有关读书的名言为论据写在下面。

二、作品感悟

冰 灯

韩静霆

是绿濛濛的春天了，我还是执拗地想着哈尔滨严冬的冰灯。想起来，就仿佛又重新在那儿生活了一回似的，迷失在晶莹剔透的宫殿里了。

冬天也能燃烧呀，瞧着巧夺天工的冰灯，心不是热得像是要化掉吗？在这儿，冰，与那个萧杀的"冷"字绝缘了。冰灯是足以在凄凄厉厉的北风中温存人们心灵的东西。望着活灵活现的冰雕小鹿，怎能怀疑它没有热烘烘的心脏？观赏冰琢的梅花，也分明感受到暖融融的春风的消息。描绘冰灯的美丽，语言显得是多么乏力。"雪骨冰姿"似乎是可以入诗的，在这里不过是句大实话。世间又有什么东西能把冰灯比拟呢？水晶啦，白玉啦，全都在它面前黯然失色。谁见过水晶砌成的九级玲珑塔？谁听说过白玉堆出的插云仙女峰？再说画它更是不易讨好。你只能用背景去反衬冰灯，它本身是无色的透明体。可是，当月儿初上，冰灯就是凝固的月光了。白天呢，它又抱住冬天懒洋洋的太阳，闪烁着扑朔迷离的光彩。

赶到天暖了，冰融了，窄瘦的松花江结束了凝固的冬眠，变丰满了，粼粼的波涛载着桃花瓣儿流向远方了，冰灯又如何呢？它曾经是从松花江来的，它是江水的精魂，可它融化之后，无声地滋润了泥土，再也寻不到尘的踪迹。

遗憾吗？

花树有春华秋实，硕果里藏着开花的回忆；人有青年暮年，白发时也能回顾曾经有过的黄金年华。冰灯却似乎只有青春，它来在世界上就美丽非凡。仿佛它鼓足了劲儿，漂漂亮亮装点一个冬天就情愿化为乌有了似的，半点痕迹也不留。

可是冰灯的姿影，却能在人们的心里找到。

所以我说，冰灯的生命是永恒的。

生命原来也同寓言一样呢，不能用长短衡量价值，重要的是内容。长寿的庸人，活着时已经在别人心里死去；"生如闪电之耀亮，死如彗星之迅忽"，这样的人却在人们的怀中获得永生。哦，说到人生，似乎扯远了。那么，朋友，你听过贝多芬的"命运交响曲"之后，并不能抱住那乐声呀，但它永久地强化着你的灵魂；你看罢芭蕾舞剧"天鹅湖"，无法阻止帷幕下落，可它依然在陶冶你的情操；你见过月夜悄然进放的昙花罢？它拼着生命的全部孕蓄，仅作一次短暂的辉煌表演，可你忘得掉么？

啊，冰灯，冰灯！它就是一个冬天的芭蕾，一朵开在心上的昙花，一支回旋在脑海里的优美乐曲，一个记忆中永恒的通体透明的生命！

是的，是温润的春天了，可我还是时时想着哈尔滨的冰灯。它给我的昭示是悠远的，假如能让我的生命全都换作青春，而寿命不得不缩短，我愿意。

品读赏析：

这是一篇托物言志的散文。作者在文中咏写了晶莹美丽的冰灯，同时写出了春天到来时冰灯的消亡，它仅仅装点了一个冬天，就情愿一切化为乌有。表面咏物，实则赞人。揭示了人生的价值不能用长短衡量，重在内容这样的哲理。

全文感情真挚，语言俊逸潇洒，淳朴优美。

咀嚼文意：

1. 《冰灯》所以能打动人心的实质是什么？
2. 赏析美文之余，你有何感受？

寄贺年卡的人

李致祥

新年将至，他却没有快乐。也就在这时，他收到了一张贺年卡。这令他意外。

妻子去世一个月来，他始终无法从痛苦中挣脱。他冷漠地对待这个世界，消极地生活。人们劝他振作，他却冷冷丢给人家一句："我心已死！"人走屋空后，他孤寂地坐着，一口一口地喝烈性酒。

他不知道，在他日日冷漠地对待的这个世界上，有谁还会给他寄贺年卡。

贺年卡的封面图案很简单，洁白的纸上画着一片绿色的叶子，叶子上方印着五个字："默默的祝福。"打开贺年卡，他却没找到寄卡人的姓名，只在像封面一样洁白的纸上，有钢笔写着几行字——"别去猜我是谁，也不必去寻找。只要你知道，这世界上有人在默默地祝福你。生活依然美好，依然充满热情，依然充满爱。新年与你同在"！

这几行字，他看了一遍又一遍，心中悄悄潜入一丝暖意。是谁送来的这温暖呢？他极力去辨认那钢笔字，但这隐去姓名的祝福者显然是要真正隐去他自己。字，一笔一画，横平竖直，是标准的仿宋体，根本看不出一点个人风格。谁呢？我一定要找出来。

第二天上班，他仔细观察他的同事。他冲他们微笑点头。妻子去世以来，这是他第一次露出微笑。同事们也分别向他回报以微笑。微笑充满了温馨。他分辨不出，他觉得每个人都像是那祝福者。

在美好的微笑与轻声的祝福中，他感到生活真的充满了爱。有什么东西在他心底悄悄融化。他冰封经久的情感被解冻了。他的心尚未死。

"别去猜我是谁。也不必去寻找"。他想起了这句话，他知道他是找不到那人的。他郑重地从信封中抽出贺年卡，珍惜地抚摸着。突然，他看到信封上的邮戳：贺年卡是挂号寄来的，为什么不去问问邮局呢？他来到邮局。

邮局的人说："噢，这个办挂号邮贺年卡的人我们记得非常清楚。两个月前，来了一女人，很瘦，因为病态，她的嘴唇几乎没有血色。她说她得了绝症，将不久于人世了。她请求我们代她在年前寄出这张贺年卡……我们知道她已经死了，因为，她临走前说，如果她能将生命熬到年底，她将亲自来寄这张贺年卡。"

听完这些，他已知道了这寄贺年卡的人。他深深地——不知是向这告诉他谜底的人，还是向那已长眠的妻子，鞠了一躬。

(选自《语文早读文本》有改动)

品读赏析：

身患绝症的妻子死前向丈夫发出了一张贺年卡，使他得到快乐。丈夫收到贺年卡后对生活恢复了信心，最后才知道寄贺年卡的人原来就是妻子，她永远不会死。这是一个辛酸而美丽的故事。

咀嚼文意：

1. 贺年卡上的字为什么要写成仿宋体？

2. 你读到贺年卡上的祝福语时想到了什么？

3. 这篇文章最后才抖出"谜底"，布局精巧。这种先布悬念，后露"谜底"，既出意料，又合情理的结尾，常被称为"欧·亨利式结尾"。若感兴趣，请找一些欧·亨利的作品一读，从中进一步体会其作品特点。

母 鸡

老 舍

我一向讨厌母鸡。不知怎样受了一点惊恐。听吧，它由前院嘎嘎到后院，由后院再嘎嘎到前院，没结没完，而并没有什么理由；讨厌！有的时候，它不这样叫，可是细声细气的，有什么心事似的，颤颤巍巍的，顺着墙根，或沿着田坝，那么扯长了声如怨如诉，使人心中立刻结起个小疙瘩来。

它永远不反抗公鸡。可是，有时候却欺侮那最忠厚的鸭子。更可恶的是它遇到另一只母鸡的时候，它会下毒手，乘其不备，狠狠地咬一口，咬下一撮儿毛来。

到下蛋的时候，它差不多是发了狂，恨不能使全世界都知道它这点成绩；就是聋子也会被它吵得受不下去。

可是，现在我改变了心思，我看见一只孵出一群小雏鸡的母鸡。

不论是在院里，还是在院外，它总是挺着脖儿，表示出世界上并没有可怕的东西。一只鸟儿飞过，或是什么东西响了一声，它立刻警戒起来，歪着头儿听，挺着身儿预备作战；看看前，看看后，咕咕的警告鸡雏要马上集合到它身边来！

当它发现了一点可吃的东西，它咕咕地紧叫，啄一啄那个东西，马上便放下，教它的儿女吃。结果，每一只鸡雏的肚子都圆圆的下垂，像刚装了一两个汤圆儿似的，它自己却削瘦了许多。假若有别的大鸡来抢食，它一定出击，把它们赶出老远，连大公鸡也怕它三分。

它教给鸡雏们啄食，掘地，用土洗澡；一天教多少多少次。它还半蹲着——我想这是相当劳累的——教它们挤在它的翅下、胸下，得一点温暖。它若伏在地上，鸡雏们有的便爬在它的背上，啄它的头或别的地方，它一声也不哼。

在夜间若有多少动静，它便放声啼叫，顶尖锐、顶凄惨，使任何贪睡的人也得起来看看，是不是有了黄鼠狼。

它负责、慈爱、勇敢、辛苦，因为它有了一群鸡雏。它伟大，因为它是鸡母亲。一个母亲必定就是一位英雄。

我不敢再讨厌母鸡了。

品读赏析：

本文运用先抑后扬的手法，描写了母鸡这一特殊的形象。此手法达到了前后对照，映衬烘托的良好效果。作者先前所以讨厌母鸡，是因为它叫声刺耳难听、欺软怕硬，下蛋之后骄傲自矜。但后来改变了对其原有的印象，又出于他从做"母亲"的母鸡身上看到了其慈爱、勇敢、任劳任怨等优良品质。作者实属醉翁之意不在酒。

老舍的作品幽默、风趣。其散文的文笔俏皮、朴实，语言通俗流畅，娓娓道来，令人备觉亲切。

咀嚼文意：

1. 作者开始说讨厌母鸡，这其中有哪些理由？

2. 做"母亲"的母鸡形象都有哪些品质与特征？

3. 文中最后的关键句："一个母亲必定就是一位英雄。"可谓文眼，你明白这句话的含义吗？

轻信的后果

比德派

从前有位家道充裕的爵爷，不但受四邻敬重，而且头脑灵活。一天夜晚，两个惯偷溜进了他家。他听到屋子里有脚步声，警惕起来，猜准是来了贼。没等贼进房门，他忙推醒妻子，轻声说："我听到有贼进来，要偷东西。你照我的办，追问我从哪儿挣来这么大一份家当，有什么生财之道。你要大声问，求我说，我假装不肯，你就又求又哄，让我到头来没办法，只好说。"爵爷夫人也聪明过人，按爵爷吩咐的话问了起来："好老爷，有件事我一直都想知道，今天晚上你非告诉我不可。你现在金银财宝不少，说说吧，是怎么弄到手的。"他支支吾吾，答非所问。后来禁不住一再恳求，说道："我的太太，奇怪得很，你为什么要刨我的根底呢？你住得好，穿得好，有人侍侯，该心满意足了。我听人说隔墙有耳，好些话说过了会后悔。算我求你，还是别多操心。"

爵爷夫人不依，她用尽甜言蜜语，叫他别瞒她。爵爷终于招架不住，说："我的金银财宝——你千万不能走漏风声——全是偷来的。老实告诉你吧，没有一件来路正当。"爵爷夫人不相信，逼着爵爷交代明白。"你只当我刚才对你说的话是胡诌。那就听着吧！我从小爱干偷偷摸摸的事，又住在贼窝里，两只手从来没有闲过。有位贼朋友与我很有交情，教了我一个绝招。他传给我一套咒语，让我对着月光念，一念就能驾着月光走。所以有时候我驾着月光从楼上的窗口下来，有时候又驾着月光回到楼上，称心如意。我念过七遍咒语月亮会告诉我这家人家的金银财宝藏在哪里，我驾着月光上下自如。好太太，我就这样发了财，秘诀算是全告诉你了。"

有一个贼躲在门边偷听，把话牢牢记着。这位爵爷的诚实可靠出了名，贼深信不疑。为首的想试试偷听到的诀窍，念了七遍咒语，然后把月光当梯子，想从窗口出窗口进，可是刚跨一步就掉到了地上。还好，总算是老天慈悲，没伤性命，只摔断两条腿，一只胳膊。他痛得哇哇叫，悔不该轻信别人的话，上了大当。

这家伙躺在地上等死。待到爵爷走来，又挨一顿痛打。他苦苦求饶，说他主要不是痛在身上，而是痛在心上，后悔上当，既然伤了他的心，就别再伤他的身了。

品读赏析：

这篇小小说，讲述了一个机智的爵爷惩罚愚笨盗贼的故事。当爵爷发现有两个盗贼潜入家中之后，没有用喊叫的方式惊走他们，而是巧设骗局，重重惩罚了坏人。爵爷的机智与盗贼的利令智昏，形成了强烈的对比。

咀嚼文意：

1. 爵爷花那么大的力气设骗局对付盗贼，用意何在？
2. 两个盗贼为何上当？你能找出其中的原因吗？
3. 盗贼真的知道自己上当在什么地方吗？

三、名篇引路

《骆驼祥子》

老 舍

故事梗概

长篇小说《骆驼祥子》是中国现代著名作家老舍的代表作，《骆驼祥子》讲述的是旧中国北平城里一个人力车夫祥子的悲剧故事。

祥子的老家在乡间，十八岁时，父母去世，他便跑到北平赚钱谋生。最后他认定，拉车是件最好挣钱的活儿。当他拉着租来的新车，就下定决心，一定要攒钱买一辆自己的车。祥子省吃俭用，不吸烟，不喝酒，不赌钱，终于在三年中凑足一百块血汗钱，买了辆新车。但好景不长，北平城外军阀混战，大兵到处抓人抓车。有一天，祥子为了多挣两块钱，连人带车被十来个兵捉去。后来大兵们吃了败仗，祥子乘黑从兵营里偷跑回来，还顺手拉了三匹大兵撤退时落下的骆驼，把它们卖了三十五块钱，从此他就有了"骆驼祥子"的外号。

祥子没有家，他就住在刘四爷老板的车厂里。刘四爷开的车厂有六十多辆车，女儿虎妞协助他管理。虎妞是个三十七八岁的老姑娘，长得虎头虎脑，像个男人一样。一天晚上，虎妞诱使他喝酒，然后和祥子睡了一夜。祥子清醒后十分憋闷，并开始竭力躲避她。不料，虎妞在裤腰里塞了个枕头，挺着肚子说是已怀了祥子的孩子，威胁祥子和她结婚。祥子只好听从她的摆布。不久，虎妞真的怀孕了，但由于难产死去了。为了置办虎妞丧事，祥子卖掉了车。

这部小说的现实主义深刻性在于，它不仅描写了严酷的生活环境对祥子的物质剥夺，而且还刻画了祥子在生活理想被毁坏后的精神堕落。"他没了心，他的心被人家摘去了。"一个勤劳善良的农村青年，就这样被改塑为一个行尸走肉般的无业游民。

《林家铺子》

茅 盾

故事梗概

1931 年，日本武装侵略中国，激起了全国人民的极大愤怒，各地青年学生纷纷掀起抵制日货的运动。这一风潮也波及浙江杭嘉湖地区的一个小镇。林家铺子老板的女儿林明秀因穿了一件日本货的旗袍而遭到同学们的鄙视，她羞怒地回家哭闹。此时，当地国民党党部却通过商会余会长借检查日货为名，到各家商店勒索。

当晚，林老板用四百元贿赂了余会长，得到了出售日货的默许。于是，东洋货改头换面成了"国货"，陈列在林家铺子的货架上。"一·二八事变"爆发后，上海某商行的收帐员赶来向林老板索讨债款，林老板只好向放高利贷的钱庄求助。因时局动荡，钱庄非但不肯再贷，而且还要他在年关前还清旧债。幸好铺子的伙计寿生从乡下收帐回来，才使林老板用还一半拖一半的方法，送走了上海的收帐员。

正在生意兴隆之时，国民党党部却找借口抓了林老板，警察局卜局长也要强娶林明秀为姨太太。林家不知所措，寿生花了几百块钱才把林老板赎出来。在走投无路之际，林老板匆忙把女儿许配给寿生，然后席卷所有，带着女儿悄悄出走躲避。林家铺子倒闭了。有权有势的债主们闻讯前来争夺封货，而张寡妇、朱三太那些老弱孤寡的债权人却被警察阻挡在林家铺子的门外，她们的血汗钱白白被林老板拐骗走了。在拥挤的人流中，张寡妇的孩子被踩死，她则完全疯了。

《家》

巴 金

故事梗概：

成都高公馆，一个有五房儿孙的大家族。高老太爷是这个大家庭的统治者，五房中的长房有觉新、觉民、觉慧三兄弟，他们的继母及继母的女儿淑华，因为父母早亡，现在是大哥觉新当家。觉新是长子长孙，早熟而性格软弱，受过新思想的熏陶却不敢顶撞长辈，他年轻时与梅表妹相爱，但却接受了父母的安排另娶了珏。婚后他过得很幸福，有了孩子，也爱自己美丽的妻子，但又忘不了梅。

觉民与觉慧在外参加新文化运动和学生运动，遭到爷爷的训斥，并被软禁家中。觉民与表妹琴相爱，但爷爷却为他定下亲事，觉民为此离家躲避，觉新夹在弟弟与爷爷中间受气。觉慧是三兄弟中最叛逆的一个，他对家中的丫头鸣凤有朦胧的好感。高老太爷要将鸣凤嫁给自己的朋友孔教会会长冯乐山做妾，鸣凤在绝望中投湖自尽，觉慧决心脱离家庭。高老太爷发现最疼爱的儿子克定骗妻子的钱去组织小公馆，并在外欠下大笔债务，老四，克安也大嫖戏子，在此打击下一病身亡。家中大办丧事，将要生产的珏，被高老太爷的陈姨太以避血光之灾为由，赶到郊外生产，觉新不敢反对，因照顾不周，珏难产而死。觉新在痛悔的心情中承认这个家庭应该出个"叛徒"，他支持觉慧离家去上海。

《春》

故事梗概：

觉慧逃出家庭后获得了自由，但家中的悲剧还在一幕幕上演。觉新兄弟的继母周氏的娘家人来到成都，要为觉新的表妹蕙完婚。蕙是聪明美丽的女孩，却被顽固的父亲许给荒淫的陈家，大家都替她惋惜，觉新在她身上看到梅与珏的影子，却无力帮助。这时，觉新的爱子海儿不幸病死，他对生活更加没有了信心。觉民与琴则积极参加学生运动，并鼓励家中的弟妹走出家庭。三房的淑英被父亲许给冯家，她极力想挣脱不幸的命运，甚至想过效仿鸣凤去死，觉民与琴决心帮助她脱离家庭，去上海找觉慧。蕙完婚后过着不幸的生活，很快就患病，因为婆家不肯请西医耽误了医治，默默地死去。蕙的死再次刺激了觉新，也使他开始支持觉民等人的计划。最终，淑英在觉民等的帮助下，被护送到了上海。在《春》的结尾，觉新等人收到她从上海的来信，信中倾吐了她获得自由后的幸福。

《秋》

故事梗概：

蕙的灵柩停在庙中已经一年多，她的丈夫忙着续弦，根本没想到要让她入土为安。在觉新与觉民的"威胁"下，蕙才得到存身之地。她糊涂的父亲又将儿子枚推入火坑，枚才十七岁，就有了肺病的迹象，父亲周伯涛不愿承认儿子有病，却忙着给他娶了冯家的小姐为妻，两人感情不错，但妻子脾气很大，枚夹在她与长辈间受气，婚后不久就因病去世，留下新婚的妻子和她腹中的胎儿。三房的克明，在女儿跑后有所悔悟。两个弟弟却想卖掉公馆分家，儿子又不争气，克明在郁闷中丢下怀孕的妻子去世。淑英的丫头翠环敬佩觉新为人，三太太决定将她给觉新。高公馆卖掉了，高家四分五裂，在觉新给觉慧与淑英的信中，他写到各房的情况。四房五房继续过着荒诞的生活，几个堂弟依然顽劣成性。三房与他们住得很近，保持着亲密关系。他自己娶了翠环并将她当做妻子看待，至于觉民与琴，也按他们的意愿举行了新式婚礼并即将出外工作。

《红岩》

《红岩》，长篇小说，重庆作家罗广斌、杨益言著，中国青年出版社1961年出版。

小说以新中国成立前夕"重庆中美合作所集中营"敌我斗争为主线，展开了对当时国统区阶级斗争全貌的描写。全书通过三条斗争线索（集中营的狱中斗争、重庆城内的学生运动和地下工作、农村根据地的武装斗争）、联系广阔的社会背景，形成纷繁的斗争场面；同时又用川东地下党机关报《挺进报》的斗争情节把这三条斗争线索联结起来，汇聚到狱中斗争上，集中描写革命者为迎接全国解放，挫败敌人垂死挣扎而进行的最后决战。作者以一定的广度和深度再现了国民党统治行将覆灭、解放战争走向全国胜利的斗争形势和时代风貌，成功地塑造了许云峰、江姐、成岗和华子良等为代表的共产党人的英雄形象，光彩照人，感人至深；同时对反面人物的形象塑造也很有特色，既揭示了他们的反动本质，又不流于脸谱化。作品结构错综复杂又富于变化，善于刻画人物心理活动和烘托气氛，语言朴实，笔调悲壮，被誉为"革命的教科书"。作品一经面世，立即引起轰动，先后被改编成电影《烈火中永生》和豫剧《江姐》等，从1961年出版至今51次再版，发行800多万册，是发行量最大的小说；同时，被译成多国文字发行。该书被中宣部、文化部、团中央命名为百部爱国主义教科书。

《聊斋志异》

《聊斋志异》文言短篇小说集。清代蒲松龄作。蒲松龄从20岁左右开始创作，大约40岁左右初稿完成，以后不断修补、增订，年近50岁才定稿。小说题材大部源于民间故事和稗文野史。全书12卷，近500个短篇。

《聊斋志异》就思想内容而言，可分三类：第一类，尖锐地暴露政治的黑暗，鞭挞贪官污吏和土豪劣绅，同情劳动人民的痛苦遭遇；第二类，揭露和抨击旧八股取士的科举制度的罪恶；第三类，批判不合理的封建婚姻制度，反映当时广大青年男女冲破封建礼教樊笼的愿望和行动。当然作品中也有的地方宣扬封建伦理道德或因果轮回的迷信思想。这些反映了作者的思想局限性和世界观的矛盾。《聊斋志异》是现实主义和浪漫主义相结合的杰作。作品中的角色，大多是花、妖、狐、怪，但又都有人的特征、人的性格，个性十分鲜明。每一篇的情节奇幻复杂。

《聊斋志异》标志着我国古典小说创作的一个新的高峰。

《童年》

高尔基

《童年》是高尔基以自身经历为原型创作的自传体小说三部曲中的第一部（其他两部分别为《在人间》、《我的大学》）。它讲述的是阿廖沙（高尔基的乳名）三岁到十岁这一时期的童年生活。小说从"我"随母亲去投奔外祖父写起，到外祖父叫"我"去"人间"混饭吃结束，生动地再现了19世纪七八十年代俄罗斯下层人民的生活状况。外祖父开了家染坊，但随着家业的衰落，他变得吝啬、贪婪、专横、残暴，经常毒打外祖母和孩子们，狠心地剥削手下的工人。有一次阿廖沙因为染坏了一匹布，竟被他打得昏死过去。幼小的阿廖沙也曾被他用树枝抽得失去知觉。他还暗地里放高利贷，甚至怂恿帮工去偷东西。两个舅舅也是粗野，自私的市侩，整日为争夺家产争吵斗殴，疯狂虐待自己的妻子。在这样一个弥漫着残暴和仇恨的家庭里，幼小的阿廖沙过早地体会到了人间的痛苦和丑恶。

然而，就是在这样一个可怕的环境里，也不乏温暖与光明。这就是以外祖母为代表的另外一些人，另外一种生活。外祖母慈祥善良，聪明能干，热爱生活，对谁都很忍让，有着圣徒一般的宽大胸怀。她如一盏明灯，照亮了阿廖沙敏感而孤独的心，她还经常讲一些怜悯穷人和弱者，歌颂正义和光明的民间故事给阿廖沙听，她对阿廖沙的影响，正像高尔基后来写的那样："在她没有来之前，我仿佛是躲在黑暗中睡觉，但她一出现，就把我叫醒了，把我领到光明的地方……是她那对世界无私的爱丰富了我，使我充满坚强的力量以应付困苦的生活。"另外，还有乐观纯朴的小茨冈，正直的老工人格里戈里，献身于科学的知识分子"好事情"，都给过阿廖沙以力量和支持，使他在黑暗污浊的环境中仍保持着生活的勇气和信心，并逐渐成长为一个坚强、勇敢、正直和充满爱心的人。

作为一部自传体小说，《童年》讲述的是作家一段沉重的童年往事。对于他所经历过并在心中留下过伤痛记忆的人和事，那些"铅一般沉重的丑事"，作家在叙述的时候，心情不可能是轻松的，因此这部小说的基调在整体上显得严肃、低沉。但另一方面，小说是以一个小孩的眼光来描述的，这样就给一幕幕悲剧场景蒙上了一层天真烂漫的色彩，读起来令人悲哀但又不过于沉重，使人在黑暗中看到光明，在邪恶中看到善良，在冷酷无情中看到人性的光芒，在悲剧的氛围中感受到人们战胜悲剧命运的巨大力量。

《巴黎圣母院》

雨 果

1482 年的愚人节，吉卜赛少女爱斯梅拉达在巴黎格雷费广场上，以其迷人的容貌和翩跹的舞姿，博得了人们一阵阵热烈的掌声，而巴黎圣母院的副主教克罗德·佛罗洛却对她的姿色动了邪念。当夜，佛罗洛指使教堂敲钟人畸形儿卡西莫多在街上劫持爱斯梅拉达。卡西莫多是个孤儿，为佛罗洛收养，对佛罗洛感恩戴德，唯命是从。爱斯梅拉达的高声呼救，使皇族卫队长菲比思和他的部下闻声而至，他们解救了少女，抓住了敲钟人。第二天，卡西莫多被带到广场上示众受罚。他口渴难熬，高声喊道"给我水喝"。只有富有同情心的爱斯梅拉达拿来盛水的葫芦，把水送到他的嘴边。卡西莫多感激不已，平生第一次流下了泪水。

爱斯梅拉达爱上了年轻英武的卫队长，但卫队长生性轻浮，让少女深夜同他相会，当爱斯梅拉达和菲比思幽会时，副主教佛罗洛用匕首刺伤菲比思，并嫁祸于爱斯梅拉达，遂使少女被判处死刑，行刑之日，就在刽子手要行刑之时，敲钟人冲上前去，击倒刽子手，抢起少女，冲进巴黎圣母院，让她在那儿避难，在他的保护下生活。不久，宗教法庭作出决定，要不顾圣母院避难权前往捉拿爱斯梅拉达。乞丐们在首领克罗班的带领下，当夜攻打圣母院，要救出爱斯梅拉达。卡西莫多误解了他们，奋力"抵抗"。国王下令杀死"暴囚"和"女巫"，菲比思带卫队前去镇压，圣母院前尸横遍野，血流成河。少女宁死不肯屈从佛罗洛的淫欲，佛罗洛就把爱斯梅拉达交给皇家卫队处死。他自己亲眼看着少女上了绞刑，发出了狰狞的狂笑。卡西莫多怒火中烧，将佛罗洛从高高的钟楼上推了下来，傍晚卡西莫多便失踪了。18 个月以后，有人在蒙特佛而坟窟发现了卡西莫多和爱斯梅拉达紧紧抱在一起的尸骨，当人们想把他们分开时，尸骨已化成了一堆灰烬。

《红与黑》

司汤达

《红与黑》主要描写于连野心勃勃的短促的一生。作品以于连的遭遇为情节线索，从惟利是图的外省小城到省会贝尚松、首都巴黎。从阴森可怖的神学院到黑幕重重的保王党集团，从爱情生活、宗教活动到秘密政治会议，鲜明地生动地勾勒出一幅查理十世统治下的社会画面。于连是一个木匠出身的锯木厂老板的儿子。这个富有才干的青年，在一个老军医的熏陶下接受了启蒙学说。他嫌恶贫贱的出身和低微的地位，向往拿破仑时代的生活，渴望进上层社会，将来能入军界。后来，他看到神甫的收入三倍于拿破仑手下大将的收入，便决定隐瞒自己的观点，准备沿着神甫——主教的阶梯向上爬。于连刚十九岁时经西朗神甫推荐，到市长家当家庭老师，开始接触上流社会，他看到这些人心有愤慨，甚至幻想自己假如做了市长，一定会让公道、正义得到胜利。然而官场的尔虞我诈对他产生了深刻影响。他学会了迎合，常常口是心非，贵妇德·瑞那市长夫人对他的爱情满足了他的虚荣心……跟她的暧昧关系暴露后，于连被迫进入与世隔绝的贝尚松神学院。他的自由思想和出人头地的欲念，在此更加受到压抑，他感到度日如年，然而他每分钟都假冒为善，终于提拔为神学课讲师，并得到大主教的恩宠。不久，神学院内的派别斗争，殃及于连。他当了木尔侯爵的私人秘书。在阴谋与伪善中心于连进步神速，得到侯爵的赏识、重用。他的不凡言谈举止又激发了不满平庸生活的侯爵小姐玛特儿的爱情。他用征服玛特儿的办法实现了自己野心。然而正当他踌躇满志，扶摇直上之际，贵族阶级和教会狼狈为奸，设下圈套，威逼市长夫人写了揭发信，侯爵因此取消他和玛特儿的婚约。于连激愤之下，向正在祈祷的市长夫人射击，市长夫人虽未致命，他却因此被处死刑，最后上了断头台，结束了短暂的一生。

《简·爱》

夏洛蒂·勃朗特

《简·爱》是一部带有自传色彩的长篇小说，它阐释了这样一个主题：人的价值＝尊严＋爱。《简·爱》的作者夏洛蒂·勃朗特和《呼啸山庄》的作者艾米莉是姐妹。虽然两人生活在同一社会，家庭环境中，性格却大不相同，夏洛蒂·勃朗特显得更加的温柔，更加的清纯，更加的喜欢追求一些美好的东西，尽管她家境贫穷，从小失去了母爱，父爱也很少，再加上她身材矮小，容貌不美，但也许就是这样一种灵魂深处的很深的自卑，反映在她的性格上就是一种非常敏感的自尊，以自尊作为她内心深处的自卑的补偿。她描写的简·爱也是一个不美的、矮小的女人，但是她有着极其强烈的自尊心。她坚定不移地去追求一种光明的、圣洁的、美好的生活。简·爱生存在一个父母双亡，寄人篱下的环境，从小就承受着与同龄人不一样的待遇，姨妈的嫌弃，表姐的蔑视，表哥的侮辱和毒打……这是对一个孩子的尊严的无情践踏，但也许正是因为这一切，换回了简·爱无限的信心和坚强不屈的精神，一种可战胜的内在人格力量。在罗切斯特的面前，她从不因为自己是一个地位低贱的家庭教师而感到自卑，反而认为他们是平等的。不应该因为她是仆人，而不能受到别人的尊重。也正因为她的正直、高尚、纯洁，心灵没有受到世俗社会的污染，使得罗切斯特为之震撼，并把她看做了一个可以和自己在精神上平等交谈的人，并且深深地爱上了她。然而在他们结婚的那一天，当简·爱知道了罗切斯特已有妻子时，她觉得自己必须要离开，但从内心讲，更深一层的东西是简·爱意识到自己受到了欺骗，她的自尊心受到了戏弄，因为她深爱着罗切斯特。试问哪个女人能够承受得住被自己最信任、最亲密的人所欺骗呢？简·爱承受住了，而且还做出了一个非常理性的决定。在这样一种非常强大的爱情力量包围之下，在美好、富裕的生活诱惑之下，她依然坚持自己做人的尊严，这是简·爱最具有精神魅力的地方。小说设计了一个很光明的结尾——虽然罗切斯特的庄园毁了，他自己也成了一个残废，但我们看到，正是这样一个条件，使简·爱不再在尊严与爱之间矛盾，而同时获得满足——她在和罗切斯特结婚的时候是有尊严的，同时也是有爱的。小说告诉我们，人的最美好的生活是人的尊严加爱，小说的结局给女主人公安排的就是这样一种生活。在当今社会，人们都疯狂地似乎为了金钱和地位而淹没爱情。在穷与富之间选择富，在爱与不爱之间选择不爱。很少有人会像简·爱这样为爱情、为人格抛弃所有，而且义无反顾。《简·爱》所展现给我们的正是一种化繁为简，是一种返璞归真，是一种追求全心付出的感觉，是一种不计得失的简化的感情，它犹如一杯冰水，净化每一个读者的心灵，同时引起读者，特别是女性读者的共鸣。当今社会有许多人在婚姻观和恋爱观上已经进入了一个误区，他们所思考的不是纯真的爱，人们更务实、更现代，这样的爱究竟打了多少折扣，究竟能不能经受住大千世界的洗礼和考验，在中国的现实生活中，大多数女人自古以来都是以弱者自居，以温柔和贤惠奉为美德，当代社会作为女人已经冲破了传统观念的束缚，已经能够肩负任何"重担"完成任何历史赋予的使命，但值得重视的是一些女孩儿的天真、无知，令一些不法分子得有可乘之机，断送了自己美好的前程，为此我们呼吁所有的女性朋友一定多学习相关知识，拿起法律武器来保护自己，保护女性的尊严。

《羊脂球》

莫泊桑

居伊·德·莫泊桑（1850—1893）是法国19世纪后半叶著名的批判现实主义作家。他出生于法国诺曼底的一个没落贵族家庭。中学毕业后，普法战争爆发了，他应征入伍，两年的兵营生活使他认识了战争的残酷，祖国的危难启发了他的爱国思想。战争结束后，他到了巴黎，先后在海军部和教育部任小职员，同时开始了文学创作。1880年完成了《羊脂球》的创作，轰动了法国文坛。以后离职从事专门的文学创作，并拜福楼拜为师。10年间他写了300多个短篇和6个长篇，其中许多作品流传深广，尤其是短篇小说，使他成为一代短篇小说巨匠。长篇有《她的一生》、《漂亮朋友》、（《俊友》）等；中短篇有《菲菲小姐》、《项链》、《我的叔叔于勒》等。这些作品都不同程度的讽刺和揭露了资本主义的罪恶，尤其是在资产阶级思想腐蚀下的人们精神的堕落。他的小说在艺术手法上也有很深的造诣，特别是短篇小说。他的作品重视结构的布局，行文波澜起伏，引人入胜。故事情节巧妙真实，结局既出人意料，又在情理之中；另一个突出特点是用洗练的笔墨揭示人物内心世界，塑造了很多鲜明生动的艺术形象。

作品简介

《羊脂球》短篇小说。法国批判现实主义作家莫泊桑作。写普法战争时，法国的一群贵族、政客、商人、修女等高贵者，和一个叫做羊脂球的妓女，同乘一辆马车逃离普军占区，在一关卡受阻。普鲁士军官要求同羊脂球过夜，遭到羊脂球拒绝，高贵者们也深表气愤。但马车被扣留后，高贵者们竟施展各种伎俩迫使羊脂球就范，以为大家解围。而羊脂球最终得到的却是高贵者们的轻蔑。小说反衬鲜明，悬念迭生，引人入胜，写出了法国各阶层在占领者面前的不同态度，揭露了贵族资产阶级的自私、虚伪和无耻，赞扬了羊脂球的牺牲精神。